U0452330

语言学及应用语言学名著译丛

语言研究
（第7版）

〔英〕乔治·尤尔 著

曲长亮 译

THE STUDY OF LANGUAGE
SEVENTH EDITION

商务印书馆
The Commercial Press

This is a Simplified-Chinese translation of the following title published by Cambridge University Press:

The Study of Language (Seventh Edition), 9781108499453 © George Yule 2020

This Simplified-Chinese translation for the People's Republic of China (excluding Hong Kong, Macau and Taiwan) is published by arrangement with the Press Syndicate of the University of Cambridge, Cambridge, United Kingdom.

© The Commercial Press, Ltd., 2023

This Simplified-Chinese translation is authorized for sale in the People's Republic of China (excluding Hong Kong, Macau and Taiwan) only. Unauthorized export of this Simplified-Chinese translation is a violation of the Copyright Act. No part of this publication may be reproduced or distributed by any means, or stored in a database or retrieval system, without the prior written permission of Cambridge University Press and The Commercial Press, Ltd.

根据英国剑桥大学出版社 2020 年英文版译出

Copies of this book sold without a Cambridge University Press sticker on the cover are unauthorized and illegal.
本书封面贴有 Cambridge University Press 防伪标签，无标签者不得销售。

此版本仅限在中华人民共和国境内（不包括香港、澳门特别行政区及台湾地区）销售。

作者简介

乔治·尤尔（George Yule），英国语言学家。1947年出生于苏格兰斯特灵，2000年移居美国。1981年毕业于爱丁堡大学，博士论文《口语话语信息结构面面观》(*Aspects of the Information Structure of Spoken Discourse*)。先后执教于爱丁堡大学、明尼苏达大学、路易斯安那州立大学、夏威夷大学。主要著作包括《话语分析》(*Discourse Analysis*, 1983, 与布朗合著)、《语言研究》(*The Study of Language*, 1985/1996/2005/2010/2014/2017/2020)、《论以语言学习者为中心》(*Focus on the Language Learner*, 1989, 与塔隆合著)、《语用学》(*Pragmatics*, 1996)、《如何教授英语语法》(*Explaining English Grammar*, 1998)、《牛津英语实践语法：高阶篇》(*Oxford Practice Grammar: Advanced*, 2006/2019)等。其中，《语言研究》六度修订，畅销全球近40年，是国际知名的语言学基础入门著作。

──── **译 者 简 介** ────

曲长亮 大连外国语大学教授,硕士生导师,校级学科方向带头人。毕业于北京大学英语系,英语语言文学博士。美国伊利诺伊大学访问学者(2009—2010),美国宾夕法尼亚大学访问学者(2017—2018),英国亨利·斯威特语言学思想史研究会理事。主要著作:《雅柯布森音系学理论研究》(2015)、《语音学与音系学早期经典著作选读》(2019)、《从百年纪念版选集看叶斯柏森的语言学思想》(2019)、《叶斯柏森论语音》(2021)等。

语言学及应用语言学名著译丛
专家委员会

顾　问　胡壮麟

委　员　（以姓氏笔画为序）

　　　　　马秋武　　田海龙　　李瑞林

　　　　　张　辉　　陈新仁　　封宗信

　　　　　韩宝成　　程　工　　潘海华

总　　序

　　商务印书馆出版的"汉译世界学术名著丛书"在国内外久享盛名，其中语言学著作已有 10 种。考虑到语言学名著翻译有很大提升空间，商务印书馆英语编辑室在社领导支持下，于 2017 年 2 月 14 日召开"语言学名著译丛"研讨会，引介国外语言学名著的想法当即受到与会专家和老师的热烈支持。经过一年多的积极筹备和周密组织，在各校专家和教师的大力配合下，第一批已立项选题三十余种，且部分译稿已完成。现正式定名为"语言学及应用语言学名著译丛"，明年起将陆续出书。在此，谨向商务印书馆和各位编译专家及教师表示衷心祝贺。

　　从这套丛书的命名"语言学及应用语言学名著译丛"，不难看出，这是一项工程浩大的项目。这不是由出版社引进国外语言学名著、在国内进行原样翻印，而是需要译者和编辑做大量的工作。作为译丛，它要求将每部名著逐字逐句精心翻译。书中除正文外，尚有前言、鸣谢、目录、注释、图表、索引等都需要翻译。译者不仅仅承担翻译工作，而且要完成撰写译者前言、编写译者脚注，有条件者还要联系国外原作者为中文版写序。此外，为了确保同一专门译名全书译法一致，译者应另行准备一个译名对照表，并记下其在书中出现时的页码，等等。

　　本译丛对国内读者，特别是语言学专业的学生、教师和研究者，以及与语言学相融合的其他学科的师生，具有极高的学术价值。第一批遴选的三十余部专著已包括理论与方法、语音与音系、词法与句法、语义与语用、教育与学习、认知与大脑、话语与社会七大板块。这些都是国内外语言学科当前研究的基本内容，它涉及理论语言学、应用语言学、语音学、音系学、词汇学、句法学、语义学、语用学、教育语言学、认知语言学、心理语言学、社会语言学、话语语言学等。

尽管我本人所知有限，对丛书中的不少作者，我的第一反应还是如雷贯耳，如 Noam Chomsky、Philip Lieberman、Diane Larsen-Freeman、Otto Jespersen、Geoffrey Leech、John Lyons、Jack C. Richards、Norman Fairclough、Teun A. van Dijk、Paul Grice、Jan Blommaert、Joan Bybee 等著名语言学家。我深信，当他们的著作翻译成汉语后，将大大推进国内语言学科的研究和教学，特别是帮助国内非英语的外语专业和汉语专业的研究者、教师和学生理解和掌握国外的先进理论和研究动向，启发和促进国内语言学研究，推动和加强中外语言学界的学术交流。

第一批名著的编译者大都是国内有关学科的专家或权威。就我所知，有的已在生成语言学、布拉格学派、语义学、语音学、语用学、社会语言学、教育语言学、语言史、语言与文化等领域取得重大成就。显然，也只有他们才能挑起这一重担，胜任如此繁重任务。我谨向他们致以出自内心的敬意。

这些名著的原版出版者，在国际上素享盛誉，如 Mouton de Gruyter、Springer、Routledge、John Benjamins 等。更有不少是著名大学的出版社，如剑桥大学出版社、哈佛大学出版社、牛津大学出版社、MIT 出版社等。商务印书馆能昂首挺胸，与这些出版社策划洽谈出版此套丛书，令人钦佩。

万事开头难。我相信商务印书馆会不忘初心，坚持把"语言学及应用语言学名著译丛"的出版事业进行下去。除上述内容外，会将选题逐步扩大至比较语言学、计算语言学、机器翻译、生态语言学、语言政策和语言战略、翻译理论，以至法律语言学、商务语言学、外交语言学，等等。我也相信,该"名著译丛"的内涵,将从"英译汉"扩展至"外译汉"。我更期待,译丛将进一步包括"汉译英""汉译外",真正实现语言学的中外交流,相互观察和学习。商务印书馆将永远走在出版界的前列!

胡壮麟

北京大学蓝旗营寓所

2018年9月

中译本序

本书是英国著名语言学家乔治·尤尔（George Yule）1985年初版的语言学教程，2020年出了第7版。曲长亮教授将其译成了中文，并嘱我作序，欣然应允。

尤尔教授的《语言研究》是一部典型的普及性语言学导论，涉及面很广，非常有利于吸引广大语言爱好者。作者从"语言的起源""动物与人类的语言"讲起，讲到语言学的基本分支"语音学""音系学""形态学""语义学""句法学""语用学"等，再到语言的外部研究"语言与大脑""语言习得"，以及"手势与手语""书面语言""语言的历史与变化""语言的地区/社会差异""语言与文化"等，一共20章。凡是与语言有关的话题，无所不包，简直堪称"语言百科全书"。

每一章的内容也非常丰富。如，第一章提到了"神创起源""自然声音起源""音乐起源""社会互动起源""生理进化起源""工具制造起源""基因起源"等种种有人提出过的说法。第二章讨论了人类语言的特性，谈到了动物与人类语言的关系，特别是较详细地介绍了语言学家尝试训练黑猩猩掌握人类语言的各种著名实验。

本书的另一个特点是练习非常丰富多样。不仅有普通的"习题""作业题"，更有进一步"探讨与研究"的话题，"深入阅读"的书单。这种练习是这部教材不可或缺的内在内容，不是可有可无的点缀。学生可以通过做这些练习，巩固并进一步扩展章节本文讨论过的知识点，甚至获取章节本文没涉及的崭新的知识点。如，第一章的一道"作业题"是"海姆立克急救法（Heimlich maneuver）和人类言语进化之间有何联系？"；一个"探讨与研究"的话题是"本章中,我们没有论述语言是作为我们普遍认知能力的一部分而进化,还是作为可独立存在的另一种成分(与智力等无关)而进化。你认为回答这一问题需要何种证据?"要有效回答这些问题,学生必须自己再做额外的研究,阅读额外的书籍。为此,作者提供了网址 www.cambridge.org/yule7,以便学生有困难时查阅。

这样一部书要译成中文,困难可想而知——译者必须拥有跟作者一样宽广的知识面。但是,长亮教授无所畏惧,迎难而上,精神可嘉!

曲长亮教授 2011 年在北京大学英语系获得语言学博士学位。此后,他在研究雅柯布森音系学的基础上不断扩展,扩展到叶斯柏森、特鲁别茨柯依,以至一般音系学理论,又扩展到语言学的其他分支。《语言研究》中译本是他语言学研究的又一个新的里程碑。译文忠实、流畅,具有较强的可读性,必将对我国的语言学普及工作产生深远的影响。

姜望琪

2023 年 2 月 10 日

北京大学外国语学院

目 录

前　言 1

1　语言的起源 1
神创起源 2
自然声音起源 3
"汪汪说" 3
"哑哑说" 4
音乐起源 4
社会互动起源 5
生理进化起源 6
齿与唇 7
口与舌 7
喉和咽 7
工具制造起源 8
人脑 8
基因起源 9
先天假说 9
习题 10
作业题 11
探讨与研究 12
深入阅读 13

2 动物与人类的语言 ··· 17
   交际 ·· 18
   人类语言的特征 ··· 19
      移位性 ·· 19
      任意性 ·· 20
      文化传承性 ··· 21
      能产性 ·· 22
      双层性 ·· 23
   对动物说话 ·· 24
   黑猩猩与语言 ·· 24
      华秀 ··· 25
      萨拉和拉娜 ··· 26
      争议性 ·· 27
      坎兹 ··· 28
   使用语言 ·· 29
   习题 ·· 30
   作业题 ··· 30
   探讨与研究 ·· 32
   深入阅读 ·· 33

3 语言的语音 ··· 36
   语音学 ··· 37
   辅音 ·· 37
   浊音与清音 ·· 38
   发音部位 ·· 38
      熟悉的符号 ··· 39
      不熟悉的符号 ······································· 40
      转写语音（而非字母）···························· 42

发音方法 ········· 42
辅音表 ·········· 43
声门塞音和闪音 ····· 44
元音 ············ 44
双元音 ··········· 46
美国双元音与英国双元音 · 47
细微的个体差异 ····· 47
习题 ············ 48
作业题 ·········· 49
探讨与研究 ······· 53
深入阅读 ········ 54

4 语言的语音模式 ······ 57
音系学 ·········· 58
音位 ············ 59
自然类 ········· 60
音位和音位变体 ····· 61
互补分布 ······· 62
最小对立对和最小对立组 · 62
语音配列 ········ 63
音节 ············ 63
辅音丛 ········· 64
协同发音效应 ······ 65
同化 ··········· 65
鼻化 ··········· 66
省略 ··········· 66
正常话语 ······· 67
习题 ············ 68

作业题 ································· 68
　　探讨与研究 ······························ 72
　　翻译鲍勃·贝尔维索 ······················ 73
　　深入阅读 ································ 73
5　构词 ····································· 75
　　新词 ···································· 76
　　词源学 ·································· 77
　　借用 ···································· 78
　　　借译 ································· 79
　　复合 ···································· 79
　　　混合 ································· 80
　　截短 ···································· 81
　　　昵称词 ······························· 82
　　　逆向构词 ····························· 82
　　词性转换 ································ 83
　　新造词 ·································· 86
　　　首字母缩略词 ························· 86
　　派生 ···································· 88
　　　前缀和后缀 ··························· 88
　　　中缀 ································· 88
　　多重过程 ································ 89
　　习题 ···································· 91
　　作业题 ·································· 93
　　探讨与研究 ······························ 99
　　深入阅读 ······························· 101
6　形态学 ·································· 104
　　形态学 ································· 104

语素 ··· 105
　　　　自由语素和黏着语素 ··· 106
　　　　词汇语素和功能语素 ··· 107
　　　　派生语素 ·· 107
　　　　屈折语素 ·· 107
　　形态描写 ··· 108
　　语子、语素变体及特例 ··· 109
　　其他语言 ··· 111
　　　　卡努里语 ·· 111
　　　　干达语 ·· 111
　　　　伊洛卡诺语 ·· 112
　　　　他加禄语 ·· 112
　　习题 ··· 113
　　作业题 ··· 115
　　探讨与研究 ··· 122
　　深入阅读 ··· 124

7 语法 ··· 127
　　英语语法 ··· 128
　　传统语法 ··· 129
　　　　词类 ·· 129
　　　　一致 ·· 131
　　　　语法性别 ·· 132
　　　　传统分析 ·· 133
　　规定法 ··· 133
　　　　柯克船长的不定式 ·· 134
　　描写法 ··· 135
　　　　结构分析 ·· 135

xiii

成分分析	137
主语和宾语	138
词序	139
语言类型学	140
为何研究语法？	140
习题	141
作业题	142
探讨与研究	151
深入阅读	153

8 句法学 — 157

句法规则	158
生成语法	158
底层结构与表层结构	159
结构歧义	160
句法分析	160
短语结构规则	162
词汇规则	162
树形图	163
英语句子的树形图	164
浅谈表层	165
习题	166
作业题	168
探讨与研究	175
深入阅读	177

9 语义学 — 179

意义	179
语义特征	181

成分分析 ·········· 181
　　　词作为意义的容器 ·········· 182
　语义角色 ·········· 182
　　　施事者与主题 ·········· 183
　　　工具与经历者 ·········· 183
　　　位置、来源和目标 ·········· 184
　词汇关系 ·········· 185
　　　同义关系 ·········· 186
　　　反义关系 ·········· 187
　　　上下义关系 ·········· 188
　　　类典型 ·········· 190
　　　同音词和同形异义词 ·········· 191
　　　一词多义 ·········· 191
　　　文字游戏 ·········· 192
　　　换喻关系 ·········· 193
　搭配 ·········· 194
　　　语汇索引 ·········· 195
　习题 ·········· 196
　作业题 ·········· 198
　探讨与研究 ·········· 204
　深入阅读 ·········· 206

10 **语用学** ·········· 209
　看不见的意义 ·········· 210
　语境 ·········· 211
　　　指示语 ·········· 212
　指称 ·········· 213
　　　推断 ·········· 214

xv

前照应 215
  预设 217
  语用标记 217
  礼貌 219
    消极面子和积极面子 219
  言语行为 220
    直接言语行为和间接言语行为 221
  习题 222
  作业题 224
  探讨与研究 231
  深入阅读 233

11 **话语分析** 236
  话语 237
    解读话语 237
  衔接 238
  连贯 240
  会话分析 241
    话轮转换 242
    停顿及填充了的停顿 242
    相邻语对 243
    插入性序列 244
  合作原则 246
    缓冲语 247
    言外之意 248
  背景知识 248
    图式与脚本 250
  习题 251

作业题 ·· 252
　　探讨与研究 ······································ 259
　　深入阅读 ·· 261

12 语言与大脑 ·· 264
　　神经语言学 ······································ 264
　　大脑中的语言区域 ································ 265
　　　　布洛卡区 ···································· 266
　　　　韦尼克区 ···································· 266
　　　　运动皮层和弓状束 ···························· 267
　　　　脑功能定位观 ································ 267
　　话到嘴边与口误 ·································· 268
　　　　话到嘴边现象 ································ 268
　　　　口误 ·· 269
　　　　脑误 ·· 270
　　　　耳误 ·· 270
　　失语症 ·· 271
　　　　布洛卡失语症 ································ 272
　　　　韦尼克失语症 ································ 273
　　　　传导性失语症 ································ 273
　　双耳听觉 ·· 274
　　　　左脑，右脑 ·································· 275
　　关键期 ·· 276
　　　　吉妮 ·· 276
　　习题 ·· 277
　　作业题 ·· 278
　　探讨与研究 ······································ 281
　　深入阅读 ·· 283

13 第一语言习得 ... 286
习得 ... 287
输入 ... 288
育儿者话语 ... 288
习得时间表 ... 289
咕咕叫 ... 290
牙牙学语 ... 290
一词阶段 ... 291
双词阶段 ... 292
电报式话语 ... 292
习得过程 ... 293
通过模仿来学习？ ... 294
通过纠正来学习？ ... 294
发展词法 ... 295
发展句法 ... 297
构成疑问句 ... 297
构成否定句 ... 298
发展语义 ... 300
后续发展 ... 301
习题 ... 302
作业题 ... 303
探讨与研究 ... 306
深入阅读 ... 308

14 第二语言习得与学习 ... 311
第二语言学习 ... 312
习得与学习 ... 312
习得障碍 ... 313

年龄因素	314
情感因素	314
聚焦教学方法	315
语法-翻译法	316
听说法	316
交际法	316
聚焦学习者	317
迁移	317
中介语	318
动机	319
输入和输出	319
任务学习法	321
交际能力	322
习题	323
作业题	323
探讨与研究	328
深入阅读	329

15 手势与手语 … 332

手势	333
象似手势	333
指示手势	334
打拍子	334
手语的类型	334
口语法	335
手语英语	336
美国手语的起源	337
手语符号的结构	337

手形和方向 338
　　　位置 338
　　　运动 339
　　　素元 339
　　　面部表情和指拼法 339
　手语符号的标写 340
　手语符号的意义 341
　手语作为自然语言 342
　习题 343
　作业题 344
　探讨与研究 345
　深入阅读 346

16　书面语言 349
　书写 350
　　　象形符号 350
　　　表意符号 351
　　　词符符号 352
　表音文字 353
　　　画谜原则 354
　音节文字 355
　字母文字 356
　书面英语 358
　　　英语正字法 358
　习题 360
　作业题 360
　探讨与研究 364
　深入阅读 367

17 语言的历史与变化 ... 370
- 谱系树 ... 371
- 印欧语 ... 373
  - 同源词 ... 374
- 比较构拟 ... 374
  - 比较同源词 ... 375
  - 语音的构拟 ... 375
  - 词的构拟 ... 376
- 英语的历史 ... 377
  - 古英语 ... 377
  - 中古英语 ... 378
- 音变 ... 380
  - 换位 ... 381
  - 词中增音 ... 381
  - 词首增音 ... 382
- 句法变化 ... 382
  - 屈折的消失 ... 383
- 语义变化 ... 384
  - 语义的扩大 ... 385
  - 语义的缩小 ... 385
- 历时差异与共时差异 ... 386
- 习题 ... 386
- 作业题 ... 387
- 探讨与研究 ... 391
- 深入阅读 ... 392

18 语言的地区差异 ... 396
- 标准语 ... 397

- 口音和方言 ... 398
- 语法差异 ... 399
- 方言学 ... 399
  - 区域方言 ... 400
  - 等语线 ... 401
  - 方言界 ... 402
  - 方言连续体 ... 403
- 双语 ... 403
  - 双言 ... 405
- 语文规划 ... 405
- 皮钦语 ... 406
- 克里奥尔语 ... 408
  - 后克里奥尔连续体 ... 408
- 习题 ... 409
- 作业题 ... 410
- 探讨与研究 ... 415
- 深入阅读 ... 416

19 语言的社会差异 ... 420
- 社会语言学 ... 421
  - 社会方言 ... 421
  - 教育与职业 ... 422
  - 社会标记 ... 423
- 言语风格与风格变更 ... 425
  - 威望 ... 426
  - 言语调适 ... 427
  - 趋同 ... 427
  - 趋异 ... 427

- 语域 ········· 428
  - 行话 ········· 428
- 俚语 ········· 429
  - 禁忌语词项 ········· 430
- 非裔美国英语 ········· 430
  - 白话 ········· 431
  - 白话的语音 ········· 432
  - 白话的语法 ········· 432
- 习题 ········· 434
- 作业题 ········· 435
- 探讨与研究 ········· 439
- 深入阅读 ········· 440

20 语言与文化 ········· 443
- 文化 ········· 444
- 范畴 ········· 444
  - 亲属关系词 ········· 445
  - 时间概念 ········· 446
- 语言相对论 ········· 446
  - 萨丕尔-沃尔夫假说 ········· 447
  - 反对萨丕尔-沃尔夫假说 ········· 448
  - 雪 ········· 449
  - 非词汇化范畴 ········· 449
- 认知范畴 ········· 450
  - 类别标记 ········· 451
- 社会范畴 ········· 452
  - 称谓词 ········· 452
- 性别 ········· 454

性别词 ··· 454
　　　性别结构 ·· 455
　　　性别话语 ·· 456
　　　同性谈话 ·· 457
　　　性别互动 ·· 457
　　习题 ·· 458
　　作业题 ··· 459
　　探讨与研究 ·· 465
　　深入阅读 ··· 465

术语表 ·· 470
参考文献 ··· 492
索引 ·· 509
译后记 ·· 523

前　言

关于这个新版本

感谢许多熟悉先前各版的教师们的建设性评述，我得到了一些很好的意见与建议，来改进这个新版本。第 3 章（语音学）和第 9 章（语义学）已做了详细的修订和增补，此外还把新的资料增添至语言可能的音乐起源、语音转写、发音方法、双元音的发音、语义成分分析、语料库研究、语汇索引、右脑特殊功能、正电子发射断层（PET）扫描、婴儿的手势、尼加拉瓜手语、词中增音性元音、terribly 和 literally 的问题、非标准语语法特征、对艾玛拉语的分析以及单数性的 they。

除此之外，书中还增加了 40 道新的习题和 26 组新的作业题。这些作业题大多基于语料，其设计是为了帮助培养分析技能、问题解决技能以及批判思维技能。新例子的来源语种十分多样，包括阿拉巴纳语、阿拉伯语、达加语、侗语、豪萨语、牙买加克里奥尔语、罗图科语、马宁卡语、纳瓦特尔语、茨瓦纳语、西班牙语、旺卡竣加语、沃莱塔语、约鲁巴语。而增加的通过研究英语而探索的话题，则包括使役结构、搭配、会话特征、语言发展中的顺序、异化、不礼貌形式、R 类音变体与非 R 类音变体、重写本、《彼得伯勒编年史》、大脑语义地图、文字游戏。经过扩充和修订的"学习指南"，提供了所有作业题的答案和辅导，与包括国际音标表在内的其他资源一道，可在 www.cambridge.org/yule7 获取。

致学生

《语言研究》中,我力求为我们对语言之所知以及语言学家获得这些知识的方法做全面的概述。虽然语言研究中有趣的新发展依然在继续,但是语言学家仍无法描述,为何某一语言的任何一位成熟的说话者,在语言如何运作方面都拥有极为全面的"无意识"知识。因此,你阅读下面的每一章时,都应利用你自己对语言如何运作的直觉,对这些描述、分析、归纳加以衡量,从而批判地看待其有效性。读完本书时,你会觉得自己的确对语言的内部结构(语言形式)以及语言在人类生活中的各类用途(语言功能)有了非常多的了解;你还会觉得自己想提出职业语言学家从事研究时所提的更多问题。

每一章的末尾都有一个部分,你可以检测自己所学到的东西,并对其加以运用。这部分包括:

- **习题**:你可以用来检查自己是否已经弄懂了本章的要点和重要术语。
- **作业题**:对本章涉及的话题加以扩展,大多通过语料分析练习进行,例子有的来自英语,有的来自其他各有千秋的语种。
- **探讨与研究**:提供机会来思考一些与语言相关的更普遍的问题,有时是有争议的问题,从而在关于语言的问题上发展你自己的看法。
- **深入阅读**:提供推荐书目,帮助你为本章谈过的所有话题找到更详细的论述。

本书的源头,可追溯至我在爱丁堡大学、明尼苏达大学和路易斯安纳州立大学所教的导论课程,以及来自数百位学生的建议和批评,他们促使我把想说的话用他们听得懂的方式呈现出来。早期的文字材料版本,是为明尼苏达大学自主学习课程的学生们准备的。后来的各版本，曾经得益于在各种场合为各类学生授课的诸多教师所提出的专业建议。我尤其要感谢路易斯安纳州立大学的休依·白金汉（Hugh Buckingham）教授，作为同事和朋友，他多年来一直与我分享着他的专业知识与热情。我还必须向剑桥大学出版社杰出的制作团队的支持致谢，尤其要感谢安德鲁·温纳德（Andrew Winnard）、查理·豪威尔（Charlie Howell）以及简·亚当斯（Jane Adams）。

关于筹备本书最新几版时得到的反馈与建议，我要感谢吉恩·艾奇逊（Jean Aitchison, 牛津大学）、琳达·布兰顿（Linda Blanton, 新奥尔良大学）、卡伦·卡里（Karen Currie, 圣埃斯皮里托联邦大学）、玛丽·安娜·迪米特拉柯普洛斯（Mary Anna Dimitrakopoulos, 印第安纳大学南本德校区）、托马斯·菲尔德（Thomas Field, 马里兰大学巴尔的摩校区）、安东尼·福克斯（Anthony Fox, 利兹大学）、奥古斯蒂努斯·吉安托（Agustinus Gianto, 宗座圣经学院）、戈登·吉布森（Gordon Gibson, 佩斯利大学）、卡廷卡·哈默里奇（Katinka Hammerich, 夏威夷大学）、雷蒙德·希奇（Raymond Hickey, 埃森大学）、理查德·赫什（Richard Hirsch, 林雪平大学）、穆罕默德·侯赛尼–马苏木（Mohammed Hosseini-Maasum, 哥本哈根大学）、菲奥娜·约瑟夫（Fiona Joseph, 伍尔弗汉普顿大学）、艾丽扎·基提斯（Eliza Kitis, 亚里士多德大学）、麦莱德·麦克里奥德（Mairead MacLeod）、泰利·马提斯（Terrie Mathis, 加利福尼亚州立大学北岭校区）、梅根·梅朗松（Megan Melançon, 佐治亚学院）、斯蒂芬·马修斯（Stephen Matthews, 香港大学）、罗宾·纳加尔（Robyn Najar, 福林德斯大学）、埃里克·内尔森（Eric Nelson, 明尼苏达大学）、玛娜·欧沃斯特立特（Mana Overstreet）、延斯·兰克（Jens Reinke, 克里斯蒂安·阿尔伯特基尔大学）、菲利普·莱利（Philip Riley, 南锡第二大学）、利克·桑托斯（Rick Santos, 弗雷斯诺城市学院）、琼恩·施莱布曼（Joanne Scheibman, 欧道明大学）、罗伯特·辛克莱尔（Robert Sinclair）、罗依尔·斯考森（Royal Skousen，杨百翰大学）、迈克尔·斯塔布斯（Michael Stubbs，特里尔大学）、玛丽·塔尔伯特（Mary Talbot，桑德兰大学）、舍尔曼·威尔考克斯（Sherman Wilcox，新墨西哥大学）以及杰伊·尤尔（Jay Yule）。

  我自己的启蒙课，我始终感恩威利·尤尔（Willie Yule）和安妮·尤尔（Annie Yule）；而继续为我带来启迪的，是玛丽安·欧沃斯特立特（Maryann Overstreet）。

1 语言的起源

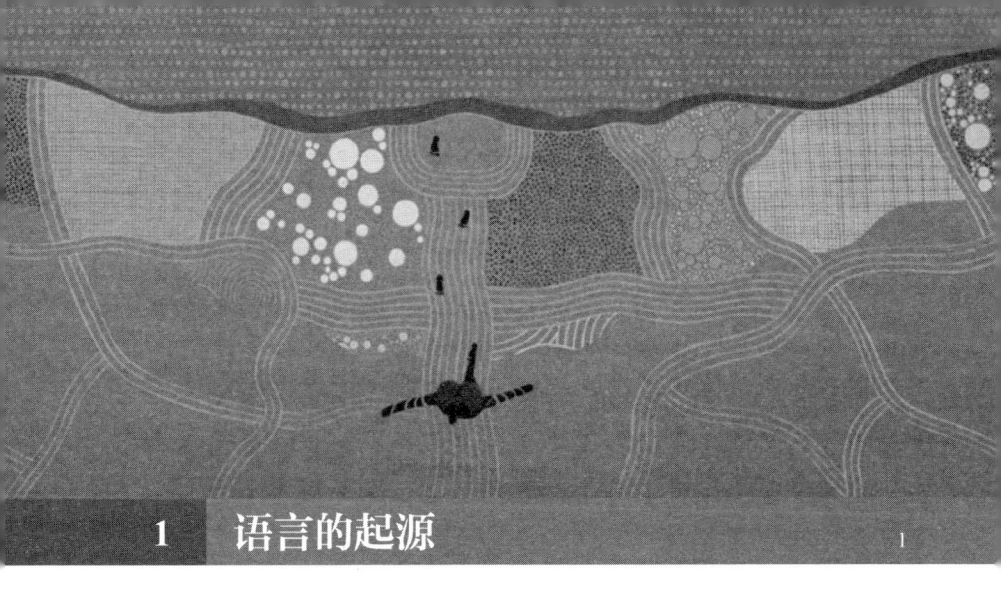

> 踏上澳洲大陆的第一人,是个名叫瓦拉姆隆滚济(Warramurrungunji)的女人。她从海中浮出,登上澳北的一座岛屿,随后向内陆进发,期间她造出孩子,把每个孩子安放在一个具体的地方。瓦拉姆隆滚济一边穿过大地,一边告诉每个孩子:"我把你安放在这里,这是你该讲的语言!这是你的语言!"
>
> 依拉德(Erard, 2016)[①]

澳大利亚伊瓦加族(Iwaidja)的这则起源故事,如上面这幅画所示,不仅解释了语言从何而来,而且解释了为何存在如此多的不同语言。说英语的人当中已有过诸多尝试,试图做出与之类似的解释,但却并无太多证据来支持这些尝试中的任何一种。我们没有形成关于某一位神秘的大地之母的单一信仰,而是形成各种具有可能性的看法,且皆有一定的猜测性。

对于语言是如何起源的这一问题,我们并无确切的答案。我们的确知道,发出声音(如"哼哼"[hum])以及构筑简易声音模式(如"咕哝"[grunt])的能力,似乎位于大脑最古老的部分之一,这部分为我们与所有脊椎动物所共有,包括鱼类、蛙类、鸟类以及兽类。但这不是人类语言。

我们猜测,距今10万年至5万年之间,一定就已存在某种类型的口

[①] 依拉德(Michael Erard,1967年生),美国记者,畅销书作家。——译者注

头语言了，比书面语言（大约 5000 年前）早很多。不过，地球生命较早期阶段的痕迹中，我们从未发现过与我们远古祖先的言语相关的任何直接证据或器物，能够告诉我们语言在早期阶段是何样子，因此也就只剩下了多种多样的猜测。与伊瓦加族的故事最接近的，是神祇们保佑人类拥有语言力量的各种故事。

2 神创起源

圣经传统中，如《创世记》所描述，神创造了亚当，"那人怎样叫各样的活物，那就是它的名字。"② 而在印度教传统中，为人类带来语言的是梵天之妻辩才天女娑罗室伐底（Sarasvati）。大多数宗教似乎都存在为人类提供语言的神创起源。为了重新发现这种最初的神创语言，曾有过几次实验，但得到的结果却相互矛盾。这之中的基本假说大体上是：人类幼儿若能在周围听不到任何语言的情况下成长，就能自发地开始使用神所给予的那种最初的语言。

希腊作家希罗多德（Herodotus）记载过一位名叫普萨美提克（Psammetichus，亦作 Psamtik）的埃及法老的故事③，2500 多年前，这位法老尝试用两名新生儿做了这个实验。两个孩子在与世隔绝中生活，身边仅有一群山羊和一位哑巴牧羊人，两年之后，他俩自发说出的据说不是个埃及语的词，而是被认定为弗里吉亚语（Phrygian）④ 里的 bekos，意为"面包"。这位法老据此断定，这种曾存在于今土耳其的古代语言就是最初的语言。这太不可靠了。两个孩子不可能是从任何人类源头学会这个"词"的，正如多位评述者所指出的，他俩一定听过山羊的"话"。（先把词尾 -kos 拿掉，这词尾是故事的希腊语版本加的，然后再念 be-，就像英语 bed［床］一词

---

② 《创世记》2: 19. 中译文从和合本，下同。——译者注
③ 见于希罗多德《历史》（*Histories*）2.2。——译者注
④ 小亚细亚地区的古代语言，属印欧系，约在公元 5 世纪消亡。——译者注

去掉词末的 -d。你听着像不像山羊叫？）

1500 年前后，苏格兰国王詹姆斯四世做了类似的实验，孩子据说自发地开始讲了希伯来语，印证了这位国王所相信的希伯来语实乃伊甸园的语言。约一个世纪之后，莫卧儿皇帝阿克巴大帝（Akbar the Great）也安排了把新生儿放在无语言的环境中养大，然而却发现孩子根本不会讲任何话。可悲的是，阿克巴的实验结果最合乎真实世界里那些被发现在与世隔绝的环境中成长、未接触过人类语言的儿童的情况。幼儿早年若生活在接触不到人类语言的环境中，就学不会任何语言。18 世纪末被发现的法国阿韦龙（Aveyron）的野孩子维克多（Victor）就是这样的情况，20 世纪70 年代曝光的生长环境特殊的美国儿童吉妮（Genie）也是如此（详见第12 章）。从这类证据来看，并不存在什么"自发的"语言。如果人类语言确实源自神创起源，我们并不能把那最初的语言重构出来，尤其别忘了在那个叫巴别（Babel）的地方发生了什么事，如《创世记》（11∶9）所描述："因为耶和华在那里变乱天下人的言语"。

自然声音起源

与之全然不同的语言起源观，基于自然声音之概念。人类的听觉系统从出生之前（约怀胎七个月时）就已经在运作了。这种早期处理能力发展出了在环境中辨别声音的能力，使人类能够在声音和发出该声音的事物之间建立起联系。由此形成一种思想，认为原始词汇源于人们对自己周边听到的自然声音的模仿。叶斯柏森（Jespersen 1922）发明了若干个绰号用于讨论语言起源，其中这一种思想被称为"汪汪说"（"bow-wow" theory）。

"汪汪说"

这一设想中，不同事物飞过眼前，发出呱呱或咕咕的声音时，早期人类就会尝试模仿其声音；其后此物已不在眼前时，仍用这样的声音称呼之。所有现代语言里都有些词，其发音似乎呼应了自然存在的声音，这个事实可用来支持该理论。英语中除了 cuckoo（布谷鸟）之外，还有 splash（泼水）、bang（猛击）、boom（隆隆声）、rattle（喀嚓声）、buzz（蜂鸣）、hiss（蛇吐信子发出的嘶嘶声）、screech（尖叫），当然还有 bow-wow（狗汪汪叫）。

词若听着像其所描述的声音，就是**拟声词**（onomatopoeia）之例。虽然任何语言中都有一定数量的词具有拟声性，但是，在仅仅呼应自然声音的语言里，大多数无声事物（如"低矮枝条"）和抽象概念（如"真相"）当初是如何指称的，就很难解释了。此外，这一观点似乎认为语言不过是表示事物"名称"的词的集合，对此，我们同样高度怀疑。

"呸呸说"

叶斯柏森起的另一个绰号是"呸呸说"（"pooh-pooh" theory），这一理论认为，言语源于人在情绪条件下发出的本能声音。这就是说，最初的语音可能源于疼痛、愤怒、欢喜等自然情绪所引发的喊叫声。从这一路线来看，Ouch!（哎呀）应该是具有表痛苦的内涵的。但是，Ouch! 以及 Ah!（啊）、Ooh!（哦）、Phew!（呸）、Wow!（惊叹声）、Yuck!（恶心声）之类的其他感叹词，通常都是通过骤然吸气而发出的，这与常规说话刚好相反。我们正常情况下是一边向外呼气，一边说出话语，说话时是呼气而不是吸气。换言之，人们在情绪反应中发出的那些富有表达力的声响里，含有说话时并不使用的音；因此，这样的音似乎极不可能充当语言的源头音。

音乐起源

对自然声音的探讨，问题之一在于认为这些声音曾被用来创造"词"。然而，我们在会说词之前，就会发出各种各样根本不是词形式的声音了。我们回顾一下，人类婴儿很小时就能处理声音，之后很快开始发出声音，这可为语言是如何发展的提供一些线索。婴儿发育的早期，存在一个漫长的阶段,成年人和婴儿在此阶段先借助单音,再借助更长的音列来交流,孩子此时把语调用作一种非语言交际手段。在有些学者看来,这与音乐能力发育早于造词能力的看法相一致。1871年,著名学者查尔斯·达尔文做了如下陈述:

> 人类先祖,无论男性、女性还是两性皆如此,获得通过有声语言来表达互爱的能力之前,曾致力于用乐符和节奏来相互吸引,这一猜测似乎并无不妥。

早期人类把时间花在试图"相互吸引"上,这想法可能跟我们对早期先祖的典型印象不符,印象中的先祖是些极为粗犷的人物,身披兽皮,全无魅力可言。不过,暂且放下"吸引"之事,我们确有证据证明,语调以及由此而生的创造旋律之能力,在人类婴儿当中发育得早于语言的其他方面。我们或可以说,我们的第一种乐器就是人声,或者再具体些说,就是对声带震动的控制。控制呼气系统,以发出更广泛的声音,同样必不可少。

对新生儿的研究已发现,他们能够辨认出自己母亲的声音的语调,对母亲声音的适应超过任何其他声音。他们还对自己母亲的语言的语调表现出偏爱,甚至别人说这种语言时也依然如此。这些观察结果显示,早期人类可能确实掌握并使用过旋律来表达自我,后来才给自己的歌曲填上了词。然而其他生物,从鸣禽(songbird)到座头鲸(humpback whale),同样会唱歌。我们必须思考,是什么促使人类超越旋律,发展出更加精妙的手段来相互交流。动机之一,很可能是合作的需求。

社会互动起源

叶斯柏森(1922)起绰号为"呦呵嗬说"("yo-he-ho" theory)的起源,涉及的是做体力活时的发音,或者更确切地说,是协调组织由多人参加的体力活动时所需要的音。因此，早期人类群体发展出的或许不仅仅是歌，而且还有些各不相同的抱怨与咒骂，搬起、扛走树木的大块枝干或是死了的长毛猛犸时用得到。

这一设想的吸引人之处，在于把人类语言发展置入了社会背景中。早期人类一定是群居的，因为较大的群体或可提供更好的保护来对抗袭击。群体必然是社会组织，若要维系这样的组织，某种形式的交流是必不可少的，哪怕只是些抱怨与咒骂。于是，音在早期人类群体的社会互动中获得了某种有规则的使用。关于以人类方式发出的音的使用，这是个重要观点。然而，这一观点并不能揭示所发的音的起源。猿及其他灵长类动物也过社会群居生活，也使用抱怨声和具有社会性的叫声，但是却未发展出言语能力。

生理进化起源

我们先不看充当人类言语源头的各类音，而是来看看人类所具备的各种身体特征，尤其是可能支持了言语之产出的那些身体特征。我们首先看到，我们的祖先在较早阶段就完成了朝向直立姿态的重大转向，用两只脚走路。这切实改变了我们呼吸的方式。四足生物当中，呼吸节奏与走路节奏密切联系，形成了一步一呼吸的关系。而两足生物当中，呼吸节奏并不跟走路节奏绑定，使较长呼气发音和较短吸气发音成为可能。据计算，"人类边说话边呼吸时，90%的时间用于呼气，仅留10%的时间用于快速吸气"。（Hurford，2014：83）

身体上的其他变化也已有发现。为一名6万年前的尼安德特人重构的声道显示，某些类似辅音的语音区别当时是可能的。在大约3.5万年前，化石骨骼结构中开始出现与现代人类很相像的特征。进化发展研究显示，有些生理特征，是其他灵长类动物身上的特征的整合版本。这些特征自身无法保障话语，但却是很好的线索，表明拥有这类特征的生物极可能具备言语能力。

齿与唇

人类的牙齿是竖直的，而不是像猿的牙齿那样向外倾斜；人类的**牙齿**（tooth）高度大体相同，并且小得多。这样的特征对于切割撕咬食物并无太大用处，似乎更适合研磨和咀嚼，并且对发 f 或 v 之类的音非常有帮助。人类的**唇**（lips）具有比其他灵长类动物精致得多的肌肉交织结构，由此产生的灵活度对发 p、b、m 之类的音当然有帮助。事实上，人类婴儿在 1 周岁之内发出的音当中，b 和 m 是最常辨出的音，无论他们的父母讲哪种语言皆如此。

口与舌

和其他灵长类相比，人类的**嘴**（mouth）相对较小，可快速开与合。嘴成为声道的外延部分，而人类声道和其他灵长类由前向后的直线路径相比，更接近 L 形。和其他大型灵长类薄而扁平的舌相比，人类拥有的是更短、更厚、更富肌肉性的**舌**（tongue），可在口腔内用于塑造种类繁多的音。此外，和其他灵长类不同，人类能够关闭鼻腔气道，从而在口腔中形成更大气压。上述细微差异叠加起来的总体效应，就是使面部拥有更为精致的肌肉，与唇和口相交织，从而能够形成种类更多的形状，并通过这些不同形状更迅速、更有力地把音发出来。

喉和咽

人类的**喉**（larynx），或称"音箱"（"voice box"）（内含声带）与猴子等其他灵长类的喉在位置上有显著不同。在人类身体的进化过程中，直立姿态的结果，让头颅移至更直接位于脊柱上方之处，让喉下降至较低位置。由此产生了一个更大的腔体，称为**咽**（pharynx），位于声带瓣上方，充当共鸣器，让通过喉而发出的音的种类增加，清晰度提高。这一进化的不利结果之一，是人类喉部较低的位置使人更可能被食物噎到。猴子或许无法用其喉部发出言语声，但也没有让食物呛入其喉管的烦恼。用进化论的术语来说就是，获得这种额外声音力量必然有较大优势（即发出更多种音），其意义高于因噎住致死风险上升而造成的潜在劣势。

7　　　　　　　　　工具制造起源

在身体进化观当中，一种功能（发出言语声音）必然要建立在此前用于其他目的（咀嚼、吮吸）的已有解剖特征（齿、唇）的基础之上。类似的进化据认为也曾发生于人类的手，有些人相信，手势（gesture）可能是语言的前身。有证据显示，大约 200 万年前，人类已发展出对右手的偏爱，已能够制造石质工具。制造工具，或者说以双手触弄物品并对其加以改变之结果，正是大脑运作的证据。

人脑

人类的**大脑**（brain），不仅与人的身材相比体积较大，而且还呈现出**侧化**（lateralization），即两半球各有专门功能。（更多细节见第 12 章）控制复杂发声（说话）以及控制物品（制造或使用工具）所需的肌体运动的功能，在大脑左半球中相距很近。这就是说，控制臂部和手部肌肉的运动皮层（motor cortex）区域，紧挨着控制面部、腭部、舌部发音肌肉的区域。人类的语言使用能力和工具使用能力之间，可能存在过进化联系；二者可能都与负责说话的大脑的进化相关。

近年有研究追踪了娴熟石匠凿制石质工具时大脑中的特定活动，石匠们使用的就是大家熟知的、已存在了 50 万年的技术。研究者还度量了这些人被要求默想（不出声）某些词时的大脑活动。血液流向大脑某些特定部分的模式十分相似，这表明语言结构的某些方面，跟此前用双手进行的石器工具制造活动，有可能是通过相同的大脑回路（brain circuit）发展而来的。

我们若从原始工具制造中所涉及的最基本过程来思考，会发现只抓着一块石头（发出一个音）是不够的；人类还须拿来另一块石头（其他音），使之与第一块相接触，从而制造出工具。而从语言结构来看，人类可能先要发展出固定地用一种声音来命名的能力（如 bEEr [啤酒]）。另有关键性的一步，是拿来另一种特定声音（如 gOOd [好]）与前者结合，从而构建出一条复杂信息（bEEr gOOd [啤酒好]）。发展了数千年之后，人类已把这种构建信息的本领磨炼到了这样的地步：星期六，看着足球赛，喝一口提神的饮品，赞一句"This beer is good."（这啤酒好）。据我们所知，其他灵长类可不这么做。

基因起源

我们可以思考一下人类婴孩最初的几年，将其作为身体所发生的一部分变化的活例子。婴儿出世时，大脑仅为最终重量的 1/4，喉在嗓头里高很多的位置上，使婴儿能够像黑猩猩那样，同时呼吸和饮水。在相对较短的时间内，喉下降了，大脑发育了，儿童采取了直立姿态，开始走路和说话了。

这套几近自动的发育，以及幼儿语言的复杂程度，让一些学者寻求某种更为有力的东西来充当语言的起源，而不是那些经历漫长岁月而取得的小幅身体进化。即使儿童先天性耳聋（无法发育出言语），只要早年给予适当环境，仍可成为熟练的手语使用者。这似乎表明，人类后嗣出世时即拥有特殊的语言能力。这能力是先天的（innate），似乎没有任何其他生物具有这能力，这能力也未与仅一种具体语言绑定。人类新生儿的这种语言能力，是否可能已从基因上得到了硬线控制（hard-wired）？

先天假说

作为语言起源谜题的答案之一，**先天假说**（innateness hypothesis）似乎把人类基因中经历过一两次关键突变的某种东西,指认为起源。关于人类发展的研究中,已指明了与人类饮食变化相关的若干次基因突变,尤其是导致了卡路里摄入量增加的那些变化,可能与消化食物中淀粉的能力密切相关,并使葡萄糖的产出明显提高。这些变化据认为改善了大脑中的血流,为体积更大、复杂度更高的大脑的形成创造了条件。我们不清楚这些基因变化是何时发生的,也不清楚这些基因变化与前面论述过的身体进化有何关系。不过,思考这一假说时,我们对语言起源的猜想就从化石证据或人类基本声音的物质起源,转向了与电脑运行方式的类比(如预编程[pre-programed]、硬线控制),也转向了那些从生物学和基因学研究引入的概念。对语言起源的研究,因而变成了对只有人类才具备的特殊"语言基因"的探寻。本章末尾的作业题之一(第12页作业题G)里,你可以探究其中一种特定基因(FOXP2)的发现背景,该基因据认为在语言产出方面具有作用。

我们如果的确是拥有特殊语言能力的唯一生物,那么其他生物产出语言、理解语言是否完全不可能?我们将在第2章中尝试回答这个问题。

习　题

1. 书面语言是何时产生的?
2. 人类的听觉系统可认为是何时开始运作的?
3. 达尔文认为早期人类交际的基础是什么?
4. 要想产出语调,早期人类需要控制住的两件事是什么?
5. 人边呼吸边说话时,通常包括百分之几的吸气?
6. 人的喉和其他灵长类的喉,位置上有何区别?
7. 像 Ooh! 或 Yuck! 这样的感叹词,为什么不太可能是人类言语声音的源头?

8. 语言起源的"汪汪说",背后的基本思想是什么?
9. 为什么很难赞同普萨美提克所说的,弗里吉亚语必然是最初的人类语言?
10. 咽在什么位置?它如何在人类的语音产出上扮演了重要角色?
11. 你认为手语娴熟的耳聋幼儿为什么可以用来支持先天假说?
12. 七种"起源"中的哪一种,你可以用来跟下文联系起来?

咀嚼、舔舐、吮吸是极其常见的哺乳动物行为,从随机观察来看,这些行为与言语有明显相似之处。(MacNeilage,1998)

作业题

A. 海姆立克急救法(Heimlich maneuver)和人类言语进化之间有何联系?
B. 巴别那里到底发生了什么事?此事为何可以用于解释语言的起源?
C. 关于人类语言起源的目的论解释(teleological explanation),支持和反对的证据都有哪些?
D. 丹麦语言学家奥托·叶斯柏森,曾为我们提供了"汪汪说""呸呸说"这两个关于语言起源理论的术语,但他对二者皆持否定意见,而支持另一种理论。叶斯柏森(Jespersen,1922,第21章)支持何种解释来充当早期语言的可能源头?
E. 关于人类进化中大脑、工具、语言三者关系的研究,通常会提及两种不同类型的工具,分别被称为奥都万工具(Oldowan tool)和阿舍利工具(Acheulean tool)。二者有何区别?使用于什么时代?二者中哪一个在本章所论述的近年有关大脑血流的研究中得到了探讨?
F. "个体发生学重演系统发生学"(ontogeny recapitulates phylogeny)

的思想 1866 年由恩斯特·海克尔（Ernst Haeckel）首次提出，至今仍频繁用于语言起源之讨论。你可否找到一种专业性不那么强的简单些的方式来表述这一思想？

G. FOXP2 基因首次被发现时，曾被誉为"语言基因"。这一论断的基础是什么？如今这一论断有何变化？

H. 威廉·福里（William Foley）在其对人类语言开端的分析中，总结出"我们所称的语言，诞生于 20 万年前"（Foley，1997：73）。这比其他学者所提的年代（10 万年前至 5 万年前之间）早很多。为"语言诞生"选定特定年代，通常需要提出什么样的证据和论证？

I. 本章所论述的天生假说，与普遍语法（Universal Grammar）思想之间有何联系？

探讨与研究

I. 本章中，我们没有论述语言是作为我们普遍认知能力的一部分而进化，还是作为可独立存在的另一种成分（与智力等无关）而进化。你认为回答这一问题需要何种证据？

（背景资料，见 Aitchison，2000，第 4 章。）

II. 语言、工具制造、右手习惯之间的关系已被提了出来。有没有可能是采取了两脚直立行走之后，手的使用得到了解放，造就了使语言得到发展的某些技能？我们为何采取了直立姿态？这必然使我们的手产生过何种变化？

（背景资料，见 Beaken，2011。）

深入阅读

基本论述：

Aitchison, J. (2000) *The Seeds of Speech*. (Canto edition) Cambridge University Press.

Hurford, J. (2014) *The Origins of Language*. Oxford University Press.

Kenneally, C. (2007) *The First Word*. Viking Press.

更详细论述：

Beaken, M. (2011) *The Making of Language*.（第 2 版）Dunedin Academic Press.

McMahon, A. and R. McMahon. (2013) *Evolutionary Linguistics*. Cambridge University Press.

人类身体进化：

Harari, Y. (2015) *Sapiens: A Brief History of Humankind*. Harper Collins.

拟声词：

Haiman, J. (2018) *Ideophones and the Evolution of Language*. Cambridge University Press.

音乐早于语言：

Mithen, S. (2006) *The Singing Neanderthals*. Harvard University Press.

Patel, A. (2008) *Music, Language and the Brain*. Oxford University Press.

哼哼和咕哝：

Bass, A., E. Gilland and R. Baker (2008) "Evolutionary origins for social vocalization in a vertebrate hindbrain-spinal compartment." *Science* 321 (July 18): 417–421.

维克多、吉妮、野孩子：

Lane, H. (1976) *The Wild Boy of Aveyron*. Harvard University Press.

Newton, M. (2002) *Savage Girls and Wild Boys: A History of Feral Children*. Picador.

Rymer, R. (1993) *Genie*. HarperCollins.

"汪汪说"等：

Jespersen, O. (1922) *Language: Its Nature, Development and Origin*. George Allen & Unwin.

婴儿发出的最初的声音：

Locke, J. (1983) *Phonological Acquisition and Change*. Academic Press.

母亲的语调：

Mampe, B., A. Friederici, A. Christophe and K. Wermke (2009) "Newborns' cry melody is shaped by their native language." *Current Biology* 19: 1994–1997.

McGilchrist, I. (2009) *The Master and His Emissary*.（第3章）Yale University Press.

Vaneechoutte, M. and J. Sloyles (1998) "The memetic origin of language: modern humans as musical primates." *Journal of Memetics* 2: 84–117.

社会互动：

Burling, R. (2005) *The Talking Ape*. Oxford University Press.

身体发育：

Blake, J. (2000) *Routes to Child Language*. Cambridge University Press.

Lieberman, P. (1998) *Eve Spoke: Human Language and Human Evolution*. Norton.

手势：

Corballis, M. (2002) *From Hand to Mouth*. Princeton University Press.

McNeill, D. (2012) *How Language Began: Gesture and Speech in Human Evolution*. Cambridge University Press.

大脑发育：

Loritz, D. (1999) *How the Brain Evolved Language*. Oxford University Press.

石器工具：

Balter, M. (2013) "Striking patterns: skill for forming tools and words evolved together." *Science/AAAS/*News (August 30, 2013) and news.sciencemag.org

Uomini, N. and G. Meyer (2013) "Shared brain lateralization patterns in language and Acheulean stone tool production: a functional transcranial Doppler ultrasound study." *PLoS ONE* 8(8): e72693.

天生论：

Pinker, S. (1994) *The Language Instinct*. William Morrow.

反天生论：

Sampson, G. (2005) *The "Language Instinct" Debate*.（修订本）Continuum.

基因学与较大大脑论：

Fiddes, I., G. Lodewijk, M. Mooring, S. Salama, F. Jacobs and D. Haussler (2018) "Human specific NOTCH2NL genes affect notch signaling and cortical neurogenesis." *Cell* 173: 1356−1369. https://doi.org/10.1016/j.cell.2018.03.051

其他参考资料：

Erard, M. (2016) "Why Australia is home to one of the largest language families in the world" www.sciencemag.org/news/2016/09/why-australia-home-one-largest-language-families-world September 21, 2016.

Foley, W. (1997) *Anthropological Linguistics*. Blackwell.

MacNeilage, P. (1998) "The frame/content theory of evolution of speech production." *Behavioral and Brain Sciences* 21: 499−546.

2　动物与人类的语言

80年代中期的一个傍晚，我和妻子乘坐完环游波士顿港的游艇上了岸，遂决定在水岸边散散步。我们走过波士顿水族馆门前时，听到一个沙哑的声音大喊："Hey! Hey! Get outa there!"（嘿！嘿！出去！）我们以为误入了什么禁止入内的区域，就停下脚步环视四周，以为能看到某位保安或是别的什么负责人，但既没看到任何人，也没看到什么警示牌。那声音再次响起："Hey! Hey you!"（嘿！嘿，你！）我们循声而去，发现自己在走向水族馆前的一座用玻璃罩起的巨大水池，四只港海豹（harbor seal）懒洋洋地躺在里面展览。难以置信的是，我竟发现这命令声源自一只大个的海豹，他身子竖直地倚在水里，头向后上方仰着，嘴微微张开，慢慢打着转。海豹在说话，不是对我说话，而是对着天空说话，顺便也对听觉可及范围内任何在乎这声音的人说话。

迪肯（Deacon, 1997）[①]

关于会说话的动物的故事很多。我们通常认为这样的故事是幻想的或虚构的，抑或是涉及些仅仅会对听到的人话加以模仿的禽或兽（特伦斯·迪肯遇到的，是波士顿水族馆的叫声很大的海豹[②]）。不过，我们相

[①] 迪肯（Terrence Deacon，1950年生），美国神经人类学家。——译者注

[②] 这只海豹名叫胡福（Hoover），1971年被缅因州民众救助收养，不久后运至波士顿市新英格兰水族馆（New England Aquarium）。据联合通讯社（AP）1985年7月26日的报道，这只海豹在新英格兰水族馆展出13年，每年接待游客90万人次，成为该馆的吉祥物和观光大使。——译者注

信动物会交流，当然是和同一物种的其他成员交流。动物是否可能学会利用语言跟人类交流呢？或者说，人类语言是否具有一些特征，使之独一无二，与其他交际系统极为不同，因而无法被其他任何生物学会？我们若要回答这些问题，首先要看看人类语言的一些特别的特征，之后再回顾几个关于人类与动物相交流的实验。

14 交 际

我们首先应区别专用的**交际信号**（communicative signal）和那些可能并无意图的**信息信号**（informative signal）。听你说话的人可通过一些你无意图发出的信号而获取关于你的信息。她可能注意到你感冒了（你打喷嚏了），注意到你感觉紧张（你如坐针毡的），注意到你不拘小节（你穿的袜子不是同一双），注意到你不是本地人（你口音奇怪）。然而，如果你用语言告诉此人："我是这家医院资深脑外科医生空缺职位的应聘者之一"，你就显然是在有意图地进行交际了。人类有能力把语音和音节用于并无交际目的的语流中，例如**舌言**（glossolalia，即 speaking in tongues）③这种让人联想起基督教五旬节教派（Pentecostal Christian churches）④的宗教行为。由此发出的声音听着像语言，但却不受控于说话者，因而不是有意图的交际。对于鸟类发出的一些啾啾声和唱歌声，我们或许可以下同样

---

③ "舌言"是对 glossolalia 的直译。从其构成来看，glossolalia 源于希腊语 γλῶσσα（舌）和 λαλέω（说话）的复合。雅柯布森、沃（Roman Jakobson & Linda Waugh）在《语言音形论》(*The Sound Shape of Language*，1979）一书中指出，舌言不仅见于基督教派别，而是在不同国家、不同时期、不同信仰中广泛存在。《语音学与音系学词典》（语文出版社，2000）将这一术语译为"符咒语言"。——译者注

④ 据佩特森（R. Dean Peterson）《基督教简史》(*The Concise History of Christianity*，1998）, 五旬节教派 19 世纪兴起于美国，强调与神之圣灵直接接触，从而获得神所赐予的恩典，最重要的恩典之一即是舌言，被视为圣灵喷涌而出的确凿标志。——译者注

的论断。乌鸫拥有黑色的羽毛、坐在枝头上,我们并不认为它在交际什么;但是这鸟若在猫出现时高声大叫,就可认为是在发出交际信号了。因此,我们谈论人类语言和动物交际之间的区别,就是从有意图交际潜质角度,对二者加以思考。

人类语言的特征

虽然我们往往把交际视作人类语言的首要功能,但这并不是其唯一的本质特征。所有动物都以某种方式交际,哪怕不是通过话语发声(vocalization)来交际。然而我们怀疑,其他动物在制造交际信息或检验交际信息奏效与否的过程中,并不进行反观(reflect)。这就是说,一只汪汪叫的狗很可能无法向另一只汪汪叫的狗提供"嘿!你应该小声点汪汪才能让叫声更具威吓力"之类的建议。它们无法通过汪汪叫来谈论汪汪叫。人类显然有能力反观语言及其使用(例如,"我真希望他别用那么多专业术语")。这就是**反观性**(reflexivity,亦作 reflexiveness)。反观性特征解释了这个事实:我们可以用语言来思考、谈论语言本身,使之成为人类语言的本质特征之一。的确,如果没有这一普遍能力,我们就无法思考或认定人类语言的其他任何独有特征了。下面我们将详细审视其中的五个特征:移位性、任意性、能产性、文化传承性、双层性。

移位性

你的猫来到你身边,喵喵地叫,你可以参照当下的时间和地点而搞懂这条信息。如果你问猫过得怎样,得到的回应很可能是同样的喵喵声。动物的交际似乎全然为此时和此地而设计,无法用来跟不在此时此地的事物相联系。你的狗发出 GRRR 的声音,表示的就是此时的 GRRR,因为狗无法交流"昨晚的 GRRR""公园那边的 GRRR"。与之相反,人类语言使用者正常情况下有能力产出相当于"昨晚的 GRRR""公园那边的 GRRR"的信息，继而说出"其实我想明天回来再要一点"。人类可以谈论过去和未来的时间。人类语言的这一特征，称作**移位性**（displacement）。这就使语言使用者能够谈论直接环境中并不存在的东西。移位性甚至可让我们能够谈论一些我们并不确定其存在的事物和处所（如天使、仙女、圣诞老人、超人、天堂、地狱）。

我们可以把蜜蜂的交际视为一个小小的反例，因为蜜蜂的交际似乎具有某种形式的移位性。工蜂发现蜜源并返回蜂巢时，可以用跳舞方式向其他蜜蜂交际，告诉它们花蜜源的位置。其他蜜蜂依据跳舞类型（圆圈舞表示近处，摇动尾部的舞表示较远处），可看出这一新发现的宴席去哪里才找得到。蜜蜂指明一定距离之外的处所的能力，难道不表示蜜蜂交际的特征中至少具有一定程度的移位性吗？没错，但是这只是一种很有限的移位性。这种移位性可没有人类语言所能表达出的那么多可能性。蜜蜂当然能够引导其他蜜蜂找到食物来源，但必须是最近期的食物来源，而不能是"上周末我们去过的那片位于城市另一端的可口玫瑰丛"；据我们所知，也不能是蜜蜂天堂里未来的花蜜源。

任意性

通常情况下，语言形式和其意义之间没有"自然"联系；这联系是非常任意的。我们无法看着阿拉伯语 كلب（狗）一词，从其字形确定出它有自然而明显的意义，正如我们从翻译出的英语 dog（狗）一词中也看不出这样的意义。该语言形式跟外部世界中那种毛茸茸、四条腿、汪汪叫的东西之间并无自然的、"象似性"（iconic）的关系。词和事物之间的这层关系，被描述为**任意性**（arbitrariness）。如图 2.1 所示，让词跟所指称的概念"相符"是可能的，但这种游戏恰恰强调了词和其意义之间的联系通常是任意性的。

图 2.1　被弄得与概念"相符"的词⑤

语言中有一些词，其发音似乎"呼应"了事物或活动的声音，因此任意性联系似乎较低。英语的例子如 cuckoo（布谷鸟）、crash（摔碎）、slurp（发出声响地吃喝）、squelch（压碎）、whirr（旋转）。但是，这些拟声性词语（onomatopoeic word）在人类语言中相对少见。

而对于动物发出的大部分信号来说，所表达信息和用来表达该信息的信号之间，却明确显现出清晰的联系。此印象可能与这个事实紧密相关：任何动物，交际所使用的那套信号都是有限的。动物的每种交际都由数量有限的声音形式和姿态形式构成，许多这样的形式仅仅用于特定的情景（如建立领地）或特定的时间（如求偶）。

文化传承性

我们虽然从父母那里继承了身体特征，如褐色眼睛、暗色头发等，但是并不继承他们的语言。我们习得语言，借助的是和其他说话者交往的文化，而不是源自父母的基因。韩国父母在韩国生的婴儿，若被美国说英语的人收养并养大，将会拥有从亲生父母那里继承来的身体特征，但毫无疑问将讲英语。而一只小猫若是从小获得类似的经历，却依然只会喵喵叫。

语言由一代人传递给下一代人的过程，称作**文化传承**（cultural transmission）。很明显，人类一出生即拥有某种普遍意义上的语言习得之禀性

---

⑤ 例词为英语，词义从左到右依次为："球""倒下""小""高""墙"。——译者注

（predisposition）。不过，我们并不是一出生即具有说某一具体语言（如英语）的能力。作为儿童，我们在某一文化中习得自己的第一语言。

动物交际的普遍模式是，动物一出生就拥有一套可本能发出的特定信号。鸟类研究中有证据显示，鸟类发展其鸣唱时，须把本能与学习（或接触）相结合，才能产出正确的鸣唱。这些鸟在出生后的前七周若听不到其他鸟叫，仍可本能地发出鸣唱或鸣叫，但其鸣唱会有某种不正常之处。而人类的婴儿若在与世隔绝的环境中长大，是无法产出"本能"语言的。

能产性

人类通过操控语言资源来描述新事物与新情形，不断创造新的表达。这一特征称作**能产性**（productivity），亦可称为"创造性"（creativity）或"开放性"（open-endedness），这就意味着，任何人类语言，话语的潜在数量都是无限的。

其他动物的交际系统并非如此。蝉只有 4 种信号可供选择，绿猴（vervet monkey）有 36 种叫声。动物似乎也不可能产出新信号用于新经历或新情况。蜜蜂通常能够跟其他蜜蜂交流蜜源位置，但是如果这位置真的很"新"，就无法进行这样的交际。有个实验中，一窝蜜蜂被放在了无线电信号塔脚下，食物源则被放在了塔顶。十只蜜蜂被带到塔顶，尝到了美味的食物，随后飞去向巢内同伴报信。蜂舞传达了信息，群蜂倾巢出动，去获取这免费大餐。只见群蜂四下乱飞，却无法定位食物。（这可真是让蜂群炸锅的好办法！）问题似乎在于，蜜蜂的交际有一套固定的信号用于表述位置，这套信号全部与水平距离相关联。蜜蜂并不能操控其交际系统来创造表示垂直距离的"新"信息。做此实验的卡尔·冯·弗里什（Karl von Frisch, 1993）认为，"蜜蜂的语言里没有'上方'这个词"，它们也无法发明一个。

动物交际中缺乏这样的能产性，可从**固定指称**（fixed reference）角度来描述。其他动物的交际系统中的每个信号，都显示出固定地与某一具体情况或目的相联系。基于气味的信号尤其如此，如雌蛾等昆虫试图吸引配偶时所释放的信息素（pheromone，一种化学物质），就是一种气味对应一种意义之例。

我们的近亲中，马达加斯加有些仅拥有 3 种基本叫声的狐猴（lemur，类似小型猴子）。而在绿猴的叫声库里，有一种危险信号是 CHUTTER，用于周围有蛇时；另一种是 RRAUP，用于附近发现老鹰时。或可算作能产性之证据的是，这种猴子看到样子像蛇的动物飞来时，会发出某种类似 CHUTT-RRAUP 的叫声。虽然许多实验研究里都涉及突然从头顶上方出现的蛇（若干怪异情况中的一种），但绿猴却并未产出新的危险信号。人类若是遇上类似的情况，当然能够创造出"新"信号，首先可能会吃惊，但紧接着就会说出一句以前从没说过的话，如："嘿！小心那条飞蛇！"

双层性

18

人类语言同时在两个平面上组织，这一特征称作**双层性**（duality），亦称"双层表达"（double articulation）。我们说话时有一个物质平面，可在这个平面上发出 n、b、i 之类的单音。这些分开的形式作为单音，哪一个也没有内在的意义。而在 bin（垃圾桶）之类的组合中，我们就有了带有意义的另一个平面，这意义不同于 nib（笔尖）之组合的意义。因此，一个平面上，我们有各不相同的音；另一个平面上，我们有各不相同的义。两平面的双层性，是人类语言最经济的特征之一，因为我们可以借助一套有限的音，产出数量极大的语音组合（即词），意义各不相同。

其他动物当中，每个交际信号似乎都是单一而固定的形式，无法拆分成不同部分。虽然你的狗可以发出 woof 表示"我很高兴见到你"，但它做到这一点，似乎不是基于独特的产出平面，让 w + oo + f 这些分开的成分组合起来。假如狗会操纵双平面（双层性），我们或许就能听到不同组合表示不同意义了，如用 oowf 表示"我饿了"，用 foow 表示"我好闷"。

对动物说话

如果这些特征让人类语言成为一种独特的交际系统，那么其他动物似乎极不可能听懂人类语言。但是，有些人类行为却显示并非如此。骑马的人对马喊 Whoa（喔），马就停下来；我们对狗喊 Heel（跟上），狗就紧追着脚跟（嗯，至少有时候如此……）；各种马戏团动物听到指令时都会跳上、跳下、打滚。我们是否应该把这些例子视为证据，证明非人类可听懂人类的语言？恐怕不应该。标准的解释是，动物可对声音刺激做出某一行为，但并不真正"懂"这声音是何意思。

如果动物听懂人类语言已显得很难想象，那么动物能说出人类语言似乎就更不可能了。毕竟，我们平时也没有观察到一种动物产出另一种动物的信号。你可以把马养在奶牛场里很多年，但是这马仍然不会哞哞叫。有些人家，婴儿和小狗可能同时出生，在相同环境里长大，听着同样的东西；但是两年后，婴儿能发出很多人类言语声，小狗却不能。或许小狗做例子太薄弱了。换成黑猩猩等人类的近亲是否会好些？

黑猩猩与语言

把黑猩猩和小孩一起养，这想法可能像个噩梦，但这基本上就是早期尝试教黑猩猩使用人类语言的做法。20 世纪 30 年代，科学家露埃拉·克罗格（Luella Kellogg）和温思洛普·克罗格（Winthrop Kellogg）报告了把黑猩猩幼崽和他俩自己的男婴一起抚养的实验。这只黑猩猩名叫古阿（Gua），据记载能听懂大约 100 个词，但一个词都不会"说"。40 年代，另一对科学家夫妇凯瑟琳·海斯（Catherine Hayes）和凯思·海斯（Keith Hayes），在家中抚养了一只名叫威姬（Viki）的黑猩猩，把她像养育人类儿童那样养。养父母花了 5 年时间，在威姬发音时纠正她的口型，从而竭力让她"说出"英语词。威姬最后终于说出了几个词，如发音非常不准的 mama（妈妈）、papa（爸爸）、cup（杯子）。回顾起来，这是了不起的成就，因为人们现在已清楚知道，非人类的灵长动物身体结构上其实并没有适合言语发音用的声道。和黑猩猩一样，猿和大猩猩也都能用诸多种叫声交流，但是却发不出人类的言语声。

华秀

贝阿特利克斯·加德纳（Beatrix Gardner）和阿伦·加德纳（Allen Gardner）认识到黑猩猩不可能学会口头语言，就开始教一只名叫华秀（Washoe）的雌性黑猩猩使用一种版本的美国手语（American Sign Language）。如下文第 15 章所述，这种手语具备人类语言的全部核心特征，被许多先天性聋儿作为自然的第一语言来学习。不仅如此，野生黑猩猩也被记录过使用多达 66 种不同的手势类型。

从最一开始，加德纳夫妇和助手们就像养育人类儿童那样，把华秀放在舒适的家庭环境中抚养。华秀在周围时大家始终使用手语，而华秀也被鼓励使用手语，虽然她会的只是成年人使用的手势符号的不完善的"婴儿版"。三年半的时间里，华秀逐渐使用了 100 多个词的手势符号，从"飞机""婴儿""香蕉"到"窗户""女人""你"。更让人印象深刻的，是华秀能用这些形式组合起来造出像 gimme tickle（逗逗我）、more fruit（更多水果）、open food drink（开吃喝，指让人打开冰箱）这样的"句子"。有些形式似乎是华秀自造的，她新造了一个表示"饭兜兜"的词，还有 water bird（水鸟，指天鹅）这个组合，这似乎表明她的交际系统具有能产性之潜质。华秀还展现出，她所懂的东西大大多于她所产出的东西，她还能够进行粗浅的对话，主要是问答形式。

图 2.2 黑猩猩萨拉使用的表示词的图卡

萨拉和拉娜

华秀学习手语的同一时期，安·普里玛克（Ann Premack）和大卫·普里玛克（David Premack）教另一只黑猩猩使用一套塑料图卡来与人类交际。这些图卡代表词，可按线性排列来构成"句子"。这只黑猩猩名叫萨拉（Sarah），她喜欢把图卡纵向排列，如图 2.2 所示。此例中的基本方法与加德纳夫妇的方法截然不同。萨拉没有被当作人类儿童养在家庭环境中。首先，她开始接受训练时已经 5 岁多了。她被系统训练着把塑料图卡与事物或行为相联系。她一直是只笼子里的动物，以奖赏食物的方式来训练使用一套符号。萨拉学会使用大量塑料图卡之后，能够从数量不小的图卡里把正确的图卡（蓝色三角）选出来，从而得到一个苹果。注意这个符号是任意性的，因为很难认为苹果和蓝色塑料三角之间有什么自然联系。萨拉还能产出 Mary give chocolate Sarah（玛丽给萨拉巧克力）这样的"句子"，具备弄懂 If Sarah put red on green, Mary give Sarah chocolate（如果萨拉把红色放在绿色上，玛丽就给萨拉巧克力）这么复杂的结构的惊人能力。而萨拉也确实会得到巧克力。

杜安·伦堡（Duane Rumbaugh）借助另一种人工语言，使用类似的训练策略训练了一只名叫拉娜（Lana）的黑猩猩。拉娜学的那种语言，叫耶基斯语（Yerkish）[6]，由一套与电脑相连的大号键盘上的符号构成。拉娜想要喝水时，须找到并按下 4 个符号，来产出 please machine give water（请机器给水）这条信息，如图 2.3 所示。

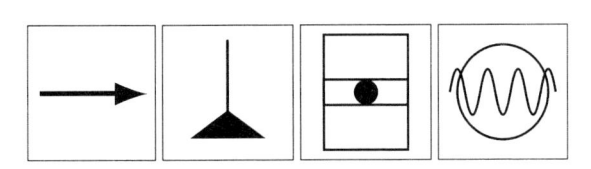

图 2.3　耶基斯语"请机器给水"

争议性

萨拉和拉娜都展示出了会使用类似词符号和基本结构的能力，其方式与语言的使用有粗浅的相似之处。然而，对这些看似是语言能力的东西，却存在诸多质疑。有人指出，拉娜使用表示"请"的符号时，并不需要懂英语 please（请）一词的意思。电脑键盘上表示"请"的符号或许只相当于自动售货机上的按钮，这一观点继而认为，我们根本无需懂语言，就能够学会操作自动售货机。这只是诸多反对意见之一，这些意见都在反驳把上述黑猩猩对手势和符号的使用看作与语言的使用相类似的观点。

心理学家赫伯特·特雷斯（Herbert Terrace）根据自己研究另一只叫

---

[6]　耶基斯语，德裔美国哲学家、心理学家恩斯特·冯·格拉泽斯菲尔德（Ernst von Glasersfeld, 1927—2010）设计的用于非人类灵长动物交际的人工语言，以键盘词符号形式呈现，因格拉泽斯菲尔德当时所工作的美国埃默里大学（Emory University）耶基斯国家灵长类研究中心（Yerkes National Primate Research Center）而得名。——译者注

尼姆（Nim）的黑猩猩的成果，指出黑猩猩使用手势符号只是在呼应人的需求，它们往往是在重复人所使用的手势符号，却被认为仿佛是在参与"会话"。正如许多关于动物学习的批评研究，他也认为这些黑猩猩的行为是对人类驯兽师所提供的（有时是不经意间提供的）线索做出的一种条件反射。特雷斯的结论是，黑猩猩是聪明的动物，学会某种行为（如打手势）是为了得到奖赏，本质上是在表演复杂的"诡计"。

作为回应，加德纳夫妇指出，自己不是驯兽师，也没有触发华秀的条件反射。他们在所设计的消除了一切可视线索的复杂实验中展示出，华秀在没有人类在场的情况下，仍能产出正确的手势符号来表示图片中的物品。他们还强调了华秀和尼姆之间的一个重大差别：尼姆是只复杂环境中的实验动物，常跟许多并非熟练手语者的实验人员打交道，而华秀生活在很局限的家庭环境中，有大量机会跟熟练的手语者进行富有想象力的游戏和互动，而这些手语者自己之间也使用手语。他们还提到，另一群年龄较小的黑猩猩也学会了手语，不时地相互使用手语，并和华秀使用手语，即使没有人类在场时亦如此。

22 **坎兹**

在一系列较新研究中，与这一争议相关的一份有趣的后续，几乎是偶然得出的。苏·萨瓦日-伦堡（Sue Savage-Rumbaugh）尝试训练一只叫玛塔塔（Matata）的倭黑猩猩如何使用耶基斯语符号时，玛塔塔的幼年养子坎兹（Kanzi）一直跟她在一起。尽管玛塔塔自己学得不怎么样，但她儿子坎兹却自发地使用起这套符号系统了，使用得游刃有余。他能学会该语言，不是因为有人教他，而是因为他很小的时候就被暴露在该语言中，对该语言进行观察。坎兹最终学会了大量符号词汇（超过250个形式）。据报道，截至8岁时，他已展示出与2岁半的人类儿童相似的英语口语理解程度。另有证据表明，他固定地使用着一套各不相同的"轻柔声音"，作为词来指香蕉、葡萄、果汁等物。坎兹还会用耶基斯语来索要他最喜欢的电影《火之战》(*Quest for Fire*)⁷，甚至学会了如何拾柴、生火、烹他自己的食物，如本章题头的照片所示。

使用语言

从教黑猩猩如何使用形式各异的语言之尝试中，人们已获取了重要经验。华秀和坎兹是否有能力运用人类而非黑猩猩选择的符号系统，参与到跟人类的互动之中？答案很明显为"是"。华秀和坎兹是否像即将上幼儿园的人类儿童那样，继续有语言方面的表现？答案同样明显地为"否"。但是，我们即便得出了这样的结论，似乎仍无法对何为"使用语言"（using language）下无争议的定义。

解决方案之一，或许是不要再把语言（至少是"使用语言"这一提法中的"语言"）视为一种可拥有或不可拥有的单纯事物。因此我们可以说，（至少）存在两种对"使用语言"加以思考的方式。广义来看，语言充当了不同情景中的某种交际系统。一种情景中，我们把两岁的人类儿童与照顾他的人之间的互动行为视作"使用语言"之例。另一种情景中，黑猩猩与人类互动时，我们观察到了十分相似的行为。必须公平地说，我们在这两种情况里都观察到了参与者在"使用语言"。

然而，这之中却存在差别。两岁儿童的交际活动背后，是一种能力，这能力将发育为一套复杂的语音和结构系统，外加若干计算程序（computational procedure），让这孩子能够产出广泛的话语，这话语中的全新表达，潜在数量是无限的。没有其他哪种生物，能够让"使用语言"达到这样的程度。正是从这一更加全面、更具能产性的角度来看，我们才说语言仅属于人类。

---

⑦ 根据比利时作家罗西尼（J.-H. Rosny，1856—1940）的科幻小说《火之战》(*La guerre du feu*，1911）改编的电影（1981），虚构了公元前 10 万年欧洲原始人的生活。——译者注

习 题

1. 什么是移位性？
2. 具有能产性的交际系统和具有固定指称的交际系统，区别是什么？
3. 反观性为何被视为人类语言的特有特征？
4. 何种证据可用于支持"语言通过文化来传承"这一看法？
5. 我们觉得，那只港海豹何以能够喊出"Hey! Hey you!"？
6. 舌言为什么不应视为交际性语言使用？
7. 据报道，威姬能说出哪些英语词？
8. 华秀能用 water bird（水鸟）这样的表述来指天鹅，她的语言显示出具有什么特征？
9. 加德纳夫妇如何竭力证明了华秀不只是在重复与之互动的人类所发出的手势符号？
10. 如果萨拉能用灰色的塑料图卡表示 red（红）一词的意义，那么她的"语言"显示出具有什么特征？
11. 拉娜所学的那种"语言"叫什么名字？
12. 坎兹的语言学习中，哪个因素被认为是关键因素？

作业题

A. 在关于动物与人类的交际的研究中，有时会提到"聪明汉斯现象"（the Clever Hans phenomenon）。聪明汉斯是谁/什么？他/她/它为什么很出名？这一"现象"究竟指什么？
B. 本章开头处我们认识到了交际信号和信息信号之间的区别。"身体语言"（body language）应做何归纳？"距离域"（distance zone）中又涉及哪种信号的释放？"眼神接触"（eye contact）和"眉毛舞动"(eyebrow flash)又是何情况?
C. 什么是"语音象征"(sound symbolism)?与任意性有何联系?
D.(i) 在关于动物交际的研究中,什么是"回放实验"(playback experiment)?

(ii) 本章中哪些形式的动物交际是通过回放实验发现的?

E. 有人提出,"递归性"(recursion)是人类语言的关键特征之一,也是普遍性人类认知的关键特征之一。什么是递归性?如果发现某种语言在结构上并无递归性证据,那么递归性是否仍可充当人类语言的普遍特征之一?

F. 我们回顾了关于黑猩猩和倭黑猩猩学习与人类交际的研究。只有非洲猿才能完成这一任务吗?有没有关于红猩猩(orangutan)等大型亚洲猿学习如何使用人类交际系统的研究?

G. 心理学家赫伯特·特雷斯(Terrace, 1979)主持的实验中,给那只黑猩猩取的名字有何寓意?

H. 思考动物语言研究中关于黑猩猩的符号使用能力的下列表述,判断这些表述正确与否。何种证据可用来支持或否定这些表述的准确性?

(1)它们能够创造出类似幼儿所说的电报式话语(telegraphic speech)的符号组合。

(2)它们能够发明出新的符号组合。

(3)它们能够弄懂具有复杂词序的结构,如条件句(例如,"如果 X,则 Y")。

(4)它们过度概括了符号的指称,用同一符号表示许多不同事物,与人类儿童幼年时的情况相同。

(5)它们并非自发地使用符号,而只是发出这样的符号来回应人类。

(6)它们拥有时间等复杂概念,因为它们能产出像 time eat(时间+吃)这样的符号组合。

(7)它们用符号来互动,正如 3 岁儿童用言语来互动。

（8）它们平稳提升话语的长度，因而平均话语长度达3.0，与3岁半儿童的话语长度相等。

探讨与研究

I. 下面是另外6种特征（或称"本质特征"），把人类语言和其他交际系统相比较的时候常会谈到：

声音–听觉渠道的使用（vocal-auditory channel use）（语言信号通过使用声音器官而发出，并通过耳来接收）；

专用性（specialization）（语言信号不兼作任何其他类型的目的，如呼吸或进食）；

非方向性（non-directionality）（语言信号自身无方向，可被听觉范围内的任何人习得，即使看不见也依然如此）；

迅速消散性（rapid fade）（语言信号迅速产出，迅速消失）；

相互性（reciprocity）（语言信号的任何发出者都同时是接收者）；

含糊性（prevarication）（语言信号可以是错误的，可用来说谎或欺骗）。

（i）上述特征，在通过语言进行的一切人类交际形式皆可见到吗？

（ii）上述特征是人类语言的特有特征，还是在其他动物的交际系统中亦可见到？

（背景资料，见O'Grady *et al.*，2017，第17章。）

II. 对这些黑猩猩语言学习项目最持续不断的批评就是，黑猩猩和被训练的动物一样，只是为了得到奖赏而做出反应而已，因而并未使用语言来表达任何东西。反复阅读下列报告，尝试判断这几只黑猩猩（达尔、华秀、莫哈［Moja］）的不同行为应如何加以阐述。手势符号用大写字母词表示。

　　睡醒后，华秀打出 OUT（出去）的符号。我以为华秀只是想尿尿，就没听她的。接着华秀抓着我的双手，让我的手也打出了 OUT，随后再用她自己的手打出个 OUT，并向我示意如何出去。

　　格莱格（Greg）呼呼叫着，还发出别的声音，不让达尔（Dar）睡着。达尔把拳头顶在格莱格嘴唇上，发出亲吻那样的声音。格莱格问，WHAT WANT（什么＋要）？达尔回答，QUIET（安静），用这个手势捂在格莱格嘴唇上。

　　莫哈向我和罗恩（Ron）打出了 DOG（狗）的手势，并盯着我俩的脸，等着我们汪汪叫。反复好几次之后，我叫了一声喵。莫哈再次打出 DOG，我也再次喵喵叫，于是莫哈就用更大力气拍我的腿。这情形继续下去。最终，我汪汪叫了，莫哈就跳到我身上拥抱我。

　　我们开车经过冰雪皇后（Dairy Queen）店时，莫哈满眼期待地盯着这店。一分多钟之后，她反复打出 NO ICE CREAM（没有＋冰激凌）的手势，摇着头，把拳头握在嘴边，食指竖着。

（背景资料，见 Rimpau *et al.*, 1989, 上述材料选自该书。另见题为《尼姆计划》[*Project Nim*，Lionsgate 公司出版发行] 的影片，该片描述了关于黑猩猩尼姆的不成功实验。）

深入阅读

基本论述：

Aitchison, J. (2011) *The Articulate Mammal*.（第 2 章）Routledge Classics.

Friend, T. (2005) *Animal Talk*. Simon and Schuster.

更详细论述：

Anderson, S. (2004) *Doctor Doolittle's Delusion*. Yale University Press.

Rogers, L. and G. Kaplan (2000) *Songs, Roars and Rituals*. Harvard University Press.

语言的普遍特征：

Hockett, C. (1960) "The origin of speech." *Scientific American* 203: 89−96.

舌言：

Newberg, A., N. Wintering, D. Morgan and M. Waldman (2006). "The measurement of regional cerebral blood flow during glossolalia: a preliminary SPECT study." *Psychiatry Research: Neuroimaging* 148: 67−71.

Samarin, W. (1972) *Tongues of Men and Angels: The Religious Language of Pentecostalism*. Macmillan.

动物的交际与意识：

Griffin, D. (2001) *Animal Minds*. University of Chicago Press.

Hauser, M. (1996) *The Evolution of Communication*. MIT Press.

蜜蜂的交际：

von Frisch, K. (1993) *The Dance Language and Orientation of Bees*. Harvard University Press.

狐猴交际、绿猴交际：

Cheney, D. and R. Seyfarth (1990) *How Monkeys See the World*. University of Chicago Press.

Jolly, A. (1966) *Lemur Behavior*. University of Chicago Press.

黑猩猩的手势：

Hobaiter, C. and R. Byrne (2014) "The meaning of chimpanzee

gestures." *Current Biology* 24: 1596−1600. http://dx.doi.org/10.1016/j.cub.2014.05.066

黑猩猩和倭黑猩猩个案：

（古阿）Kellogg, W. and L. Kellogg (1933) *The Ape and the Child*. McGraw-Hill.

（威姬）Hayes, C. (1951) *The Ape in Our House*. Harper.

（华秀）Gardner, R., B. Gardner and T. van Cantfort (eds.) (1989) *Teaching Sign Language to Chimpanzees*. State University of New York Press.

（萨拉）Premack, A. and D. Premack (1991) "Teaching language to an ape." In W. Wang (ed.) *The Emergence of Language*. (16−27) W. H. Freeman.

（拉娜）Rumbaugh, D. (ed.) (1977) *Language Learning by a Chimpanzee: The LANA Project*. Academic Press.

（尼姆）Hess, E. (2008) *Nim Chimpsky: The Chimp Who Would Be Human*. Bantam Books.

（坎兹）Savage-Rumbaugh, S. and R. Lewin (1994) *Kanzi: The Ape at the Brink of the Human Mind*. John Wiley.

其他参考资料：

Deacon, T. (1997) *The Symbolic Species*. W.W. Norton.

O'Grady, W., J. Archibald, M. Aronoff and J. Rees-Miller (2017) *Contemporary Linguistics*.（第 7 版）Bedford/St. Martins Press.

Rimpau, J., R. Gardner and B. Gardner (1989) "Expression of person, place and instrument in ASL utterances of children and chimpanzees." In R. Gardner, B. Gardner and T. van Cantfort (eds.) *Teaching Sign Language to Chimpanzees*. (240−268) State University of New York Press.

Terrace, H. (1979) *Nim: A Chimpanzee Who Learned Sign Language*. Knopf.

3 语言的语音

I take it you already know
Of tough and bough and cough and dough?
Others may stumble but not you
On hiccough, thorough, lough and through.
Well done! And now you wish, perhaps,
To learn of less familiar traps?
Beware of heard, a dreadful word,
That looks like beard and sounds like bird.
And dead: it's said like bed, not bead–
For goodness sake don't call it "deed"!
Watch out for meat and great and threat
(They rhyme with suite and straight and debt).

tough、bough、cough 和 dough
相信你已全知晓？
hiccough、thorough、lough 和 through
别人糊涂你可不。
赞！你可又想知道
那些不熟的圈套？
当心可恶的动词 heard
形似 beard 却声似 bird。
还有 dead 音似 bed 而非 bead——
千万莫拿来念 deed！
注意 meat 和 great 及 threat
（韵如 suite 和 straight 及 debt）。

T. S. 沃特（T. S. Watt, 1954）[①]

第 1 章里，我们已注意到人类声道的一些基本特征，以及口腔内部及

[①] 这是一首广为引用的英语小诗的一局部，诗中谈论的英语语音与拼写极不一致的尴尬状况可谓家喻户晓。我们对作者 T. S. 沃特至今了解甚少。美国语言学家弗罗姆金（Fromkin *et al*）等编写的《语言引论》(*An Introduction to Language*, 2013，第 10 版) 一书引用此诗时附注（220 页）：这首诗刊登于 1954 年 6 月 21 日的《卫报》(*Guardian*)，题为《重温你的英语》(Brush Up Your English)。——译者注

周围精密的肌肉交错结构，这赋予人类快速发出种类繁多的语音的能力。不过，人类说话时，并不是随机选几个这样的音简单地发一发而已。只有一部分音才会被常规地选来作为交际活动中重要的音。若要辨明并描写这样的音，我们须放慢日常说话的速度，聚焦于话语流内部的每个单独的音段。这任务看似简单，但却没那么容易。

语音学

幸运的是，对于言语音段的研究，已有了成熟的分析构架，这一构架已发展完善了100多年，称作**国际音标**（International Phonetic Alphabet），简称IPA。本章中，我们将看看如何用这份字母表中的部分符号来表示英语词的音，看看发这些音时涉及人的声道中的哪些物理方面。完整的国际音标表，可在 internationalphoneticalphabet.org 以及 www.cambridge.org/yule7 网站上获取。

关于语音特征的普遍研究叫作**语音学**（phonetics）。我们的主要兴趣点将围绕**发音语音学**（articulatory phonetics），即关于语音如何产生、如何发音的研究。其他研究领域包括**声学语音学**（acoustic phonetics），把言语作为空气中的声波，来研究其物理特征；还有**听觉语音学**（auditory phonetics），亦称感知语音学（perceptual phonetics），研究语音经由耳的感知。

辅 音

我们通常不会注意自己是如何发音的，要想能够描写所发的单个音，需要集中些注意力来看我们对自己的嘴做了些什么。我们从辅音说起。描写辅音的发音，要聚焦于三个特征：清浊差异、发音部位、发音方法。

浊音与清音

我们若要发出一个辅音，首先要由肺把气流推出，穿过气管（trachea，亦称 windpipe）至喉。喉内有**声带瓣**（vocal folds），亦称**声带**（vocal cords），呈两种基本姿势。

1. 当声带敞开时，来自肺部的气流不受阻塞地通过声带，发出**清音**（voiceless sound）。

2. 声带收到一起时，来自肺部的气流通过声带时反复将声带推开，产生震动效应，发出**浊音**（voiced sound）。

把手指尖轻轻放在喉结（喉的一部分，可在下巴下方脖子上摸到）的顶部，随后发出 Z-Z-Z-Z 或 V-V-V-V 之类的音，就能从物理上感受到这一区别。把手指尖保持在同一位置，现在发 S-S-S-S 或 F-F-F-F 这样的音，因为这样的音是清音，所以不会有震动。还有一个诀窍，是在两耳各插入一根手指，别插太深，然后发浊音（如 Z-Z-Z-Z），可听到并感觉到震动，而用同样方式发清音（如 S-S-S-S）时就不会听到或感觉到震动。

发音部位

气流一旦通过喉，就进入了声道，经由咽向上行进；咽呈宽阔的管状，长度约 5 英寸（13 厘米）。随后，气流被推入嘴（口腔声道）或鼻子（鼻腔声道），或两者兼而有之。如第 1 章所述，我们通常是呼气时说话，一般会觉得吸气时说太多话十分困难。大多数辅音的发音，是通过利用舌及口腔中其他部位，以某种方式把气流所经过的口腔声道的形状收紧。许多用来描述音的术语，就是表示该音的发音部位的术语；换言之，就是表示口腔内部哪个位置上发生了收紧。

我们需要的是头部的切面。我们若是把头沿着中间砸开，就能看到发音时必不可少的那些口腔部位。图 3.1 中，除了唇和齿之外，还标出了许多其他身体特征。描述大多数辅音的发音位置，可以从口腔前部开始，一路向后。我们还需记住清浊音的区别，并开始使用国际音标符号来标注具体的音。这些符号将放在方括号 [ ] 内。

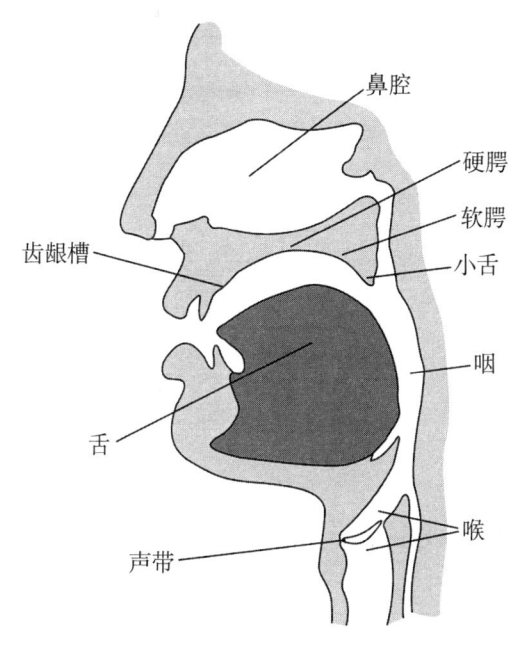

图 3.1 人类的声道

(标注：鼻腔、硬腭、软腭、小舌、齿龈槽、咽、舌、喉、声带)

熟悉的符号

语音学描写辅音时所使用的许多符号很面熟。我们用 [p] 表示 pop（流行）中的清辅音。而各种浊辅音，我们用 Bob（鲍勃）中的 [b]，mom（妈妈）中的 [m]，wet（湿）中的 [w]。这些音是**双唇音**（bilabial），用两片嘴唇发出。

我们用 [f] 和 [v] 表示**唇齿音**（labiodental），这样音是用前上齿和下唇发出的，如 fat（胖）和 vat（大桶）的词首。five（五）一词的发音中，词首是清音[f]，词末是浊音[v]。

上齿的后面是个称作齿龈槽（alveolar ridge）的粗糙区域。我们发**齿龈音**（alveolar）时，把舌前部抬向这一区域，如 tot（小孩）中的[t]、dad（爸爸）中的[d]，size（大小）中的[s]和[z]，rail（轨道）中的[r]和[l]，nun（修女）中的[n]。[t]和[s]是清音，[d]、[z]、[r]、[l]、[n]是浊音。

不熟悉的符号

其他符号可能不那么面熟②，像英语 th 音，有两种表示方法：[θ]的名称是 theta，我们用它来表示清音版本，如 thin（瘦）和 wrath（愤怒），以及 three teeth（三颗牙）这个词组的首音和末音。[ð]的名称是 eth，我们用它来表示浊音版本③，如 thus（因此）、then（然后）、feather（羽毛）、loathe（厌恶）。由于牙齿参与了这些音的发音，这些音因而称作**齿音**（dental）。如果这些音是把舌尖放在两齿之间发的，则称为**齿间音**（interdental）。

有些特殊符号，用来表示在口腔中部发的音，涉及舌和硬腭（palate，即口腔上壁）。我们用[ʃ]表示 sh 音，如 shout（喊）、shoe-brush（鞋刷）；用[ʧ]表示 ch 音，如 child（小孩）、church（教堂）。二者对应的浊音是 treasure（宝藏）、rouge（胭脂）里的[ʒ]音，judge（法官）、George（乔治）里的[ʤ]音。因为这些音（[ʃ]、[ʧ]、[ʒ]、[ʤ]）在齿龈槽与硬

---

② 所谓"不面熟"，不仅因为这些符号常常不是拉丁字母，而且因为美国的中小学教育中并不使用国际音标注音，以致初入大学的学生往往从未见过[ð]、[ʃ]、[ʤ]之类的写法。我国读者显然不会觉得这些音标符号"不面熟"，因为我国各级学校的英语教学中一直在使用国际音标，许多学习者在初中甚至小学阶段就已经非常熟悉这些符号了。大学中文系的"现代汉语"等课程也同样在使用国际音标。这无疑是我们的一大优势，应当保持下去。——译者注

③ theta 读 /ˈθiːtə/，即希腊字母 θ 的名称音；eth 读 /εð/，模仿 f、m、s 等辅音字母的名称音类推而来。——译者注

腭交界的区域发音，所以有时被称为"齿龈后音"（post-alveolar）或"硬腭齿龈音"（palato-alveolar），但我们只将其称为**硬腭音**（palatal）④。另一个硬腭音是［j］，常表示书面字母 y 的音，如 y<u>es</u>（是）、<u>y</u>o<u>y</u>o（悠悠）、law<u>y</u>er（律师）。

偏向口腔后部而发的音，涉及软腭（velum），以**软腭音**（velar）［k］和［g］为典型，前者如 <u>k</u>i<u>ck</u>（踢），清音；后者如 <u>g</u>a<u>g</u>（搞笑），浊音。注意音标［g］不同于印刷体的 g。另一个软腭辅音是［ŋ］，名称是 angma⑤，如 tho<u>ng</u>（皮带）、ri<u>ng</u>ing（响铃）。这些词的词末没有［g］音。

有一个辅音，发音时无需舌的活跃参与。这个音是［h］，如 <u>h</u>ave（有）、<u>h</u>old（握），以及 <u>wh</u>o（谁）、<u>wh</u>ose（谁的）里的第一个音。这个音可描述为清的**声门音**（glottal）。"声门"（glottis）指喉中两声带瓣之间的空间。声门像发其他清音时那样开放，此时从口腔出来的气流若未受任何操弄，发出的音就是［h］。

每个辅音发音位置的小结，见表 3.1。

表 3.1　发音部位

辅音	清音	浊音	发音部位
双唇音	［p］	［b］,［m］,［w］	双唇
	<u>p</u>et, ta<u>p</u>e	<u>b</u>et, <u>m</u>et, <u>w</u>et	
唇齿音	［f］	［v］	上齿和下唇
	<u>f</u>at, sa<u>f</u>e	<u>v</u>at, sa<u>v</u>e	

---

④　本章以英语语音为主要讨论对象，所以作者采取了这个较为简化的提法。严格来说，"齿龈后音"（post-alveolar）和"硬腭音"（palatal）指的是两个不同的发音部位。此处只有［j］是真正的"硬腭音"，其余 4 个音均为"齿龈后音"。详见《国际语音学会手册》，尤其是该书中的"国际音标表"（IPA chart）。和齿龈后擦音［ʃ］、［ʒ］相应的真正的硬腭擦音是［ç］、［ʝ］，其中［ç］是德语的常用辅音，见于 i<u>ch</u> /ɪç/（我）、heutig /ˈhɔytɪç/（当今的）等词的词末。硬腭部位其他常见辅音包括清塞音［c］，如捷克语 chuť /xuc/（味道）；浊塞音［ɟ］，如捷克语 anděl /ˈaɲɟel/（天使）；鼻音［ɲ］，如法语 agneau /aˈɲo/（羊羔）；流音［ʎ］，如意大利语 figlio /ˈfiːʎːo/（儿子）。——译者注

⑤　亦作 agma /ˈæɡmə/。此外，《国际语音学会手册》中给出的名称是 eng。——译者注

续表

辅音	清音	浊音	发音部位
齿音	[θ] thin, bath	[ð] then, bathe	舌尖抵上齿背部
齿龈音	[t],[s] top, sit	[d],[z],[n],[l],[r] dog, zoo, nut, lap, rap	舌尖抵齿龈槽
硬腭音	[ʃ],[tʃ] ship, chip	[ʒ],[dʒ],[j] casual, gem, yet	舌与硬腭
软腭音	[k] cat, back	[g],[ŋ] gun, bang	舌后部与软腭
声门音	[h] hat, who		声带瓣之间的空间

转写语音（而非字母）

一定要记住，书面英语常常是很差劲的发音向导。前面我们已经看到，bang（爆炸声）、tongue（舌头）仅以［ŋ］结尾，虽然写成这样，但并没有［g］音。如表 3.1 所示，英语有些单音，在拼写中用两个字母表示。在 ship（船）一词的词首，我们并不是先发［s］音再发［h］音，而是只有一个［ʃ］音。有些音可与拼写极为不同，如 photo（照片）、enough（足够）中带下划线的部分，发的都是［f］音。

还有些词里有完全不发音的字母，如 write（写）的第一个字母和最后一个字母，以及 right（正确）的中间两个字母。这两个词都读［raɪt］。更难对付的，或许是看似同音却并不同音的字母。试试发 face（脸）—phase（阶段）和 race（赛跑）—raise（举起）这两对词，你会听出每组前一个词的末尾是［s］，后一个词的末尾是［z］。

发音方法

如表 3.1，我们聚焦于发音部位时，会发现［t］和［s］具有相似性，因为二者皆为清的齿龈音。但是，二者显然是不同的音。差别在于二者是如何发音的,也就是其发音方法(manner of articulation)。[t]音是个**塞音**(stop)。我们发塞音时,非常短暂地阻断气流,随后将其猛然放开。[p]音是另外一个塞音。到镜子前,一边看着你的嘴唇,一边念 pop 这个词。词首的[p]音宛如小规模爆裂,因此在有些描述里,用"破裂音"(plosive)而非"塞音"来称呼这种发音方法。

[s]音是个**擦音**(fricative),发音时几乎要阻断气流,随后让气流通过狭小的缝隙,由此产生摩擦。你把手背贴在下巴上,同时发出[sss]的音,就会感觉到气流从上齿后面的齿龈槽挤过,推向下方。其他用于描写发音方法的术语,在表 3.2 中。注意"滑音"(glide)还可以称作"通音"(approximant)或"半元音"(semi-vowel)。

表 3.2　发音方法

辅音	清音	浊音	发音方法
塞音	[p],[t],[k] pet, talk	[b],[d],[g] bed, dog	阻塞气流,猛然放开
擦音	[f],[θ],[s],[ʃ],[h] faith, house, she	[v],[ð],[z],[ʒ] vase, the, rouge	几乎阻塞气流,让气流经由狭窄缝隙逸出
塞擦音 (affricate)	[ʧ] cheap, rich	[dʒ] jeep, rage	把短暂的塞音跟擦音相结合
鼻音 (nasal)		[m],[n],[ŋ] morning, name	软腭下降,让气流由鼻而出
流音 (liquid)		[l],[r] load, light, road, write	抬舌、卷舌,让气流从舌两侧逸出
滑音 (glide)		[w],[j] we, want, yes, you	让舌移向元音或移离元音

辅音表

描写完说英语的人用得到的最常见辅音之后,我们把这些信息列表概括一下(表 3.3)。表格顶端是表示发音部位的术语,外加 −V(清音)

和 +V（浊音）。表格左侧是表示发音方法的术语。

表 3.3 辅音表

	双唇音		唇齿音		齿音		齿龈音		硬腭音		软腭音		声门音	
	−V	+V	−V	+V	−V	+V	−V	+V	−V	+V	−V	+V	−V	+V
塞音	p	b					t	d			k	g		
擦音			f	v	θ	ð	s	z	ʃ	ʒ			h	
塞擦音									ʧ	ʤ				
鼻音		m						n				ŋ		
流音								l r						
滑音		w								j				

声门塞音和闪音

有两种在英语中听得到的辅音发音方式，表 3.3 里没有，这两种方式通常见于较随意的说话场合。**声门塞音**（glottal stop）用符号［ʔ］来表示，声带瓣之间的空间（声门）十分短暂地完全闭合再放开，由此发出这个音。许多人在 uh-uh（意为"不"）一词的中间发声门塞音，他们念 Harry Potter（哈利·波特）这个名字时，仿佛这名字里没有 H，或是没有 tt，而念 bottle（瓶子）或 butter（黄油）时，也没有 tt。

但是，如果你是个念 butter 一词听着像 budder 的人，那么你发的是**闪音**（flap）。这个音用［ɾ］来表示，用舌尖短暂拍打齿龈槽而发出。许多说美国英语的人，倾向于把元音之间的［t］和［d］发成闪音，由此，latter（后者）/ladder（梯子）、metal（金属）/medal（奖章）、writer（作者）/rider（骑马者）中间的辅音就没有区别了。有些年轻学生，在课堂上被告知 Plato（柏拉图）的重要性，笔记里却写成了 playdough（橡皮泥），显然就是听错闪音的受害者。

元　　音

辅音主要通过声道中的阻塞而发音，而**元音**（vowel）则靠相对自由的气流而发出。元音通常都是浊音。描写元音,我们考虑的是舌对气流须行经之处的形状施加影响的方式。关于发音部位,我们把口腔内部空间视为有前部与后部的区别、高处与低处的区别。因此,在 heat(热量)和 hit(打)的发音里,我们会谈到"高而前"的元音,因为这样的音是靠舌前部在抬高的位置上发出的。

与之不同的是,hat(帽子)里的元音是靠舌放在较低位置上发出的,hot(热)里的音则可以描述为"低而后"的元音。下次你对着浴室镜子的时候,试试念出 heat、hit、hat、hot 这几个词。前两个,你的嘴会保持得较为闭合;后两个,你的舌头移到了较低的位置,让嘴张得比较大。(放松时、快活时发出的音,里面的元音通常较低。)

如图 3.4(依据的是 Ladefoged & Johnson,2015)所示,我们可以借助元音表来为英语中最常见的元音做分类,例词位于表格下方。

表 3.4 元音表

	前（front）	央（central）	后（back）
高（high）	i		u
	ɪ		ʊ
中（mid）	e	ə	o
	ɛ	ʌ	ɔ
低（low）	æ		
		a	ɑ

前元音（front vowel）　　央元音（central vowel）　　后元音（back vowel）

[i] bead, beef, key, me　　[ə] above, oven, support　　[u] boo, move, two, you

[ɪ] bid, myth, women　　[ʌ] butt, blood, dove, tough　　[ʊ] book, could, put

[ɛ] bed, dead, said　　　　　　　　　　　　　　　　　　[ɔ] born, caught, fall, raw

[æ] bad, laugh, wrap　　　　　　　　　　　　　　　　　[ɑ] Bob, cot, swan

双元音

除了单个的元音之外，我们还经常发出由两个元音组合而成的音，这样的音称为**双元音**（diphthong）[6]。发双元音时，我们的语音器官由一个元音位置移向另一个元音位置，如 Hi（你好）或 Bye（再见）中，由 [a] 移向 [ɪ] 而发出 [aɪ]。这个双元音里的移动，从低处移向高而前的位置。与之不同的是，我们亦可从低处移向高而后的位置，使 [a] 和 [ʊ] 结合形成 [aʊ]，这个音就是传统说话训练题 [haʊ naʊ braʊn kaʊ] 里反复出现的那个双元音。有些描写里，这种移动被阐释为含有 [j] 或 [w] 这样的滑音，因此我们用 [aɪ]、[aʊ] 表示的这两个双元音，有时可能会被写成 [aj]、[aw]。

元音 [e]、[a]、[o] 在别的语言里可用作单元音，说其他英语变体的人也可能这样用，但在美国英语中，它们更常用作双元音里的前一个音。图 3.2 大致展示了双元音是如何发音的，下方有双元音列表，所附例词呈现了这些音在拼写上的差异。

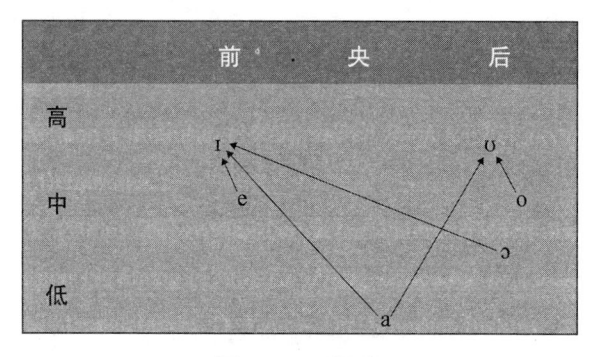

图 3.2　双元音

---

[6] 严格来说，diphthong 这个术语应译为"二合元音"（前缀 di- 意为"二"），以区别于某些语言中可存在的"三合元音"（triphthong）。由于本章基本上以英语为探讨对象，译文故使用我国英语教学界更为熟知的"双元音"这一译法。——译者注

[aɪ] buy, eye, I, my, pie, sigh　　[oʊ] boat, home, owe, throw, toe

[aʊ] bough, doubt, cow　　[ɔɪ] boy, noise, royal

[eɪ] bait, eight, great, late, say

美国双元音与英国双元音

如罗伯茨（Roberts，2017）所述，英国南部英语中某些双元音的发音，与北美英语有显著不同，见表 3.5。注意词末的 [r] 音，这个音在美洲各变体里通常要发出来，但在英国南部英语中通常省略掉，在拥有较高社会地位的人当中尤为如此（见 423 页表 19.1）。

表 3.5　不同的双元音

	poor	**peer**	**pair**	**pour**	**pyre**	**power**
美国英语	[pʊr]	[pir]	[peɪr]	[poʊr]	[paɪr]	[paʊr]
英国英语	[pʊə]	[pɪə]	[pɛə]	[pɔə]	[paɪə]	[paʊə]

细微的个体差异

元音在英语的一种变体和另一种变体之间的差别可谓声名狼藉，在我们所能辨别出的各种口音里，元音常常是关键因素。例如，你可能不分 caught（抓住）和 cot（折叠床）里的元音，在这两个词里都发 [ɑ] 音。你还可能习惯于认为 bed（床）中的元音是词典中的 [e]，而不是此处使用的 [ɛ]。还有许多人看来，[e] 是 came（来）、make（做）等词里的短元音。

你可能不太区分名为 schwa 的 [ə] 音和名为 wedge 的 [ʌ] 音[⑦]。如果做转写，用央音 [ə] 即可。这个音就是 afford（承受）、collapse（倒

---

　⑦　schwa /ʃwɑː/ 之称源于希伯来语，是为希伯来字母标注元音用的尼库德注音符（niqqud）之一，表示 [ə] 音。该术语被 19 世纪末的西欧语音学家采纳并沿用至今；wedge 是英语词，意为"楔子"，因形状而得名。——译者注

塌)、photograph(照片)、wanted(想要)等日常词汇中的非重读元音(加下划线的那个),还见于极为常用的 a 和 the 在随意话语中的读音。你可以查查 49—50 页的作业题 A,看看央音出现得有多频繁。语音的物理发音中,还存在许多其他差异。我们甚至没有提到软腭末端悬垂着的**小舌**(uvula),俗称"小葡萄"(little grape)。小舌可用来与舌后部一起发出**小舌音**(uvular),如法语 rouge(红色)、lettre(信件)等词里 r 的读音,通常用 [ʀ] 来表示。我们越是聚焦于每个音的细微差别,就越容易发现自己能够描写某一群体或某一说话者的发音。这样的差异帮助我们在某人一说话时就辨认出他/她。但是,这样的差异却无助于解释我们何以听得懂那些声音并不为我们所熟悉的完全陌生的人说话。

我们可以忽略语音细节差异,把每个潜在的音类(sound type)辨识为具有特定意义的词的一部分。尝试理解如何做到这一点,就把我们带进了音系学。

习 题

1. 发音语音学、声学语音学、听觉语音学研究的是语言的哪些不同方面?
2. 我们如何称呼声带瓣之间的空间?
3. 我们应如何转写英语 tongue 这个词的最后一个音?
4. 标准发音中,下列哪个词是以声门音开头的?
    chip, photo, shoe, thus, who, yet
5. mechanic 一词的读音中有几个擦音?
6. 我们应如何描述 hot 一词的标准发音中的元音?
7. 随意话语中,哪个元音最常见?
8. 下列哪些词通常以清音(−V)结尾?哪些词以浊音(+V)结尾?
    (a) bash____   (d) fizz____   (g) splat____

(b) clang ____   (e) rap ____   (h) thud ____

(c) din ____   (f) smack ____   (i) wham ____

9. 尝试发出下列各词的词首音，并指出每个词首音的发音位置（如双唇、齿龈等）。

 (a) calf _____   (e) hand _____   (i) shoulder _____

 (b) chin _____   (f) knee _____   (j) stomach _____

 (c) foot _____   (g) mouth _____   (k) thigh _____

 (d) groin _____   (h) pelvis _____ (l) toe _____

10. 指出下列各词的词首音的发音方法（如塞音、擦音等）。

 (a) cheery _____ (d) funny _____   (g) merry _____

 (b) crazy _____   (e) jolly _____   (h) silly _____

 (c) dizzy _____   (f) loony _____   (i) wimpy _____

11. 哪些英语词，通常发的是如下转写的音？

 (a) baɪk _____   (e) haʊl _____   (i) maɪn _____

 (b) bædʒ _____   (f) hoʊpɪŋ _____   (j) pis _____

 (c) əndʒɔɪ _____   (g) hu _____   (k) tʃeɪndʒ _____

 (d) feɪs _____   (h) kloʊk _____   (l) ʃip _____

12. 用本章所介绍的音标符号，为下列各词的最常见发音做基本的音标转写。

 (a) catch _____   (e) noise _____   (i) thought _____

 (b) doubt _____   (f) phone _____   (j) tough _____

 (c) gem _____   (g) shy _____   (k) would _____

 (d) measure _____ (h) these _____   (l) wring _____

作业题

A. 下列转写是彼得·赖福吉（Peter Ladefoged）做的"一位一生皆

在南加利福尼亚生活的 21 岁女子"的话语样本，收录于《国际语音学会手册》（*Handbook of the International Phonetic Association*）（1999：41）。除了 [ɹ] 和 [ɚ] 之外，大多数音标符号我们应该已熟悉，[ɹ] 与 [r] 接近[8]，[ɚ] 表示央音 [ə] 和 [r] 类音结合而发出的音，英语中经常写成 er 或 ir。

你能否写出此文本的书面英语形式？

ðə nɔɹθ wɪnd ən ðə sʌn wɚ dɪspjutɪŋ wɪʧ wəz ðə stɹɑŋgɚ, wɛn ə tɹævələ kem əlɑŋ ɹæpt ɪn ə wɔɹm klok. ðe əgɹid ðət ðə wʌn hu fɚst səksidəd ɪn mekɪŋ ðə tɹævələ tek ɪz klok af ʃʊd bi kənsidɚd stɹɑŋgɚ ðən ði əðɚ. ðɛn ðə nɔɹθ wɪnd blu əz hɑɹd əz i kʊd, bət ðə mɔɹ hi blu ðə mɔɹ klosli dɪd ðə tɹævlɚ fold hɪz klok əɹaʊnd ɪm; æn ət læst ðə nɔɹθ wɪnd gev ʌp ði ətɛmpt. ðɛn ðə sʌn ʃaɪnd aʊt wɔɹmli, ənd ɪmidiətli ðə tɹævlɚ tʊk af ɪz klok. ən so ðə nɔɹθ wɪnd wəz əblaɪʒ tɪ kənfɛs ðət ðə sʌn wəz ðə stɹɑŋgɚ əv ðə tu.

B. 我们提到过，英语词拼写与发音之间的关系并不总是那么简单。牢记这一点，尝试为下列各词写出基本的音标形式。

although, beauty, bomb, ceiling, charisma, choice, cough, exercise, hour, light, phase, quiche, quake, sixteen, thigh, tongue, whose, writhe

C. 尝试确定下列各词通常是如何发音的，必要时查词典。之后把这些词列入 5 份词表，分别用来解释 [eɪ]、[i]、[f]、[k]、[ʃ] 这 5 个音。有些词可列入多份词表。

air, belief, critique, crockery, Danish, gauge, giraffe, head-

---

[8] [ɹ] 其实就是我国英语教学中使用的 [r]。严格的国际音标转写中，[r] 表示的是颤音（即字母 r 在意大利语、西班牙语中的发音，以及俄语字母 p 的发音）。与之同一发音部位的无颤动通音，即英语 r，记作 [ɹ]。由于现代标准英语并无颤音，所以英语教学中把 [ɹ] 写成 [r] 并不会引发误解。——译者注

ache, keys, meat, mission, nation, ocean, pear, people, philosopher, queen, receipt, scene, Sikh, sugar, tough, weight

D. 借助清浊区别以及关于发音部位（如软腭）、发音方法（如擦音）的术语，我们可为每个辅音（如 [k]）下定义。因此，我们说 [k] 是个 "软腭清擦音"。为下列各词在标准发音中的词首音写出类似的定义：

fan, lunch, goal, jail, mist, shop, sun, tall, yellow, zoo

有没有哪些定义里，清浊对立其实并无必要，可以省略？

E. 有些语音描写，尤其是传统的北美研究，使用 [š]、[ž]、[č]、[ǰ] 这 4 个符号。这个 v 形的小符号叫作 haček（意为"小钩"），又名 caron,⑨ 表示这些音发音上的某个共有特征。以下列例词为基础，你能否研究出这个共同特征是什么？参考 44 页表 3.3，这 4 个符号在国际音标中的对等符号是什么？

[eıǰ]，[ǰın]，[trežər]，[ruž]，[čip]，[roʊč]，[šu]，[fıš]

F. 描述辅音如何发音，有时还会用到术语"阻塞音"（obstruent）和"响音"（sonorant）。前述各类辅音（塞擦音、擦音、滑音、流音、鼻音、塞音）里，哪些是阻塞音？哪些是响音？为什么？

G.（i）如何发卷舌音（retroflex）？

（ii）音标转写中如何标示卷舌音？

（iii）卷舌音通常让人联想到英语的哪些变体？

H. 什么是司法语音学（forensic phonetics）？

I. 我们把英语 secret [sikrət]（秘密的）变为 secrecy [sikrəsi]（秘密），词末辅音的发音有变化（[t]>[s]）。这类变化是弱音化（lenition，源于拉丁语 lenis，"柔软"）之例。

---

⑨ 这两个表示字母上方小钩的术语，haček /ˈhætʃɛk/ 借自捷克语，由 hák（钩）加指小后缀 -ek 构成（捷克语正字法大量使用带上方小钩的辅音字母）；caron /ˈkærən/ 是美国印刷业术语，词源不详。——译者注

（ⅰ）观察下列4组例子，尝试描述每组中词末辅音出现的发音变化。

（ⅱ）从发音方法角度思考，你能否给出一条一般性的变化模式之阐述，把这4组全部涵盖进去？

（a） democrat > democracy
diplomat > diplomacy
patient > patience

（b） act > action
inert > inertia
integrate > integration

（c） electric > electrician
magic > magician
music > musician

（d） conclude > conclusion
decide > decision
explode > explosion

J. 下列例子取自西非几内亚及周边国家讲的马宁卡语（Maninka）。（依据 Bird & Shopen, 1979）有些词里，基本形式后接 -li，如 bo 变成 boli。另一些词里，基本形式后接 -ni，如 don 变成 donni。

（a）至（d）哪组解释最能描述这一区别的语音基础？

boli（出去）　　sigili（坐下）
donni（进来）　　tali（走）
foli（迎接）　　dumuni（吃）
minni（喝）　　tobili（做饭）
menni（听）　　famuni（懂）

（a）如果基本形式以塞音开头，用 -li。
如果基本形式以擦音开头，用 -ni。

（b）如果基本形式以元音结尾，用 -li。

如果基本形式以辅音结尾，用 -ni。

（c）如果基本形式里没有鼻音，用 -li。

如果基本形式里有鼻音，用 -ni。

（d）如果基本形式里有流音，用 -li。

如果基本形式里有滑音，用 -ni。

探讨与研究

I. 我们把精力集中在语音的发音活动上时，很容易忘了听着这些音的人常有其他线索，可帮助他们辨认出我们讲的是什么。面对镜子读下列词对（也可以请一位愿意合作的朋友来读）。读的时候，你能否辨别出哪些是圆唇元音（rounded vowel），哪些是非圆唇元音（unrounded vowel）？能否辨别出哪些是紧元音（tense vowel），哪些是松元音（lax vowel)？你用了哪些线索来帮助做判断？

bet/bought, coat/caught, feed/food, late/let, mail/mole, neat/knit

（背景资料，见 Ashby & Maidment，2012，第 5 章。）

II. 英语有许多像 chit-chat、flip-flop 这样的短语，似乎绝不会以相反方向出现（即没有 chat-chit 或 flop-flip）。或许你还能为下面的列表增加一些类似的例子。

criss-cross, hip-hop, riff-raff,

dilly-dally, knick-knacks, see-saw,

ding-dong, mish-mash, sing-song,

fiddle-faddle, ping-pong, tick-tock,

flim-flam, pitter-patter, zig-zag。

42　（ⅰ）你能否为这类短语的规则语音模式做出语音描述？
　　（ⅱ）可解释下面其他这些类型的常见配对可做什么样的语音描述？

fuddy-duddy, hocus-pocus, namby-pamby,
fuzzy-wuzzy, hurly-burly, razzle-dazzle,
hanky-panky, lovey-dovey, roly-poly,
helter-skelter, mumbo-jumbo, super-duper。

（背景资料，见 Pinker，1994，第 6 章。）

深入阅读

基本论述：

Knight, R-A. (2012) *Phonetics: A Coursebook.* Cambridge University Press.

Ladefoged, P. and K. Johnson (2015) *A Course in Phonetics.*（第 7 版）Wadsworth, Cengage Learning.

更详细论述：

Ashby, M. and J. Maidment (2012) *Introducing Phonetic Science.*（第 2 版）Cambridge University Press.

Ogden, R. (2017) *An Introduction to English Phonetics.*（第 2 版）Edinburgh University Press.

论声学语言学与听觉语音学：

Johnson, K. (2011) *Acoustic and Auditory Phonetics.*（第 3 版）Wiley-Blackwell.

论音标：

Ashby, P. (2005) *Speech Sounds.*（第 2 版）Routledge.

Pullum, G. and W. Ladusaw (1996) *Phonetic Symbol Guide*.（第 2 版）University of Chicago Press.

英语的语音转写：

Tench, P. (2011) *Transcribing the Sound of English*. Cambridge University Press.

其他语言的语音描写：

Handbook of the International Phonetic Association. (1999) Cambridge University Press. www.ipachart.com

语音学词典：

Crystal, D. (2008) *A Dictionary of Linguistics and Phonetics*.（第 6 版）Blackwell.

论发音：

Cox, F. (2012) *Australian English: Pronunciation and Transcription*. Cambridge University Press.

Cruttenden, A. (2008) *Gimson's Pronunciation of English*.（第 7 版）Hodder Arnold.

Jones, D., P. Roach, J. Setter and J. Esling (2011) *Cambridge English Pronouncing Dictionary*.（第 18 版）Cambridge University Press.

Kreidler, C. (2004) *The Pronunciation of English*.（第 2 版）Blackwell.

其他英国英语变体的发音：

Culpeper, J., P. Kerswill, R. Wodak, T. McEnery and F. Katamba (2018) *English Language*.（第 2 至 3 章）（第 2 版）Palgrave Macmillan.

其他参考资料：

Bird, C. and T. Shopen (1979) "Maninka" In T. Shopen (ed.) *Languages and Their Speakers*. (59−111) Winthrop.

Pinker, S. (1994) *The Language Instinct*. William Morrow.

Roberts, I. (2017) *The Wonders of Language*. Cambridge University Press.

另见 soundsofspeech.uiowa.edu

4 语言的语音模式

Uans appona taim uas tri berres; mamma berre, pappa berre, e beibi berre. Live inne contri nire foresta. NAISE AUS. No mugheggia. Uanna dei pappa, mamma, e beibi go bice, orie e furghetta locche di dorra.

Bai ene bai commese Goldilocchese. Sci garra natingha tu du batte meiche troble. Sci puscia olle fudde daon di maute; no live cromma. Den sci gos appesterrese enne slipse in olle beddse.[①]

从前有三只熊：熊妈妈、熊爸爸、熊宝宝。住在森林旁的村子里，好房子，没抵押。一天，爸爸、妈妈和宝宝去沙滩，却忘了锁门。

金发小女孩一步一步走来了。她不会做别的，只会惹麻烦。她把所有吃的东西都吞下了肚，连个渣都没剩下。接着，她上了楼，横着卧在所有的床上睡了。

鲍勃·贝尔维索（Bob Belviso），转引自 Espy（1975）

---

① 鲍勃·贝尔维索对经典童话《金发小女孩和三只熊》（Goldilocks and the Three Bears）的这段改编，转写的是意大利口音的英语。美国作家埃斯比（Willard R. Espy, 1910—1999）将这段材料以及贝尔维索以同样方式改编的另一段《杰克和魔豆茎》（Jack and the Beanstalk）编入《文字游戏日历》（*An Almanac of Words at Play*, 1975）时，题头有一段附记："我花了一年多的时间，想把下列故事的这位作者找出来，未果。首先，我想跟他握个手。其次，我想看看他的英语听着是不是真像这些故事读起来那样。"（Espy 1975：72）遗憾的是，我们对贝尔维索至今仍无更多了解。——译者注

上一章里，我们从人类声道的发音活动机制角度研究了语音的物理产出。那样的研究之所以成为可能，得益于有关语言本质的一些极为奇妙的事实。我们思考人类的声道时，不必强调所谈的是 6 英尺多高、体重 200 磅以上的大块头，还是 5 英尺左右、不足 100 磅的娇小身材者。不过，这两种体态不同的个体，其声道从大小和形状来看必然存在物理差异。因此，从纯物理角度来看，每个个体发出的音会有不同。这样一来，仅说出 me（我）这样简单的词，就潜藏着千百万种物理性质各异的方式。

音系学

除了全世界人类所拥有的这千百万种不同的个体声道之外，每个个体每次发 me 这个词的音，其物理方式都不会完全相同。一个人大喊大叫的时候，刚从深度睡眠中醒来的时候，患了重感冒的时候，想要第六杯马天尼（martini）②的时候，或是上述任何因素叠加的时候，必存在明显差别。既然语音的实际物理发音存在如此之大的潜在差别，我们最终如何把 me 的所有这些版本皆统一认定为［mi］这个形式，而不是［ni］、［si］、［mæ］、［mo］或是另外某个完全不同的形式？这个问题的答案，很大程度上要由音系学研究来提供。

音系学（phonology）主要是对某一语言的语音系统及语音模式的描写。音系学实际上是把某一语言的每位成年使用者对该语言语音模式的无意识所知，作为理论基础。因为有这样的理论地位，所以音系学关注的是语言中语音的抽象方面或心智方面，而不是语音的实际物理发音运动。我们若是看得懂本章题头里鲍勃·贝尔维索对金发小女孩（Goldilocks）的故事所做的滑稽介绍，就必然是在运用关于英语词的发音的音系知识，从而克服了某些很不正常的拼写。我们可用各种不同方式来拼写

---

② 用杜松子酒（gin）和苦艾酒（vermouth）调制而成的鸡尾酒。——译者注

下例第一行和第二行里的词，但是第三行里的底层音系表达式（underlying phonological representation）却是稳定的。（完整的标准英语译写，见本章结尾。）

Uans appona taim uas tri berres
Ones up on atam waz theree bars
/wʌns əpan ə taim wəz θri berz/
（从前有三只熊）

音系学，研究的是底层模式（underlying design），是不同物理语境下可存在变化的每个音类的蓝图。我们认为 tar（柏油）、star（星星）、writer（作者）、butter（黄油）、eighth（第八）等词里的［t］音是"同一个音"，其实是说在英语音系中，这些［t］音应按相同方式来做标注。真实的话语中，这些［t］音相互之间很可能全然不同，因为各自都可因其周边的其他音而发成不同的音。

然而，对我们来说，［t］类音的这些发音动作上的差别，却不如［t］类音总体上跟［k］类音、［f］类音或［b］类音之间的差别重要，因为若是用了一个音而非其他音，会带来语义上的后果。无论用哪个个人的声道来发，这些音都必然是语义独特的音，因为正是这些音让 tar（柏油）、car（车）、far（远）、bar（酒吧）在语义上相互区别。从这一角度来思考，我们就能看出音系学关注的是语音在我们头脑中的抽象表达式（abstract representation），这种抽象表达式使我们能够在所说出、所听到的实际物理语音的基础上，辨认并阐释词的意义。

音　　位

某一语言中，每一个这种区别语义的音，称作一个**音位**（phoneme）。我们学着使用字母文字时，其实就是在运用音位概念，使之成为用某一书写符号表示的某一稳定音类。正是从这一角度，音位 /t/ 才被称作一个音类（sound type），音类中所有不同口头版本的 [t]，都是记号（token）而已。注意习惯上用双斜线来表示音位，如 /t/，表示的是抽象音段（abstract segment），这不同于方括号，如 [t]，后者用来表示每一个语音学性的音段（phonetic segment），或者说物理发音上的音段。

音位的基本特征，在于发挥对比之功能。我们之所以知道英语里有 /f/ 和 /v/ 这两个音位，是因为二者是 fat（胖）和 vat（大桶）、fine（好）和 vine（葡萄藤）等词之间唯一的语义区别依据。这种对比特征，正是确定某一语言中的音位的基本操作测试。如果我们把词中的某一个音替换掉就出现了语义变化，那么这样的音就是具有区别性的音位。

自然类

我们在第 3 章里用来讨论语音的那些描写性术语，可视为使每个音位区别于其他音位的"特征"（feature）。这个特征若存在，我们就用正号（+）来标注；若不存在，则用负号（−）来标注。因此，/p/ 可刻画为 [−浊声，+双唇，+塞音]，/k/ 可刻画为 [−浊声，+软腭，+塞音]。这两个音因为共同拥有某些特征，所以有时被描述为某一音位**自然类**（natural class）中的项（member）。具有某些共同特征的音位，在音系上往往有些类似的表现。表 4.1 展示的是对 4 个英语音位的某些区别特征（distinctive feature）的分析，只有 /p/ 和 /k/ 具有足够的共同特征而成为某一自然类中的项。二者都是清塞音。

与之不同，/v/ 拥有的是 [+浊声，+唇齿，+擦音] 的特征，无法跟 /p/ 和 /k/ 置于同一个语音自然类。尽管这之中还涉及其他因素，但这一特征分析已能引领我们猜想，英语为何常见 /pl-/、/kl-/ 开头的词，却不常见 /vl-/ 或 /nl-/ 开头的词，可能有充分的音系理由。这类特征分析让我们不仅能描写单个音位，还能描写某一语言中可能的音位序列（sequence of phonemes）。

表 4.1　四个英语音位的区别特征

/p/	/k/	/v/	/n/
−浊声	−浊声	+浊声	+浊声
+双唇	+软腭	+唇齿	+齿龈
+塞音	+塞音	+擦音	+鼻音

音位和音位变体

音位是抽象的单位或音类（"头脑中的音"），但是却有音类的不同版本，规则地产出于真实的话语里（"口头中的音"）。我们可以把这些不同版本描述为音子（phone），音子是放在方括号里的语音单位。我们若有一系列音子皆为同一音位的各种版本，就加上一个前缀 allo-（意为"有紧密联系的集合中的一项"），称这些音子为该音位的音位变体（allophone）。

例如，音位 /t/ 可按若干不同物理方式，发成不同音子。tar 这个词里的 [t] 音，通常带有比 star 一词里的 [t] 音更强烈的呼气。你如果把手背放在嘴前，先说 tar，再说 star，定能感触到某种关于送气（aspiration）（即气的呼出）的物理证据在伴随着 tar 词首的 [t]（而 star 里却没有）。这种送气的音子，可更准确地标注为 [tʰ]。

上一章里我们提到过，像 writer 这样的词，元音之间的 [t] 音常变成闪音，我们可将其记作 [ɾ]，这也是个音子。

我们还看到，像 butter 这样的词，中间的辅音可发为声门塞音，写成 t 的部分可发作 [ʔ]，这也是个音子。而在像 eighth（/eɪtθ/）这样的词里，词末齿音 [θ] 的影响造成了 [t] 音的齿化发音，可更准确地标注为 [t̪]，又是一个音子。这个音甚至存在更多的变体形式，和 [tʰ]、[ɾ]、[ʔ]、[t̪] 一样，可以用更详细的严式语音转写（narrow phonetic transcription）来做更为详细的标注。因为这些不同形式皆为同一音子集合的局部，

所以被称为音位 /t/ 的不同语音变体，如表 4.2 所示。

音位和音位变体的最关键区别在于，把一个音位替换为另一个音位，会让词具有不同的语义（以及不同的读音），但是把一个音位变体替换为另一个音位变体，产生的只是同一个词的另一种读法（有可能是不常规的读法）。

表 4.2 音位变体

音位	音位变体	
/t/	[tʰ]	(tar)
	[ɾ]	(writer)
	[ʔ]	(butter)
	[t̪]	(eighth)

互补分布

同一音类（音位）有两种不同发音（音位变体）时，每种发音用在词的不同位置，这些音就处于**互补分布**（complementary distribution）。这就是说，音位 /t/ 的 [tʰ] 这个送气发音用于词首，如 tar，但绝不能用于词首位置另一个辅音之后，如 star。/t/ 带着送气出现的位置和不带送气出现的位置永远不会重合，这两种不同发音因而呈互补分布。

最小对立对和最小对立组

某一语言中的音位区别，可通过成对的词或成组的词来检验。像 fan（扇子）和 van（面包车）这两个词，除了出现于同一位置的一个音位之差以外，形式完全相同，此时这两个词可称为**最小对立对**（minimal pair）[③]。若替换一个音位（皆为词的同一位置上）可使一组词相互区别，则可称为**最小对立组**（minimal set）。相互区别的一对词和一组词，见表 4.3。

---

③ 这个术语也常译为"最小对立体"。——译者注

表 4.3 最小对立对和最小对立组

最小对立对		最小对立组
fan – van	bath – math	big – pig – rig – fig – dig – wig
bat – beat	math – myth	fat – fit -- feet – fete – foot – fought
sit – sing	myth – Mick	cat – can – cap – cab – cash – cadge

语音配列

这类关于最小对立组的练习还可让我们看到，某一语言所允许的语音组合类型中存在确定的模式。表 4.3 里的第一个最小对立组里，并没有像 lig 或 vig 这样的形式。我的词典中，它俩不是英语词，但却可以视为可能的英语词。也就是说，假如将来某个时候，这两个形式真的投入使用了，那么我们关于英语词汇语音模式的音系知识，会允许我们将其视为可接受的形式。例如，它们或可始于生造出来的缩写形式：I think Bubba is one very ignorant guy. ~ Yeah, he's a big vig!（我觉得布巴是个非常无知的家伙。——没错，他纯是个大 vig！）在此之前，二者代表了英语词汇中的"偶然"空缺。然而，[fsɪg] 或 [rnɪg] 这样的形式不存在，或者说可能从未存在过，却不是偶然的。它们的构成，未遵从英语音位序列或音位位置的某些限制。这类限制叫作某一语言的**语音配列**（phonotactics）（即所允许的语音排列），很明显是每位说话者音系知识的一部分。因为这些限制运作于大于单个音段或音位的单位，所以我们下面要思考这种被称作音节的更大音系单位的基本结构。

音 节

音节（syllable）必须含有元音或类似元音的音，包括双元音在内。最常见的音节类型，在元音（V）前面还有一个辅音（C），用 CV 来表示。音节的基本成分包括**音节首**（onset）（由一个或多个辅音充当）及其后的**韵**（rhyme，有时也写成 rime）。韵包括一个元音，通常被视为**音节核**（nucleus），其后所接的任何一个或多个辅音，皆称为**音节尾**（coda）。[④]

像 me（我）、to（到）、no（不）这样的音节，有音节首和音节核，没有音节尾。这种音节称为**开音节**（open syllable）。若存在音节尾，如 up（向上）、cup（杯子）、at（在）、hat（帽子），则称为**闭音节**（closed syllable）。英语词里可见到的音节基本结构，如 green（CCVC）（绿）、eggs（VCC）（鸡蛋）、and（VCC）（和）、ham（CVC）（火腿）、I（V）（我）、do（CV）（做）、not（CVC）（不是）、like（CVC）（喜欢）、them（CVC）（他们）、Sam（CVC）（山姆）、am（VC）（我是），见图 4.1。

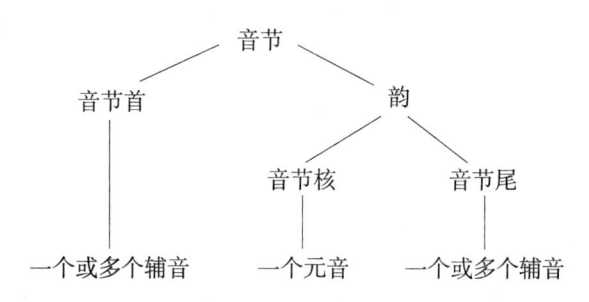

图 4.1 音节结构

辅音丛

音节首和音节尾皆可由一个以上单辅音组成，亦称**辅音丛**（consonant cluster）。/st/ 组合是个辅音丛（CC），用作音节首如 stop（停），用作音节尾如 post（邮政）。英语的语音配列中允许许多种 CC 式音节首组合，如 black（黑）、bread（面包）、trick（诡计）、twin（双胞胎）、flat（扁平）、

---

④ 此处译名采用的都是西式语音学和音系学研究中通用的术语，参见《语音学与音系学词典》（语文出版社，2000）。关于这些术语，亦可参照我国传统音韵学的术语：onset 和 rhyme 大致相当于"声母"和"韵母"，nucleus 和 coda 大致相当于"韵腹"和"韵尾"。——译者注

throw（扔）。注意，流音（/l/、/r/）和滑音（/w/）用于第二位。

英语其实还可以有更大的音节首辅音丛，如 stress（压力）、splat（泼水声）等词，含有三个词首辅音（CCC）。我们研究这种较大的音节首辅音丛时，可发现非常规则的模式。第一个辅音永远必须是 /s/，紧跟着的是清塞音自然类中的一员（/p/、/t/、/k/），再之后是个流音或滑音（/l/、/r/、/w/）。我们可以检验一下 splash（泼水）、spring（春天）、strong（强大）、scream（尖叫）、squeeze（/skwiz/）（挤）这些词里的组合，看看这一描述是否充分。这条描述是否也涵盖了 exclaim（声称）的发音中的第二个音节？分析成 /ɛk-skleɪm/ 行吗？要记住这里描述的是音节首，不是词首。更多的音节和辅音丛，见 69 页作业题 D。

协同发音效应

语言拥有刚刚描述过的那种较大辅音丛是很不寻常的事情。英语中，较大辅音丛在随意的会话话语里可能会发生简化，位于词中部时尤其如此。这只是通常被称作**协同发音效应**（coarticulation effect）的过程中的一例。

上文大多数探讨中，我们描述音节和词里的语音，仿佛语音始终是以慢镜头动作仔细发出的。言语正常情况下并不是那样的。多数时候，我们讲话很快、很随性，这就需要我们的发音器官不加停歇地从一个音移动到下一个音。发一个音，几乎同时又发出下一个音，这个过程叫作协同发音（coarticulation）。

同化

顺次排列的两个音段，一个音段的某方面被另一音段采用，或者说"复制"，这一过程称为**同化**（assimilation）。言语的物理产出中，这个常规过程的发生只是因为我们的发音器官这样可更快、更简单、更高效地完成其任务。想想单独的 have /hæv/ 一词，再想想 have 一词在日常话语中的短语 I have to go（我得走了）里是怎样发音的。这个短语里，因为我们要先发 to 中清音 /t/，所以往往把它的前一个音也发成了清音的版本，这就产生了一个比起 /v/ 来更像 /f/ 的音。因此，该短语我们通常说的是 [hæftə]，你甚至可能见过在非正式场合有 hafta 这个写法，显示了从浊音到清音的同化是如何被感知的。

鼻化

元音也受同化影响。单独来看，我们发 [ɪ] 和 [æ] 时通常并无鼻音特征。然而，我们在日常谈话中说 pin（大头针）和 pan（平底锅）这两个词时，由于对词末鼻辅音的预测（anticipation），鼻化发音提前发生反而更为简便。这个过程称为**鼻化**（nasalization），可用一个小型附加符号（diacritic）"～"来表示，这个符号称为 tilde⑤，加在元音上方。用更精确的转写，这两个词里的元音是 [ĩ] 和 [æ̃]。这个过程是极为常规的英语特征，音系规则可表述为："任何元音，若直接位于鼻音之前，皆变为鼻音。"

这种同化过程在若干种不同环境中发生。can 这个词单独存在时可读 [kæn]，但是我们说 I can go（我可以去）的时候，后面的 go 中的软腭音 [g] 的影响通常会让前面的鼻音成了 [ŋ]（软腭音）而不是 [n]（齿龈音）。这个短语最常见的会话版本是 [aɪkəŋgoʊ]。注意 can 的元音也发生了变化，由该词单独存在时的 [æ] 变成了央音 [ə]。单独存在时，and 也是发成 [ænd]，而在 you and me（你和我）这个短语的常态使用中，我们通常说的是 [ən]，即 [juənmi]。

省略

上一个例子里解释 you and me 的常态发音时，and 一词中的 [d] 音并未包含在转写中。这是因为 [d] 音在该短语里通常不发。在前有鼻音

---

⑤ 术语 tilde 读 /ˈtɪldə/，借自西班牙语，最初指西班牙语字母 ñ 上方的符号。该词源于拉丁语 titulus（头衔），引申出"上标"之义，今指波浪线。——译者注

[n]、后有鼻音[m]的环境中，我们根本不会把言语能量投放在引入一个塞音[d]上面。

像 friendship [frɛnʃɪp] 这样的词，其日常发音里通常也没有[d]音。不发某个在孤立的词的刻意而仔细的发音里可能存在的音段，这个过程称作**省略**（elision）。辅音丛里，尤其是音节尾位置上，/t/ 是这个过程里的常见伤兵，如 aspects 的典型发音是 [æspɛks]，短语 he must be（他一定是）的典型发音是 [himəsbi]。我们当然可以慢速而刻意地把短语 we asked him（我们问他）里的每一个音都发出来，但是随意会话中的省略过程（/k/ 的省略）产出的很可能是 [wiæstəm]。

元音亦可因省略而消失，其结果就是有时整个音节可能都不发音了，如 every 读 [ɛvri], interest 读 [ɪntrɪst], cabinet 读 [kæbnət], camera 读 [kæmrə], prisoner 读 [prɪznər], suppose 读 [spoʊz]。

上述过程在表 4.4 里得到了总结。我们用"/ ___"这一对符号表示"在某后续成分的环境下"或"受某后续成分的影响"。

表 4.4　协同发音效应

同化：	让某一音段跟下一个音段更相似 浊（→）清 /___ + 清：如 hæv + tu → hæftə
鼻化：	为鼻音前的音段增加鼻音特征 非鼻（→）鼻 /___ + 鼻：如 pæ + n → pæ̃n
省略：	删除某一音段 辅音丛（→简化）/___ + 辅音：如 məst + bi → məsbi 三音节（→两音节）/___ + 音节：prɪzənər → prɪznər

正常话语

同化过程、鼻化过程、省略过程发生于每个人的正常话语中，不应视作说话时的某种松垮或懒惰。事实上，一味避免某一语言中使用的同化、鼻化、省略等常规模式，会导致说起话来极为虚假做作。研究这些音系过程的目的，不是为了得出一套某一语言应如何发音的规则，而是为了竭力

语言研究

理解语音实际使用背后隐藏的规律和模式。

习　题

1. 音系学主要关注的是语音记号？音类？还是语音拼写关系？
2. 下列音位哪些是同一自然类中的项？

    /b/, /f/, /g/, /m/
3. 法语中，beau（漂亮）读 /bo/，bon（好）读 /bõ/，两词里有不同的元音。这两个元音在法语里是音位变体还是音位？
4. 哪个英语音位有下列特征：[– 浊声，+ 软腭，+ 塞音]？
5. 什么是送气音？下列哪些词的发音通常带有送气音？

    kill, pool, skill, spool, stop, top
6. big black bag 这个短语里，含有最小对立对？最小对立组？还是二者皆无？
7. 下列哪些词应视为最小对立对？

    ban, fat, pit, bell, tape, heat, meal, more, pat, tap, pen, chain, vote, bet, far, bun, goat, heel, sane, tale, vet
8. 何为某一语言的语音配列？
9. track 一词的发音中，哪个音（或哪些音）是音节核？
10. 开音节和闭音节有何区别？
11. I can go 里的鼻辅音，在日常发音中是齿龈音还是软腭音？
12. 下列各词的发音中，哪个音段最有可能经受省略作用？

    （a）government（b）postman（c）pumpkin（d）sandwich（e）victory

作业题

A. 什么是附加符号？本章中运用了哪些附加符号来分辨语音？

B. 单个音被称为音段，那么超音段（suprasegmental）指的又是什么？

C.（i）夏威夷语的音系中只有开音节。运用这一信息，你能否研究出英语 Merry Christmas（圣诞快乐）是如何变成夏威夷人说的 Mele Kalikimaka 的？此外，基于这条微薄的证据，英语哪两个辅音在夏威夷语里极有可能不是音位？

（ii）第 3 章描述过声门塞音 /ʔ/，夏威夷语有 8 个辅音音位，包括这个 /ʔ/ 在内。看看下列夏威夷语人名，你能否辨认出夏威夷语的其他 7 个辅音？

（iii）你能否把每个夏威夷语人名跟第二列中相对应的英语人名一一配起来？

Henele, Kala, Kalona, Kania,	Bev, David, Fabian, Fred,
Kawika, Keoki, Kimo, Likeke,	George, Henry, Jim, Richard,
Lopaka, Papiano, Peleke, Pewi	Robert, Sarah, Sharon, Tanya

D. central 一词中间有一个辅音丛（-ntr），该词有两个音节。你认为将此词分成两个音节的最好方式是什么？（ce + ntral？ centr + al？ cen + tral？还是 cent + ral？）为什么？

E. 英语词 lesson 和 little，发音通常带有成节辅音（syllabic consonant）。

（i）究竟何为成节辅音？成节辅音在语音转写中如何标注？

（ii）下列各词，哪些最有可能用成节辅音来发音？

bottle, bottom, button, castle, copper, cotton, paddle, schism, wooden

F. 我们可把英语音系用作向导，找出长元音（含双元音）和短元音之区别在拼写上的规则性。

（i）在表 4.5 中把最小对立对填入适当的格里，从而阐释此处与发音差别相对应的拼写差别。你能否把 3 个双元音的正确音系形式也填入表头？

（ii）你能否说出（这些例子中）使拼写与音系相联系的一般性原则？

back, bake, cock, coke, dame, damn, diner, dinner, dole, doll, hoping, hopping, later, latter, Mick, Mike, mile, mill

表 4.5 英语音系与拼写

/æ/	/ /	/ɑ/	/ /	/ɪ/	/ /
back					

G. 除了本章中描述过的同化之外，还有一种音系过程叫作**异化**（dissimilation）。这一音系过程中，音或音节变得与邻近的音不同。日常生活中的例子，是 February（二月）的典型发音，两个 /r/ 音距离很近，说话者往往把第一个 /r/ 换成滑音 /j/，使其听着像是 Febuary /fɛbjuəri/。

（i）这个过程在有些带 -ly 的副词里也存在，这些副词由类似 able（有能力的）这样的形容词派生而来（但不是 *ablely）。这类形容词，如 gentle（轻柔的）、humble（卑微的）、probable（极可能的），加了 -ly 构成的副词，典型的发音是什么？

（ii）异化在下列各词的日常发音中是如何运作的？

authoritative, deteriorate, fifth, library

H. 西班牙语词 mismo（相同的）和 isla（岛屿）中，s 发成 [z]，但在 este（这个）和 pescado（鱼）这两个词里，s 发 [s]。

（i）基于这几个词以及下列各例，选择 [z] 还是 [s] 的规则是什么？

（s̲=[z]）　　　　　　（s̲=[s]）

béisbol（棒球）　　　España（西班牙）

desde（从）　　　　　casa（房子）

rasgado（撕碎的） sistema（系统）
socialismo（社会主义） socialista（社会主义者）

（ii）基于这一证据（很微薄的证据），你能否说出这一差异是音位性的还是音位变体性的？

I. 语言可依据其基本节奏（rhythm）而做出一种大致分类，区分出该语言具有音节节拍（syllable-timing）还是重音节拍（stress-timing）。这两类节奏如何区分？英语、法语、西班牙语的发音可归为哪种类型？

J. 下列例子选自克里语（Cree），一种加拿大许多地区都有人讲的美洲原住民语言。人们已注意到克里语清浊塞音的分布与英语不同。

（i）你能否通过分析 [p] 和 [b] 在下列词里出现的位置，描述出二者的分布？（例词选自 Cowan & Rakušan, 1999）

（ii）基于这有限的证据，你认为 [p] 和 [b] 在克里语中比较可能是音位还是音位变体？

（1）peyak（一） （5）asabap（线）
（2）nistosap（十二） （6）kiba（不久）
（3）tanispi（什么时候） （7）mibit（牙齿）
（4）ospuagan（管子） （8）nabeu（男人）

K. 下列例子选自侗语（Dong），中国南方的一种汉藏语系语言，资料据 Long & Zheng（1998）此处的引用经过 Yule & Overstreet（2017：15）的改编。该语言在英语文献里也称 Kam。

（i）选择下列词填入（1）—（6）的空格中。

wen wjan wjen wang wut wju wo✓ wəi✓

（ii）表示"二"的音节和表示"一"的音节，首音之间的规则音系关系是什么？

ja po（两碗）　　　　ji wo（一碗）
ja məi（两件）　　　 ji wəi（一件）
(1) ja pjen（两页）　　ji ___（一页）
(2) ja mju（两条）　　 ji ___（一条）
(3) ja wut（两块）　　 ji ___（一块）
(4) ja men（两片）　　ji ___（一片）
(5) ja pang（两桶）　　ji ___（一桶）
(6) ja mjan（两个月）　ji ___（一个月）

探讨与研究

I. 英语中，我们可以通过加 in-，把 audible（听得见的）、edible（可食用的）之类的形容词变成其否定版本，成为 inaudible（听不见的）、inedible（不可食用的）。你想如何描写下列各词的否定版本的读音中所涉及的特殊音系过程？

　　balance, compatible, complete, decent, glorious, gratitude, legal, literate, mature, perfect, possible, rational, responsible, sane, tolerant, variable

（背景资料，见 Payne，2006，第 3 章，75-78 页。）

II. 英语中表复数的 -s，使用时有 3 种不同却又十分规则的音系区别：
　　加 /s/，如 bat、book、cough、ship 等词。
　　加 /z/，如 cab、cave、lad、rag、thing 等词。
　　加 /əz/ 或 /ɪz/，如 bus、bush、church、judge、maze 等词。

（i）你能否辨别出哪套语音，规则地位于复数后缀的哪种不同发音之前？

（ii）每套音的共同特征是什么？

（背景资料，见 Jeffries，2006，第 2 章，55-56 页。）

翻译鲍勃·贝尔维索

57 页的那些十分另类的拼写,可尝试解读如下:

Once upon a time was three bears; mama bear, papa bear and baby bear. Live in the country near the forest. NICE HOUSE. No mortgage. One day papa, mama and baby go beach, only they forget to lock the door.

By and by comes Goldilocks. She got nothing to do but make trouble. She push all the food down the mouth; no leave a crumb. Then she goes upstairs and sleeps in all the beds.

深入阅读

基本论述:

Davenport, M. and S. Hannahs (2013) *Introducing Phonetics and Phonology*. (第 3 版) Routledge.

McCully, C. (2009) *The Sound Structure of English: An Introduction*. Cambridge University Press.

McMahon, A. (2002) *An Introduction to English Phonology*. (16–17) Edinburgh University Press.

更深入论述:

Carr, P. (2013) *English Phonetics and Phonology*. (第 2 版) Wiley-Blackwell.

Odden, D. (2014) *Introducing Phonology*. (第 2 版) Cambridge University Press.

Roach, P. (2009) *English Phonetics and Phonology*. (第 4 版) Cambridge University Press.

音节：

Duanmu, S. (2008) *Syllable Structure*. Oxford University Press.

Ladefoged, P. and K. Johnson (2015) *A Course in Phonetics*.（第7版）（第10章）Wadsworth, Cengage.

语音配列：

Bauer, L. (2015a) "English phonotactics." *English Language and Linguistics* 19: 437–475.

Herbst, T. (2010) *English Linguistics*.（第5章）De Gruyter.

协同发音：

Hardcastle, W. and N. Hewlett (2006) *Coarticulation: Theory, Data and Techniques*. Cambridge University Press.

同化与省略：

Brown, G. (1990) *Listening to Spoken English*.（第2版）Longman.

其他参考资料：

Cowan, W. and J. Rakušan (1999) *Source Book for Linguistics*.（第3版）John Benjamins.

Jeffries, L. (2006) *Discovering Language*. Palgrave Macmillan.

Long, Y. and G. Zheng (1998) *The Dong Language in Guizhou Province, China*. Translated by D. Leary. The Summer Institute of Linguistics, The University of Texas at Arlington, Publication 126.

Payne, T. (2006) *Exploring Language Structure*. Cambridge University Press.

Yule, G. and M. Overstreet (2017) *Puzzlings*. Amazon Books.

5 构词

> 自动更正这东西，我可用不着。它觉得我又蠢又笨；我确实不知道怎么关掉它，我也不会像十来岁的年轻人那样用双手拇指发短信（虽然那样我也握得住），可是我想说什么话凭什么还要让台机器来告诉我啊？我用德文给人发了条"晚安"，结果发出的不是"Gute Nacht"（晚安），而成了"Cute Nachos"（可爱的烤玉米片）。我输入"adverbial"（状语），它却给我变成了"adrenal"（肾上腺），活像是一把刀，捅到了我的状语腺。朋友请我去她家吃饭，我发短信问她我可以带去点什么，她回复说"饭菜和博士论文"（food and dissertation）① 已齐备。
>
> 诺里斯（Norris, 2015）②

　　一种语言里，新词的产生永远不会停歇；而英语又属于那种格外喜欢往它那庞大的词汇表里加点东西的语言。传统上，我们会查词典来确认我们是不是用对了词，是不是拼写无误；但是，技术进步却为我们提供了一些程序，替我们做检查，或者像上面玛丽·诺里斯描述的那样，试图偷偷

---

① 应为"饭菜和餐后甜品"（food and dessert）。想必这位朋友平时经常在手机上打 dissertation 一词，所以打 dessert（餐后甜品）一词时被输入法自动提示为 dissertation（博士论文），却没有发现。——译者注

② 诺里斯（Mary Norris, 1952 年生），《纽约客》（*The New Yorker*）杂志编辑。——译者注

摸摸地帮我们选词。遗憾的是，在现阶段，这类程序似乎未能知晓所选的词是否恰当，也不知晓突然给人发去一条"可爱的烤玉米片"是否正常。本章中，我们不会去解决选词不当的问题，但会详细审视词如何成为语言的一部分。

新　　词

1900 年前后，俄亥俄州新柏林市（New Berlin, Ohio）有位名叫 J. 默里·斯潘格勒（J. Murray Spangler）的百货公司员工，发明了一种他称之为"电动吸扫机"（electric suction sweeper）的设备。这设备最终变得十分流行，本来满可以被称作 spangler（"斯潘机"）的。人们本可以对地板做 spanglering（"做斯潘"），甚至可以 spanglered（"斯潘"）地毯和窗帘。这用法也满可以扩展到用这东西轰隆来轰隆去（也确实吸着东西了）的人身上，把他们称为 spanglerish（"做斯潘的人"），或是把这整套行为风格称为 spanglerism（"斯潘主义"）。然而，这一切都未发生过。斯潘格勒先生把他的新发明卖给了当地的一位名叫威廉·H. 胡佛（H. Hoover）的商人，该商人的胡佛吸扫机公司生产了第一台被称为"胡佛机"（Hoover）的机器。在世界各地，（词首不大写的）hoover 一词，曾经跟 vacuum cleaner（真空吸尘器）一样被人们所熟知，不仅如此，英国人至今仍说 hoover the carpets（吸地毯），而不是 spangler the carpets。

这个小故事的意义在于，我们尽管以前从未听说过这位斯潘格勒先生，但却并不难理解 spangler、spanglerish、spanglerism、spanglering、spanglered 这些新出现的词。换言之，我们可以十分迅速地弄懂一个**新词**（neologism），并接受该新词的各个形式在语言中的使用。该能力在一定程度上必然源于这个事实：一种语言的构词过程中存在高度规则性。本章中，我们将探索使新词产生的一些基本过程。

词源学

关于词的起源与历史的研究，称词源学（etymology）。这个术语和我们的许多专业词汇一样，经过拉丁语来到我们身边，但其源头为希腊语（étymon 意为"最初形式"+ logia 意为"学问"）[③]，注意不要跟 entomology（昆虫学）搞混，后者亦源于希腊语（éntomon 意为"昆虫"）。希腊语和拉丁语是许多英语词的词源，常常提供描述事物的不同方式。例如，mono- 源于希腊语（如 mono-cycle），uni- 源于拉丁语（如 uni-cycle）[④]。另一种主要词源是日耳曼语词源，提供了另一种形式 one-（如 one-wheeled cycle）。

我们仔细审视日常词语的词源时，很快就会发现新词进入语言有许多不同途径。我们应当牢记，当今的很多日常词，都曾一度被视为对语言的野蛮歪曲。如今很难理解 19 世纪初为何有人把 handbook（手册）这样的词视为"索然无味的创新"，也很难理解伦敦某报纸 1909 年为何对新造的 aviation（飞行）一词的使用表示厌恶。然而，当今许多词投入使用时，同样会引发类似的厉声指责。我们不应表现得仿佛语言在被糟蹋似的，或应更倾向于把新词以及旧词的新用法之类的常规演化视为令人心安的迹象，表明语言具有生命力与创造力，因其使用者的需求而调整。

　　[③]　更确切说，etymo-（ἔτυμον）的希腊语本意为"真正意义"，由形容词 ἔτυμος（真正的，真实的）变来。参见罗念生、水建馥《古希腊语汉语词典》（商务印书馆，2004，336 页）。——译者注

　　[④]　英语 monocycle 和 unicycle 虽然在陆谷孙《英汉大词典》（1993）里都译为"独轮车"，但二者不是同义词。百科资料显示，unicycle 的车轮大小通常与常规自行车相仿，骑车人坐在车轮正上方的车座上蹬车，多见于杂技表演；monocycle 的车轮大很多，直径略大于人的坐高，骑车人坐在轮内部的座位上驾驶，近年还出现了摩托版本，多见于另类体育运动。——译者注

借　用

英语新词最常见的来源之一，是个可简单称作**借用**（borrowing）的过程，也就是从其他语言中取词。（严格来说，这可不是单纯的借，因为英语借去了可不还。）历史上，英语从其他语言中采纳了数量庞大的词，如下列例子：

dope（毒品，荷兰语）　　piano（钢琴，意大利语）　　tattoo（文身，塔希提语）
jewel（珠宝，法语）　　　pretzel（扭结饼，德语）　　tycoon（巨头，日语）
glitzy（耀眼的，依地语）　ski（滑雪，挪威语）　　　　yogurt（酸奶，土耳其语）
lilac（丁香，波斯语）　　　sofa（沙发，阿拉伯语）　　zebra（斑马，班图语）

有时候，新音跟着新词进来了。浊擦音 /ʒ/ 就是通过 measure（度量）、rouge（胭脂）等借入的法语词而成为英语的一部分的。

当然，其他语言也从英语借词，如日语 suupaa 或 suupaamaaketto（超市，源于 supermarket）、taipuraitaa（打字机，源于 typewriter）。我们还会听到芬兰人用 šekki（支票，源于 check）付账，听到匈牙利人谈论 sport（体育）、klub（俱乐部）、futbal（足球），听到法国人在 le weekend（周末）时候一边喝着杯 le whisky（威士忌）一边讨论 le stress（压力）的问题。⑤

巴西葡萄牙语中，英语词 up（向上）和 nerd（呆子）借了进来，并变成了动词 upar（上传）、nerdear（上网）⑥ 来表示这些新出现的活动。有时，借词还被用作非常创新的意义，如现今的德语利用英语词 partner（伙伴）

---

⑤ le 是法语的阳性、单数定冠词，强制加在了这些本无性范畴的英语名词前。——译者注

⑥ -ar 是葡萄牙语动词词尾。——译者注

和 look（看）构成了 im Partnerlook 这个短语，表示在一起的两个人穿着差不多的衣服。德语对英语词加以利用的其他例子，在 95 页作业题 F 里有解释。

借译

借用的一种特例，称作借译（loan-translation），亦称仿译（calque，读 /kælk/）。这一过程中，词的各个成分一一直译成借用该词的语言。很有意思的一个例子是，法语词 gratte-ciel（摩天大楼，字面义"擦天空"）、荷兰语词 wolkenkrabber（摩天大楼，字面义"擦云"）、德语词 Wolkenkratzer（摩天大楼，字面义"擦云"），都是英语 skyscraper（摩天大楼）的仿译词。

英语词 superman（超人），据认为是德语 Übermensch（超人）的借译，而 loanword（借词）这个术语本身，就被认为是源于德语的 Lehnwort（借词）。

英语中的 moment of truth（关键时刻）这一表达，据认为是西班牙语 el momento de la verdad（关键时刻）⑦ 的仿译，尽管英语的这个短语并不局限于其最初的用法，即让斗牛结束的最后一刀。如今，说西班牙语的人吃 perros calientes（热狗，字面义"狗＋热"），或是直接就叫 hot dogs（热狗），这短语跟四条腿的 perro（狗）完全无关。美国人的 boyfriend（男朋友）概念借入日语，语音有所变化，成为 boyifurendo；而进入汉语时成了仿译词"男朋友"，即"男性"＋"朋友"。

复　合

上文我们思考过的一些例子里，存在把两个独立的词连接起来产生一

---

⑦　西班牙语 verdad 和英语 truth 对等，也是表示"事实"之义。——译者注

个一体形式之例。因此，德语中Lehn（借）⑧和Wort（词）组合起来，成为Lehnwort。这一组合过程，术语称之为**复合**（compounding），在德语和英语等语言中非常常见，但在法语和西班牙语等语言中不那么常见。常用的英语复合词（compound）如bookcase（书柜）、doorknob（门把手）、fingerprint（指纹）、sunburn（日光灼伤）、textbook（教科书）、wallpaper（壁纸）、wastebasket（垃圾篓）、waterbed（水床）。这些例子都是名词，但我们也可造出复合形容词，如good-looking（好看的）、low-paid（低工资的），还可用形容词加名词构成复合词，如fast（快）加food（食物），因而有a fast-food restaurant（一家快餐店），a full-time job（一份全职工作）。

新词的这种极具能产性的来源，在英语和德语中很容易引证。不过，在与之完全无亲缘关系的语言中，亦可看到，如赫蒙语（Hmong）（分布于老挝和越南）就有很多近来形成的复合词。（更多例子可在97页作业题I里看到。）

hwj（罐子）+ kais（芽）= hwjkais（水壶）
paj（花）+ kws（玉米）= pajkws（爆米花）
hnab（包）+ rau（放）+ ntawv（纸）= hnabrauntawv（书包）

混合

两个独立的词组合起来构成一个一体的新词，还存在于称为**混合**（blending）的过程。不过，在混合中，我们通常仅取一个词的头，将其和另一个词的尾连接起来。谈论smoke（烟）和fog（雾）的协同效应时，我

---

⑧ 这个lehn-是德语动词lehnen（借）的词根，此词在今天的德语中已十分罕用，我国出版的《新德汉词典》（2012，第3版）因而未收。据格林《德语词典》（第6卷，1885，546—550页），此词和德语今表示"依靠"的lehnen并不同源：lehnen（借）源于古高地德语lēhanōn，与英语lend同源（古英语lænan）；lehnen（依靠）源于古高地德语hlinēn，与英语lean同源（古英语hleonian）。德语今表示"借"的常用词是leihen，源于古高地德语līhan，对应古英语lēon。——译者注

们用 smog（雾霾）一词。在这种东西太严重的地方，我们还可以开玩笑似的区分出 smog、smaze（smoke + haze［薄雾］）、smurk（smoke + murk［厚雾］）。在夏威夷，靠近活火山的地方，人们有 vog（volcano［火山］+ fog）的问题。常见的混合之例还有 bit（字节，binary［二进制的］+ digit［数位］），brunch（早午餐，breakfast［早餐］+ lunch［午餐］），motel（汽车旅馆，motor［汽车］+ hotel［旅馆］），telecast（播出电视节目，television［电视］+ broadcast［放送］），还有用作两家学校总称的 Oxbridge（津桥，Oxford［牛津］+ Cambridge［剑桥］）以及连接英国和法国的 Chunnel（海峡隧道，Channel［英吉利海峡］+ tunnel［隧道］）。

电视上像马拉松（marathon）一样冗长的募款活动通常称作 telethon（电视马拉松），而 infotainment（资讯娱乐，information［信息］+ entertainment［娱乐］）和 simulcast（并机播出，simultaneous［同时］+ broadcast［放送］）也是源于电视生活的新混合词。有些人描述语言的混合时会谈论 Franglais（法国式英语，Français［法语］+ Anglais［英语］）和 Spanglish（西班牙语式英语，Spanish［西班牙语］+ English［英语］）。有些混合词，我们连接的两个词的头，有些信息技术术语即是如此，如 telex（电传，teleprinter［远程打印机］+ exchange［交换］）、modem（调制解调器，modulator［调制器］+ demodulator［解调器］）。法语 velours croché（"天鹅绒"+"被钩住"）这两个词词头的混合，正是 velcro（尼龙刺粘搭扣，维可牢）一词的来源。那么，fax（传真）这个词呢？也是个混合词吗？不是，详见下一节。

截　　短

混合过程中可见到的缩减掉的成分，在被称为截短（clipping）的过程中更为明显。多于一个音节的词（如 facsimile，传真）精简成了较短的形式（fax）时，就发生了截短，最初通常出现于较随意的话语中。

gasoline（汽油）一词仍在使用，但多数人会使用截短形式，称之为 gas。其他常见的例子如，ad（广告，advertisement）、bra（文胸，brassiere）、cab（出租车，cabriolet）、condo（公寓大厦，condominium）、fan（影迷，fanatic）、flu（流感，influenza）、perm（烫发，permanent wave）、phone（电话）、plane（飞机）、porn（淫秽品）、pub（酒吧，public house）。说英语的人还喜欢相互之间把名字截短，如 Al、Ed、Liz、Mike、Ron、Sam、Sue、Tom。教育环境中必有某种鼓励截短的东西，因为有太多词被截短了，如 chem（化学）、exam（考试）、gym（体育馆）、lab（实验室）、math（数学）、phys-ed（体育）、poly-sci（政治学）、prof（教授）、typo（错字）。

昵称词

精简的一种特殊类型，产出的是术语称作**昵称词**（hypocorism）的形式，澳大利亚英语和英国英语很爱用。这一过程中，较长的词精简为一个音节，再在末尾加一个 -y 或 -ie。正是这个过程造就了 movie（电影，moving pictures）、telly（电视，television），还产生了 Aussie（澳大利亚人）、barbie（烧烤，barbecue）、bickie（饼干，biscuit）、bookie（博彩公司，bookmaker）、brekky（早餐，breakfast）、hankie（手帕，handkerchief）、toastie（飞碟三明治，toasted sandwich）。你很可能猜得出来 Chrissy pressies 是什么。此时，你可能准备好了要 take a sickie（请病假，a day of sick leave，无论是不是真的病了）。

逆向构词

非常特殊的一类缩短过程，被称为**逆向构词**（backformation）。典型的情况，是一类词（通常是名词）通过缩短而构成另一类词（通常是动词）。逆向构词的一个好例子是，名词 television（电视）先行使用了，之后才有动词 televise（播送电视节目）从这个名词中产生。其他通过这一过程而产生的词如：donate（捐助，源于 donation[捐款]）、emote（搔首弄姿，源于 emotion［情绪］）、enthuse（充满热情，源于 enthusiasm［热情］）、liaise（建立关系，liaison［联系］）。"Did you know that 'opt' was backformed from 'option'?"（你知不知道 opt［选择］是由 option［选项］逆向构词得来的？）这句话里，我们用了 backform 这个动词，这个动词就是逆向构词得来的。下面是另外几个较新产生的词：

    automation（自动化）→ automate（使……自动化）
    choreography（编舞）→ choreograph（进行编舞）
    syllabification（音节化）→ syllabify（使……音节化）
    bulldozer（推土机）→ bulldoze（用推土机拆除）
    mixture（混合物）→ mix（混合）
    orientation（定位）→ orientate（为……定方向）→ orient（朝向……）

  英语逆向构词式动词的规则源头，在于 work（工作）— worker（工人）这一常见模式。人们似乎认为，有以 -er（或其他发音相近的成分）结尾的名词，就可以造出一个动词表示该名词所做的事情。因此，editor（编辑）会 edit（编辑），sculptor（雕刻家）会 sculpt（雕刻），babysitter（临时照顾小孩的人）、beggar（乞丐）、burglar（入室行窃者）、peddler（小贩）、swindler（骗子）分别会 babysit（看孩子）、beg（乞讨）、burgle（入室行窃）、peddle（沿街叫卖）、swindle（招摇撞骗）。

词性转换

  词的功能的改变，如名词用作动词（不发生任何缩短），通常称为**词性转换**（conversion）。这一常见过程还有其他名称，如"范畴转换"（category change）、"功能迁移"（functional shift）。通过词性转换，许多名词都逐渐被用作了动词，如 bottle（瓶子）、butter（黄油）、chair（椅子）、vacation（假期）：

We bottled the home-brew last night.（昨晚我们把自酿的酒装了瓶。）
Have you buttered the toast?（你的面包片抹黄油了吗？）
Someone has to chair the meeting.（得有人来主持这会议。）
They're vacationing in Florida.（他们正在佛罗里达度假。）

上述形式已被广泛接受，但有些词性转换，如把名词 impact（影响）用作动词（造成影响），在有些人看来造成的是非常负面的影响。

词性转换这一过程，在现代英语中非常具有能产性，新用法不断出现。词性转换可涉及动词变名词，如 guess（猜）、must（必须）、spy（侦查）是 a guess（一个猜测）、a must（一件必须做的事）、a spy（一名间谍）的词源。短语动词（phrasal verb）也可以变成名词，如 to print out（打印出）、to take over（接管），变成 a printout（一份打印出的材料）、a take-over（一次接管）。有个复杂的动词组合（want to be［想成为］）也变成了一个新名词，如：He isn't in the group, he's just a wannabe.（他不在小组中，他只是个想加入的人。）下面列出的是另外几个词性转换之例：

名词 → 动词
dust（灰尘→掸灰）
　　Did you dust the living room?（你给客厅掸灰了吗？）
glue（胶水→粘）
　　I'll have to glue it together.（我会给它粘上。）
referee（裁判→做裁判）
　　Who will referee the game?（谁将给这场比赛做裁判？）
water（水→浇水）
　　Would you water my plants?（你可以给我的植物浇浇水吗？）

动词 → 名词
cheat（骗→骗子）
　　He's a cheat.（他是个骗子。）
doubt（怀疑→疑虑）

We had some doubts.(我们曾有些疑虑)
hand out(分发→分发的材料)
I need a handout.(我需要一份材料。)
hire(雇佣→雇员)
We have two new hires.(我们有两位新雇员。)

　　动词(如 see through[看穿]、stand up[站起])还可变成形容词,如 see-through material(透明材料)、a stand-up comedian(独角戏笑星)。也有许多形容词,如 a dirty floor(脏地板)、an empty room(一间空屋子)、some crazy ideas(一些疯狂的想法)、those nasty people(那些讨厌的人)里面的形容词,变成了 to dirty(弄脏)、to empty(清空)之类的动词,或是 a crazy(疯子)、the nasty(讨厌的人)之类的名词。

　　有些复合名词获得了其他词性,如 ball park(棒球场)可出现于 a ball-park figure(合理估算的数字)之中(作形容词),还可以请人 to ball-park an estimate of the cost(粗略估算成本)(作动词)。⑨ 其他一些这样的名词,如今也作动词来用,如 carpool(拼车)、mastermind(智囊/出谋划策)、microwave(微波炉/用微波炉加热)、quarterback(橄榄球四分位/引领)。另有一些形式,如 up(向上)和 down(向下),也成了动词,如 They're going to up the price of oil(他们打算抬高油价)或是 We downed a few beers at the Chimes(我们在柴姆斯饭店喝下了几杯啤酒)。

　　值得注意的是,有些词经历词性转换后语义会有显著变化。动词 to doctor(篡改伪造)常有贬义,和其来源名词 doctor(医生)联系通常不大。类似的语义再分析,亦出现于名词 total(总和)和动词 run around(围绕),二者皆无负面意义。然而,如果你把你的车给 total(动词,撞得稀

---

　　⑨ 英语口语中的 ball park(球场),经常特指棒球场(baseball park)。由于棒球规则中未像篮球、足球那样对场地尺寸有严格规定,因此"棒球场"引申出了与"粗略""估计"相关的词义。——译者注

里哗啦）了，保险公司给你的却是 runaround（名词，推诿搪塞），你就尝到了双份的负面意义。

新造词

发明并普遍使用全新的词，即**新造**（coinage），在英语中并不十分常见。典型的来源是商品的商标变成普通词（首字母通常不再大写），用来指该产品的任何版本。较早的例子如 aspirin（阿司匹林）、nylon（尼龙）、vaseline（凡士林）、zipper（拉链），较新的例子如 granola（谷物棒）、kleenex（面巾纸）、teflon（特氟龙）、xerox（复印）。这类发明出的词，有些起初是个并不出名的科技术语，如 teflon 源于 **tetra-fluor-on**（四氟化合物），但是造出之后往往变成了该语言中的日常词汇。当今的新造词里最显赫的是 google 一词。它原本是创造 Googleplex（谷歌大厦）这个名称时对 googol（数词，1 后面加 100 个零）一词的错误拼写，后来成了公司名称 Google（谷歌）；此后，首字母不大写的 google 一词又经历了由名词到动词的转化，表示"用互联网查找信息"。

以人名或地名为基础的新词，称**专名词**（eponym）。我们之前讨论 hoover（吸尘器）时（或者哪怕是用 spangler 一词时），用的就是专名词。我们使用的专名词还有 teddy bear（玩具熊），源于美国总统西奥多（泰迪）·罗斯福，以及 jeans（牛仔装），源于这种布料的诞生地意大利热那亚。还有一个专名词可追溯至 1762 年，当时的桑威奇四世伯爵约翰·蒙塔古（John Montagu, the fourth Earl of Sandwich）赌博期间一直吃中间夹着咸牛肉的两片面包。显然，他的朋友们也开始让人做跟桑威奇一样的 sandwich（三明治）了。

首字母缩略词

首字母缩略词（acronym）是由一系列其他词的词首字母构成的新词。

这种词可以是像 CD（compact disk，压缩光碟）、SPCA（Society for the Prevention of Cruelty to Animals，防止虐待动物协会）这样的形式，分别念出每个字母的读音即是其发音。而更典型的情况，是把首字母缩略词当作新词来发音，如 NATO（北约）、NASA（国家航空航天局）、UNESCO（联合国教科文组织）。⑩ 上述例词保留了其大写字母，但许多首字母缩略词完全变成了日常词，如 laser（激光，源于 light amplification by stimulated emission of radiation，"因受激辐射释放而产生的光的增强"）、radar（雷达，源于 radio detecting and ranging，"无线电侦测与定距"）、scuba（潜水，源于 self-contained underwater breathing apparatus，"自行携带的水下呼吸装置"）、sim card（手机 SIM 卡，sim 源于 subscriber identity module，"用户身份模块"）、zip code（邮政编码，zip 源于 zone improvement plan，"分区改进计划"）。你甚至可能听人说起过 snafu（一团糟），此词号称源于 situation normal, all fouled up（情况正常，都很完蛋），尽管有人可能对里面那个动词表示不服。

机构名称经常将其首字母缩略词设计得恰到好处，如"反醉驾母亲组织"（mothers against drunk driving，缩为 MADD，"疯"）、"女性反强暴组织"（women against rape，缩为 WAR，"战争"）。许多说话者并不考虑首字母缩略词的各组成部分是何意思。ATM（取款机，源于 automatic teller machine，"自动柜员机"）这新玩意和所需要的 PIN（密码，源于 personal identification number，"个人识别码"）使用时通常有一个用重复了的成分，如 I sometimes forget my PIN number when I go to the ATM machine（我走到 ATM 机前，有时却忘了我的 PIN 码）。而像 ATM 这样的例子，也称作"首字母词"（initialism）。（见 93 页，作业题 A。）

---

⑩ 与 CD 等不同，NATO 这类首字母缩略词的读音不是字母名称音的叠加，而是要将这些字母相拼。NATO、NASA、UNESCO 在英语的读音分别是 /ˈneɪtoʊ/、/ˈnæsə/、/juːˈnɛskoʊ/。——译者注

65 　　　　　派　　生

到目前为止，我们的清单里尚未涉及新词产生中最为常见的构词过程。这个过程称作派生（derivation），借助英语中大量通常不在词典里单列的"小成分"来完成。这种"小成分"统称为词缀（affix）。一些熟悉的例子如 un-、mis-、pre-、-ful、-less、-ish、-ism、-ness 等成分，用在 unhappy（不高兴的）、misrepresent（错误表示为）、prejudge（先入为主地评判）、joyful（欢喜的）、careless（不仔细的）、boyish（男孩似的）、terrorism（恐怖主义）、sadness（悲伤）等词里。

前缀和后缀

更细致地看上面这组例词，我们会发现有些词缀加在词的开头处（如 un-、mis-），这种词缀称前缀（prefix）。另一些词缀加在词的结尾处（如 -less、-ish），称后缀（suffix）。通过派生过程构成的所有英语词，要么拥有前缀，要么拥有后缀，要么二者兼而有之。因此，mislead（误导）有前缀，disrespectful（不敬的）既有前缀又有后缀，foolishness（愚蠢）有两个后缀。据 Dixon（2014：11），英语有约 200 个派生词缀，分为约 90 个前缀和约 110 个后缀。我们将在第 6 章中更加详细地探讨英语的一系列词缀。

中缀

还存在第三种词缀，英语中通常不用，但见于其他一些语言。这种词缀叫作中缀（infix），即融入其他词内部的词缀。透过情绪易激动的说英语者惊喜时或懊恼时偶尔会用的某些表达方式，可以看出中缀发挥作用的基本原则，如"Halle**bloody**lujah!""Abso**goddam**lutely!""Ala**damn**-

bama""Un**fuckin**believable!"。⑪ 我们可把这些"附加性插入成分"（expletive insertion）视为英语里的一种特殊的中缀。不过，老挝和越南北部的克木语（Khmu，亦作 Kamhmu）里，有一套好得多的例子。

动词	名词
see（钻）	s**rn**ee（钻头）
toh（凿）	t**rn**oh（凿子）
hiip（用勺吃）	h**rn**iip（勺子）
hoom（捆绑）	h**rn**oom（用来捆绑的器具）

从上述例子中，我们能够看到存在一种规则的模式，通过给动词加中缀 -rn- 来构成名词。我们若知 srnal 这个形式是克木语表示"耳饰"的名词，即可猜出其相对应的动词表示"戴耳饰"。据 Merrifield *et al.*（2003），此词源是 sal。

还有一种词缀叫"环缀"（circumfix），例子见 96 页作业题 G。

多重过程

上述每种构词过程，我们都是单独来审视的，但是在某一具体词的造词过程中，却可发现多种过程共同发挥作用。例如，deli（熟食店）一词成为美国英语的常用词，似乎就是先从德语中借用了 delicatessen（美味店），再把借来的形式截短。如果有人说 problems with the project have snowballed（这项目的麻烦滚雪球似地飙升），最后这个词即可分析为首先由 snow（雪）和 ball（球）复合构成了名词 snowball（雪球），再通过词性转换变成了动词。以首字母缩略词起家的词，同样可以经历其他过程，如

---

⑪ 这几个例子原为 Hallelujah!（赞美神！）、Absolutely!（绝对如此！）、Alabama（亚拉巴马州）、Unbelievable!（难以置信！），插入词中间的加粗字为粗话、脏话。——译者注

lase（用激光照射）这个动词，就是源于 laser 的逆向构词。而在 waspish attitudes（主流白种人的态度）这一短语中，首字母缩略词 WASP（white Anglo-Saxon Protestant，"盎格鲁-撒克逊血统的白人新教徒"）不再大写，并通过派生过程获得了一个后缀（-ish）。

有个首字母缩略词，似乎从未有过用大写字母写的形式，源于 young urban professional（年轻的都市上班族），再加上昵称词后缀 -ie，就构成了 yuppie（雅皮士）（首次记录下来是在 1984 年）。不过，这个词的形成，却受助于另一种极为不同的过程，该过程可简单地称为**类推**（analogy）。通过类推，可造出与已有词在某方面相似的新词。作为新词，yuppie 之所以能够出现，是通过与之前的 hippie（嬉皮士）以及由此类推出的昙花一现的 yippie（易比士）再做类推而形成。而 yippie 一词同样有首字母缩略词背景（源于 youth international party，"青年国际党"），用来指反越战抗议中的部分美国学生。有个笑话说，yippie 长大后成了 yuppie。⑫ 而这个过程还在继续，另一个类推透过 yap（发出尖利噪音）一词，帮助给某些很吵的年轻上班族贴上了 yappie 的标签。

当然，许多这样的新词，寿命非常短。或许，新近构成的词在某一语言中的"降生"，广为接受的测试法就是看它在词典中白纸黑字的出现。近年来，我们已添加了这些词：app（手机应用程序，源于 application "应用"），vape（雾化器，源于 vaporizer "雾化器"），二者通过截短而来；blog（博客，源于 web log "网络日志"），sexting（发送色情短信，源于 sexual texting "性" + "发送短信"），二者通过混合而来；unfriend（解除好友关系），mint（降温）⑬，二者通过词性转换而来。更多例子，见 94 页作

---

⑫ 这个笑话的梗在于，从元音的语音象征效果来看，/i/ 常用来表达"小"之义，而 /ʌ/ 则带来"大"的感觉。参见叶斯柏森《元音 i 的象征价值》（Symbolic Value of the Vowel i, 1933）一文。（英语原文收录于《叶斯柏森选集》，世界图书出版公司，2016，557—577 页，尤其见 557—559 页；中译文收录于《叶斯柏森论语音》，商务印书馆，2021，338—372 页，尤其见 338—341 页。）——译者注

⑬ 由名词 mint（薄荷）转换为动词，源于薄荷的降温提神作用。——译者注

业题 E。

然而，有些新词有时会引起某些保守声音的抗议，如诺亚·韦伯斯特 1806 年出版其第一部词典时，就曾因为引述了 advocate（鼓励）、test（检测）等词的动词用法以及收录了 advisory（顾问咨询的）、presidential（总统的）等"土话"词汇而遭到批评。诺亚似乎比那些批评他的人更具洞察力，他看到了语言中的这些新形式将会生存下去。

习　题

1. 专名词何时会成为新词？
2. 英语 modem 一词源于哪种构词过程？
3. Have you ever googled yourself?（你自己上网搜过了吗？）这句话里的动词 google，其产生涉及了哪两种过程？
4. selfie（自拍照）这个新词里，明显涉及了哪个过程？
5. 新词按照与已有词相似的方式制造出来，我们把这样的过程称作什么？
6. 下列各对中，哪对里含有仿译之例？其余哪些应如何描述？
   （a）日语 footobooru（足球）——英语 football（足球）
   （b）匈牙利语 tréning（训练）——英语 training（训练）
   （c）西班牙语 luna de miel（蜜月，字面义"月亮"+"的"+"蜜"）——英语 honeymoon（蜜月，字面义）
   （d）法语 jardin d'enfants（幼儿园）——德语 Kindergarten（幼儿园）[14]
7. 你能否辨别出下列句子中各个划线词的产生所涉及的不同构词过程？
   （a）Don't they ever worry that they might get AIDS?（他们就不怕得

---

[14]（c）和（d）中的词组及复合词的字面义如下：西班牙语 luna de miel："月亮"+"的"+"蜜"；英语 honeymoon："蜜"+"月亮"；法语 jardin d'enfants："花园"+"的"+"儿童"；德语 Kindergarten："儿童"+"花园"。——译者注

艾滋吗？）

(b) That's really fandamntastic!（太他妈棒了！）

(c) These new skateboards from Zee Designs are kickass.（Zee Designs 的这些新滑板是一流的。）

(d) When I'm ill, I want to see a doc, not a vet.（我病了的时候想看医生，不是兽医。）

(e) The house next door was burgled when I was babysitting the Smiths' children.（我替史密斯家看孩子的时候，隔壁那家被盗了。）

(f) I like this old sofa – it's nice and comfy.（我喜欢这旧沙发——又漂亮又舒服。）

(g) I think Robyn said she'd like a toastie for brekky.（我觉得罗宾说过她早餐想吃个飞碟三明治。）

(h) You don't need to button it because it's got velcro inside.（你不用系纽扣，里面有维可牢。）

8. 辨认下列各词里的前缀和后缀：

misfortune（不幸），terrorism（恐怖主义），carelessness（粗心），disagreement（不一致），ineffective（无收效的），unfaithful（不忠的），prepackaged（预先包装的），biodegradable（可生物降解的），reincarnation（转世投胎），decentralization（去中心化）

9. 克木语中，kap 这个词的意思是"用火钳子夹"，tiap 的意思是"叠小包袱"。表示"火钳子"的词和表示"小包袱"的词有可能是什么？

10. 为什么 my PIN number 和 the ATM machine 这样的表达略有点异样？

11. 英语 road rage（路怒）变成了讲丹麦语的人嘴里的 vejvrede（"路" + "生气"）。这一过程称作什么？

12. 下列句子里的划线词的产生中涉及多于一种的过程。你能否辨认出每个例子中涉及了哪些过程?

(a) Can you FedEx the books to me today?(你今天能把那几本书快递给我吗？)

(b) Police have reported an increase in carjackings in recent months.(警方通报，近几个月来车辆劫持案有上升。)

(c) Jeeves, could you tell the maid to be sure to hoover the bedroom carpet?(杰弗斯，你能嘱咐女仆一定吸吸卧室地毯吗？)

(d) I had to temp for a while before I got a real job.(找到真正的工作之前，我得先做一阵临时工。)

(e) Is your friend Ian still blogging?(你朋友伊恩还写博客吗？)

(f) Would you prefer a decaf?(你更想喝无咖啡因的咖啡吗？)

作业题

A. 什么是"首字母词"(initialism)？本章中有例子吗?

B. 谁发明了 portmanteau word(旅行皮包词)这个术语？本章中有多少个这样的例子?

C. 利用带有词源信息的词典[15]，指出下列哪些词是借词，借自哪种语言。这些词里有没有专名词？

assassin(刺客), clone(克隆), cockroach(蟑螂), denim(牛仔

---

[15] 带有词源信息的常用英语词典，如我国出版的陆谷孙主编《英汉大词典》，以及美国出版的《美国传统英语字典》(*The American Heritage Dictionary of the English Language*)、英国出版的《牛津英语案头词典》(*The Oxford English Reference Dictionary*)等。还可参阅更为专业的 C. T. Onions 主编《牛津英语词源词典》(*The Oxford Dictionary of English Etymology*)、T. F. Hoad 主编《牛津简明英语词源词典》(*Oxford Concise Dictionary of English Etymology*)等，后者曾在我国出版过英语原文影印版。——译者注

布），diesel（柴油机），frisbee（飞盘），horde（一大群人），kayak（皮艇），kiosk（自助机），nickname（绰号），penguin（企鹅），robot（机器人），shampoo（洗发香波），sherry（雪利酒），slogan（口号），snoop（打探），taboo（禁忌语），tea（茶），tomato（西红柿），tuxedo（燕尾服），umbrella（雨伞），voodoo（伏都教）

D. 英语词借入日语时可经历本族化（nativization），经过这个过程通常被赋予一种音节化发音（syllabic pronunciation），如English变成了ingurishu（英语）。你能否把音节化过程颠倒过来，把下列由英语借入日语的词认出来？其中一栏是你在一个叫makudonarudo（麦当劳）的地方可以买到的东西，另一栏的东西都与supootsu（体育）相关。

chikin nagetto _____   beesubouru _____
furaido poteto _____   booringu _____
hotto doggu _____   futtobouru _____
juusu _____   hoomuran _____
kechappu _____   jogingu _____
sheiku _____   shuuzu _____
sofuto kuriimu _____   sokkusu _____

E. 英语许多新词源于IT（information technology［信息技术］的首字母缩略词）及互联网（internet, international［国际］和network［网络］的混合词）的广泛使用。尝试描述下列句子里划线词的产生中所涉及的构词过程，必要时借助词典。

（1）There are some teenage netizens who rarely leave their rooms.（有些青少年网民很少离开房间。）

（2）How much RAM do you have?（你内存多大？）

（3）I can't get some of the students to keyboard more carefully.（我没法让有些学生打字更仔细些。）

（4）Your friend Jason is such a techie!（你朋友杰森可真是个电脑天才！）

（5）Doesn't every new computer have a webcam now?（现在每台新电脑不都自带网络摄像头了吗？）

（6）You should bookmark that site.（你应该给那个网站加个书签。）

（7）I got a great new app for my phone.（我给我的手机弄到了一个很棒的新应用程序。）

（8）We're paying too much attention to bloggers.（我们对博主们投入了过大的关注。）

（9）Subscribers have unlimited downloads.（订阅者享无限量下载。）

（10）I tried to find the site, but I just got googledygook.（我竭力去找那个网站，但只得到一堆乱码。）

（11）He never puts his phone down, he's intexticated.（他从不放下手机，他发短信成瘾了。）

（12）You should check the faq because the information is usually helpful.（你应该查查问与答，因为那信息一般都很有帮助。）

（13）Some people will have to learn better netiquette.（有些人该学点更好的网络礼节。）

（14）Hey, just heard about the accident, ruok?（嘿，刚听说出事了，你还好吧？）

F. 本章中我们提到了一个例子，利用一个或多个英语词构成德语新词，但这词义在英语中并没有（如 Partnerlook）。下表中有更多利用英语词构成的当代德语词。[16]

（ⅰ）以此方式产生的形式，应使用哪个专业术语来描述？

---

[16] 例子中的 der 是德语阳性、单数、主格定冠词，和前面提到的法语冠词 le 一样，也是强制加在了原本无性范畴的英语名词前。——译者注

（ii）你能否研究出下面哪些语义该跟哪些词配对？

der Barmixer (= _____)

der Beamer (= _____)

der Bodybag (= _____)

der Flipper (= _____)

das Handy (= _____)

der Messie (= _____)

der Oldtimer (= _____)

die Peep Toes (= _____)

der Shootingstar (= _____)

der Smoking (= _____)

der Talkmaster (= _____)

der Tramper (= _____)

bartender	shoulder bag	tuxedo
（酒吧服务员）	（肩上挎包）	（燕尾服）
cell phone/mobile	overnight success	women's open-toed shoes
（手机）	（一夜暴富）	（女式凉鞋）
hitchhiker	pinball machine	video projector
（搭顺风车者）	（弹珠台游戏机）	（视频投影仪）
hoarder/pack rat	talk show host	vintage car
（囤积症患者）	（脱口秀节目主持人）	（收藏款老车）

G. 另外一种词缀叫作环缀（circumfix），如下列印度尼西亚语的例子所示：

besar（大，形容词） kebesaran（大，名词）

indah（美丽的） keindahan（美）

_____（健康的） kesehatan（健康）

_____（自由的）　　　　kebebasan（自由）
　　baik（善良的）　　　　　_____（善良）
　　jujur（诚实的）　　　　　_____（诚实）

1. 你能否为这些例子补上空缺的形式？
2. 此处所示的那个环缀是什么？
3. 这个环缀用作哪种构词过程？
4. 若给出 tersedia（可得到的）、sulit（困难的）、sesuai（合适的）、seimbang（平衡的）这几个词，你想如何翻译下列词？

　　_____（可获及性）
　　_____（难处）
　　_____（合适性）
　　_____（平衡）

5. 分析下列例子后，你认为印度尼西亚语里与之对应的表示"幸福的""公正的""满意的"的形容词应是什么？

　　ketidakjujuran（不诚实，名词）
　　ketidaksenangan（不幸福，名词）
　　ketidakadilan（不公正，名词）
　　ketidakpuasan（不满意，名词）

H. 你能否把下列英语复合词分成名词和动词两类？你是如何做判断的？复合词里的哪一部分可决定其是名词还是动词？

crash helmet, crash land, freeze dry, freeze frame, hang glide, hang nail, kick boxer, kick start, skim milk, skim read, sleep mode, sleep walk

I. 讲赫蒙语（Hmong）的人（来自老挝和越南）在美国定居后，须造出一些新词表示他们遇到的新事物和新经历。你能否利用下面几个译词（引自 Downing and Fuller，1984）研究出下列赫蒙语表达方式在英语中的对应词？

71　　chaw（处所）　　kho（修理）　　hlau（铁）　　cai（正确的）
　　　daṿ（鸟）　　　muas（买）　　hniav（牙齿）　　daim（扁平的）
　　　hnab（包）　　　nres（站立）　　looj（盖）　　mob（病）
　　　kev（路）　　　ntaus（打）　　ntoo（木头）　　nqaj（轨道）
　　　kws（专家）　　tos（等待）　　ntawv（纸）　　tshuaj（药）
　　　tsheb（车）　　　zaum（坐）　　tes（手）

chawkhomob _____　　kwshlau _____

chawnrestsheb _____　　kwskhohniav _____

chawzaumtos _____　　kwsntausntawv _____

davhlau _____　　kwsntoo _____

hnabloojtes _____　　kwskhotsheb _____

kevcai _____　　kwstshuaj _____

kevkhomob _____　　tshebnqajhlau _____

kevnqajhlau _____　　daimntawvmuastshuaj _____

J. 借用过程可使某些词具有多种词源。许多英语词，源于拉丁语，途经法语进入英语。例如，拉丁语 flōr-（花）> 古法语 flour（花）（现代法语为 fleur [花]）> 英语 flower（花）和 flour（面粉）。其他一些词源，可能鲜为人知。例如，英语 tomato（西红柿）取自 tomatl 一词的西班牙语版本，该词借自墨西哥阿兹特克人的语言纳瓦特尔语（Nahuatl）。你能否研究出，现代英语中的哪两个词，经同样的路径由纳瓦特尔语 ahuacatl 和 ahuacamolli 演变而来？ [17]

K. 下列词，依据 Jaggar（2001：113），取自西非尼日利亚北部以及尼日尔的豪萨语（Hausa）。这些词是**民族称呼**（ethnonym），即表示一个人的民族或来源地的名词。第一栏里的词表示男人（单

---

[17] 提示：这两个词，前一个是一种水果，后一个是该水果衍生出的酱料。——译者注

数），第二栏的词表示女人（单数），第三栏表示民族（复数），第四栏是英语里的民族称呼。分析前几个例子是如何构成的，之后把其余的分析完。

Bà'amirké	Bà'amirkiya	Amirkawa	American（美国人）
Bàjamushé	Bàjamushiya	Jamusawa	German（德国人）
Bàfaranshé	1_____	Faransawa	French（法国人）
Bàhaushé	Bàhaushiya	2_____	Hausa（豪萨人）
Bàturé	3_____	4_____	European（欧洲人）
5_____	6_____	Larabawa	Arab（阿拉伯人）
7_____	Bàyarabiya	8_____	Yoruba（约鲁巴人）
Bàmasaré	9_____	10_____	Egyptian（埃及人）

探讨与研究

I. 英语中我们构成复合词时，如何知道应该把词连写（如 hairspray[发胶]）？还是用连字符连接（如 hair-spray）？抑或是在词与词之间保留空格（如 hair spray）？利用下列例子，以及你想纳入讨论的任何其他例子，尝试判断我们构成复合词时是否存在典型模式。

backpack, back-pedal, back seat, blackboard, black hole, black-tie affair, bulletin board, double bed, double-cross, house husband, house-warming, housewife, lifesaving, lifestyle, life insurance, mother-in-law, mother tongue, postcard, Postits, post office, workbook, work experience, work-to-rule

（背景资料，见 Denning, Kessler & Leben, 2007, 第 3 章）

II. 图 5.1 的公示语里有个你以前可能没见过的词（flushable，可冲走的）。但这个词不难理解。不过，我们利用 -able 这样的后缀来派生新词时，似乎存在某种制约，来决定什么样的词才被允许。下列词，左栏里的词是"可接受的"（acceptable，这个词本身就是个这样的例子！），但是其他两栏里的形式似乎并不是当前英语里的词。这些词被标以星号（asterisk），表示"不可接受的"（unacceptable，这词也是个例子！）。通过这些例子，以及你认为或与本讨论有关的任何其他例子，你能否研究出用后缀 -able 来构成新形容词时可能存在的一条或多条规则？

breakable	*carable	*dieable
doable	*chairable	*disappearable
downloadable	*diskable	*downable
inflatable	*hairable	*pinkable
movable	*housable	*runnable
understandable	*pencilable	*sleepable
wearable	*quickable	*smilable

（背景资料，见 Language File, 2018, 第 4 章）

图 5.1　不可冲走的

深入阅读

基本论述：

Denning, K., B. Kessler and W. Leben (2007) *English Vocabulary Elements*.（第2版）Oxford University Press.

Minkova, D. and R. Stockwell (2009) *English Words*.（第2版）Cambridge University Press.

更详细论述：

Harley, H. (2006) *English Words: A Linguistic Introduction*. Blackwell.

Plag, I. (2018) *Word-formation in English*.（第2版）Cambridge University Press.

词源学：

Durkin, P. (2009) *The Oxford Guide to Etymology*. Oxford University Press.

谷歌：

Vise, D. and M. Malseed (2005) *The Google Story*. Delacorte Press.

借用：

Durkin, P. (2014) Borrowed Words: *A History of Loanwords in English*. Oxford University Press.

Hitchings, H. (2008) *The Secret Life of Words*. John Murray.

Miller, D. (2012) *External Influences on English: From Its Beginnings to the Renaissance*. Oxford University Press.

巴西葡萄牙语中的借用：

Diniz de Figueiredo, E. (2010) "To borrow or not to borrow: the use of English loanwords as slang on websites in Brazilian Portuguese." *English Today* 26: 5–12.

复合：

Bauer, L. (2017) *Compounds and Compounding*. Cambridge University Press.

Lieber, R. and P. Stekauer (2009) *The Oxford Handbook of Compounding*. Oxford University Press.

Sanchez-Stockhammer, C. (2018) *English Compounds and Their Spelling*. Cambridge University Press.

混合：

Roig-Marín, A. (2016) "'Blended' cyber-neologisms." *English Today* 128 (32): 2–5.

昵称词：

Allan, K. (2015) *Linguistic Meaning*.（重印本）Routledge.

词性转换：

Aitchison, J. (2012) *Words in the Mind*.（第4版）（第3部分）Wiley-Blackwell.

专名词：

Marciano, J. (2009) *Anonyponymous*. Bloomsbury.

派生：

Dixon, R. (2014) *Making New Words*. Oxford University Press.

中缀：

Yu, A. (2007) *A Natural History of Infixation*. Oxford University Press.

附加性插入成分：

Bauer, L. (2015b) "Expletive insertion" *American Speech* 90: 122–127.

类推：

Fertig, D. (2013) *Analogy and Morphological Change*. Edinburgh University Press.

其他参考资料：

Downing, B. and J. Fuller (1984) "Cultural contact and the expansion of the Hmong lexicon." 未出版论文, Department of Linguistics, University of Minnesota.

Jaggar, P. (2001) *Hausa*. John Benjamins.

Language Files (2016)（第 12 版）Ohio State University Press.

Merrifield, W., C. Naish, C. Rensch and G. Story (2003) *Laboratory Manual for Morphology and Syntax*.（第 7 版）Summer Institute of Linguistics.

另见 wordspy.com

6 形态学

AMBIMOUSTROUS（形容词）双手都能用电脑鼠标的

《柯林斯英语词典》（*Collins English Dictionary*，2019）

整个第 5 章，我们尝试描写构词中涉及的各种过程，都是假定这种被称为"词"的单位始终是常规且易于辨认的形式，即使是像 ambimoustrous 这类我们可能从未见过的词亦是如此。这个新词基于已有形式 ambidextrous（左右手同等灵活的），中间的成分 dext(e)r（右手）被替换成了 mous(e)（鼠标）。显然，这个词里具有语义的成分不止一个。不过，我们平时并不会认为一个"词"是拥有若干内部成分的，而是倾向于认为，词就是书面英语中用黑色书写的一个个单位，彼此之间用较大空格分隔开。本章中，我们将探索更详细地审视词的内部的途径。

形态学

许多语言里，看似单一形式的东西经常被证明含有大量"与词类似"的成分。例如，斯瓦西里语（Swahili，亦称 Kiswahili，分布于东非各地）中，nitakupenda 这个形式的意思类似英语 I will love you（我将爱你）。那么,斯瓦西里语的这个形式是个单一的词吗?它如果是个"词",似乎包含了若干在英语中呈现为独立的词的成分。粗略的对应关系可表示如下:

ni-　　ta-　　ku-　　penda
I　　　will　　you　　love
我　　将要　　你　　爱

斯瓦西里语的这个词,似乎跟我们认为是书面英语"词"的东西极不相同。不过,这两种语言之间却明显存在某种相似性,因为二者当中都能找到整条信息里的相似成分。审视不同语言中的语言成分,更好的方法或许是运用信息中的这种"成分"之概念,而不应仅靠把"词"辨别出来。

我们刚才进行的这类训练,例析的是如何探究语言中的最基本形式,这就是**形态学**(morphology)[①]。这个术语字面义是"形式研究",最初用于生物学中,但如今亦用来描述关于某一语言中的那些基本"成分"的研究。以语言信息形式存在的那些我们刚才一直称之为"成分"的东西,专业术语称作"语素"。

语　　素

我们其实不必到斯瓦西里语这样的语言中,才能发现"词形式"可能由若干成分组成。我们会辨认出,英语 talks、talker、talked、talking 等词形式必然由 1 个 talk 和 -s、-er、-ed、-ing 这 4 个其他成分组成。这 5 个成分都称作**语素**(morpheme)。语素的定义是:"语义或语法功能的最小单位"。语法功能单位,包括用来表示过去式或复数的形式。因此,如表 6.1 所示,我们可以把词拆开,以展示其形态学上的不同成分,动词如 re-

---

[①] morphology 的词根 morph- 源于希腊语 μορφή(形),因而直译为"形态学"。因为这一领域研究词的内部结构,所以又意译为"词法学"。——译者注

new-ed（续期，过去式），名词如 tour-ist-s（游客，复数）。

表 6.1 语素

语义的最小单位	语法功能
re-（再次）new（新）	-ed（过去时）
tour（旅游）-ist（人）	-s（复数）

自由语素和黏着语素

观察表 6.1 里的例子，我们可在两类语素之间做一种宽泛的区分。有**自由语素**（free morpheme），即自身就能够作为单个词而存在的语素，如 new 和 tour。也有**黏着语素**（bound morpheme），即那些通常不能独立存在，而要与另一形式相结合的形式，如 re-、-ist、-ed、-s 所示。这样的形式在第 5 章中被描述为词缀。所以我们可以说，英语所有的词缀（前缀和后缀）都是黏着语素。自由语素大致可视为英语的原形名词、动词、形容词、副词等词形式的集合。与所接的黏着语素一同使用时，词的原形可用术语称作**词干**（stem）。例如：

undressed			carelessness		
（脱衣，过去时）			（粗心）		
un-	dress	-ed	care	-less	-ness
前缀	词干	后缀	词干	后缀	后缀
（黏着）	（自由）	（黏着）	（自由）	（黏着）	（黏着）
否定前缀	"穿衣"	过去式后缀	"仔细"	否定后缀	抽象名词后缀

我们应当注意，这种描述是对英语形态事实的一定程度上的简单化。有些英语词，通常是些来自拉丁语的词，词里被视为词干的成分并不是自由语素。像 receive（接收）、reduce（减少）、repeat（重复）这样的词，我们能认出词首的黏着语素 re-，但是 -ceive、-duce、-peat 这几个成分却不是英语中的独立词成分，因而不可能是自由语素。这类形式有时被称为"黏着词干"（bound stem）。

词汇语素和功能语素

我们所说的自由语素分为两类。第一类是普通的名词（如 girl［女孩］、house［房子］），动词（如 break［打断］、sit［坐］），形容词（如 long［长］、sad［悲伤的］），副词（如 never［从不］、quickly［迅速］），我们认为这些词携带着我们所表达信息的"内容"。这类自由语素称为**词汇语素**（lexical morpheme）。我们可以极为容易地向语言中增加新的词汇语素，因此这类语素被视为"开放"（open）词类。

另一类自由语素被称作**功能语素**（functional morpheme）。例子包括冠词（a［不定冠词］、the［定冠词］），连词（如 and［和］、because［因为］），介词（on［在……上面］、near［在……附近］），代词（it［它］、me［我］）。由于我们几乎完全无法向语言中添加新的功能语素，所以它们被视为"封闭"（closed）词类。

派生语素

构成黏着语素这一类别的各种词缀，可再分为两类。一类在第 5 章中已从词的派生角度谈过。这类语素是**派生语素**（derivational morpheme）。我们使用这类黏着语素来制造新词，或是由词干造出属于不同语法类别的词。例如，加上派生语素 -ment，可把动词 encourage（鼓励）变成名词 encouragement（鼓励）；名词 class（类别）加上派生语素 -ify，可变成动词 classify（分类）。派生语素可以是 -ment 和 -ify 这样的后缀，也可以是 re-、pre-、ex-、mis-、co-、un- 这样的前缀。

屈折语素

第二类黏着语素包括屈折语素（inflectional morpheme），亦称作"屈折形式"（inflection）。这类语素在语言中不用来产出新词，而是用来表明词的语法功能。屈折语素用来显示一个词是单数还是复数，是不是过去时,是不是比较级形式或属格形式。英语只有 8 个屈折语素,皆为后缀。

> Jim**'s** two sister**s** are really different.(吉姆的两个姐妹非常不一样。)
> One like**s** to have fun and is always laugh**ing**.(一个喜欢开心,永远在笑。)
> The other enjoy**ed** school as a child and has always be**en** very serious.(另一个从小就爱上学,总是非常严肃。)
> One is the loud**est** person in the house and the other is quiet**er** than a mouse.(一个是家里最吵的人,另一个比老鼠还安静。)

第一句话里,两个屈折形式都加在名词上,标记属格(-'s)和复数(-s)。加在动词上的屈折形式有 4 种:-s(第三人称单数现在时)、-ing(现在分词)、-ed(过去时)、-en(过去分词)。有两种屈折形式加在形容词上:-er(比较级)和 -est(最高级)。

这些屈折语素,形式上存在某些差异。例如,属格有时以复数形式 -s' 显现,如 those boys' bags(那些男孩们的包);过去分词经常是 -ed,如 they have talk**ed** already(他们已经讨论过了)。表 6.2 做了归纳。

表 6.2 派生语素与屈折语素

	名词	动词	形容词
派生语素	critic-**ism**	critic-**ize**	critic-**al**
	encourage-**ment**	class-**ify**	wonder-**ful**
屈折语素	Jim-**'s**	like-**s**,laugh-**ing**	quiet-**er**
	sister-**s**	enjoy-**ed**,be-**en**	loud-**est**

形态描写

派生语素和屈折语素之间的差别值得强调。屈折词缀绝不会改变词的语法类别。例如,old(旧)和 older(更旧)都是形容词。此处的屈折形式 -er(源于古英语 -ra)仅制造了该形容词的一个不同版本而已。然而,派生语素却可改变一个词的语法类别。动词 teach(教)若是加了派生语素 -er

（源于古英语 -ere），就变成了 teacher（教师）。因此，-er 在现代英语中既是个屈折语素，充当形容词的组成部分，也是个明显的派生语素，充当名词的组成部分。二者外表相同（都是 -er）并不意味着二者承担同样的任务。

派生后缀和屈折后缀一同使用时，总是呈现出一定顺序。首先是派生后缀（-er）加在 teach 上，然后才加屈折后缀（-s）构成 teachers（教师，复数）。有了所有这些表示不同类型语素的术语，我们就能够把英语大多数句子拆开并罗列出其全部"成分"了。例如，The teacher's wildness shocked the girls' parents（那位教师的狂野惊呆了女孩们的家长）这个句子里，我们可以辨别出 13 个语素。

The	teach	-er	-'s	wild	-ness
功能语素	词汇语素	派生语素	屈折语素	词汇语素	派生语素
定冠词	"教"	表示"人"的后缀	属格	"狂野"	抽象名词后缀

shock	-ed	the	girl	-s'	parent	-s
词汇语素	屈折语素	功能语素	词汇语素	派生语素	词汇语素	派生语素
"惊呆"	过去时	定冠词	"女孩"	属格复数	"父母"	复数

记住所有这些不同种类的语素的有效方法，见图 6.1。

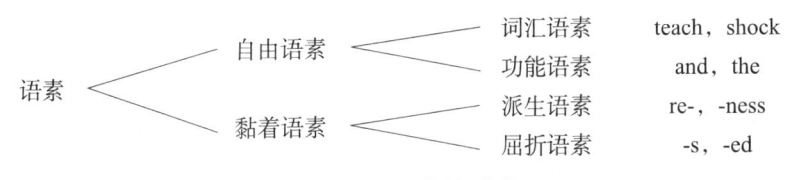

```
              ┌─ 自由语素 ─┬─ 词汇语素      teach, shock
语素 ─┤             └─ 功能语素      and, the
              └─ 黏着语素 ─┬─ 派生语素      re-, -ness
                           └─ 屈折语素      -s, -ed
```

图 6.1 语素的种类

语子、语素变体及特例

图 6.1 里极其整洁的图示，掩盖了英语词法分析中的许多尖锐问题。屈折语素 -s 加在 cat（猫）上，我们就得到了复数的 cats。但是，让 sheep

成为 sheep（绵羊）的复数，让 men 成为 man（人）的复数的屈折语素是什么呢？这两个词显然是普遍模式之例外，须按特例来处理。

描写屈折语素中较为规则的差异，途径之一是通过词法实现形式规则（morphological realization rule）把不同之处指出来。要做到这一点，我们需对在音系学部分（第4章，58页）已指出的过程做个类推。正如我们把音子视为音位的实际语音实现形式，我们亦可提出**语子**（morph）来作为语素的实际实现形式。例如，cats 这个形式由两部分组成，/kæt/ + /-s/，即词汇语素（"cat"）和屈折语素（"复数"）。dogs（狗）和 horses（马）也是由两部分组成，/dɔg/ + /-z/ 以及 /hɔrs/ + /-əz/，各含一个词汇语素和一个屈折语素（"复数"）。因此，我们有至少三种形式（/-s/、/-z/、/-əz/）来实现"复数"这个屈折语素。正如我们曾指出同一音位有若干"音位变体"，我们再度运用了 allo-（="有紧密联系的集合中的一项"）这个前缀，亦承认同一语素有不同**语素变体**（allomorph）存在。同一语素（"复数"）的三个不同语素变体，如表 6.3 所示。

表 6.3　语素变体

语素	语素变体	
复数	/-s/	cat<u>s</u>
	/-z/	dog<u>s</u>
	/-əz/	hor<u>ses</u>

回到那两个特例中，我们或可提出，为 sheep 这样的词加"复数"语素时，可能涉及"零语子"（zero-morph）。由此，sheep 的复数可分析为 /ʃip/+/∅/，"复数"的语素变体集合里再添了一个形式（即 /∅/）。我们为 /mæn/ 加"复数"时，或可将词里的元音变化（æ → ɛ）视为造成 men 这个"不规则"复数形式的语子。不过，我们更可以把 /mæn/ 和 /mɛn/ 这两个形式视为两个不同的词汇语素，将二者作为单独的两个词来学习。

英语中"过去时"的实现途径,模式与之类似。屈折后缀 -ed 用于典型的派生之中,如 flirted(挑逗,过去时)、hugged(拥抱,过去时)、kissed(接吻,过去时)。不规则形式恰如不同的词汇语素,如 go/went(走,现在时/过去时)、be/was/were(是,不定式/过去时单数/过去时复数)。关于英语过去时语素变体的进一步论述,见作业题 C。

其他语言

我们若看看其他语言的词法,会发现有别的形式和模式,来为我们前面说过的语素原形充当实现形式。下列例子依据 Gleason(1955),我们可以尝试研究这些语言是如何利用不同形式来实现形态过程与形态特征的。

卡努里语

第一组例子,来自卡努里语(Kanuri),尼日利亚的一种语言。

形容词	名词	
karite	nəmkarite	"优异"
kura	nəmkura	"大"
gana	nəmgana	"小"
dibi	nəmdibi	"坏"

依据这组例子,我们可以提出 nəm- 是个前缀,充当派生语素,用于把形容词变为名词。这一过程与英语利用后缀 -ness 由形容词 big 造出名词 bigness 的用法相似。发现这种规则性的词法特征,可帮助我们在遇到其他形式时做出某些预测。例如,如果卡努里语表示"长度"的词是 nəmkurugu,那么我们就有理由认定"长"是 kurugu。

干达语

不同语言还运用各种途径来产出屈折性的形式标记。下列例子取自干达语（Ganda），乌干达的一种语言。

单数	复数	
omusawo	abasawo	"医生"
omukazi	abakazi	"女人"
omuwala	abawala	"女孩"
omusika	abasika	"继承人"

从这少量样本中我们可观察到，屈折前缀 omu- 用于单数名词，而与之不同的屈折前缀 aba- 用于这些名词的复数。我们若了解到 abalenzi 是个干达语的复数，意思是"男孩们"，那么我们就可以十分确定，表示"男孩"的单数形式一定是 omulenzi。

伊洛卡诺语

我们再看伊洛卡诺语（Ilocano），菲律宾的一种语言，会发现标记复数的一种全然不同的途径。

单数	复数	
úlo	ulúlo	"头"
dálan	daldálan	"路"
bíag	bibíag	"生命"
múla	mulmúla	"植物"

这些例子里，显现出单数形式第一部分的重复。当单数里的第一部分是 bí 的时候，复数形式就以重复了的形式 bibí- 开头。这之中涉及的过程，术语称**重叠**（reduplication），即重复某一形式是全部或局部。看过伊洛卡诺语的复数与单数有何不同，你就应该能根据复数形式 taltálon（田野）得出单数（"一块田地"）是什么。遵循所观察到的模式，就会得到 tálon。

他加禄语

下面的例子来自他加禄语，菲律宾的另一种语言。

basa(读)	tawag(打电话)	sulat(写)
bumasa(读!)	tumawag(打电话!)	sumulat(写!)
babasa(将要读)	tatawag(将要打电话)	susulat(将要写)

我们如果把每栏的第一个词设定为词干，那么每栏的第二个词里就都显现出 -um- 这个成分，插在第一个辅音之后，或者更确切说，插在第一个音节的音节首之后。这是个中缀之例（第 5 章 88 页曾论述过）。

每栏的第三个词里，变化涉及第一个音节的重复，如 basa 变为 babasa。因此，用他加禄语表示将来，是通过重叠来进行的。利用这一信息，我们可以完成下列例子：

lakad(走)	_____(走!)	_____(将要走)
lapit(过来)	_____(过来!)	_____(将要过来)

利用 -um- 这个中缀，我们可在第二栏里写 lumakad 和 lumapit。利用重叠，我们可在第三栏里写 lalakad 和 lalapit。所以，下次漫步马尼拉的大街小巷时，要是听到"lumapit!"，你就知道该做什么了。关于他加禄语的更多信息，见 116 页作业题 D。

习　　题

1. terrorists（恐怖分子们）一词里有几个语素？
2. slowly（慢慢地）一词里的后缀是哪种语素？
3. 下面这个句子里，哪些语素是功能语素？

   When she walked into the room, the doctor asked me if I had a sore throat or an annoying cough.（医生走进屋子时，问我嗓子是否不舒服，有没有讨厌的咳嗽。）
4.（i）列出下列词里的黏着语素：

   fearlessly, happier, misleads, previewer, shortening, unreconstructed

（ⅱ）下列哪些词里有黏着词干？

consist, deceive, introduce, repeat

（ⅲ）下列哪些词里含有"过去时"这个语素的语素变体？

are, have, must, sitting, waits

5.（ⅰ）下面这个句子里，你会把哪个词（或哪些词）置入封闭词类中？

Bob brought hot donuts to class.

（鲍勃把热乎的甜甜圈带进了课堂。）

（ⅱ）下面这个句子里，你会把哪个词（或哪些词）置入开放词类中？

I put it on the shelf near you and him.

（我把它放在了离你和他较近的架子上。）

6. 英语里有多少个常规的屈折语素？

7. 下列表达中，哪些是屈折语素？

（a）Have you eaten yet?（你吃过饭了吗？）

（b）Do you know how long I've been waiting?（你知道我等了多久吗？）

（c）She's younger than me and always dresses in the latest style.（她比我年轻，总是穿着最新款式。）

（d）We looked through my grandmother's old photo albums.（我们翻看了我奶奶的旧相簿。）

（e）My parents' parents were all from Scotland.（我父母的父母都来自苏格兰。）

8. smaller（更小的）和 singer（歌手）两词里的语素 -er 之间有什么区别？

9. 下列英语词里，"复数"这个语素的语素变体有哪些？

criteria（标准），dogs（狗），oxen（牛），deer（鹿），judges（法

官），stimuli（刺激）

10. 印度尼西亚语中，用来翻译"孩子"的单数形式是 anak，复数形式是 anak-anak。描述这一关系的专业术语是什么？
11. 有个讲英国英语的人，一听到兴奋的消息就喊："Fanflamingtastic！"这之中涉及的形态过程是什么？
12. 用下列语言为右栏写出对等词。

干达语	omuloŋgo	"双胞胎，单数"	—	"双胞胎，复数"	_____
伊洛卡诺语	tawtáwa	"窗户，复数"	—	"窗户，单数"	_____
伊洛卡诺语	tálon	"田地，单数"	—	"田野，复数"	_____
卡努里语	nəmkəji	"甜，名词"	—	"甜，形容词"	_____
他加禄语	bili	"买"	—	"将要买"	_____
他加禄语	kain	"吃"	—	"吃！"	_____

作业题

A. 何为"异干互补"（suppletion）？本章中描述过哪些英语中的异干形式（suppletive form）之例？

B. 何为"后附着语素"（enclitic）和"前附着语素"（proclitic）？英语里两种都有吗？典型的英语例子是哪些？为什么不能简单地称之为词缀？

C. 规则的过去时后缀（-ed）有三种不同发音，诠释了英语形态学和音系学之间的联系，这一研究领域被称为"形态音系学"（morphophonology）。

（i）你能否把下列过去时动词填入表 6.4（与 110 页表 6.3 类似），充当这三种发音的例词？

cherish, detest, flirt, hug, kiss, like, loathe, love, offend

（ii）你能否说出决定过去时语素应如何发音的音系条件？

表 6.4　过去时语素

语素	语素变体	例词	
过去时	/-t/	kissed	
	/ /		
	/ /		

D. 运用你对他加禄语的了解，加上本题这组例子里的信息，在（1）—（10）里为下列动词填写适当形式。

basag（折断），bili（买），hanap（找），kain（吃）

sumulat（写！）　　　　　　tumawag（打电话！）
sinulat（曾被写下）　　　　　tinawag（曾被打来电话）
sumusulat（正在写）　　　　 tumatawag（正在打电话）
sinusulat（正在被写着）　　　tinatawag（正在被打来电话）

（1）_____（买！）　　　　（6）_____（正在吃）
（2）_____（曾被买下过）　（7）_____（正在折断）
（3）_____（曾被折断过）　（8）_____（正在被折断）
（4）_____（曾被找过）　　（9）_____（正在被找）
（5）_____（正在找）　　　（10）_____（正在被吃掉）

E. 研究下列匈牙利语例子（资料依据 Frommer and Finegan, 2015），试回答后面的问题。

（1）te szép vagy（你美丽）

（2）én beteg vagyok（我病了）

（3）te magas vagy（你高）

（4）mi lankadtak vagyunk（我们累了）

（5）ti kedvesek vagytok（你们随和）

（6）ti betegek vagytok（你们病了）

（7）mi magasak vagyunk（我们高）

（8）te kedves vagy（你随和）
（9）én lankadt vagyok（我累了）
（10）__ _____ ____（你们美丽）

(ⅰ) 为例（10）填空。
(ⅱ) 上述语料中的 5 个自由语素（形容词语素）是什么？
(ⅲ) 4 个代词是什么？它们是词汇语素还是功能语素？
(ⅳ) 3 个动词后缀是什么？它们是派生后缀还是屈折后缀？
(ⅴ) 2 个形容词后缀是什么？你认为在二者中选择一个还是另一个的依据是什么？

F. 运用你对斯瓦西里语的了解以及下面这组例子所提供的信息，造出适当形式来翻译下列（1）—（6）里的表达。

nitakupenda（我会爱你）　　　　alipita（她路过了）
watanilipa（他们会付我钱）　　　uliwapika（你把它们做熟了）
tutaondoka（我们会离开）　　　　walimpiga（他们打他）

（1）_____（她曾爱你）　　（4）_____（我们向他付了钱）
（2）_____（我将把它们做熟）（5）_____（她会打我的）
（3）_____（你会路过的）　　（6）_____（他们离开了）

G. 下列例子取自萨摩亚语，取自 Yu（2007：24），资料依据 Mosel & Hovdhaugen（1992），（第 3 章已介绍，？表示声门塞音）。

单数	复数	
alófa	alolófa	"爱"
atamái	atamamái	"聪明"
galúe	galulúe	"工作"
tóa	totóa	"勇敢"

(ⅰ) 此处涉及何种形态过程？确切说，该过程在词形的什么位置

(ii) avága（私奔）、má（羞耻）、maʔalíli（冷）、toʔúlu（落下）的复数有可能是什么？

H. 塔马舍克语（Tamasheq，分布于非洲西北部）的名词有单复数、阴阳性的不同形式。

(i) 运用下列例词中的基本模式（资料依据Sudlow，2001），为所缺的词填空。

(ii) 你能否描述出此处使同一名词单数形式与复数形式相联系的基本模式？

(iii) 所涉及的词缀是派生词缀还是屈折词缀？此处大多数复数名词里揭示出一种结构，有没有一个专门术语，表示具有这种结构的词缀？

单数	复数	
amadray	imadrayan	"弟弟"
amanokal	imanokalan	"首领"
amawad	imawadan	"少年"
amaqqar	_____	"哥哥"
amaraw	_____	"父母"
anharag	_____	"男性邻居"
enhad	inhadan	"工匠"
esed	isedan	"驴"
esen	_____	"牙齿"
tabarart	tibararen	"女童"
tagolayt	tigolayen	"继女"
tahayawt	_____	"女性后代"
tamadrayt	_____	"妹妹"
tamagart	_____	"女客人"
tamaqqart	_____	"姐姐"
_____	tisokalen	"勺子"

	tiwayhaten	"妾"
	zabotan	"路"
	hebutan	"市场"
bahu	bahutan	"谎言"
bokəti	bokətitan	"桶"

I. 下列例子取自马南步语（Manambu），巴布亚新几内亚北部的一种语言，资料据 Aikhenvald（2008）。（另有 Aikhenvald & Genetti, 2014 对该语言的基本描写。）这些例子揭示了由动词词干造出类似名词的形式的派生过程。研究前面几组例子以及另外几个动词词干，你能否为后面的句子补上恰当的形式？

动词词干	类似名词的形式	
kawar	kawarkawar	"拿起"
yawi kur	yawi kurkur	"做工作"
nas[ə]	nasənas	"数数"
warya	waryawari	"打架"

kə（吃）	wali（到处走）	wuk[ə]（听）
təməl（滚动）	war（生长）	wukəmar（忘记）
və（盯）	warsam（生气）	yi（说话）

（1）kasan _____ vyakəta
　　 花生- 生长- 好②
　　 "长得好的花生"

（2）adi pato _____ tənadi
　　 那些-鸭子-到处走-它们是
　　 "那些鸭子一直到处走"

---

② 每例中的第二行是逐字对译，词与词之间用 "-" 隔开；第三行是语句通顺的译文。下同。——译者注

（3）_____ ata nal
滚动-　　然后-有
"然后就有了轰隆轰隆声"

（4）nagw _____ bər bətay lakubra
西米-③　　吃- 他们-已经-知道
"他们早已知道吃西米了"

（5）dayak _____ tənad
对他们-　生气-　他是
"他生他们的气"

（6）_____ akəs təkwanawun
忘记-　　从不-　我保持
"我从不丢三落四的"

（7）lə wuna takwam _____ ma
她-我的-妻子-　盯-　　不
"她没有盯着我妻子"

（8）_____ wukəna _____ suan yina
听-　　　她听-　　说-　难-她说
"她听了（并且懂了），（但）说出来很难"

J. 分布于博茨瓦纳和南非的茨瓦纳语（Setswana，亦作 Tswana）里，单复数名词具有不同形式。下列词，资料依据 Cole（1955），思考这些词是如何构成的，并尝试完成后面的句子。

motho（人，单数）　　　　moruti（老师，单数）
batho（人，复数）　　　　dikwele（学校，复数）
setilo（椅子，单数）　　　mosetsana（女孩，单数）
ditilo（椅子，复数）　　　dilo（东西，复数）

---

③ 西米，英文为 sago，从椰子中提取的淀粉，即甜羹西米露中的西米。——译者注

bosigo（夜，单数）　　　　banna（男人，复数）
masigo（夜，复数）　　　　moapei（厨师，单数）
balemi（农夫，复数）　　　marokwe（裤子，复数）

（1）_____ barata _____.
　　　"老师们喜欢［这所］学校。"
（2）_____ batshaba _____.
　　　"女孩们害怕［这件］东西。"
（3）_____ obatla _____.
　　　"［这位］男人想要一条裤子。"
（4）_____ othusa _____.
　　　"［这位］农夫帮助［这些］厨师。"

K. 达加语（Daga）分布于巴布亚新几内亚中央省。下列例子转引自 Mithun（2014），资料依据 Murane（1974）。试从前面的例子中研究出如何用词缀表示领属关系和位置关系，再完成后面的（1）—（6）。

inana（我的母亲）　　　　mamanu（我们的父亲）
pusiya（你的脚）　　　　　noga（你的嘴）
nanimu（他们的手）　　　　garinap（在我的后背上）
evenga（你的朋友）　　　　onep（在他的肩膀上）
yame（他的眼）　　　　　　pusip（用脚）

（1）naniya(_____)　（4）_____(他的朋友)
（2）inanu(_____)　（5）_____(在他们的脚上)
（3）mamana(_____)　（6）_____(在你的后背上)

L. 我们可观察阿拉伯语的某些复数名词是如何构成的，来阐释什么是**非毗邻词法**（nonconcatenative morphology）（即不在词上加词缀）。下列例子据 Yule & Overstreet（2017：49），思考这些例子，并尝试从词表里选出恰当的复数形式来填空。

语言研究

’aflām ’aqlām ’arbā’ ’atfāl ’asbāb ’asdiqā
’ashjār ’ashur ’awlād ’awrāq ’ayādi ✓ ’ayām ✓

yad（手，单数）　　　　　　’ayādi（手，复数）
yawm（日子）　　　　　　　’ayām（日子，复数）
（1）walad（男孩，单数）　　＿＿＿＿＿＿（男孩，复数）
（2）qalam（笔，单数）　　　＿＿＿＿＿＿（笔，复数）
（3）waraqa（纸，单数）　　　＿＿＿＿＿＿（纸，复数）
（4）shajara（树，单数）　　　＿＿＿＿＿＿（树，复数）
（5）film（电影，单数）　　　＿＿＿＿＿＿（电影，复数）
（6）sabab（理由，单数）　　　＿＿＿＿＿＿（理由，复数）
（7）sadīq（朋友，单数）　　　＿＿＿＿＿＿（朋友，复数）
（8）shahr（月份，单数）　　　＿＿＿＿＿＿（月份，复数）
（9）tifl（孩子，单数）　　　＿＿＿＿＿＿（孩子，复数）
（10）rub’（四分之一，单数）　＿＿＿＿＿＿（四分之一，复数）

探讨与研究

I. 英语中，mice（老鼠）这类复数形式表现出与 rats（老鼠）这类复数形式不同的处理方式。你如果要告诉人们某一地区鼠患猖獗，他们能接受的复合词是 mice-infested 和 rat-infested，却不能接受 *rats-infested。这似乎表明，带有规则复数词缀（-s）的形式遵从的是与 mice 这类不规则复数形式不同的复合规则。你能否提出一条规则（或一系列规则），把下列所有例子都涵盖进来？（星号 * 表示不可接受的形式。）

teethmarks　　the feet-cruncher　　lice-infested　　a people-mover
clawmarks　　the finger-cruncher　　roach-infested　　a dog-mover

*clawsmarks　　*the fingers-cruncher　　*roaches-infested　　*a dogs-mover

（背景资料，见 Pinker，1999，第 6 章）

II. 土耳其语中，复数屈折形式存在一定差异性：

单数	复数	
adam	adamlar	"男人"
_____	toplar	"枪"
ders	_____	"课"
yer	yerler	"地方"
_____	yollar	"路"
_____	kilitler	"锁"
ok	_____	"箭"
el	_____	"手"
kol	_____	"胳膊"
_____	ziller	"门铃"
_____	dostlar	"朋友"
elma	_____	"苹果"

(i) 你能否给出缺的形式？
(ii) 此处举例用的两个复数语子是什么？
(iii) 把书面写成 a 和 o 的形式视为后元音之代表，把书面写成 e 和 i 的形式视为表示前元音之代表。利用这一信息，你能否给出这两个复数语子的使用条件？
(iv) 依据下列短语，你想如何描写土耳其语用来翻译"你的"的那些对等成分？它们的使用条件是什么？

dishin（你的牙齿，单数）　　　　topun（你的枪，单数）
okun（你的箭，单数）　　　　　 dersin（你的课，单数）
kushun（你的鸟，单数）　　　　 kibritlerin（你的火柴，复数）

（v）英语通常用前置词（preposition）来标注位置，如 in a house（在房子里）或 at a place（在某个地方），而土耳其语却拥有后置词（postposition）（house-in 或 place-at）。观察下列例子，试辨认出这个表示处所的后缀的三个版本，以及三者的使用条件。

kitap（书）　　　　kitapta（在书中）
koltuk（椅子）　　　koltukta（在椅子上）
oda（房间）　　　　odada（在房间里）
lokanta（饭店）　　 lokantada（在饭店里）
ev（房子）　　　　　evde（在房子里）
yer（地方）　　　　 yerlerde（在各地，复数）
el（手）　　　　　　ellerimde（在我手里，复数）
yol（路）　　　　　 yollarda（在路上，复数）

（vi）你认为，讲土耳其语的人从法语借入 randevu 一词表示"约会"时，会怎样表达"在约会中"？

（更多例子，见 Gleason，1955。关于土耳其语的更多论述，见 Lewis，2000。）

深入阅读

基本论述：

Aronoff, M. and K. Fudeman (2011) *What Is Morphology?*（第 2 版）Blackwell.

Payne, T. (2006) *Exploring Language Structure.*（第 1 至 3 章）Cambridge University Press.

更详细论述：

Bauer, L. (2003) *Introducing Linguistic Morphology.*（第 2 版）Edinburgh

University Press.

Booij, G. (2012) *The Grammar of Words: An Introduction to Morphology*. (第 3 版) Oxford University Press.

英语形态学专论：

Carstairs-McCarthy, A. (2018) *An Introduction to English Morphology*. (第 2 版) Edinburgh University Press.

重叠：

Inkelas, S. and C. Zoll (2009) *Reduplication: Doubling in Morphology*. Cambridge University Press.

词法练习：

Language Files (2016)(第 12 版) Ohio State University Press.

Lieber, R. (2016) *Introducing Morphology*. (第 2 版) Cambridge University Press.

其他参考资料：

Aikhenvald, A. (2008) *The Manambu Language of East Sepik, Papua New Guinea*. Oxford University Press.

Aikhenvald, A. and C. Genetti (2014) "Language profile 10: Manambu." 载 C. Genetti (ed.) *How Languages Work*. (530–550 页) Cambridge University Press.

Cole, D. (1955) *An Introduction to Tswana Grammar*. Longmans.

Frommer, P. and E. Finegan (2015) *Looking at Languages*. (第 6 版) Wadsworth.

Gleason, H. (1955) *Workbook in Descriptive Linguistics*. Holt.

Lewis, G. (2000) *Turkish Grammar.* (第 2 版) Oxford University Press.

Mithun, M. (2014) "Morphology: what's in a word?" 载 C. Genetti (ed.) *How Languages Work.* (71-99 页) Cambridge University Press.

Mosel, U. and E. Hovdhaugen (1992) *Samoan Reference Grammar.* Scandinavian University Press.

Murane, E. (1974) *Daga Grammar: From Morpheme to Discourse.* SIL Publications.

Pinker, S. (1999) *Words and Rules.* HarperCollins.

Sudlow, D. (2001) *The Tamasheq of North-East Burkina Faso.* R. Köppe Verlag.

Yu, A. (2007) *A Natural History of Infixation.* Oxford University Press.

Yule, G. and M. Overstreet (2017) *Puzzlings.* Amazon Books.

KEEP CALM AND USE CORRECT GRAMMAR

7 语法

　　画图分析句子是一项失传了的技能，就像织补袜子或是演奏萨克布号[①]，似乎没人会怀念。这技能1877年在阿伦佐·里德（Alonzo Reed）和布雷纳德·克罗格（Brainerd Kellogg）合写的一本叫《英语高级课程》（*Higher Lessons in English*）的书里得以介绍时，像麻疹一般席卷了美国的公立学校，受到教师们的热烈欢迎，以期改造那些"对英语进行冷血谋杀"的学生（稍有些背离亨利·希金斯的语境）。[②]

弗洛里（Florey，2006）[③]

　　我们已经看过了语言研究中所使用的两层描写。我们已把语言表达式（linguistic expression）描写成了音列（sequence of sounds），这音列可用音标来呈现，并按照其特征来加以描述。换言之，我们可在 /ðəlʌkibɔɪz/ 之类的短语转写中辨别出浊擦音 /ð/、清塞音 /k/、双元音 /ɔɪ/ 等音段。

　　[①] 萨克布号（sackbut），文艺复兴及巴洛克时期常见的铜管乐器，今被长号（trombone）取代。——译者注

　　[②] "对英语进行冷血谋杀"典故出自1964年美国电影《窈窕淑女》（*My Fair Lady*），1877年时固然不存在。这句台词是片中的语音学家亨利·希金斯（Henry Higgins）指责街头卖花女伊莱莎（Eliza）言辞粗俗时所说。该电影依据萧伯纳舞台剧本《皮格马利翁》（*Pygmalion*，1913）改编，但萧伯纳的原作中并无此句台词。——译者注

　　[③] 弗洛里（Kitty Burns Florey，1943年生），当代美国小说家。——译者注

同一个语言表达式，我们还可将其描写为语素列（sequence of morphemes）：

the	luck	-y	boy	-s
功能语素	词汇语素	派生语素	词汇语素	屈折语素
定冠词	"运气"	形容词后缀	"男孩"	复数后缀

（那些幸运的男孩子们）

借助这两种描写，我们可从音系学角度和形态学角度刻画某一语言中所有的词和短语。

英语语法

然而，我们尚未解释这个事实：此短语中的这三个词仅能够按特定顺序来组合。我们认可 the lucky boys 这个短语是现代英语中正确构成（well-formed）的短语，而下面这两个"短语"却完全不是正确构成的：

*boys the lucky
*lucky boys the
（我们用星号 * 来表示不可接受或不合语法的形式。）

从这些例子里我们可以看出，英语由词到短语的组合，有严格的规则。定冠词（the）必须位于形容词（lucky）之前，形容词必须位于名词（boys）之前。因此，这类短语若要合乎语法，就必须按照冠词＋形容词＋名词排列（例如，不能排成 * 名词＋冠词＋形容词之类的顺序）。

以此方式描写短语和句子，从而解释某一语言里所有合乎语法的序列，排除所有不合乎语法的序列，这一过程就是定义某一语言的**语法**（grammar）的方式之一。我们谈英语语法，使之与斯瓦西里语、他加禄语或是土耳其语语法相对，采取的就是这样的定义。如第 6 章所阐释，这些语言中的每一种,都有不同途径来构筑合乎语法的短语和句子。以此方式研究语法,具有十分悠久的历史。

传统语法

"冠词""形容词"和"名词"这些用来标注短语 the lucky boys 里的词的语法类别的术语出自传统语法,这些术语源于对拉丁语和希腊语等语言的描写。的确,"文法学校"(grammar school)这个名称最初指的就是教拉丁语的机构。拉丁语语法描写以更早时对希腊语的分析为基础,已较为完备,因此从这样的描写里采纳业已存在的范畴,并将其运用于对英语等现代语言的分析,似乎是妥当的。由于拉丁语和希腊语是哲学、宗教、学术的语言,所以对这两种语言语法成分的描写就被当成了其他语法的最佳典范。我们从这一典范中继承了若干术语,这些术语用来描写被称为"词类"(part of speech,亦称 word class)的基本语法成分,也用来描写它们之间如何通过"一致"(agreement)而相互联系。

词类

下面这个句子里,每个词类都得到了阐释,其后列出了每个术语的简单定义。

The	lucky	boys	found	a	backpack	in
冠词	形容词	名词	动词	冠词	名词	介词
那	幸运的	男孩们	发现了	一个	背包	在里面

the	park	and	they	opened	it	carefully
冠词	名词	连词	代词	动词	代词	副词
那	公园	和	他们	打开了	它	小心地

(那些幸运的男孩子们在公园里发现了一个背包,小心地打开了它。)

名词 （noun）	名词是用来指人（如 boy［男孩］）、物品（如 backpack［背包］）、动物（如 dog［狗］）、处所（如 school［学校］）、品质（如 roughness［粗糙］）、现象（如 earthquake［地震］）以及抽象概念（如 love［爱］）的词，仿佛它们都是"东西"。我们以大写字母作为**专有名词**（proper noun）（如 Cathy［凯西］、Latin［拉丁语］、Rome［罗马］）的开头。
冠词 （article）	冠词是与名词连用，构成名词短语的词（a、an、the），对这些"东西"进行分类（如 You can have **a** banana or **an** apple［你可以吃个苹果或香蕉］）或是指明这些"东西"是已知的（如 I'll take **the** apple［我会吃那个苹果］）。
形容词 （adjective）	形容词通常与名词连用，是用来为所指事物提供更详细信息的词（如 **large** objects［大的物品］、a **strange** experience［奇怪的经历］）。
动词 （verb）	动词是用来指各类运动（如 go［走］、talk［说话］）和状态（如 be［是］、have［有］）的词，使人和事物涉入事件之中（如 Jessica **is** ill and **has** a sore throat so she can't **talk** or **go** anywhere［杰西卡病了，嗓子疼，所以无法说话，也不能去哪］）。
副词 （adverb）	副词通常与动词连用，是为动作、状态、事件提供更详细信息的词（如 slowly［慢慢地］、yesterday［昨天］）。有些副词（如 really［实在］、very［非常］）还与形容词连用，对关于事物的信息加以修饰（**Really** large objects move **slowly**［实在太大的物品移动缓慢］；I had a **very** strange experience **yesterday**［我昨天有过一次非常奇怪的经历］）。
介词 （preposition）	介词是在短语中与名词连用的词（如 at［在］、in［在……里面］、on［在……上面］、near［在……附近］、with［有］、without［无］），提供关于动作和事物的时间（**at** five o'clock［在五点钟］、**in** the morning［在早上］）、地点（**on** the table［在桌子上］、**near** the window［在窗附近］）以及其他关系（如 **with** a knife［用刀］、**without** a thought［想都没想］）之类的信息。
代词 （pronoun）	代词是用来替代名词短语的词（如 she［她］、herself［她自己］、they［他们］、it［它］、you［你］），通常指代已知的人和事物（如 **She** talks to **herself**［她自言自语］；**They** said **it** belonged to **you**［他们说这个是你的］）。

连词 连词是用来做连接并指明事件间关系的词（如 and［和］、but［但］、
（conjunction） because［因为］、when［当……的时候］）（如 Chantel's husband was so sweet **and** he helped her a lot **because** she couldn't do much **when** she was pregnant［尚泰尔的丈夫很贴心，帮助了她很多，因为她怀孕时不能做太多事情］）。

一致

除了用来表示词类的术语之外，传统语法分析还给出了许多其他范畴，包括"数""人称""时""态""性"等。这些范畴可以孤立讨论，但是我们若能从**一致**（agreement）之角度对其加以思考，这些范畴在语言结构描写中的角色就会更加清晰。例如我们会说，在 Cathy loves her dog（凯西爱她的狗）这个句子中，动词 loves（爱）与名词 Cathy（凯西）一致。

这种一致一定程度上基于**数**（number）范畴，即名词是单数还是复数。这种一致还基于**人称**（person）范畴，此范畴涵盖了第一人称（涉及说者）、第二人称（涉及听者）、第三人称（涉及其他任何人）之区别。英语代词的不同形式可从人称和数的角度进行描写。我们把 I（我）用作第一人称单数，把 you（你）用作第二人称单数，把 he（他）、she（她）、it（它）（或是 Cathy［凯西］）用作第三人称单数。因此，Cathy loves her dog 这句话中有第三人称单数的名词 Cathy，我们就用 loves（而不是 love）这个动词来跟该名词"保持一致"。

此外，动词形式还必须从另一个被称为**时**（tense）[④] 的范畴出发来描写。依此范畴，loves 是现在时，和其过去时 loved 相区别。这个句子还是**主动态**（active voice），描述凯西所做的事情（即她实施该动词的行为）。另一种情况是**被动态**（passive voice），可用来描述发生在凯西身上

[④] 术语 tense 在我国英语教学界常译为"时态"。但严格地说，传统上所说的"英语 16 种时态"其实是"时"（tense）和"体"（aspect）相结合的体系。本章作业题 D 中有关于"体"的思考。关于"16 种时态"，详见薄冰《英语时态详解》（商务印书馆，1992）及《英语时态》（商务印书馆，2010）；关于"时"和"体"的区别，详见张月祥《英语动词的时体态式》（外教社，1988）、章振邦《新编英语语法》（外教社，1989）。——译者注

的事（即她没有实施该行为），如 Cathy is loved by her dog（凯西被她的狗所爱），或者只说 Cathy is loved（凯西被爱）。

我们的最后一个范畴是**性**（gender），该范畴帮助我们描写此例句中 Cathy 和 her（她的）之间的一致。英语中，我们须从自然性别（natural gender）角度描写这一关系，自然性别大致上源于男性与女性之间的生物学区别。Cathy 和 her 之间的一致，其基础是英语在女性指称（she、her）、男性指称（he、his）和性别不明、不重要的事物或动物指称（it、its）之间所做的区分。

图 7.1 展示了 Cathy 与 love 之间以及同一句中 Cathy 与 her 之间的一致之基础。

阴性性别

*Cathy loves **her** dog*

第三人称单数，现在时，主动态

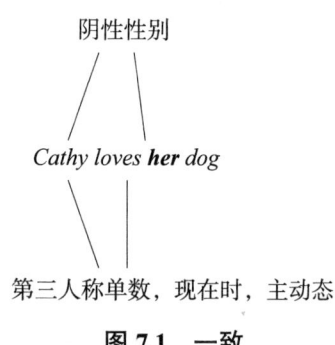

图 7.1　一致

语法性别

英语这种基于"自然性别"的生物学区别，与那些使用**语法性别**（grammatical gender）的语言里更为常见的区别有很大不同。自然性别取决于雌雄（男性和女性），而语法性别取决于名词的类别（阳性和阴性），与雌雄无关。这样的系统里，名词依据其性别类型而分类，冠词和形容词拥有不同形式来跟名词的性别保持一致。

例如，西班牙语有两种语法性别，阳性（masculine）和阴性（feminine），前者如 el sol（太阳），后者如 la luna（月亮）。德语使用三种性别，阳性如 der Mond（月亮），阴性如 die Sonne（太阳），中性（neuter）如 das Feuer（火）。西班牙语和德语冠词皆有不同形式（西班牙语 el、la，德语 der、die、das）与性类别相对应。

我们应当强调，这种性区别并不是依据雌雄性别而区分的。法语 le livre（书）里的名词是语法上的阳性，但无论我们还是法国人都不会把一本书认定为生物学上的雄性。语法性别在许多语言中都是重要的范畴。（关于性的更多论述，见第 20 章。）

传统分析

用来做分析的范畴对于某一具体语言来说是否恰当，人们有时考虑得不够周全。传统的语法书里常有下面这样的表格，对标拉丁语语法书里的表格而构建，用来分析英语动词。此例为动词 amare（爱）。

表 7.1　语法范畴：现在时，主动态

第一人称单数	(I)	love	amo	我爱
第二人称单数	(you)	love	amas	你爱
第三人称单数	(she)	loves	amat	他/她/它爱
第一人称复数	(we)	love	amamus	我们爱
第二人称复数	(you)	love	amatis	你们爱
第三人称复数	(they)	love	amant	他/她/它们爱

依据人称范畴和数范畴，拉丁语动词的每个形式都不同，而英语动词却基本上完全相同（仅有一个例外）。因此，这两个描写范畴在拉丁语中刻画了动词的形式，但在英语中却并非如此。英语中，这两个范畴描写的其实是代词的不同形式。

规定法

采纳语法标签（如"名词""动词"）来为英语句子里的词做归类是

一回事，进一步声称英语句子结构应当像拉丁语句子结构那样，就完全是另一回事了。后者曾是18世纪英国的那些为英语的"正确"使用而制定规则的语法学家们所采取的方法。把语法视为一套为了正确使用某一语言而制定的规则的观点至今仍存在，这样的语法观被归结为**规定法**（prescriptive approach）。英语的一些旧式的规定法规则如：

你绝不能把不定式分裂开。
你绝不能以介词为句子结尾。⑤

传统的教师们遵循此类规则，会把 Who did you go with?（你跟谁一起去的？）这样的句子修改为 With whom did you go? 这样介词就不在句尾了。而 Mary runs faster than me（玛丽跑得比我快）也被改成了 Mary runs faster than I。此外，绝不允许以 and 作为句子的开头！

事实上，让一个人意识到在具体语境中使用语言的"语言礼节"（linguistic etiquette），是教育中很可贵的一部分。但是，这样的规则是怎么来的？在英语中是否必须遵从？这类问题值得思考。我们来看其中一例："你绝不能把不定式分裂开。"

柯克船长的不定式

英语的不定式是用 to + 动词原形构成的，如 to go（走），可与 boldly（莽撞地）之类的副词连用。早期播送的每集《星际旅行》（*Star Trek*）开场，主角之一柯克船长（Captain Kirk）都会说 To boldly go...。这就是分裂不定式（split infinitive）之例。柯克船长的老师可能会期待他说 To go boldly 或 Boldly to go，这样副词就不会把不定式分裂开了。假如柯克船长

---

⑤ 这类"你必须……""你绝不能……"格式的句子，是欧洲旧时语法书中罗列语法规则时普遍采取的模式。在规定派占主导的时代，无论各国的母语语法书还是拉丁语、古希腊语等古典语言的语法书都常按这样的方式撰写。——译者注

是位来自古罗马的穿越时空者,讲着拉丁语,则会用 ire(走)和 audacter(莽撞地)这两个词来表达。这样一来,说 Ire audacter…(莽撞地走),柯尔库斯船长(Capitaneus Kirkus)[6]就没有机会把不定式 ire 弄分裂了,因为拉丁语不定式是单个词,没法分裂。

如果说英语、写英语的人经常产出 to boldly go(莽撞地走)、to solemnly swear(庄严地宣誓)、to never ever get back together(千万不要一起回来)之类的形式,这用法已成为英语的典型特征,我们就只需指出英语中存在一些不同于拉丁语的结构而已,而不应认为英语形式不遵从某条拉丁语语法规则就是"不良"形式。

描写法

完备的拉丁语语法描写,或可用来为欧陆语言(如西班牙语)做有用的指南,但是对另一些语言(如英语)就不那么有用了,而对非欧洲语言则可能具有绝对的误导性。最后这一点,对于 19 世纪末竭力描写北美原住民语言结构的语言学家来说是显而易见的。因为各种传统语法范畴似乎并不适用于这些语言,所以另一种称为**描写法**(descriptive approach)的方法就被采纳了。分析者收集感兴趣的语言的样本并尝试描写其规则结构,依照的是该语言的实际使用情况,而不是某种认为该语言应当如何使用的看法。

结构分析

描写法中的一类,称**结构分析**(structural analysis),主要兴趣是探索形式在语言中的分布。这一方法包含对"测试框架"(test-frame)的运

---

[6] Capitaneus Kirkus 是 Captain Kirk 译成拉丁语的形式,增加了此例的戏谑感。——译者注

用，测试框架可以是带有空位（slot）的句子。如：

The _____ makes a lot of noise.
(_____ 发出大量噪音。)
I heard a _____ yesterday.
(我昨天听到了_____ 声。)

有大量形式可以填入上述空位产出合乎语法的好句子（如 car［车］、child［孩子］、donkey［驴］、dog［狗］、radio［收音机］）。由此我们可提出，上述所有形式皆适合同一测试框架，所以很可能是同一语法类别之例，即"名词"（或记作 N）。

然而，许多形式并不适合上述测试框架。例如，Cathy、someone（某人）、the dog（这只狗）、a car（一辆车）以及许多其他例子。（即，我们不说 *The Cathy 或 *The the dog。）对于这些形式，我们要求别的测试框架：

_____ makes a lot of noise.
I heard _____ yesterday.

完好适合这两个测试框架的其他形式，包括 it（它）、the big dog（那只大狗）、an old car（一辆旧车）、Ani Difranco（阿尼·迪弗兰科）、the professor with the Scottish accent（那位苏格兰口音的教授）以及许多属于同一语法范畴的其他例子，即"名词短语"（或记作 NP）。

观察到 it 仅适合第二组测试框架（*The it makes a lot of noise），可让我们改进对英语代词的拉丁语式分析。代词曾被描述为"用来替代名词的词"。而今我们看到，更好的说法是代词是用来替代名词短语（而不仅仅是名词）的词。

成分分析

另一种具有相同描写目的的方法，称作**成分分析**（constituent analysis）。这一思路中所使用的技法，是要展示小成分如何结合起来构成更大的成分。基本步骤之一，是确定词如何结合起来构成短语。下面这个句子里，我们可在词层面辨认出 9 个成分：The old woman brought a large snake from Brazil（这位老妇从巴西带来一条大蛇）。这 9 个成分是如何结合起来构成短语层面上的成分的呢？像下面这样把词结合在一起，看着合适吗？

| The old | woman | brought a large | snake from | Brazil |
| 这老 | 妇 | 带来一条大 | 蛇从 | 巴西 |

我们通常不会认为这样的组合是英语里的短语。我们更可能说，下面这类组合才是短语性的成分：The old woman、a large snake、Brazil（这 3 个是名词短语）；from Brazil（介词短语）；brought（动词短语）。

对句子结构的成分分析可用图示来表示（图 7.2），以展示出成分分布于不同层面上。

The （定冠词）	old 老	woman 妇	brought 带回	a （不定冠词）	large 大	snake 蛇	from 从	Brazil 巴西
（这老妇从巴西带来一条大蛇。）									

图 7.2 成分的分布

利用这样的图示我们可以确定，在成分结构不同平面上，哪些类型的形式可相互替换。这类分析的优点，是极为清晰地展示出代词（如 she、it）和专有名词（如 Brazil）虽是单个词，却可用作名词短语，填补的是与较长短语（如 the old woman 或 a large snake）等同的成分空间。图 7.3 展示的是对许多英语句子共有的成分结构的分析。

名词短语	动词	名词短语	介词短语
The old woman (这老妇)	brought (带来)	a large snake (一条大蛇)	From Brazil (从巴西)
(这位老妇从巴西带来一条大蛇。)			
She (她)	kept (养)	it (它)	in a cage (在笼子里)
(她把它养在笼子里。)			

图 7.3　成分分析

主语和宾语

图 7.3 中，我们不仅能看到小成分如何组合起来构成短语这样的更大成分，而且还能看到这类短语的不同语法功能。我们描述该表达式的形式时，用的是"名词短语"这一术语（即该表达式里有名词或代词）。而描述名词短语在句子中的不同功能时，用的是"主语"和"宾语"这类术语。由于英语用句子中的位置来表明语法功能，我们通常可把**主语**（subject）认定为位于动词前的第一个名词短语，把**宾语**（object）认定为位于动词后的名词短语。我们的例句里结尾处的另一个短语，是个**状语**（adjunct），经常是介词短语，通常提供主语在何地、在何时、以何方式对宾语实施了该动词的行为。图 7.4 列出了这一分析。

主语	动词	宾语	状语
The old woman (这老妇)	brought (带来)	a large snake (一条大蛇)	from Brazil (从巴西)
She (她)	kept (养)	it (它)	in a cage (在笼子里)

图 7.4　语法功能

区别充当主语和充当宾语的名词短语，有好几种方式。除了位置差异之外，主语经常是句子所围绕的人或事物，经常是句中动词行为的实施者，而宾语更常表示经历了该行为的人或事物。主语名词短语决定动词的形式是单数还是复数。英语还清晰地区分了充当主语的代词（如 I、he）和充当宾语的代词（me、him）。主语和宾语之间的上述差别，见表 7.2 的总结。

表 7.2　主语和宾语

主语	宾语
第一个名词短语	动词后的名词短语
控制动词（单数还是复数）	对动词无影响
经常实施动作	经常经受动作
代词：I，he，she，we，they	代词：me，him，her，us，them

词　序

如表 7.3 所示，英语中的成分，基本的线性顺序是名词短语-动词-名词短语（或记作 NP V NP），其典型语法功能是主语-动词-宾语（或记作 SVO）。尽管我们谈的其实是成分的顺序，但这类分析传统上是从**词序**（word order）角度进行讨论的。英语词序的顺序并不是唯一可能的顺序，甚至不是各种语言当中最常见的顺序。最常见的模式其实是主语-宾语-动词（SOV），如表 7.3 里的日语句子所示，动词位于句尾。日语是一种动词句尾型语言（verb-final language）。

在动词句首型语言（verb-initial language）中，句子以动词开头。如表 7.3 所示，苏格兰盖尔语具有动词-主语-宾语（VSO）词序，马尔加什语（Malagasy，分布于马达加斯加）具有动词-宾语-主语（VOS）词序。注意盖尔语和马尔加什语形容词置于名词之后（"大狗"字面译为"狗大"）。

表 7.3　词序

	主语	动词	宾语
（SVO）英语	NP John（约翰）	V saw（看到了）	NP the big dog（那只大狗）
（SOV）日语	主语 Jon ga（约翰）	宾语 ookii inu o（那只大狗）	动词 mita（看到了）
（VSO）盖尔语	动词 Chunnaic（看到了）	主语 Iain（约翰）	宾语 an cu mor（那只大狗）
（VOS）马尔加什语	动词 Nahita（看到了）	宾语 ny alika be（那只大狗）	主语 Rajaona（约翰）

语言类型学

利用 SVO 或 VOS 之类的词序模式来谈语言的不同"类型"，是一个被称为**语言类型学**（language typology）的更广研究领域的一部分。这一领域研究语言的语法结构相似性，语言依此而划分为同一类型或同一语群之成员。词序的四种主要类型已在表 7.3 里列出。其余的两种可能性，OSV 和 OVS，在南美洲的少量语言中有记载。

<h2 style="text-align:center">为何研究语法？</h2>

英语语法中存在严格的规则，把词按照特定顺序组合起来，造出短语和句子。本章我们是从这一观察谈起的。表 7.3 中，我们扩展了对这类词序规则的分析，从而抓住了世界大多数语言当中存在的几种不同的基本模式。拥有这类信息的优势之一在于，这类信息可帮助我们解释第二语言学习者竭力习得和其第一语言的结构组织截然不同的语言时所面对的某些问题。你如果习惯了说"狗大"或"一瓶酒红"，就可能会不假思索地把这样的结构运用于期待"大狗"或"一瓶红酒"的语言之中。通过帮助学生及教师注意到不同语言间的这类关键性语法差异，我们就能更好地认识到

学习任务是什么，认识到语言教学材料里涵盖些什么东西才更有益。

整个讨论中，我们皆聚焦于语法结构中成分的线性顺序。不过却有大量证据表明，我们所观察到的线性顺序，是基于一套更加抽象且以更具层级性方式组织的深层结构。我们将在第8章对这种更抽象的系统的本质做探究。

习　　题

1. 指出这个句子里使用的所有词性（如 woman—名词）：
   The woman kept a large snake in a cage, but it escaped recently.
   （这女人把一条大蛇养在笼子里，但它最近逃跑了。）
2. 下面这个句子里有几个副词？
   Really large objects move very slowly.
   （真正大的东西移动非常缓慢。）
3. 下面这个句子里的动词，是什么时、什么态？
   My parents were married in Rome.
   （我父母在罗马结的婚。）
4. 语法性别和自然性别之间的区别是什么？
5. 西班牙语在语法性别的数量上和德语有何不同？
6. 下列句子未能遵守哪条关于"正确"使用英语的规定派规则？应如何"改正"？
   （a）The old theory consistently failed to fully explain all the data.（旧理论始终无法全面解释所有数据。）
   （b）I can't remember the name of the person I gave the book to.（我想不起来我把书给了的那个人的名字了。）
7. 下面这个句子里有几个名词短语？
   Robert brought a small puppy to the party and we all wanted to keep it.

（罗伯特把一只小狗带到了聚会上，我们都想养它。）

8. 旧时受到拉丁语影响的英语代词定义错在哪里？

9. 下面这个句子里的专有名词的语法功能是什么？

The professor and her students visited Berlin during the summer.

（教授和她的学生们夏天期间参观了柏林。）

10. 世界各语言中最常见的词序是什么？动词句首型？动词句中型（verb-medial）？还是动词句尾型？

11. 马尔加什语是 VSO 型语言吗？还是别的什么类型？

12. 再给出几个盖尔语词，翻译下面的句子：

beag（小），bhuail（打），dubh（黑），duine（人），gille（男孩）

（a）Bhuail an gille beag an cu dubh.

（b）Chunnaic an cu an duine mor.

作业题

A. 描写词性时，还有一个术语是"限定词"（determiner）。什么是限定词？本章中涉及了多少个限定词之例？

B. 本章中我们讨论了语法中的"改正"（correction）。那么"矫枉过正"（hypercorrection）又是什么？

C. 下列句子中所有划线词都是副词。依据这些句子，为英语副词位置构建一条简单的规则，使之能够排除不合乎语法的形式。

（1）Do you usually wake up hungry?

（你醒来时通常会饿吗？）

（2）Normally I don't eat breakfast.

（我通常不吃早餐。）

（3）I'd rather sleep longer.

（我宁愿多睡一会。）

（4）I always have a cup of green tea to start my day.

（我总是喝杯绿茶开始我的一天。）

（5）I'll have some fruit juice occasionally.

（我偶尔也会喝点果汁。）

（6）Of course I'm often starving by lunchtime.

（我午饭前当然经常饿得要命。）

（7）*I might have later a small snack or something.

（过会儿我可能会吃点零食什么的。）

（8）*If I feel tired, I'll drink sometimes coffee at work.

（我要是累了，工作时有时会喝点咖啡。）

D. 什么是体（aspect）？如何运用体来描写下列划线形式？

I hope no one calls while I'm eating lunch.

（我希望正吃着午饭时没人打电话过来。）

She's writing a story about her dog.

（她正在写一篇关于她的狗的故事。）

I've eaten lunch already, thanks.

（我已经吃过午饭了，谢谢。）

She's written a story about her cat and the cat next door.

（她已写了一篇关于她的猫和隔壁家的猫的故事。）

I was eating lunch, so I didn't answer.

（当时我正在吃午饭，就没有接［电话］。）

She had written a story about her goldfish before that.

（在那之前，她就已写过一篇关于她的金鱼的故事。）

As a child, she used to write stories about the insects in the garden.

（小时候，她曾写过些关于院子里昆虫的故事。）

E. 英语中有两种结构表示所属关系，不仅表示"拥有"（owning），也表示"具有"（having）。这两种结构是"s 式属格"（s-genitive）

语言研究

（如 <u>Bob's book</u>[鲍勃的书]）和"of 式属格"（of-genitive）（如 <u>the pages of the book</u>[书的页]）。

（i）观察下列例子，试总结出什么情况下倾向使用哪种属格。

（ii）s 式属格结构中，'s 加在哪类成分上（冠词、名词、名词短语、动词、动词短语）？

（1）**My friend's father's ex-wife** came to the ceremony, which was a bit weird.

（我朋友父亲的前妻来到了仪式现场，这事有点怪。）

（2）He emphasized the **public's need** for safe transportation.

（他强调了公众对安全交通的需求。）

（3）Do you watch **CNN's special reports**?

（你看 CNN 的特别报道吗？）

（4）Our house is much smaller than **Henry's**.

（我们的房子比亨利的小很多。）

（5）She didn't say anything at **last week's meeting**.

（上周的会议上，她什么也没说。）

（6）They actually made it to **the top of Mount Kilimanjaro**.

（他们其实成功登上了乞力马扎罗山山顶。）

（7）There's an entrance at **the side of the building**.

（大厦的侧面有个入口。）

（8）I'll love you till **the end of time**.

（我将爱你到最后一刻。）

（9）We didn't recognize **the size of the problem**.

（我们没有意识到问题的严重性。）

（10）Do you remember **the name of that actor who played President Lincoln in the film**?

（你记不记得电影里扮演林肯总统的那位演员的名字？）

F. 把英语动词分为及物（transitive）、不及物（intransitive）、双及物（ditransitive）的依据是什么？你能否用这一分类来解释下列各句为何不合乎语法？

（1）*I thought I had lost my sunglasses, but Ali found in his car.
（我以为我的太阳镜丢了，但阿里在他的车里找到了。）[⑦]

（2）*Mark didn't win, but he didn't care that.
（马克没赢，但他不在乎那个。）

（3）*They had a problem so we discussed.
（他们遇到问题了，于是我们就讨论了［一下］。）

（4）*Suzy needed a jacket so I lent mine.
（？苏西需要夹克衫，我就把我的借了。）

（5）*We're always waiting you because you're late.
（因为你迟到，我们总等着你。）

（6）*I didn't have a pen so Anne gave one.
（？我没有笔，于是安妮就给了一支。）

（7）*When it's your birthday, people bring you.
（*你过生日时，人们就带给你。）

（8）*She smiled me yesterday when I saw her, so I think she really likes.
（*我昨天看到她时，她向我微笑，所以我觉得她真喜欢。）

G. 如果人们通常说 little plastic forks（小塑料叉子），而不是 plastic little forks，那么英语语法里必然存在位于名词前的形容词的最佳顺序规则。本例中，表示规格的形容词（little）位于表示名词材质的形容词（plastic）之前。其他类别的形容词应如何排序？

（i）利用下列句子中划线的例子，辨别出其他类别，并完成后面的表7.4，从而为此处所说的描述性形容词最佳顺序充当证据。

[⑦] 有趣的是，这些中译文句子未必不成立。试比较英汉动词在这一问题上的差别。（中文句子前同样以*表示"不合乎语法"，并用？表示"可存在争议"。）——译者注

（ii）我们若要在表格里增加表示主观"看法"的形容词（如 beautiful［美丽的］、cute［可爱的］、horrible［可恶的］），应将其放在和其他类别相参照的什么位置上？

（1）Japanese silk scarves were very popular for many years.
（日本丝巾流行过很多年。）⑧

（2）The plant has small round pink flowers.
（这种植物开粉色的圆形小花。）

（3）The recent European results were not very encouraging.
（欧洲近期的结果可不太让人振奋。）

（4）They had uncovered some ancient square stones with carvings on them.
（他们已发掘出了一些带雕花的古代方石。）

（5）It looked like squiggly Arabic writing on the back of the card.
（卡片背面，像是些弯弯曲曲的阿拉伯文字。）

（6）She was wearing a white cotton blouse with a short green skirt.
（她穿了一件白色的棉线女衫，配绿色短裙。）

（7）Her ring had an oval red ruby surrounded by tiny wedge-shaped diamonds.
（她的戒指上有颗椭圆的红宝石，周围镶着一圈楔形小钻。）

（8）Eric still drives that big old American car.
（艾瑞克还在开那辆又大又旧的美国产轿车。）

（9）The windows had dated Victorian-style lace curtains.
（窗户上有年代久远的维多利亚式蕾丝窗帘。）

（10）I was wearing my brand-new black leather shoes.
（我穿着一双崭新的黑色皮鞋。）

---

⑧ 借助中译文，同样可思考英汉语在此问题上的差异。——译者注

（11）Yuri works downtown in one of those huge modern glass buildings.

（尤莉在城里一座巨型现代玻璃大厦中上班。）

（12）The best bowls have circular blue Chinese designs in the middle.

（最好的碗，中间有环状的中国式青花图案。）

表 7.4　英语中的形容词顺序

规格			材质		
little			plastic		

H. 英语中有两个后缀 -en，具有完全不同的功能。

（i）如果从所涉及的词类角度比较 harden（使……硬化）和 wooden（木质的），你能否描述出这两个不同的后缀 -en 有何作用？

（ii）你对这一差异的描述是否适用于下列所有英语词？

awaken　earthen　shorten

blacken　flatten　silken

dampen　golden　threaten

darken　moisten　woolen

I. 下列例句，（a）组出自拉丁语，（b）组出自墨西哥的阿穆斯戈语（Amuzgo）（后者改编自 Merrifield *et al.*，2003）。

（i）利用你对拉丁语的了解，把这句话仔细翻译成拉丁语：

The doves love the small girl（鸽子们爱小女孩）

（ii）A big woman is reading the red book（一位高大的女人正在读那本红色的书），这句话用阿穆斯戈语应该怎么写？

（iii）从基本词序角度来看，英语、盖尔语、日语、拉丁语和马尔加什语中，哪一种跟阿穆斯戈语最接近？

（a）拉丁语：

puellae aquilas portant（女孩们带着几只鹰）

feminae columbas amant（女人们爱鸽子们）

puella aquilam salvat（女孩救鹰）

femina parvam aquilam liberat（女人放走小鹰）

magna aquila parvam columbam pugnat（大鹰打小鸽子）

（b）阿穆斯戈语：

macei'na tyocho kwi com（这位男孩正在读一本书）

kwil'a yonom kwi w'aa（这些男人正在建一座房子）

nnceihnda yusku kwi com we（这位女士将买一本红色的书）

kwil'a yonom ndee meisa（这些男人正在做三张桌子）

macei'na kwi tyocho com t'ma（一位男孩正在读这本大书）

J. 下列例子出自纳瓦特尔语（Nahuatl）的一种变体，米却肯纳瓦特尔语（Michoacán Nahuatl），分布于墨西哥太平洋海岸。这些例子（改编自 Merrifield *et al.*, 2003）里存在一些语法标记，用来区分现在时与过去时、第一人称与第二人称、定冠词与不定冠词。

（i）你能否分析第一组例子，并完成第二组例子？

（ii）纳瓦特尔语的定冠词是哪个词？

kochi in siwal（那位女士正在睡）　　nikochik（我睡过了）

maltik se sholul（一个孩子洗了澡）　　timaltik（你洗了澡）

molaluk in tunchi（那只猫跑了）　　nimolaluk（我跑了）

wala se lakal（一个男人正在过来）　　tikita（你看他）

（1）_____（我来过了）

（2）_____（你睡过了）

（3）_____（一位女士洗了澡）
（4）_____（一只猫正在过来）
（5）_____（那个孩子跑了）
（6）_____（我看他）

K. 本章中，我们把日语词序描述为 SOV，把英语词序描述为 SVO。
　（i）观察下列例子（据 Inoue，1979），你能否发现日语词序与英语明显不同的另一个方面？
　（ii）有了 tabemashita（吃了）、ringo（苹果）、-ni（在）这几个形式，你想怎样翻译（4）和（5）这两句？

　　（1）Jakku-ga gakkoo-e ikimasu
　　　　杰克　　学校-向　走
　　　　（杰克去上学。）

　　（2）Jon-ga shinbun-o yomimasu
　　　　约翰　　报纸　　　阅读
　　　　（约翰看报纸。）

　　（3）Kazuko-ga gakkoo-de eigo-o narrateimasu
　　　　和子　　　学校-在　英语　　正在学
　　　　（和子正在学校学英语。）

　　（4）_____
　　　　（杰克吃了苹果。）

　　（5）_____
　　　　（增田［Masuda］在学校。）

L. 下列例子取自 Raglan（1922）描写的东非南苏丹的罗图科语（Lotuko），此处经 Yule & Overstreet（2017：55）改编。该语言今称奥图霍语（Otuho）。
　（i）分析这些例子的语法结构之后，试完成（1）—（8）句。

（ii）英语、日语、盖尔语、马尔加什语，哪种与罗图科语具有相同的词序？

awak odwoti eito（那女孩爱那孩子）

amata lodole nali（那婴儿正在喝牛奶）

amata atulo nabalu（那男人正在喝啤酒）

abang ezok odwoti（那狗害怕那女孩）

aghala nangoru aari（那些女人正在卖水）

ohonya nangote nawai（那女人正在吃红薯）

（1）_____（那狗爱那男人）

（2）_____（那女孩正在喝啤酒）

（3）_____（那男人爱那孩子）

（4）_____（那女人爱那婴儿）

（5）_____（那孩子害怕那狗）

（6）_____（那女人正在喝水）

（7）_____（那女孩害怕那些女人）

（8）_____（那男人正在吃红薯）

M. 马尔加什语分布于东非外海的巨大岛屿马达加斯加。下列马尔加什语的例子大部分依据 Keenan & Ochs（1979）。分析（1）—（5）以及（9）—（15）之后，你能否完成（6）—（8）以及（16）—（18）？

（1）gaga aho（我惊讶）

（2）noana izy（他饿）

（3）faly ianao（你高兴）

（4）mangetaheta izahay（我们渴）

（5）mihira izy（他正在唱歌）

（6）_____（我正在唱歌）

（7）_____（我们高兴）

（8）_____（你惊讶）

（9）nihira ny vehivavy（那女人唱了歌）

（10）namaky boky ny mpianatra（那学生读了书）

（11）tsy nisotro kafe ianao（你没喝咖啡）

（12）mihinana vary ny zaza（那孩子吃米饭）

（13）tsy tia ny hena izy（他不喜欢那肉）

（14）misotro dite izahay（我们喝茶）

（15）nahita ny vehivavy izay nihinana ny mofo aho（我看见了吃了那面包的那个女人）

（16）tia kafe ny mpianatra（_____）

（17）tsy mihinana hena izahay（_____）

（18）nahita ny zaza izay nisotro ny dite ianao（_____）

探讨与研究

I. 本章中，我们短暂地提到过语法上的时范畴，解释了过去时（如 loved）和现在时（如 love）之间的区别。利用下列例子，以及你认为相关的任何其他例子，试描述英语中的"将来时"。⑨

（1）We may forgive, but we shall never forget.
（我们可以宽恕，但永远不会忘却。）

（2）We'll leave if you want.
（你要是想，我们就走。）

---

⑨ 读者若已熟悉我国英语教学中传统上采用的"英语 16 时态说"，可能会认为英语"将来时"是个理所当然的时态。但是从形态上来看，典型的日耳曼语言（英语、德语、荷兰语及北欧各语言），动词屈折体系中仅有现在时和过去时之分，并没有表示将来的屈折形式。而在罗曼语言中，现在时、过去时、将来时的动词屈折形式对立是完备的，如法语 aime（我爱，现在时）—aimais（我爱，过去时）—aimerai（我爱，将来时），西班牙语 amo（我爱，现在时）—amaba（我爱，过去时）—amaré（我爱，将来时）。因此，本题让大家思考的是语法形式与语法功能之间的关系：没有形态屈折型将来时的英语，是用哪些其他手段来表示将来时间的？——译者注

（3）Jenny's arriving at eight o'clock tonight.
（吉妮今晚8点钟到。）

（4）Your plane leaves at noon tomorrow.
（你的飞机明天中午起飞。）

（5）They were about to leave when I got there.
（我到那里时他们刚要离开。）

（6）We're going to visit Paris next year.
（明年我们打算去巴黎。）

（7）She said Jim was leaving next Wednesday.
（她说吉姆下周三走。）

（8）I wish I had a million dollars.
（我希望我有一百万美元。）

（9）The president is to visit Japan in May.
（总统五月将访问日本。）

（10）Water will freeze at zero degrees centigrade.
（水在零摄氏度会结冰。）

（背景资料，见 Hurford, 1994 关于"将来"的部分。）

II. 描写派认为，"不合乎语法"（ungrammatical）只是纯结构角度的"形式不正确"（not well-formed）。但是，"不合乎语法"一语还有更广的意义。下列句子中，哪些在你看来应被视为"不合乎语法"？为什么？

（1）There's hundreds of students waiting outside.
（有数百学生等在外面。）

（2）Who's there? It's me and Lisa.
（谁在那？是我和丽莎。）

（3）Ain't nobody gonna tell me what to do.

（就没人告诉我怎么办吗？）

（4）You wasn't here when he come looking for you.

（他来找你时你不在。）

（5）I hate lobsters anymore.

（我现在很烦龙虾。）

（6）Are y'all coming to see us soon?

（你们很快就要来看我们了吗？）

（7）That chair's broke, so you shouldn't ought to sit on it.

（那把椅子坏了，你们可别往上坐。）

（8）I can't remember the name of the hotel that we stayed in it.

（我想不起来我们住的那家宾馆的名字了。）

（9）I never seen anything.

（我什么也没看见。）

（10）If you'd have come with, we'd have had more fun.

（你要是来了，我们就能玩得更开心了。）

（背景资料，见 Napoli & Lee-Schoenfeld, 2010, 第 8 章, 或 Favilla, 2017）

深入阅读

基本论述：

Altenberg, E. and R. Vago (2010) *English Grammar: Understanding the Basics*. Cambridge University Press.

Swan, M. (2005) *Grammar*. Oxford University Press.

更详细论述：

Hurford, J. (1994) *Grammar: A Student's Guide*. Cambridge University Press.

Kroeger, P. (2005) *Analyzing Grammar: An Introduction*. Cambridge University Press.

语法术语：

Peters, P. (2013) *The Cambridge Dictionary of English Grammar*. Cambridge University Press.

词类：

Sakel, J. (2015) *Study Skills for Linguistics*.（第 4 章）Routledge.

论规定派：

Cameron, D. (1995) *Verbal Hygiene*. Routledge.

Greene, R. (2011) *You Are What You Speak*. Delacorte Press.

Pullum, G. (2009) "50 years of stupid grammar advice." *The Chronicle of Higher Education: The Chronicle Review* 55 (32): B15.（可至 http://chronicle.com Section: The Chronicle Review volume 55, issue 32, page B15 在线获取。）

成分分析：

Payne, T. (2006) *Exploring Language Structure*.（第 6 章）Cambridge University Press.

主语和宾语：

Culpeper, J., F. Katamba, P. Kerswill, R. Wodak and T. McEnery (2009) *English Language*.（第 8 章）Palgrave Macmillan.

词序与类型学：

Haspelmath, M., M. Dryer, D. Gil and B. Comrie (eds.) (2005) *The World

Atlas of Language Structures. Oxford University Press.（可在 http://wals.info/ 在线获取。）

Moravcsik, E. (2013) *Introducing Language Typology*.（第 3 章）Cambridge University Press.

英语词序：

Williams, P. (2016) *Word Order in English Sentences*.（第 2 版）English Lessons Brighton.

盖尔语句子结构：

Brown, K. and J. Miller (1991) *Syntax: A Linguistic Introduction to Sentence Structure*.（第 2 版）Routledge.

英语语法教程：

Celce-Murcia, M. and D. Larsen-Freeman (2015) *The Grammar Book*.（第 3 版）Heinle & Heinle.

Yule, G. (1998) *Explaining English Grammar*. Oxford University Press.

英语参考语法：

Huddleston, R. and G. Pullum (2005) *A Student's Introduction to English Grammar*. Cambridge University Press.

Quirk, R., S. Greenbaum, G. Leech and J. Svartvik (1985) *A Comprehensive Grammar of the English Language*. Longman.

其他参考资料：

Favilla, E. (2017) *A World without "Whom": The Essential Guide to Language in the BuzzFeed Age*. Bloomsbury.

Inoue, K. (1979) "Japanese." In T. Shopen (ed.) *Languages and Their*

Speakers. (241–300) Winthrop Publishers.

Keenan, E. and E. Ochs (1979) "Becoming a competent speaker of Malagasy." In T. Shopen (ed.) *Languages and Their Speakers*. (113–158) Winthrop Publishers.

Merrifield, W., C. Naish, C. Rensch and G. Story (2003) *Laboratory Manual for Morphology and Syntax.*（第7版）Summer Institute of Linguistics.

Napoli, D. and L. Lee-Schoenfeld (2010) *Language Matters.*（第2版）Oxford University Press.

Raglan, L. (1922) "The Lotuko language." *Bulletin of the School of Oriental Studies*. (University of London) 2 (2): 267–296.

Yule, G. and M. Overstreet (2017) *Puzzlings*. Amazon Books.

8　句法学

Time flies like an arrow; fruit flies like a banana.
（光阴似箭，果蝇爱蕉。）

奥廷格（Oettinger，1966）[1]

安东尼·奥廷格在一份对计算机处理自然语言时所遇到的困难的早期论述中，使用了上面这个例子来阐释我们是如何解读句子的：我们往往依据所期待的结构来解读句子，若遇难以解释之处，能够返回来尝试运用另一种结构。这一过程表明，认识到句子的深层结构（underlying structure）对于理解句子很重要。我们如果坚持认为此例句后半部分的结构与前半部分相同，就必定会搞错点什么。（见 177 页图 8.9 的分析。）

第 7 章中，我们从传统语法的普遍范畴转向描写短语及句子结构的更具体方法。我们聚焦于句子内部成分的结构与顺序时，研究的即是某一语言的**句法**（syntax）。syntax 一词源于希腊语，字面意思是"放在一起""排列"。较早期的流派，试图为句子线性结构中成分的序列（即顺序性"排列"）做出精确描写。而较新的结构分析探索，则更聚焦于我

---

[1] 奥廷格（Anthony Oettinger，1929—2022），德裔美国语言学家、计算机科学家。——译者注

们用来产出句子（或者说"生成"句子）的深层规则系统（underlying rule system）。

句法规则

着手为某一语言的句法提供分析时，我们竭力恪守"全而仅"标准（"all and only" criterion）。这意味着，无论分析哪种语言，我们的分析皆须解释语法正确的全部短语和句子，且仅仅解释那些语法正确的短语和句子。换言之，我们若为如何产出形式正确的结构来编写规则，就必须确保合理运用这样的规则时，不会同时产生形式不正确的结构。

例如，我们或许可以不太确切地说，英语介词（如 near[在……附近]）置于名词（如 London[伦敦]）之前，构成介词短语（如 near London[在伦敦附近]）。这可以描述大量短语，但描述得了英语中的全部介词短语（且仅描述介词短语）吗？要注意，我们若将其用作一条语法规则，来造出含有介词和名词的结构，就会产出类似 *near tree 或 *with dog 这样的短语。这可不像是形式正确的英语结构，我们因而用星号 * 对其做标注，表示其不合乎语法。

构筑英语介词短语结构背后潜藏的规则时，我们显然需要更仔细些。得出的规则如果是介词应置于名词短语（而不只是名词）之前，可能就更为成功了。第 7 章里我们看到，名词短语可包括专有名词（如 London）、代词（如 me）或是名词（如 tree、dog）与冠词（a、the）的组合。因此，这条修改过的规则就可用来产出形式正确的结构了：如 near London（在伦敦附近）、with me（和我一起）、near a tree（在一棵树附近）、with the dog（和那只狗一起）。

生成语法

我们有了类似"英语介词短语由介词接名词短语组成"这样的有效规

则,就不难想象利用这条规则可产出数量极为庞大的英语短语。事实上,潜在的数量是无限的。这反映了句法分析的另一个目标:拥有少量有限的规则,即可产出数量庞大而无限的形式正确的结构。这套少量而有限的规则,有时被描述为**生成语法**(generative grammar),因其能够用来"生成"或产出句子结构,而不仅仅是对这样的结构加以描写。

这样的语法还能够揭示出另外两种现象的基础:其一,有些表面上不同的短语和句子,何以相互紧密联系;其二,有些表面上相似的短语和句子,何以完全不同。

底层结构与表层结构

直觉告诉我们,Charlie broke the window(查理打碎了窗)和 The window was broken by Charlie(窗被查理打碎了)这两个表面上不同的句子之间必有某种潜在的相似性。传统语法中,前者被称为主动句,聚焦于查理所做的事;后者是被动句,聚焦于窗户以及窗户发生了什么。二者之间的这一区别,是其**表层结构**(surface structure)上的区别,即二者作为独立的英语句子而具有的不同句法形式。然而,这种表面上的形式差别掩盖了一个事实:这两个句子在某个不那么表面的层面上是紧密联系的,甚至是全然相同的。

另有的那个"潜在"的层面上,这两个句子共享的基本成分(名词短语+动词+名词短语)可得以表示,这种"潜在"层面称作其**底层结构**(deep structure)。底层结构是结构组织中的抽象层面,所有决定结构之阐释的成分皆在该结构中得以表示。前述同一底层结构,亦可充当其他诸多表层结构之源,如 It was Charlie who broke the window(就是查理,打碎了窗),Was the window broken by Charlie?(窗是查理打碎的吗?)简言之,语法必须能展示出单一的潜在抽象表达式何以能够变成多种不同的表层结构。

结构歧义

我们再来说说有两种不同的底层结构的情况。一个人想表达"安妮有把雨伞,她用这雨伞撞向一个人",另一个人想表达"安妮撞到了一个人身上,那个人碰巧带着一把雨伞"。这两个不同的事件版本其实可以用同一表层结构形式来表达:Annie bumped into a man with an umbrella。这个句子是**结构歧义**(structural ambiguity)之例,有两种不同的潜在阐释,在底层结构上须作不同表达。注意这不是我们听到 Their child has grown another foot(他们的孩子又长了一英尺/他们的孩子又长出一只脚)时所经历的那种歧义,那是词汇歧义(lexical ambiguity),主要因 foot(英尺/脚)一词有多于一种的词义而造成。(更深入分析见 169 页作业题 E。)

喜剧演员格劳乔·马克斯(Groucho Marx)清楚应如何用结构歧义来制造滑稽。电影《动物饼干》(*Animal Crackers*)里,他先说 I once shot an elephant in my pajamas,又追上一句 How he got into my pajamas I'll never know(它怎么钻进我睡衣的我永远不会知道)。并不好玩的解读中,前一句的部分底层形式是"我穿着睡衣打死了一头大象"。而在另一种令人捧腹大笑的解读中,部分底层形式却成了"我把钻进我睡衣里的大象打死了"。句法分析揭示出,这同一表层结构存在着两个不同的潜在结构。

句法分析

在句法分析中,我们使用一些常规的缩略语来表示第 7 章所认定的词类。例如,N(=名词)、Art(=冠词)、Adj(=形容词)以及 V(=动词)。我们还用缩略语表示短语,如 NP(=名词短语)和 VP(=动词短语)。英语中,动词短语(VP)由动词(V)加上其后的名词短语(NP)组成。我们可以把表 7.3(140 页)里的简单句拿来,用这些类别来标示其成分,如图 8.1。

NP	VP	
	V	NP
John	saw	the big dog
约翰	看见了	（冠词） 大 狗

图 8.1　句子结构

图 8.1 展示了单句的静态分析。我们或希望能以更加动态的形式对同样的句法信息做展示。展示"由……构成"这一概念，方法之一是使用箭头（→），这个箭头亦可解读为"重写为……"。下面这条规则表述的是，类似 the dog 这样的名词短语（NP），由冠词（the）和名词（dog）构成，或者说可重写为冠词（the）和名词（dog）。这个简单的公式正是英语无数个不同短语的底层结构。

NP → Art　N

然而，这并不是名词短语可采取的唯一形式。我们想在规则里引入另一个成分（形容词 Adj），这样就不仅能适用于 the dog 这类短语，还能适用于 the big dog 这类短语。这个成分在名词短语里是可选的（optional），因此我们用圆括号来标明 Adj 是可选成分，如：

NP → Art　(Adj)　N

还有一个常用符号是花括号 { }。花括号里的成分必须选择，且仅能选择其中之一。138 页图 7.3 里我们已看到，名词短语中还包括代词（如 it）或专有名词（John）。利用 Pro（代词）和 PN（专有名词）这两个缩略语，我们可写出左侧的三条不同的规则，但是利用花括号写成右侧的一条规则就更加简洁了。

NP → Art　(Adj)　N
NP → Pro　　　　　　　　NP → {Art (Adj)　N, Pro, PN}
NP → PN

短语结构规则

我们已开始构建的，是一套被称为**短语结构规则**（phrase structure rule）的句法规则。如其名称所示，这些规则表述的是，某一具体类型的短语，其结构由按特定顺序排列的一个或多个成分构成。

下面这套简单（但并不完整）的短语结构规则中，第一条规则抓住了英语句子结构的一条十分普遍的规律："句子（S）重写为名词短语（NP）和动词短语（VP）。"第二条规则表述的是"名词短语要么重写为冠词加可选的形容词再加名词，要么重新写为代词或专有名词"。第三条规则里，动词短语重写为动词加名词短语。

S → NP　VP
NP → {Art　(Adj)　N, Pro, PN}
VP → V　NP

词汇规则

短语结构规则生成的是结构。而要把这些结构转变为可懂的英语，我们还需要词汇规则（lexical rule），我们重写 PN 之类的成分时，词汇规则规定哪些词可以用。下面这套规则里，第一条规则表述的是"专有名词重写为 John 或 Mary"。（世界真小，又遇到他俩了。）

PN → {John, Mary}　　　　Art → {a, the}
N → {girl, dog, boy}　　　　Adj → {big, small}
V → {followed, helped, saw}　Pro → {it, you}

我们可依靠这些规则来生成下面（1）—（6）里合乎语法的句子，而非（7）—（12）里不合乎语法的句子。

（1）A dog followed the boy.（狗跟着那男孩。）
（2）You saw it.（你看见它了。）
（3）John saw the big dog.（约翰看见了那只大狗。）
（4）It followed Mary.（它跟着玛丽。）
（5）The small boy helped you.（那小男孩帮助了你。）
（6）Mary helped John.（玛丽帮助了约翰。）
（7）*Dog followed boy.（狗跟着男孩。[2]）
（8）*You it saw.（*你它看见了。）
（9）*John Mary small dog.（*约翰玛丽小狗。）
（10）*Followed Mary the dog big.（*跟着玛丽那狗大。）
（11）*The helped you boy.（*那帮助了你男孩。）
（12）*Mary John helped.（*玛丽约翰帮助了。）

树形图

为底层句法结构创建可视化表现的最佳方法之一，是透过树形图（tree diagram）。我们可以使用前面介绍过的符号，来标注这棵树的各部分，从而表现出每一部分如何对应短语的底层结构。如图 8.2 所示，左侧的短语结构规则，可用右侧的树形图表示。

虽然右侧的这种"树"及其"树枝"似乎是朝下生长的，而非向上生长，但是作为图示，却极好地反映出左侧的另一种分析中的全部语法信息。它还非常清晰地展示出，这种分析里存在不同的层次。换言之，一个分析层次中呈现的是名词短语（NP）这类成分，另一个分析层次中呈现

---

[2] 与上一章里的很多例子一样，此处的原句不合乎英语语法，但译文里的句子却合乎汉语语法。——译者注

的却是名词（N）这类比前者低的成分。

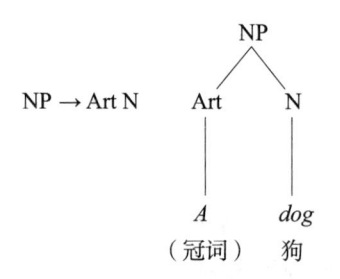

NP → Art N

```
        NP
       /  \
      Art   N
      |     |
      A    dog
    （冠词） 狗
```

图 8.2　名词短语树形图

如图 8.3 所示，我们可用与之类似的树形图，来呈现英语动词短语（VP）的更为复杂的结构。这样的图又提供了一种途径，来呈现出底层结构的层级性本质。这种层级中，动词短语（VP）高于并包含动词（V）和名词短语（NP）。名词短语（NP）高于并包含冠词（Art）和名词（N）。

```
          VP
         /  \
        V    NP
        |   /  \
        |  Art  N
        |   |   |
     followed the boy
       跟着   那  男孩
```

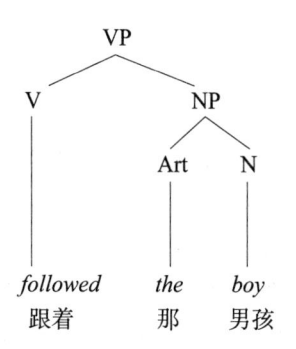

图 8.3　动词短语树形图

英语句子的树形图

如图 8.4 所示，我们现在可以把树形图拼接起来，按层级加以组织，使之用于完整的句子了。注意 116 页各不相同的句子（1）—（6），其基础是大致相同的基本树形图结构，但各自又有不同的成分。

（1）
```
           S
         /   \
        NP    VP
       / \   / \
      Art N  V  NP
                / \
              Art  N
      A   dog followed the  boy
     (冠词) 狗  跟着    那  男孩
```

（2）
```
           S
         /   \
        NP    VP
        |    / \
        Pro  V  NP
                |
                Pro
       You  saw  it
        你  看见了 它
```

（3）
```
            S
          /   \
         NP    VP
         |    / \
         PN   V  NP
                /|\
              Art Adj N
       John saw the big dog
       约翰 看见了 那  大  狗
```

（4）
```
           S
         /   \
        NP    VP
        |    / \
        Pro  V  NP
                |
                PN
        It followed Mary
        它  跟着    玛丽
```

（5）
```
              S
            /   \
           NP    VP
          /|\   / \
        Art Adj N V  NP
                    |
                    Pro
      The small boy helped you
       那  小   男孩 帮助了  你
```

（6）
```
           S
         /   \
        NP    VP
        |    / \
        PN   V  NP
                |
                PN
      Mary helped John
      玛丽 帮助了 约翰
```

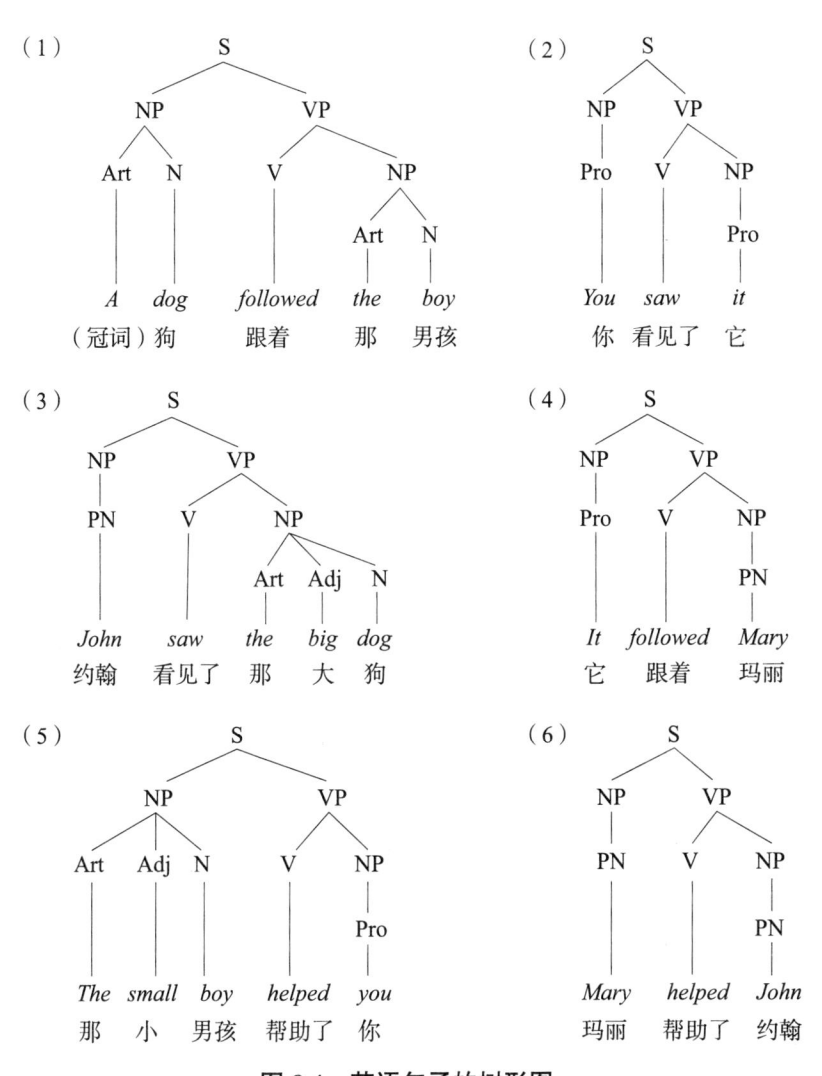

图 8.4　英语句子的树形图

浅谈表层

图 8.4 里所有树形图的底端，是同一底层结构的各不相同的表层结构，

展现出所涉及的短语结构规则的生成力。更复杂的句子构成中，还涉及其他的短语结构规则。英语的某些规则见168页作业题C和173页作业题K，其他语言的某些规则见170页作业题F和G。我们力求发展出更好的方法来分析复杂句子的句法结构，因而不可避免地需要更大型的分析构架。（我们仅仅触及了表层结构的皮毛而已。）不过，我们已经探索了句法分析的一些基本问题、术语及方法，以用来讨论英语的基本结构，现在我们要继续思考如何把语义分析融入语言研究之中。

习　　题

1. syntax（句法）在希腊语中的原始字面意思是什么？
2. "介词短语重写为介词加名词"，这条英语句法结构规则错在哪里？
3. 生成语法和传统语法之间的主要区别是什么？
4. 下面两个句子在哪个结构层面上是不同的？

    A large dog attacked us.（一只大狗袭击了我们。）

    We were attacked by a large dog.（我们被一只大狗袭击了。）

5. 下列哪些表达在结构上有歧义？有何歧义？[③]

    (a) These are designed for small boys and girls.

    (b) The parents of the bride and groom were waiting outside.

    (c) How come a bed has four legs, but only one foot?

    (d) We met an English history teacher.

    (e) Flying planes can be dangerous.

    (f) The students complained to everyone that they couldn't understand.

6. 下面这个句子里 lovely 是什么词性？

    We saw a lovely rainbow yesterday.（昨天我们看见了美丽的彩虹。）

---

③　本章部分习题、作业题中的英语例句，若译成中文会干扰读者对这些问题的思考，故中译文从略。——译者注

7. 下面这个句子里有几个名词短语？

George saw a small dog in the park near the fountain and it followed him when he left the park.（乔治在公园喷泉旁看见一只小狗，他离开公园时它跟着他。）

8. 下面这个句子里哪一部分是 VP？

None of the people in the building supported the proposed rent increase.（大楼里这些人没有一个支持提议中的租金上涨。）

9. 下面这些表达中，哪些可通过 NP → {Art (Adj) N, Pro, PN} 这条短语结构规则而生成？

(a) a lady（一位女士）

(b) the little girl（那个小女孩）

(c) her（她）

(d) Annie（安妮）

(e) the widow（那位寡妇）

(f) she's an old woman（她是位老妇）

10. N → {girl, dog, boy} 是哪类生成规则？

11. 短语结构规则呈现的是底层结构还是表层结构？

12. 把下列树形图补充完整。

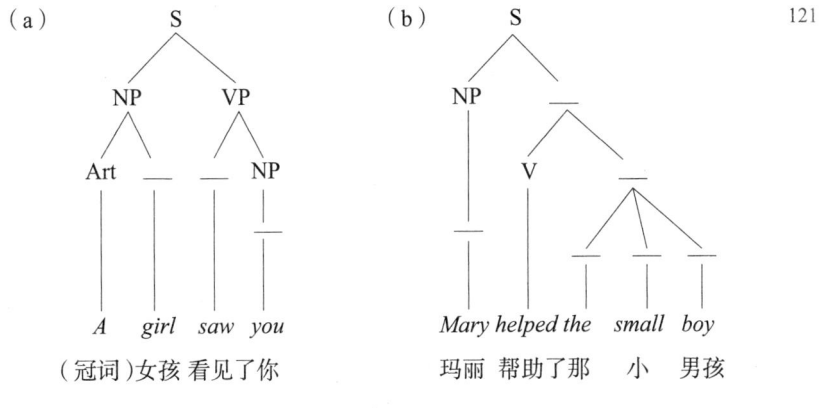

(a) S / NP VP / Art __ __ NP / __ __ __ __ / *A girl saw you* / （冠词）女孩 看见了你

(b) S / NP __ / __ V __ / *Mary helped the small boy* / 玛丽 帮助了那 小 男孩

图 8.5　树形图

作业题

A. 句法研究中,"能力"(competence)和"表现"(performance)之间做了何种区别?
B. "嵌入式结构"(embedded structure)指的是什么?本章中有这样的例子吗?
C. 有些版本的句法分析中,还存在"移动规则"(movement rule),这类规则把结构中的一部分移动到别的位置上。例如,You can see it(你能看见它)这个陈述句,通过把一个成分(can)移动到前面,就变成了疑问句 Can you see it?(你能看见它吗?)。这个成分是助动词(auxiliary verb),如 could(可以)、should(应该)、will(将要)、would(想要)都是这样的成分。如图 8.6 左图所示,助动词在基本树形图里附着于动词上(如 follow[跟随]、help[帮助]、see[看见]);而如图 8.6 右图所示,助动词前移可产生新的树形图。在有些描写中,这一变化被称为"倒装"(inversion)。

有种特殊的箭头(⇒),用来标注可移动的成分,如这条**助动词移动**(Aux-movement)规则所示:NP Aux VP ⇒ Aux NP VP。

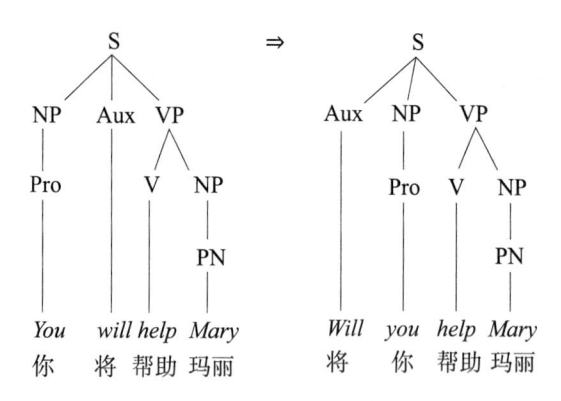

```
        S                        S
       /|\          ⇒           /|\
      NP Aux VP              Aux NP VP
      |      |\               |     |  |\
      Pro    V NP             Pro   V  NP
                |                      |
                PN                     PN

      You will help Mary        Will you help Mary
      你  将  帮助 玛丽           将  你  帮助 玛丽
```

图 8.6 助动词移动

下列结构，哪个（些）是因运用了助动词移动规则而造成的？

（1）John will follow Mary.（约翰将跟随玛丽。）

（2）Can you see the dog?（你能看见那只狗吗？）

（3）Could it follow you?（它可以跟着你吗？）

（4）The girl helped you.（那女孩帮助了你。）

（5）Could you help the dog?（你可以帮助那只狗吗？）

（6）Mary should see it.（玛丽应该看看这个。）

（7）Will the boy see you?（那男孩将要见你吗？）

（8）Would John help the girl?（约翰想帮助那女孩吗？）

（9）It can see you.（它能看见你。）

（10）Can't you follow it?（你难道不能跟着它吗？）

D. 英语口语中，want to（想）这个序列有时会缩合成 wanna，如 I don't wanna go（我不想去）或是 What do you wanna do tonight?（你今晚想做什么？）然而，如下列句子所示，有些结构里，want to 并不能缩合。说英语的儿童在很小时就掌握了如何将 wanna 用在正确位置上（并且不会将其用在错误位置上）。你能否研究出他们对 wanna 的使用有何了解？

（1）Who do you **want to** / **wanna** visit?

（2）Who would you **want to** / **wanna** go out with?

（3）How many of your friends do you **want to** / **wanna** invite to the wedding?

（4）Who do you **want to** (*wanna) win the game?

（5）Who would you **want to** (*wanna) look after your pets?

（6）How many of your friends do you **want to** (*wanna) stay with us?

E. 下面两幅树形图，哪一幅可用来呈现 "George saw the boy with a telescope?" 这个句子的底层结构？

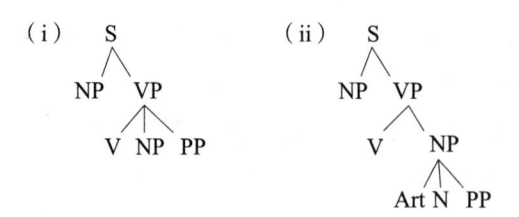

```
       (i)    S                (ii)   S
             / \                     / \
           NP   VP                 NP   VP
               / \                     / \
              V  NP  PP               V   NP
                                         /|\
                                       Art N  PP
```

图 8.7　底层结构

F. 下面这套简化了的短语结构规则，描写的是西非埃维语（Ewe）的句法局部。依据这些规则，下列句子（1）—（10）中哪个（些）前面应当标星号（*）？

S → NP　VP　　　　　　　N → {oge, ika, amu}
NP → N　(Art)　　　　　　Art → ye
VP → V　NP　　　　　　　V → {xa, vo}

(1) Oge xa ika　　　　　　(6) Vo oge ika
(2) Ye amu vo oge　　　　 (7) Amu ye vo ika
(3) Ika oge xa ye　　　　　(8) Ye ika xa ye oge
(4) Oge ye vo ika ye　　　 (9) Xa amu ye
(5) Amu xa oge　　　　　　(10) Oge ye xa amu

G. 运用下列苏格兰盖尔语简单的短语结构规则，指出哪些句子不合乎语法（用 * 标出），并为合乎语法的句子画出树形图。

S → V　NP　NP　　　　　　NP → {Art　N (Adj), PN}
Art → an　　　　　　　　　Adj → {ban, beag, mor}
N → {cu, duine, gille}　　　 V → {bhuail, chunnaic, fhuair}
PN → {Calum, Mairi, Tearlach}

(1) Calum chunnaic an gille.
(2) Bhuail an beag cu Tearlach.
(3) Bhuail an gille mor an cu.

(4) Chunnaic Tearlach an gille.
(5) Ban an cu an duine beag.
(6) Fhuair Mairi an cu ban.

H. 分布于非洲西北部的塔马舍克语（Tamasheq），其基本句子结构如下列句子中的句（1）所示。但是，如其他例句所示，强调成分可移动至前置位置。下列例子皆引自 Sudlow（2001：47），略有改动。

（i） 观察每个塔马舍克语句子的句法结构之后，你能否把下列英语译文填入表中适当位置？

"It isn't men who cook porridge."（煮粥的不是男人们。）
"Porridge, men aren't the ones who cook it."（粥，不是男人们煮的。）
"Men don't cook porridge?"（男人们不煮粥吗？）
"Men aren't the ones who cook porridge."（男人们不是煮粥的。）

（ii） 运用第 7 章和第 8 章里获得的信息，你能否确定英语、埃维语、盖尔语、日语、拉丁语这几种语言中的哪一种，具有与例句（1）里呈现的塔马舍克语相同的基本句子结构？

(1) War səkədiwan meddan asink
　不　　煮　　男人们　粥
（男人们不煮粥。）
(2) meddan a waren isəkədiw asink ＿＿＿＿＿＿＿＿＿＿＿＿＿
(3) asink, meddan a waren t-isəkədiw ＿＿＿＿＿＿＿＿＿＿＿＿＿
(4) wadde medan a isakadawan asink＿＿＿＿＿＿＿＿＿＿＿＿＿
(5) meddan war səkədiwan asink? ＿＿＿＿＿＿＿＿＿＿＿＿＿

I. 英语的介词短语（PP），介词置于名词短语之前（prep + NP）。在其他语言里，PP 的构造可有所不同，介词有时被称作"后置词"（postposition）。

阿拉巴纳语（Arabana）就是这类语言中的一种，该语言是南澳大利亚艾尔湖（Lake Eyre）地区的一种原住民语言。下面是取自阿拉巴纳语的一些例子，依据 Hercuse（1994）。

（i）阿拉巴纳语 PP 的短语结构规则应该如何来写？

（ii）选择正确的阿拉巴纳语 PP 形式，填入下面的（1）—（6）。

kuthapadni（without water，没有水） makanga（close to the fire，离火近）
nguraru（out of the camp，营地之外） karlaruku（to the river，朝向河）
tyalpapurru（with food，有食物） nguranganha（from the camp，从营地）
karlanga（close to the river，离河近）

wadlhuru, nguranga, makapurru, karlanganha, nguraruku, tyalpapadni

(1) _____（from the river，从河里）
(2) _____（to the camp，朝向营地）
(3) _____（out of the ground，地面之外）
(4) _____（without food，没有食物）
(5) _____（close to the camp，离营地近）
(6) kutha _____（with boiling water，有开水）

J. 在连锁动词结构（serial verb construction）中，两个或两个以上动词顺次使用，通常描述同一事件。下列例子取自约鲁巴语（Yoruba），分布于尼日利亚和贝宁的一种西非语言，Bamgbose（2010）描写。

（i）你能否完成例（7）—（10）？

（ii）下列哪条短语结构规则最能描写 1—10 里的约鲁巴语结构？

S → NP V NP
S → NP V VP
S → NP VP VP
S → NP VP NP

(1) mo mú ìwé wá ilé
    我-拿-书-来-家

（我把书带回了家。）

(2) Olú fi ada ge igi náà
奥卢-放-砍刀-砍-树-［冠词］
（奥卢用砍刀砍了那棵树。）

(3) wón á sonwó fún mi
他们-将-付钱-给-我
（他们将付我钱。）

(4) ó se isu je
她-烹-薯-吃
（她把薯做熟吃掉了。）

(5) ó ti omó náà subú
她-推-孩子-［冠词］-倒下
（她把孩子推倒了。）

(6) mo á gbé wá bá
我-将-带-来-见面
（我将［把东西］带给你。）

(7) ó mú ada wá
____ - ____ - ____ - ____
(_____)

(8) mo se isu náà je
____ - ____ - ____ - ____ - ____
(_____)

(9) wón fi ìwé náà fún mi
____ - ____ - ____ - ____ - ____ - ____
(_____)

(10) omó náà á gbé ìwé wá
____ - ____ - ____ - ____ - ____ - ____
(_____)

K. 句法学中的**递归**（recursion）概念，指把某一规则重复运用于该规则此前产出的结果。例如，Cathy knew that Mary helped you（凯西知道玛丽帮助了你）这个句子中，我们用"标句词"（complementizer, C）这个术语表示英语 that 一词，用"补语短语"（complement phrase，CP）表示 that Mary helped you，二者都是这个句子的组成部分。补语短语中，Mary helped you 这部分呈现为句子（S），因而必然有这样一条规则：CP → C S，换言之，"补语短语重写为标句词加句子"。

这就为我们提供了一小部分涵盖递归的规则。（注意，你到达这套规则的末尾时，可继续回到开头，重复该序列。这就是递归的本质。）

S → NP　VP
VP → V　CP
CP → C　S

运用这些规则，在图 8.8 的树形图中填入缺失的成分。

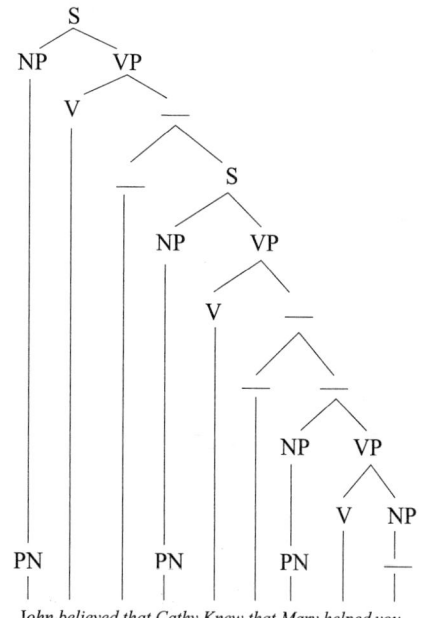

John believed that Cathy Knew that Mary helped you
约翰 相信（标句词）凯西 知道（标句词）玛丽帮助了你

图 8.8　递归

探讨与研究

I. 有条句法原则叫作"结构依存"（structure dependency），该原则常用来表明，语言结构规则依靠层级性组织（hierarchical organization），而不是依靠线性位置（linear position）。例如，尝试学习英语的人或许会以为，第（2）组里的这种疑问句，只要移动第（1）组陈述句里的第二个词，使之变成疑问句的第一个词即可。

(1) Shaggy is tired.   (2) Is Shaggy tired?
（沙吉累了。）   （沙吉累了吗？）
You will help him.   Will you help him?
（你将会帮助他。）   （你将会帮助他吗？）

运用（3）—（6）里的句子，尝试确定这是不是描写英语所有疑问句构成方式的最佳途径；如果不是，试构建一条更好的规则。

(3) Are the exercises in this book too easy?（这书里的练习太简单了吗？）

(4) Is the cat that is missing called Blackie?（丢了的那只猫叫阿黑吧？）

(5) Will the price of the new book you've ordered be really expensive?（你订的那本新书会不会非常贵？）

(6) Was the guy who scored the winning goal in the final playing for love or money?（决赛中投进决胜一球的那家伙是为爱而战还是为钱而战呢？）

（背景资料，见 Fromkin, Rodman & Hyams, 2018，第 3 章）

II. 我们可以提出，被动句（如 George was helped by Mary，乔治被玛丽帮助了）是由主动结构（如 Mary helped George，玛丽帮助了乔治）通过下面这条规则推导而来的：

（主动）NP1　V　NP2　=>　NP2　be　V-ed　by　NP1（被动）

注意主动结构里 V 的时态是过去时还是现在时（如 helped），决定了被动结构里 be 的时态（如 **was** helped）。下列哪些主动句可运用这条规则来重构为被动句？其他各例中，是什么阻碍了这条规则发挥作用？

(1) The dog chased the cat.（狗追猫。）

(2) Snow White kissed Grumpy.（白雪公主吻了爱生气。④）

(3) He loves them.（他爱他们。）

(4) Betsy borrowed some money from Christopher.（贝齐从克里斯托弗那里借了点钱。）

(5) The team played badly.（这支队伍打得差。）

(6) The bank manager laughed.（银行经理笑了。）

(7) They have two children.（他们有两个孩子。）

(8) The duckling became a swan.（小鸭变成了一只天鹅。）

(9) Someone mentioned that you played basketball.（有人提过你以前打篮球。）

(10) The police will arrest violent demonstrators.（警察会逮捕暴力的示威者。）

（背景资料，见 Morenberg, 2013）

注：本章开头处引用的 Oettinger（1966：168）的例子，Time flies like an arrow; fruit flies like a banana，两部分里不同的底层结构可用下面的树形图表示。其迥异的结构依靠的是某种词汇歧义（lexi-

---

④ 爱生气（Grumpy），《白雪公主和七个小矮人》中的七个小矮人之一，脾气暴躁。——译者注

cal ambiguity），因为 flies 在第一部分里是动词，在第二部分里是名词。而 like 在第一部分里是介词，在第二部分里是动词。

```
        S                              S
      /   \                          /   \
    NP    VP                       NP    VP
    |    /  \                      /\   /  \
   Time V   PP                    /  \ V   NP
        |   /\                   /    \|   /\
      flies like an arrow    friut flies like a banana
   时间  飞  像(冠词)箭      水果苍蝇 喜欢(冠词)香蕉
```

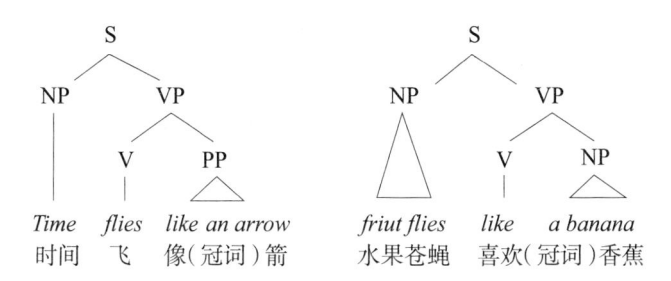

图 8.9 对 Time flies 一例的分析

深入阅读

基本论述：

Casagrande, J. (2018) *The Joy of Syntax*. Ten Speed Press.

Miller, J. (2012) *An Introduction to English Syntax*.（第 2 版）Edinburgh University Press.

Thomas, L. (1993) *Beginning Syntax*. Blackwell.

更详细论述：

Morenberg, M. (2013) *Doing Grammar*.（第 5 版）Oxford University Press.

Tallerman, M. (2014) *Understanding Syntax*.（第 4 版）Routledge.

英语句法专论：

Burton-Roberts, N. (2016) *Analyzing Sentences: An Introduction to English Syntax*.（第 4 版）Routledge.

Jonz, J. (2014) *An Introduction to English Sentence Structure*. Equinox

Publishing.

论生成语法：

Baker, M. (2002) *The Atoms of Language: The Mind's Hidden Rules of Grammar*. Basic Books.

论短语结构：

Finegan, E. (2014) *Language: Its Structure and Use.*（第5章）（第7版）Cengage.

论结构歧义：

Pinker, S. (1994) *The Language Instinct.*（第4版）William Morrow.

树形图：

Carnie, A. (2012) *Syntax.*（第3版）Wiley-Blackwell.

其他参考资料：

Bamgbose, A. (2010) *A Grammar of Yoruba*. Cambridge University Press.

Fromkin, V., R. Rodman and N. Hyams (2018) *An Introduction to Language.*（第11版）Wadsworth.

Hercuse, L. (1994) *A Grammar of the Arabana-Wangkangurru Language, Lake Eyre Basin, South Australia.* The Australian National University, Canberra: Pacific Linguistics Series. C 128.

Oettinger, A. (1966) "The uses of computers in science." *Scientific American* 215 (September): 168.

Sudlow, D. (2001) *The Tamasheq of North-East Burkina Faso*. R. Köppe Verlag.

9 语义学

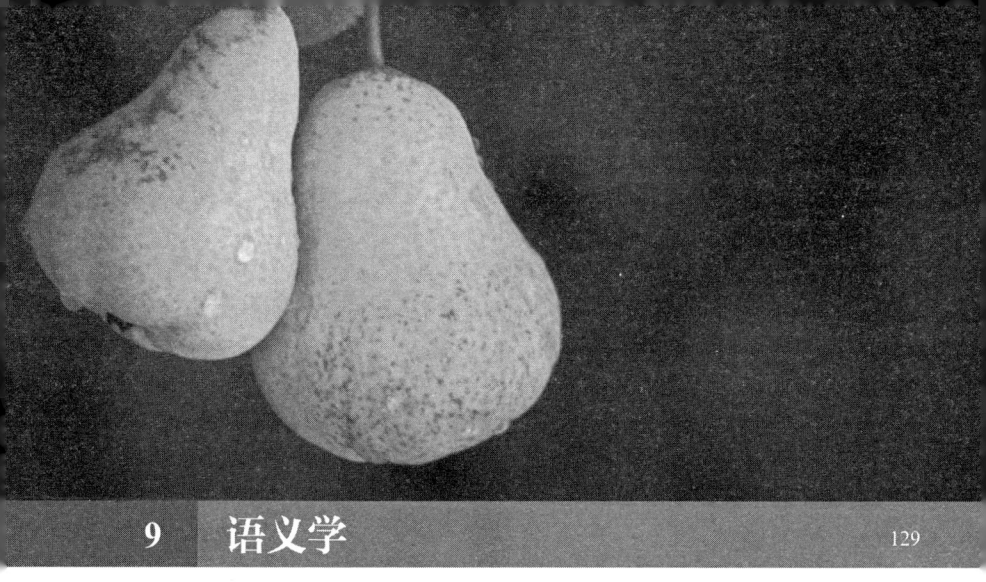

有一次，我从旧金山机场出发，手提行李里碰巧有一罐自家做的榲桲（quince）罐头。一位安检员拦住了我，说榲桲罐头不能携带登机，因为任何凝胶、液体、气溶胶均不允许越过安检处。我礼貌地问他，榲桲罐头是这三者中的哪一种？是凝胶，是液体，还是气溶胶？因为这东西更像水果啊。他的回答，我可没开玩笑，竟然是"先生，我可不想跟您争论语义学。"

伯根（Bergen, 2012）[①]

语义学（semantics）是对词、短语、句子的意义的研究。语义学分析中，我们始终力求聚焦于词的常规意义，而不是说话的个人在某一具体场合认为它是什么意思、想让它表示什么意思。这一方式，关注的是有能力使用某一语言的全体使用者所共享的语言学意义（linguistic meaning）。研究语义学，就是力求阐释我们似乎共同拥有关于某一语言的词、短语、句子的意义的知识时，共同知晓的究竟是哪些东西。

意 义

语义学是关于语言中的意义的研究，而意义中有些方面比另一些方

[①] 伯根（Benjamin K. Bergen），美国认知科学家，畅销书作者。——译者注

面更能引发兴趣。我们已经排除了刚才引述过的本·伯根的故事里，某一个体为词赋予的特别意义，或是安检员们所相信的词义。换言之，我们的主要兴趣，在于词的广为接受的客观意义或事实性意义，而不是其主观意义或个人意义。这一区别通常被表述为**指称意义**（referential meaning）与**联想意义**（associative meaning）或**情感意义**（emotive meaning）之对立，后者如词的那些在一部分人当中有、在另一部分人当中无的感觉或反应。

指称意义涵盖了词的字面用法中表达的那些基本而核心的意义成分，即词典所描写的那类意义。如英语 needle（针）一词里的部分基本成分或许包括"细而尖利的钢制工具"，这些成分就成为 needle 的指称意义的一部分。然而，不同的人或许会为 needle 这样的词赋予不同的联想或内涵。他们可能将其与"疼痛""疾病""血""药""线""编织""难找"（在干草堆里尤为如此）②相联系，而这些联想可因人而异。这样的联想不能成为该词的指称意义的一部分。

研究基本指称意义的用途之一，是用来解释我们遇到的下面这类句子为何"怪异"：

The hamburger ate the boy.（汉堡包吃掉了那男孩。）
The table listens to the radio.（桌子听收音机。）
The horse is reading the newspaper.（马正在看报纸。）

我们首先应当注意，这些句子的怪异，并不是其句法结构引起的。从构成英语句子的基本句法规则来看（已在第 8 章中呈现），这些句子具有合乎语法的结构。

```
     NP           V     NP
The hamburger    ate   the boy
```

---

② 英语有习语 a needle in a haystack（干草堆里的一根针），形容几乎无法找到的东西，与汉语成语"大海捞针"异曲同工。——译者注

这个句子句法上完好，但语义上却怪异。由于 The boy ate the hamburger（男孩吃掉了那汉堡包）这个句子才是完全可接受的句子，所以我们或许能够指出问题的根源。名词 hamburger（汉堡包）的指称意义成分一定跟名词 boy（男孩）的指称意义成分迥异，才使二者中只有一个可与动词 ate（吃）构成"说得通"的意义，另一个并不能。很简单，与 ate 一同使用的那类名词必须表示一个有能力去"吃"的活的、"有生命的"（animate）的实体。名词 hamburger 不具备这一特征，而名词 boy 则具备。

语义特征

我们还可以说，除了［＋生命］之外，boy 一词还具有［＋人类］之特征，horse（马）还具有［－人类］之特征。上述例子解释了从语义特征（semantic feature）角度分析词的意义的方法。

由此我们就能够刻画出，某一名词需要什么样的语义特征，才可为某一动词充当主语。通过这一方式，我们可以预见在下列两例中，哪些名词（boy、horse、hamburger）可恰当地填入句子，哪些名词填进去就会怪异。boy 和 horse 皆适于第一例，仅 boy 适于第二例，而 hamburger 在两例中皆怪异。

The ＿＿＿＿＿ ate all the food.（＿＿＿＿＿ 吃掉了所有的食物。）
　　N［＋生命］
The ＿＿＿＿＿ is reading the newspaper.（＿＿＿＿＿ 正在看报纸。）
　　N［＋人类］

成分分析

语义特征已经用来分析了语言中的词是如何相互联系的（或者如何不相互联系的）。如表 9.1 里的一套相互联系的词所示，像［＋人类］或［＋

成年]之类的特征,在称作**成分分析**(componential analysis)的方法中被视为意义的基本单位或基本成分。我们若把[人类]换成[马类],则可以用同样的方式分析 colt(公马驹)、filly(母马驹)、stallion(公马)、mare(母马)这套词。

表 9.1 成分分析

	boy(男孩)	girl(女孩)	man(男人)	woman(女人)
人类	+	+	+	+
成年	−	−	+	+
雌性	−	+	−	+

词作为意义的容器

刚才勾勒出的这种方法,是分析词义基本成分的第一步,但并不是没有问题。对于语言中的许多词来说,得出整齐的意义成分恐怕没那么简单。例如,试想我们用来区分名词 advice(建议)、threat(威胁)、warning(警告)的成分或特征,可能就不会太成功。问题之一似乎是,此方法涉及一种把语言中的词视为某种装载语义成分的"容器"的观点。从实际使用角度来看,这一方法似乎过于拘束,很受局限。对于词义来说,可不只存在那点最基本的特征类型。

语义角色

我们可以不把词视为意义的容器,转而看看词在句子所描述的情景内部实现了何种"角色"。如果这情景是个简单的事件,如 The boy kicked the ball(男孩踢了那球),那么动词描述的是行为(kick,踢)。句子中的名词短语,描述的是该行为所涉及的人和物等实体的角色。我们可为这些名词短语辨别出少量**语义角色**(semantic role),亦称"题元角色"(thematic role)或"格角色"(case role)。

施事者与主题

我们的例句中,一种角色由名词短语 The boy 承担,作为"实施该行为的实体",术语称作**施事者**(agent)。另一种角色由 the ball 承担,作为"被该行为波及或影响的实体",称为**主题**(theme),有时也称"受事者"(patient)。主题也可以只是个被描述的实体(即不实施行为),如 The ball was red(球是红色的)中的 The ball。

施事者和主题是最常见的语义角色。施事者虽然通常是人,如下面第(1)句中的 The boy,但也可以是引发行为的非人实体,如例(2)—(4)中,表示自然力量(The wind,风)、机器(A car,车)或动物(The dog,狗)的名词短语皆影响了作为主题的 the ball(球)。主题虽然通常是非人,但可以是人,如最后第(5)句里的 the boy。

(1) The boy kicked the ball.(男孩踢了那球。)
(2) The wind blew the ball away.(风把那球吹走了。)
(3) A car ran over the ball.(车压过了那球。)
(4) The dog caught the ball.(狗叼住了那球。)
(5) The dog chased the boy.(狗追那男孩。)

工具与经历者

如果施事者使用另一实体来实施行为,另外这个实体就承担了**工具**(instrument)之角色。在 The boy cut the rope with an old razor(男孩用一把旧剃刀割断了绳子)以及 He drew the picture with a crayon(他用蜡笔画了这幅画)这两个句子里,名词短语 an old razor(旧剃刀)和 a crayon(蜡笔)即是用作工具之语义角色。注意在英语中,介词 with(用)经常是线索,其后面的名词短语具有工具角色。与 with 相关的用法在作业题 G 中得到了探索,其他语言(拉科塔语 [Lakhota])中标注为工具的名词短语可见作业题 H,二者在 200—201 页。

名词短语用来指明具有某种感受、某种感知或某种状态的人时,承担的是**经历者**（experiencer）之语义角色。我们若是 feel（感觉）、know（知道）、hear（听见）或是 enjoy（享受）某个事物，则并没有真正实施某一行为（我们因而不是施事者），而是承担了经历者之角色。下面的第一个句子里，经历者（The woman，那女人）是唯一的语义角色。而在第二例中，问的是（you，你）是否具有听见主题（that noise，那声音）的经历。

> The woman feels sad.（那女人感到悲伤。）
> Did you hear that noise?（你听见那声音了吗？）

位置、来源和目标

还有其他几种语义角色，指明的是某一实体在事件之描述中位于何处。实体位于何处，如 on the table（在桌子上）、in the room（在房间里），承担的是**位置**（location）之角色。再如 We drove from Chicago to New Orleans（我们开车从芝加哥到新奥尔良）中，实体从哪里移动过来，是**来源**（source）之角色（from Chicago）；移动至何处，是**目标**（goal）之角色（to New Orleans）。我们谈论 transferring money from savings to checking（把钱从储蓄账户转到支票账户），savings（储蓄账户）是来源，checking（支票账户）是目标。（其他例子见 202 页作业题 I）。

上述所有语义角色，在下面这个场景中得到了阐释。注意，一个实体（如 George［乔治］）可以呈多种不同语义角色而现身。

Mary	saw	a fly	on the wall.
玛丽	看见	一只苍蝇	在墙上
EXPERIENCER		THEME	LOCATION
经历者		主题	位置

（玛丽看见了墙上的一只苍蝇。）

She	borrowed	a magazine	from George.
她	借	一本杂志	从乔治

AGENT		THEME	SOURCE
施事者		主题	来源

（她从乔治那里借来了一本杂志。）

She	squashed	the bug	with the magazine.
她	砸碎	那只虫子	用杂志
AGENT		THEME	INSTRUMENT
施事者		主题	工具

（她用杂志砸死了那只虫子。）

She	handed	the magazine	back to George.
她	递	那本杂志	回至乔治
AGENT		THEME	GOAL
施事者		主题	目标

（她把那本杂志递回乔治那里。）

"Gee thanks,"	said	George.	
"呀，谢谢"	说	乔治	
		AGENT	
		施事者	

（乔治说："呀，谢谢。"）

词汇关系

词不仅可以视为意义的容器，视为在事件中承担角色，还可以具有相互之间的"关系"。日常谈话中，我们从词的关系角度解释词义。例如，我们若被问及 conceal（隐藏）的词义，或许会简单地说："跟 hide（躲藏）意思相同"，我们还会把 shallow（浅）的意义解释成"跟 deep（深）相反"，把 pine（松树）的意义解释成"tree（树）的一种"。这样一来，我们就不是从词的成分特征角度对每个词的意义加以刻画，而是从它跟其他词的关系的角度来刻画。语言的语义描写中使用这一方法，并视其为**词汇关系**（lexical relation）之分析。我们刚刚用来举例的词汇关系分别是同义关系（synonymy）（如 conceal/hide）、反义关系（antonymy）（如 shallow/

deep）和上下义关系（hyponymy）（如 pine/tree）。

同义关系

两个或两个以上意义关系十分近密的词，称为**同义词**（synonym）。同义词在句子中经常可以相互替代，但并非永远如此。在适当的环境中，我们说 What was his answer?（他的回答是什么？）还是 What was his reply?（他的回应是什么？），意义基本相同。其他常见的同义词之例，如下列词对：

almost/nearly	big/large	broad/wide	buy/purchase
（几乎）	（大）	（宽）	（买）
cab/taxi	car/automobile	couch/sofa	doctor/physician
（计程车）	（汽车）	（沙发）	（医生）
freedom/liberty	handbag/purse	hard/difficult	sweat/perspire
（自由）	（钱包）	（困难）	（汗水）

我们应当牢记，讨论同义关系时所使用的意义"相同"之看法，并不一定是"全然相同"，最好是把这样的词对视为"近义词"（close synonym）。有许多情况中，某个句子里一个词是恰当的，其同义词却显得怪异。例如，Sandy had only one answer correct on the test（桑迪考试只答对了一道题）这个句子里，answer（答案）一词恰当，reply 一词听着就会怪异。尽管 broad 和 wide 用来描述一条街都差不多，但是我们却只能说 in broad agreement（大致同意）（不能用 wide），也只能说 in the whole wide world（全世界）（不能用 broad）。成对的同义词的使用，还存在地区差异，美国英语中的 candy（糖果）、chips（薯片）、diaper（尿布）、gasoline（汽油），是英国英语 sweets（糖果）、crisps（薯片）、nappy（尿布）、petrol（汽油）的对等词。

同义的形式还可因正式用法（formal use）和非正式用法（informal use）而相互区别。给 My father purchased a large automobile（我父亲购置

了一台较大的汽车）这个句子替换 4 个同义词，变成 My dad bought a big car（我爸买了辆大车），意义其实相同，但第二个版本听着比第一个版本随意多了，或者说非正式多了。

反义关系

具有相对立意义的两个形式称为**反义词**（antonym）。一些常见例子如下列词对：

alive/dead	big/small	buy/sell	enter/exit	fast/slow
（活 / 死）	（大 / 小）	（买 / 卖）	（入 / 出）	（快 / 慢）
happy/sad	hot/cold	long/short	male/female	married/single
（高兴 / 悲伤）	（热 / 冷）	（长 / 短）	（雄性 / 雌性）	（已婚 / 单身）
old/new	raise/lower	rich/poor	smart/stupid	true/false
（旧 / 新）	（抬高 / 放低）	（富 / 穷）	（聪明 / 愚蠢）	（真 / 假）

反义词通常分为三种主要类型："级差型"（沿尺度而成的对立）、"非级差型"（直接对立）、"逆向型"（一方为另一方的逆向行为）。我们可把**级差反义词**（gradable antonym）用于涉及形容词比较级的结构，如下面这些划线之例：I'm <u>smaller</u> than you and <u>slower</u>, <u>sadder</u>, <u>colder</u>, <u>shorter</u> and <u>older</u>, but luckily quite a bit <u>richer</u>（我身材比你瘦小，比你迟钝、忧伤、冷冰冰，比你矮，比你老，但很幸运，比你有钱多了）。此外，否定级差词对中一项的，未必暗示另一项。例如，My car isn't old（我的车不旧）这句话并不一定表示 My car is new（我的车新）。

非级差反义词（non-gradable antonym）亦称"互补词对"（complementary pair），比较级结构里通常不用。我们通常不说谁比谁"更死"（deader 或 more dead）。同时，我们若使用"否定测试"，会发现对非级差反义词中一项的否定恰恰暗示了另一项。换言之，My grandparents aren't alive（我的祖父母不在了）意思正是 My grandparents are dead（我的祖父母已殁）。其他非级差反义词如下列词对：male/female（雄性 / 雌性）、married/

single（已婚／单身）、true/false（真／假）。

我们虽然可以用"否定测试"来辨认语言中的非级差反义词，但通常却会避免把反义词对里的一项描述为另一项之负值。例如，undress（脱衣）虽然是 dress（穿衣）之对立，但意思并不是 not dress（不穿衣服），而是 do the reverse of dress（做与穿衣逆向的事情）。这一类型的反义词称为**逆向词**（reversive）。其他例子如 enter/exit（入／出）、pack/unpack（打包／拆包）、lengthen/shorten（延长／缩短）、raise/lower（抬高／放低）、tie/untie（捆绑／解开）。（另见 198 页，作业题 C 和 D）。

上下义关系

一个形式的意义包含在另一个形式的意义之中，这一关系称作**上下义关系**（hyponymy）。例如这些词对：animal/horse（动物／马）、insect/ant（昆虫／蚂蚁）、flower/rose（花／玫瑰）。这种关系中涉及的"包含"之概念，即某物若是"玫瑰"，就一定是"花"；"花"的意义因而包含于"玫瑰"的意义之中。换言之，"玫瑰"是"花"的下义词（hyponym）。

我们研究以上下义关系为基础的联系，主要是把词义放在某种层级关系之中来看。试着快速思考这几个词的基本词义：banyan（榕树）、parakeet（长尾小鹦鹉）、terrier（狸犬）、turnip（芜菁）。可以查查图 9.1，看看你给出的词义是否涵盖了上下义关系。

看着图 9.1 里的例子，我们可以说："horse 是 animal 的下义词"、"ant 是 insect 的下义词"、"turnip 是 vegetable 的下义词"。这三例中，animal、insect、vegetable 称作**上义词**（superordinate）词项。我们还可以说，两个或两个以上拥有共同上义词词项的词，称为**同级下义词**（co-hyponym）。因此，dog 和 horse 是同级下义词，其上义词词项是 animal；ant 和 cockroach 是同级下义词，由 insect 充当其上义词；schnauzer 和 yorkie 是同级下义词，terrier 是二者的上义词之一，而 dog 则是其在更泛的层面上的另一个上义词。

```
                         living thing
                            生物
              ┌──────────────┴──────────────┐
           creature                       plant
            动物                           植物
      ┌───────┼───────┐           ┌────────┼────────┐
   animal   bird   insect     vegetable  flower    tree
    畜      鸟     昆虫          蔬菜      花       树
    │       │       │            │        │        │
  ┌─┴─┐   ┌─┴─┐   ┌─┴─┐          │        │     ┌──┴──┐
 dog horse duck parrot ant cockroach   turnip   rose  banyan pine
  狗  马   鸭  鹦鹉   蚂蚁  蟑螂         芜菁    玫瑰   榕树   松树
  │        │                                           │
terrier parakeet                                       fir
 㹴犬   长尾小鹦鹉                                     冷杉
  │
┌─┴─┐
schnauzer yorkie
雪纳瑞   约克夏
```

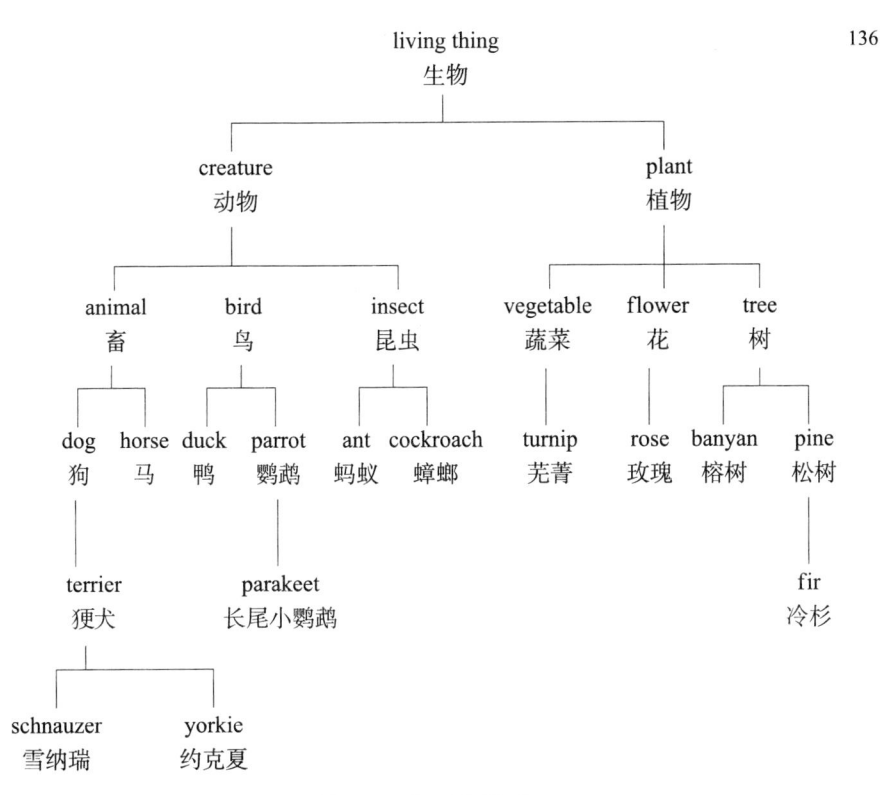

图 9.1　上下义关系

上下义关系捕捉的是"……是一种……"之概念,如我们给出词义时会说"雪纳瑞是一种狗"。有时,我们对某个词的词义唯一了解的一点,就是该词是另一个词项的下义词。换言之,yorkie(亦称 Yorkshire terrier)一词的意义,我们除了它是一种狗之外什么也不知道,banyan 是一种树也是如此。

当然,并不仅仅表示"东西"的词才可是下义词。像 punch(拳打)、shoot(枪击)、stab(刀刺)之类描述"行为"的动词也都可视为上义词词项 injure(伤害)的同级下义词;而动词 bake(烘焙)、boil(煮)、fry(煎)、grill(炙烤)等动词则是上义词 cook(烹饪)的同级下义词。对于很多人来说，microwave（微波炉加热）也已变成了另一个。

137 **类典型**

虽然 canary（金丝雀）、cormorant（鸬鹚）、dove（鸽子）、duck（鸭）、flamingo（火烈鸟）、parrot（鹦鹉）、pelican（鹈鹕）、robin（知更鸟）皆为上义词 bird（鸟）的同级下义词，但是，若要充当"鸟"这个类别的典型例子，就不能认为这些鸟同样胜任。据有些研究者认为，"鸟"这个类别的最典型例子是"知更鸟"（robin）[③]。对某一类别的"典型例子"的观念，被称为**类典型**（prototype）。类典型概念可帮助我们解释类似"鸟"这样的一些词，可以不从成分特征角度解释（如"有羽毛""有翅膀"），而是从与最清晰例子的相似性的角度去解释。所以，我们可能会犹豫 ostrich（鸵鸟）或 penguin（企鹅）是不是鸟（从科学角度来看是），但确认 sparrow（麻雀）或 pigeon（鸽子）是鸟却毫不费力。后二者与类典型更为接近。

给出 furniture（家具）这个范畴标签（category label），我们会迅速地把 chair（椅子）认定为优于 bench（长凳）或 stool（高凳）的例子。给出 clothing（衣物），人们会更快地想到 shirt（衬衫）而不是 shoes（鞋）；给出 vegetable（蔬菜），对 carrot（胡萝卜）的接受会先于 potato（土豆）或 turnip（芜菁）。显然，类典型中涉及的范畴化过程（categorization process）存在某种普遍模式，这模式决定了我们对词义的阐释。然而，在这一领域里，个体经验可导致阐释中的严重分歧。人们可能无法对 avocado（鳄梨）或 tomato（西红柿）这样的词的范畴化达成共识，会依不同语境，把二者既视为 fruit（水果）的同级下义词，又视为 vegetable（蔬菜）的同级下义词。

---

③ 这一点显然因地区而异。知更鸟在美国各地的确随处可见，但在我国的很多地区，似乎麻雀更符合人们对"鸟"的期待。——译者注

同音词和同形异义词

两个或两个以上（书面）形式拥有相同发音，称**同音词**（homophone）。常见的英语例子如：

bare/bear	flour/flower	meat/meet	pail/pale
（裸露的/熊）	（面粉/花）	（肉/见面）	（桶/苍白的）
pair/pear	right/write	sew/so	to/too/two
（一对/梨）	（正确的/写）	（缝纫/因此）	（到/也/二）

我们用**同形异义词**（homonym）这个术语表示一个形式（书面形式或口头形式）拥有两种或两种以上非同源（unrelated）④的意义，如下列例子：

bat（蝙蝠）— bat（球拍）
mole（痣）— mole（鼹鼠）
pen（笔）— pen（牲口圈）
race（赛跑）— race（种族）
sole（单人的）— sole（脚底）

人们会禁不住觉得两种 bat 在意义上必然有联系，其实没有。同形异义词是各有历史、各有意义的词，只是偶然获得了全然相同的外形而已。

一词多义

我们若遇到两个或两个以上的词有相同的形式且有同源的意义，就遇到了术语所称的**一词多义**（polysemy）。一词多义（源于希腊语 poly "多"加 semy "意义"）可定义为拥有多重意义的一个形式（书面形式或口头形式），且这多重意义皆为扩展而来的有联系的意义。例如，head 一词，可

---

④ 本节及下节中，"非同源"和"无联系"可互换，二者在英语原文中皆为 unrelated。英语动词 relate 有"有亲缘关系"之义。同理，"同源"和"有联系"皆由 related 译出，亦可互换。总之，是否同源，是"一词多义"和"同形异义"之间的最本质区别。——译者注

用来指躯干上方的头，可用来指一杯啤酒上部的泡沫，还可用来指公司、部门、学校或其他地方的上司。其他例子如 foot（人的脚、床尾、山脚）、mouth（面部的嘴、洞口、河口）、run（人跑、水流动、颜料）。

我们若不确定某个词的若干用法是同形异义（homonymy）之例还是一词多义之例，可以到词典中核实。如果是一个词有多重意义（即一词多义），就只有一个词条，并标号列出不同意义。如果是两个词同形异义，则会分作两个词条。大多数词典里，bat、mail、mole、sole 被视为同形异义词，而 face、foot、get、head、run 被视为一词多义之例。

当然，也有可能两个形式因同形异义而区分，而其中一个形式又因一词多义而具有数个用法。表示"一种可以吃的东西"的 date（枣）和表示"一种时间点"的 date（日期）是同形异义词。不过，表示时间点的 date 又符合一词多义，可表示几月几日（"日期"），可表示约好的见面时段（"安排"），可表示与我们的心上人的会面（"约会"），甚至可以表示人（"约会对象"）。所以，"How was your date?"这句话可有多种不同解读。

文字游戏

最后这三种词汇关系，是大量文字游戏的基础，通常图的就是幽默效果。儿歌 Mary had a little lamb（玛丽有只小羊羔）里面，我们想到的是小动物，但是在搞笑版的 Mary had a little lamb, some rice and vegetables（玛丽吃了点羊肉，还吃了些米饭和蔬菜）里面，我们想到的是少量的肉。lamb 的一词多义，使这两种解读成为可能。而谜语 What has four legs, but only one foot?（什么东西有四条腿，却只有一个 foot？）中，认识到 leg 和 foot 的一词多义，才能猜出谜底（是 bed，床）[5]。

通过辨认出一词多义，我们还可领会另一则谜语 Why are trees often

---

[5] 英汉比较可发现，汉语同样把 leg of bed 称为"床腿"，但却把 foot of bed 称为"床尾"（即与床头相反的一侧）而非"床脚"。——译者注

mistaken for dogs?(树为什么经常被误当作狗？），猜出 Because of their bark（因为树皮 / 狗吠）。莎士比亚在《理查三世》(*Richard III*) 这部剧的开头几行利用同音词（sun［太阳］/son［儿子］）构成了文字游戏：

> Now is the winter of our discontent
> Made glorious summer by this sun of York.
> （我们愤懑不满的严冬
> 今已被这约克的太阳变成炙热的夏天）⑥

如果有人问你这个问题：Why is 6 afraid of 7?（六为什么会害怕七？），通过辨认出同音词，你就明白了答案 Because 789（因为789）为何好笑。⑦

换喻关系

一词多义中意义的相关性，主要是基于相似性。公司的 head（上司）与人的 head（头）相似，因为二者皆位于顶端，控制着躯体。词之间还有一种关系类型，也是简单地以日常经验中的近密关联为基础。这种近密关联可基于"容器-内装物之关系"（如 bottle/water［瓶 / 水］、can/juice［罐 / 果汁］），"整体-部分之关系"（如 car/wheels［车 / 车轮］、house/roof［房子 / 屋顶］），"代表者-象征之关系"（如 king/crown［国王 / 王冠］、the President/the White House［总统 / 白宫］）。用这类词的一个来指称另一个，就是**换喻关系**（metonymy）之例。

正是对换喻关系的熟知，使我们能够听懂 He drank the whole bottle（他喝了一整瓶），尽管字面意思听着非常荒唐（他喝的是液体，不是玻璃制品）。我们也能够接受 The White House has announced ...（白宫已宣

---

⑥ 这几句台词中，sun of York 明指"约克地区的太阳"，暗指 son of York（约克王室的儿子），即病榻上的英王爱德华四世。意即爱德华的羸弱让野心爆棚的理查看到了篡权的希望。——译者注

⑦ 789，英语为 seven eight nine，谐音 seven ate nine（七吃掉了九）。——译者注

布……）或是 Downing Street protested ...（唐宁街抗议……），不会困惑建筑物怎么说起话来了。我们谈论 filling up the car（给车加满油）、answering the door（给人开门）、boiling a kettle（烧一壶水）、giving someone a hand（给某人搭把手）、needing some wheels（需要点钱）时，用的就是换喻关系。（更多例子，见 199 页作业题 F。）

搭　　配

我们对词以及词该如何使用的了解，最后这方面与前面讨论过的任何因素都无关。作为某一语言的成熟说话者，我们都知道哪些词往往跟哪些其他词一同出现。你如果问 1000 个人，说 hammer（锤子）时会想到什么，一半以上的人会说 nail（钉子）。你如果说 table（桌子），他们大多会说 chair（椅子）；needle（针）让人想起 thread（线）；salt（盐）让人想起 pepper（胡椒）。我们似乎能把关于词的知识组织起来，途径之一就是以**搭配**（collocation）为基础，也就是以哪些词经常一同出现为基础。

近年来，对哪些词经常一同出现的研究，以及对其共现频率的研究，在**语料库语言学**（corpus linguistics）中受到了更加显著的关注。语料库是大量收集来的语篇，可以是口语语篇，也可以是书面语篇，通常作为数据库储存于电脑上。做语料库研究的人因而能够使用这样的数据库来发现具体的词或短语出现得有多频繁，以及什么样的搭配才是最常见的。有些最常见的搭配，实际上就是由若干个一同使用的词构成的日常短语，如 I don't know what to do（我不知该怎么办）（6 个词），you know what I mean（我什么意思你知道）（5 个词），they don't want to（他们不想）（4 个词）。更多例子，见 16 章里的 362 页作业题 G。

我们还可以到语料库里查些具体的词，提取出一组有语境的例子，并将其用语汇索引行（concordance line）排列起来，如图 9.2 所示。

语汇索引

语汇索引（concordance）是一份列表，列出了某个词（或短语）在语料库中每一次的出现，该词（或短语）连同其周围的词一起列出。所研究的词称作"语境中的关键词"（key word in context），简称 KWIC。图 9.2 的例子引自 Taylor（2016：112），关键词是 sarcastic（嘲讽的）。通过这些例子可明显看出，sarcastic 表达的是对行为的评判，周围常有负面词项出现（如 abusive [辱骂虐待的]、condescending [持居高临下心态的]、hateful [仇恨的]）。而最常见的搭配是 rude（粗鲁的）一词，表明 sarcastic 经常被评判为一种不礼貌，除了词典中的指称意义之外另具有人际意义（interpersonal meaning）。

1   *I can't without being a bit **sarcastic** or rude. I'll simply photocopy and submit*
2   *to me – I mean if they were being **sarcastic** or rude, I think I would have noticed*
3   *don't wish to come across as rude, **sarcastic** or condescending. It does make*
4   *someone who is hotheaded rude **sarcastic** tactless won't give an inch etc. All your words*
5   *become more and more **sarcastic**, rude, whatever, until I respond. He's with some*
6   *words like rude, abusive and **sarcastic** keep cropping up when people deal with them*
7   *what comes out of her mouth is rude, **sarcastic** and downright mean it's hard to cope*
8   *demonstrative and hateful, rude, **sarcastic** and aggressive, I have very little support*
9   *customer service was very rude and **sarcastic**. Finally we had enough and said we*
10   *giving them an acerbic or **sarcastic** response is rude unless they were snarling in*

图 9.2　语汇索引行[8]

---

[8]　注意每行显示的仅是以检索词为中心的语料片段，未必有足够空间显示出完整

这类研究提供了更多证据，来证明我们对词和短语的意义的理解跟它们通常用于何种语境是密不可分的。第10章中，我们将审视语境对于意义之阐释所发挥的作用中的其他方面。

习　　题

1. 一个名词若要用在这个句子中，必须具备哪个语义特征？
   The ＿＿＿＿＿＿ were discussing what to do.
   （＿＿＿＿＿＿ 正在讨论怎么办。）
2. 运用语义特征，你会怎样解释下列句子中的怪异之处？
   (a) The television drank my water.（电视机喝了我的水。）
   (b) His dog writes poetry.（他的狗写诗。）
3. 对名词短语的语义分析中，哪个说法比"题元角色"更常用？哪个术语可用来替代"主题"？
4. 哪类反义词可通过"负值测试"来辨别？

（接上页）句子。图中各行翻译如下：
1. 我不能毫无半点嘲讽或粗鲁。我只想复印并提交
2. 对我来说——我的意思是如果他们当时一直嘲讽或是粗鲁，我觉得我当时会注意到的
3. 别希望给人粗鲁、嘲讽或是居高临下的印象。那实在会
4. 一个脾气暴、爱辱骂伤害人、语带嘲讽、缺乏策略的人，定会寸步不让。你所有的话
5. 变得越来越嘲讽、粗鲁，无论如何，直到我回应为止。他和一些
6. 人们应对时，像粗鲁、辱骂、嘲讽之类的词不断冒出
7. 从她嘴里出来的话粗鲁、嘲讽，实在刻薄，很难应付
8. 情感外露、仇恨、粗鲁、嘲讽，具有攻击性，我实在无法支持
9. 客服非常粗鲁，语带嘲讽。最终我们受够了，就说我们
10. 给他们尖酸或嘲讽的回复是粗鲁的，除非他们先咆哮

——译者注

5. "类典型"这个术语在语义学中是如何使用的?
6. 指出下面这个句子里的七个名词短语的角色:

With her new golf club, Anne Marshall whacked the ball from the woods to the grassy area near the hole and she suddenly felt invincible.
(安妮·马歇尔挥起她的新高尔夫球杆,猛地把球从树林里打到了球洞旁的草地上,她突然感到战无不胜。)

7. 下列哪些词是同级下义词?
ant(蚂蚁),cabbage(甘蓝),insect(昆虫),plant(植物),turnip(芜菁),vegetable(蔬菜)

8. 下列每组词对里,词之间的基本词汇关系是什么?

(a) assemble/disassemble   (d) dog/schnauzer   (g) move/run
(b) damp/moist   (e) furniture/table   (h) peace/piece
(c) deep/shallow   (f) married/single   (i) pen/pen

9. 下列反义词,哪些是级差的? 哪些是非级差的? 哪些是逆向的?

(a) absent/present   (c) fail/pass   (e) fill it/empty it
   (缺席/出席)   (不及格/及格)   (填满/清空)
(b) appear/disappear   (d) fair/unfair   (f) high/low
   (出现/消失)   (公平/不公平)   (高/低)

10. 英语词 swallow(燕子)和 swallow(吞)之间的词汇关系是什么?
11. 下面这组词的语义层级关系是什么?
bronchitis(支气管炎),disease(疾病),influenza(流感),pneumonia(肺炎),tuberculosis(肺结核)
12. 下列句子中的划线词最好视为一词多义之例还是换喻关系之例?
(a) The pen is mightier than the sword.(笔比刀更有力。)
(b) I had to park on the shoulder of the road.(我不得不在路肩上泊车。)

（c）Yes, I love those. I ate a whole box on Sunday!（对，我爱吃那个。星期天我吃了一整盒！）

（d）The bookstore has some new titles in linguistics.（书店来了些语言学新书。）

（e）Computer chips created an important new technology.（电脑芯片造就了重要的新技术。）

（f）I'm going to sue your ass!（我要告死你这个王八蛋！）

（g）I think that kind of music was called new wave.（我觉得那种音乐曾叫作新浪潮。）

作业题

A. 词义关系研究跟一位名叫彼得·马克·罗杰（Peter Mark Roget）的英国医生之间有何关联？

B. 本章中，我们讨论了换喻，但却没有讨论隐喻（metaphor）。这两种使用词的方式之间有何区别？

C. 下列形容词词对是反义词，每个词对中，一个是"有标记"项（"marked" member），一个是"无标记"项（"unmarked" member）。你能否列出无标记项并解释你的选择？

big/small	happy/unhappy	possible/impossible
（大/小）	（高兴/不高兴）	（可能/不可能）
empty/full	heavy/light	short/tall
（空/满）	（重/轻）	（矮/高）
fast/slow	old/young	strong/weak
（快/慢）	（老/年轻）	（强/弱）

D. 下列词对哪个（些）是相对关系词（converse，亦称相互关系反义词 [reciprocal antonymy]）？

above/below （上面/下面）	doctor/patient （医生/病人）	follow/precede （位于后面/位于前面）
asleep/awake （睡/醒）	dry/wet （干/湿）	husband/wife （丈夫/妻子）
brother/sister （兄弟/姐妹）	enter/exit （入/出）	older/younger （较年长/较年轻）
buy/sell （买/卖）	expensive/inexpensive （贵/便宜）	true/false （真/假）

E. 词义之间另一种不算太常见的关系，被称为"转移修饰语"（transferred epithet，亦称 hypallage）。分析下列短语的意义时，我们为何需要讨论这种特别的语义关系类型？你能否指出下列各例中的提喻究竟指什么？

a quiet cup of coffee（一杯安静的咖啡）

a nude photo（裸照）

a sleepless night（不眠夜）

one of my clever days（我的聪明日子之一）

F. 换喻和提喻（synecdoche，读 /sɪˈnɛkdəki/）是按非字面意义来用词的两种方式。通过下列例子，你能否辨别出提喻的准确用法？

（1）I read in a magazine that you shouldn't wear pink if you're a <u>redhead</u>.
（我在一本杂志上看过，你要是红头发，就别穿粉的。）

（2）Some people expect the government to look after them from the <u>cradle</u> to the <u>grave</u>.
（有些人希望政府把他们从摇篮照顾到坟墓。）

（3）There has been a significant increase in reports of <u>white-collar</u> crime.
（白领犯罪的报道有显著增长。）

（4）I was surprised when five new <u>faces</u> turned up in my first class.
（我很惊讶，我的第一堂课上出现了五张新面孔。）

（5）If I don't want to spend too much, I take a small amount of cash in my pocket and leave the plastic at home.

（我要是不想花太多，就在兜里带点小钱，而把塑料的⁹留在家里。）

（6）The Pentagon has announced plans to upgrade their cybersecurity.

（五角大楼已宣布了提升网络安全的计划。）

（7）They have something on the menu called "Surf and Turf," which consists of both fish and steak on the same plate.

（他们吃了菜单上的那道叫"冲浪与草地"的菜，那道菜是在同一盘里既有鱼又有牛排。）

（8）We'll never have progress as long as the greybeards remain in control.

（只要那些白胡子还说了算，我们就永远别想进步。）

G. 英语介词和语义角色之间常存在联系。

（i）你能否利用基于语义角色的分析，来解释下列例子里介词 by 和 with 的用法？

（ii）例句（5）—（8）为何视为不合乎语法？

（1）The walls of her room were decorated with large posters.

（2）One of the roads was blocked by a fallen tree.

（3）The store was robbed by a masked man with a gun.

（4）A small band of rebels was defeated by a larger force with superior weapons.

（5）*I was surprised with the sudden bang outside my window.

（6）*Most of his sketches were drawn by charcoal.

（7）*Some people are embarrassed with photos from their teenage years.

（8）*The Christmas tree was covered by ornaments and lights.

---

⑨ 英镑流通纸钞（5镑、10镑、20镑、50镑）现为聚合材质（polymer），因而俗称"塑料的"。——译者注

H. 英语中，**工具**这一语义角色常用介词短语来表达（如 She opened the can <u>with a knife</u>［她用刀打开了罐头］, He stopped the ball <u>with his hand</u>［他用手挡住了球］）。其他语言中，工具可通过词缀来表达，如下列拉科塔语的例子，该语言是分布于北达科他和南达科他的一种美洲原住民语言。

nabláza	"踢开"
nablécha	"踩扁"
pabláska	"按压扁"
pachéka	"推开"
pahóho	"推松动"
wabláza	"切开"
waghápa	"割掉外皮"
yaghápa	"咬掉"
yagnáya	"说谎"
yuáka	"拽上来，像把鱼钓起来那样"
yughápa	"脱衣、拽掉"
yughá	"剥掉谷壳"

（i）你能否从这些例子中辨认出表示工具的 5 种词缀，并描写出与每种词缀相关的工具类型？

（ii）辨认出这些工具词缀之后，你可否把最恰当的词缀加在下列每个动词上？

náchi	"举起"
óna	"推某物撞上另一物"
xúgnaga	"说人坏话"
kchá	"拽松动"
bláza	"用牙齿撕开"
ghápa	"把外皮踹掉"

blécha　　　　　　"用刀剁开"

bláya　　　　　　"揉散开，像面团那样"

I. 我们可以 pour water into a glass（把水倒进杯），也可以 fill a glass with water（给杯加满水），但却不能说 *fill water into a glass 或 *pour a glass with water。为什么不能？

（ⅰ）通过聚焦动词的词义及其主题（即"受影响宾语"［affected object］），尝试找出下列部分句子不合乎语法的语义原因。

（1）a. We loaded furniture into the van.（我们把家具装进了货车。）

b. We loaded the van with furniture.（我们给货车装满了家具。）

（2）a. They sprayed paint onto the wall.（他们把漆喷到了墙上。）

b. They sprayed the wall with paint.（他们给墙喷了漆。）

（3）a. I poured coffee into the cup.（我把咖啡倒进了杯里。）

b. *I poured the cup with coffee.（* 我用咖啡来倒杯）

（4）a. *She filled tissues into her pocket.（* 她揣满纸巾进衣兜。）

b. She filled her pocket with tissues.（她在衣兜里揣满了纸巾。）

（ⅱ）下列哪些动词可同时用于例（1）—（4）里的 a 类结构和 b 类结构？

attach（接上）、cram（塞满）、glue（黏合）、ladle（舀）、pack（打包）、paste（粘贴）、splash（泼）、spread（分散）

J. 本章中，我们看了一些文字游戏之例。下面的第一份列表，列出了另外一些用来描述词语特殊用法的术语；第二份列表，是一些例句。你能否为每个例句跟恰当的描述性术语配对？必要时可查词典。

1. anagram（易位构词）

2. epigram（警句）

3. hyperbole（夸张）

4. irony（反语）

5. oxymoron（矛盾形容）

6. palindrome（回环）

7. pun（双关）

8. simile（明喻）

（a）Elvis lives!（■埃尔维斯万岁！）⑩

（b）Was it a car or a cat I saw?（■我看到的是车还是猫？）

（c）His hair was white as snow.（他的头发像雪一样白。）

（d）Little strokes fell great oaks.（小砍不断，橡树照倒。）

（e）I feel a thousand times better today.（我今天感觉好了一千倍了。）

（f）Trying to write with a broken pencil is pointless.（■竭力用断了的铅笔写字毫无意义。）

（g）(Tripping on a loose shoelace) Well, that was clever!（［被鞋带绊倒］好，真聪明！）

（h）No one goes to that restaurant anymore. It's always too crowded.（谁也不会再去那家餐厅了，总那么挤。）

K. Barnbrook, Mason & Krishnamurthy（2013）调查了英国英语的大量语料库资源，报告了一些词与 sun、moon 两词搭配出现的频率。如果搭配的相对频率是我们的语言知识的一部分，那么我们应当有能力做出直觉猜想，来判断下列词应填入表 9.2 里的哪个恰当位置：

bright（明亮的）、full（满）、light（淡淡的）、moon（月亮）、morning（早晨）、planets（行星）、stars（星星）、sun（太阳）

---

⑩ 译文前标有■的句子，无法再现原文的修辞效果，完成此题需仔细钻研英语原句。——译者注

表 9.2　与 sun 和 moon 的搭配

与 sun 搭配	频率	与 moon 搭配	频率
	228		228
	110		183
	103		75
	82		36

L. 一部分英语词之间，存在一种被称为**起始**（inchoative）的意义关系。这一关系中，词 X 的意义被纳入表示"变成 X"的另一个词。例如，die（死）一词，意为 become dead（变成死的）; grow（长大）一词，意为 become big（变成大的）。

有些语言中，这种意义关系以起始词缀（inchoative affix）为标记。你如果能辨认出下列例子里的起始词缀，就应该能够填上后面（1）—（6）里的空。这些例子选自 Jones（2011）描写的旺卡竣加语（Wangkajunga），西澳大利亚北部大沙漠里的一种原住民语言。

　　miiturriwa（死）　　　　　　walarriwa（匆忙）
　　jarlurriwa（长大）　　　　　putarriwa（衰败）
　　yikarirriwa（微笑）　　　　　palyarriwa（改善）

（1）＿＿＿＿＿＿＿＿＿（快）　　（4）＿＿＿＿＿＿＿＿＿（坏）
（2）＿＿＿＿＿＿＿＿＿（好）　　（5）＿＿＿＿＿＿＿＿＿（大）
（3）＿＿＿＿＿＿＿＿＿（高兴）　（6）＿＿＿＿＿＿＿＿＿（死）

探讨与研究

I. 分析句子的语义结构，方法之一是从动词开始入手，将其视为中心成分，并定义该动词所要求的各种语义角色。（有时称之为"题元分配"[theta assignment]）。例如，像 kill（弄死）这样的动词，既要求施事者又要求主题，如 The cat[施事者]killed the mouse[主题]（猫弄死了老鼠）。而像 give（给）这样的动词，同时要求施事者、主题以及目标，如 The girl[施事者]gave the flowers[主题]to her mother[目标]（女孩把花给了她母亲）。我们可以这样呈现对此的观察：

KILL[施事者 _____ 主题]
GIVE[施事者 _____ 主题，目标]

运用所阐述的这一模式，你想如何给下列动词各定义一套语义角色？这些角色是必需的还是可选的？

break（打碎）	build（建造）	die（死）	eat（吃）
fear（害怕）	kiss（亲吻）	like（喜欢）	occupy（占据）
offer（提供）	open（打开）	put（放）	receive（接收）
send（送）	sneeze（打喷嚏）	steal（偷）	taste（尝）
teach（教）	understand（明白）	want（想要）	write（写）

（背景资料，见 Brinton & Brinton，2010，第 10 章）

II. 下列各词皆与 tableware（餐桌器皿）这个上义词形式相关。你能否确定出"餐桌器皿"的类典型是哪一件？阐释上下义关系的层级图是否有用？若用由 5（=绝好的餐桌器皿之例）至 1（=并不该算是餐桌器皿之例）的尺度去排列这些词里的一部分（或全部）并让人们做出尺度选择，是否会有帮助？你是否认为得了最高分的那个词就意味着类典型？

bowl（碗）	flatware（扁平餐具）	ladle（舀子）	soup spoon（汤勺）

crockery	fork	mug	spoon
（瓷餐具）	（叉子）	（咖啡杯）	（匙）
cup	glass	plate	teaspoon
（茶杯）	（玻璃杯）	（小盘）	（茶匙）
cutlery	glassware	platter	tumbler
（刀、叉、勺）	（玻璃器皿）	（大盘）	（大饮料杯）
dish	knife	saucer	wineglass
（碟子）	（刀）	（杯底碟）	（红酒杯）

（背景资料，见 Ungerer & Schmid，2006，第 1 章）

深入阅读

基本论述：

Birner, B. (2018) *Language and Meaning*. Routledge.

Cowie, A. (2009) *Semantics*. Oxford University Press.

Hurford, J., B. Heasley and M. Smith (2007) *Semantics: A Coursebook*.（第 2 版）Cambridge University Press.

更详细论述：

Riemer, N. (2010) *Introducing Semantics*. Cambridge University Press.

Saeed, J. (2015) *Semantics*.（第 4 版）Wiley-Blackwell.

指称意义与关联意义：

Aitchison, J. (2012) *Words in the Mind*.（第 4 版）Blackwell.

Pinker, S. (2007) *The Stuff of Thought*.（第 1 章）Viking.

语义特征：

Goddard, C. (2009) "Componential analysis." In G. Senft, J-O. Östman and J.

Verscheuren (eds.) *Culture and Language Use*. (58—67) John Benjamins.

语义角色：

Kroeger, P. (2005) *Analyzing Grammar: An Introduction.*（第 4 版）Cambridge University Press.

词汇关系：

Murphy, M. (2003) *Semantic Relations and the Lexicon*. Cambridge University Press.

反义关系：

Jones, S. (2002) *Antonymy*. Routledge.

类典型：

Taylor, J. (2004) *Linguistic Categorization.*（第 3 版）Oxford University Press.

换喻关系：

Allan, K. (2009) *Metaphor and Metonymy*. Wiley-Blackwell.
Littlemore, J. (2015) *Metonymy*. Cambridge University Press.

搭配与语料库语言学：

Anderson, W. and J. Corbett (2009) *Exploring English with Online Corpora: An Introduction*. Palgrave Macmillan.
Jones, C. and D. Waller (2015) *Corpus Linguistics for Grammar*. Routledge.
McEnery, T. and A. Hardie (2011) *Corpus Linguistics*. Cambridge University Press.

其他参考资料：

Barnbrook, G., O. Mason and R. Krishnamurthy (2013) *Collocation:*

Applications and Implications. Palgrave Macmillan.

Bergen, B. (2012) *Louder Than Words*. Basic Books.

Brinton, L. and D. Brinton (2010) *The Linguistic Structure of Modern English*.（第 2 版）John Benjamins.

Jones, B. (2011) *A Grammar of Wangkajunga*. (Pacific Linguistics 636) Australian National University, Canberra.

Taylor, C. (2016) *Mock Impoliteness in English and Italian*. John Benjamins.

Ungerer, F. and H-J. Schmid (2006) *An Introduction to Cognitive Linguistics*.（第 2 版）Pearson.

10   语用学

    60年代末，从苏格兰观光回来的两位年长的美国游客说起过一件事。他们在旅程中到过一座苏格兰小镇，那里有座被毁的大教堂。他们驻足于遗址之中时看到一位小男孩，就问他这教堂是什么时候被破坏得这么严重的。孩子回答说，打仗的时候。在60年代那会儿，他俩的第一反应是，孩子指的一定是第二次世界大战，毕竟才打完20年而已。不过，他俩紧接着发现这遗址的风化状况看着可比二战久多了，于是就问这孩子他说的是哪场仗。孩子回答说，是跟英格兰人打的那场。他俩这才明白，那一仗早在1745年就正式打完了。

布朗（Brown, 1998）[①]

    第9章中，我们聚焦于指称意义以及词与词之间的关系。而语义另有一些方面，更多取决于语境及说话者的交际意图。吉尔·布朗的故事里，美国游客和苏格兰小男孩似乎都在把war（仗，战争）这个词按照大致相同的基本意义来使用。然而，小男孩却在用这个词指游客未曾料想过的事情，因而造成了起初的误解。

    交际显然不仅依靠辨认词在话语中的意义，而且还依靠辨认说话者

[①] 布朗（Gillian Brown, 1937年生），英国语言学家，本书作者尤尔的博士生导师。师徒二人合著的《话语分析》（*Discourse Analysis*, 1983）一书，同样在语言学经典著作之列。——译者注

在具体语境中通过其话语所要表达的东西。对说话者要表达何意的研究，或者说对"说话者意义"（speaker meaning）的研究，称为**语用学**（pragmatics）。

看不见的意义

许多方面，语用学研究的是"看不见"（invisible）的意义，换言之，研究的是我们如何在意义并未说出、并未写出的情况下把意义辨认出来。为了能够做到这一点，说者（或作者）必然能够在尝试交际时大量依靠共有的猜想和期待。对这类猜想与期待的探究，为我们如何理解话语语言内容之外的东西提供了见解。从语用学角度来看，交际内容永远多于所说内容。我们对图 10.1 里的标牌做解读的能力背后，隐藏的正是这条语用原则。你或许会以为这标牌的意思是，我们可以把我们的"heated attendant"（加热了的服务员）停在这地方。（他们把服务员叫过去，加

图 10.1　街头标牌

热一下，然后就泊在这。）或者这标牌也可能表示，这地方泊车是由加热过的服务员来做的（可能这样他们服务会更加热情。）标牌上的词允许这样的解读，但我们却倾向于认为，我们可以把车泊在这样一个有暖气的区域，有服务员照看着车。不过，标牌上根本没有car（车）这个词，我们是怎样知道这些的？

语　　境

情况必然是，我们在具体的情景（即"语境"[context]）中，利用对可能信息（likely message）的业已存在的猜想，来对词（即"语篇"[text]）加以解读。语篇的意义不仅仅在于词本身，而且在于我们认为作者想要在此语境中交流的内容。

类似的过程，亦作用于我们对图 10.2 里的报刊广告的解读。通过 Furniture Sale（家具大减价）这一表述来类推，我们或许会认为有人宣称要在这里售卖婴幼儿。但是，我们会抵制这样的解读，转而猜想大减价的是婴幼儿穿的衣服。clothes（衣服）一词虽然在这条消息里完全不存在，却是我们在此语境中代入解读的信息中的一部分。

图 10.2　报刊广告

这两个例子中，语境的影响是决定性的。此处基本上是**物理语境**（physical context），即我们遇到词或短语的处所。我们若在大楼墙面上看到 Bank 一词，会在此语境中将其解读为一家金融机构。但是读到的若是 an overgrown steep bank by the river（河流旁边长满植物的陡峭河岸），就会对 bank 一词有不同的解读。第二种解读中，帮助我们理解意义的是**语言语境**（linguistic context），即周边各词，亦称**上下文**（co-text）。物理语境和语言语境对我们理解所有语篇的方式皆具有重要作用。

指示语

我们的语言中有些非常常用的词，如果不了解语境，就完全无法解读。这些词如 here（这里）和 there（那里），this（这个）或 that（那个），now（现在）或 then（当时），yesterday（昨天）、today（今天）或 tomorrow（明天），以及 you（你）、me（我）、she（她）、him（他）、it（它）、them（他们）之类的代词。英语中有些句子，倘若不知道是谁在跟谁说话、何时何地说话，就完全无法理解。例如，You'll have to bring it back tomorrow because she isn't here today（你得明天把它带回来，因为她今天不在这里）这句话意思是什么？

脱离了语境，这个句子实在太模糊。句中含有大量表述（you、it、tomorrow、she、here、today），依赖对本地语境的了解才能解读。放在语境中，我们才能明白是送货司机（you，你）须在 2 月 15 日（tomorrow，明天）带着一个收件人是丽莎·兰德里（she，她）的贴有"花卉，轻拿轻放"标签的长条形盒子（it，它），回到学院巷 660 号（here，这里）。更多例子，见 225 页作业题 C 和 D。

像 tomorrow（明天）、here（这里）这样的表述，术语称之为**指示性表述**（deictic expression, deictic 读 /daɪktɪk/），源于希腊语 deixis 一词，原义为通过语言来"指出"。我们用**指示词**（deixis）来指人（us［我们］、them［他们］、those idiots［那些傻子］），处所（here［这里］、over there

[那边]），时间（now[现在]、last week[上星期]）。所有这类指示性表述，皆是从说话者头脑中的人、处所、时间的角度来解读。如表 10.1 所示，我们还可对距说者近的事物（this[这个]、here[这里]、now[现在]）和距说者远或不近的事物（that[那个]、there[那里]、then[当时]）做出明显的区分。

表 10.1 指示性表述

	距说者近	距说者不近
人称指示词（person deixis）	me（我），us（我们），ours（我们的），this girl（这女孩）	him（他），them（他们），that woman（那女人），those idiots（那些傻子）
空间指示词（spatial deixis）	here（这里），this bed（这张床），behind me（我身后）	there（那里），those hills（那些山），over yonder（远处那边）
时间指示词（temporal deixis）	now（现在），today（今天），this morning（今早）	then（当时），yesterday（昨天），last week（上星期），next year（明年）

这一区别还可用来表达情感。如果事物较近，但我们却不喜欢，就可以用个"不近"的词项来描述它，由此用指示词来将其推离我们。一大碗冷西红柿汤（你不喜欢）摆在你面前（所以很近），但你却发现自己说："I can't eat **that**"（我不吃那东西）。

我们还可以表示运动是从说者那里移走（go，去），还是向说者那边移去（come，来）。只需思考一下告诉别人 Go to bed（去睡觉）和 Come to bed（来睡觉）之间的区别。指示词甚至可能更加有趣。酒吧老板挂出大牌子写着 Free Beer Tomorrow（明日啤酒免费），吸引你做回头客，他可以永远声称你早来了一天，不然就能喝到免费酒了。

指 称

讨论指示词时我们曾假想，用词来指称人、处所、时间是个简单的问题。然而，词自身并不指称任何东西，是人在做指称。我们须把**指称**

（reference）定义为一种行为，通过这种行为，说者（或作者）用语言让听者（或读者）能辨认事物。为了实施指称行为，我们可以使用专有名词（Chomsky［乔姆斯基］、Jennifer［詹妮弗］、Whiskas［伟嘉］②），短语中的其他名词（a writer［一位作者］、my friend［我的朋友］、the cat［这只猫］），或是代词（he［他］、she［她］、it［它］）。我们有时以为这些词指代某人或某事物时具有唯一性，但更准确的说法却是，每个词、每个短语都有其"指称域"（range of reference）。无论 Jennifer、friend 还是 she，这些词都可用来指称世界上许许多多的实体。如我们前面观察到的，类似 the war（那场仗）这样的表述，自身并不直接指任何事情，因为其指称取决于谁在使用这个词。

我们还可在不确知应如何称呼事物的情况下对其进行指称。我们可使用 the blue thing（那个蓝色的东西）、that icky stuff（那堆黏糊糊的东西）之类的表述，甚至还能发明创造些名称。例如，曾有个人总是骑着摩托速度飞快、噪音很大地冲过我家附近，当地居民都管他叫 Mr. Kawasaki（川崎先生）。此例中，摩托车品牌名被用来指称人了。

推断

如"川崎先生"之例所示，成功的指称行为（act of reference）更多取决于听者/读者对说者/作者所表达的意思的认可，而不是听者对所使用的词的"词典意义"的掌握。例如，餐厅里，一位服务员可能会问另一位服务员："Where's the spinach salad sitting?"（菠菜沙拉坐在哪？），得到的回答则是："He's sitting by the door"（他坐在门旁边）。如果你在学语言学，或许会问别人："Can I look at your Chomsky?"（我可以看看你的乔姆斯基吗？），得到的回应则是"Sure, it's on the shelf over there"（当然可以，就在那边的架子上）。而你听人说 Jennifer is wearing Calvin Klein（詹

---

② Whiskas，猫粮品牌，亦常用作宠物猫的名字。——译者注

妮弗穿着卡尔文·克莱恩③）的时候，会避免想象着一个叫卡尔文的人搂在可怜的詹妮弗身上，而会将其认可为他们在谈论衣服。

这些例子表明，我们可以用指物的名词（如沙拉）来指人，也可用指人的名词（如乔姆斯基、卡尔文·克莱恩）来指物。这之中的关键过程被称为**推断**（inference）。推断是一种额外信息，听者使用这样的额外信息，在所说的话和必然表示的意思之间建立联系。如"乔姆斯基"之例中，听者须按这样的推断来操作："如果 X 是一本书的作者，则 X 可用来指该作者写的一本书。"要想理解说"Picasso is in the museum"（这家博物馆有毕加索）、"We saw Shakespeare in London"（我们在伦敦看莎士比亚了）、"Mozart was playing in the background"（背景奏着莫扎特）、"The bride wore Giorgio Armani"（新娘穿着乔治·阿玛尼④）这类话的人，类似的推断是必不可少的。

前照应

我们通常会在如何引入新指称（如 a puppy［一只狗仔］）和如何再次对其加以指称（the puppy［那只狗仔］、it［它］）之间做出区别。

We saw a funny home video about a boy washing <u>a puppy</u> in a small bath.
（我们看了一段有趣的家庭自拍视频，讲的是一位男孩用一个小澡盆给<u>一只狗仔</u>洗澡。）
<u>The puppy</u> started struggling and shaking and the boy got really wet.
（<u>那狗仔</u>开始挣扎、乱动，那男孩身上全湿了。）
When he let go, <u>it</u> jumped out of the bath and ran away.
（他一放开手，<u>它</u>就跳出那澡盆跑掉了。）

这类指称关系中，第二次（或后续各次）的指称表述，即是**前照应**

---

③ Calvin Klein，时装品牌，在我国有时简称为 CK。——译者注
④ Giorgio Armani，时装品牌。——译者注

（anaphora，意为"回指"）之例。第一次的提及，称为**先行项**（antecedent）。因此，我们的例子中，a boy（一个男孩）、a puppy（一只小狗）和 a small bath（一个小澡盆）是先行项，而 The puppy（那小狗）、the boy（那男孩）、he（他）、it（它）和 the bath（那澡盆）是前照应性表述（anaphoric expression）。

还有一种远不如前者常见的模式，称**后照应**（cataphora），即把先行项-前照应之关系逆转过来，先以代词（如 It）开头，之后再给出更具体的信息。这一方式在讲故事时更常见，例如这个开头：It suddenly appeared on the path a little ahead of me, staring in my direction and sniffing the air. An enormous grizzly bear was checking me out.（它突然出现在这条小路上，就在我前方不远处，朝我来的方向盯着，呼哧呼哧地嗅着。一只巨大的棕熊正在打量着我。）

不过，前照应才是较常见的模式，可定义为对已引入的实体的后续指称。多数时候，我们在语篇中用前照应来维系指称。先行项和前照应性表述之间的联系，通过代词（如 it）构建，通过由 the 加先行项名词构成的短语（如 the puppy）构建，或是通过与先行项存在某种关系的另一个名词来构建（如说成 The little dog ran out of the room［小狗跑出了那屋子］）。如下列例子所示，先行项和前照应性表述之间的联系经常要以推断为基础：

> We found a house to rent, but the kitchen was very small.
> （我们找到了一座可租的房子，但那厨房非常小。）
> I got on a bus and asked the driver if it went near the downtown area.
> （我上了一辆公共汽车，问那司机这车是否到靠近市中心的区域。）

第一个例子里，我们必须做出类似"如果 X 是座房子，则 X 有间厨房"的推断，从而解读出先行项 a house（一座房子）和前照应性表述 the kitchen（那厨房）之间的联系。第二个例子里，我们必须做出类似"如果 X 是辆公共汽车，则 X 有位司机"的推断，从而解读出 a bus（一辆公共汽车)和 the driver(那司机)之间的联系。有些情况下,先行项可以是动词,如 The victim was shot twice, but the gun was never recovered(受害者被击中两次,但那把枪始终未能找到)。此处的推断是,任何与"击中"相关的事件必然会涉及一把枪。这里我们用"推断"这个术语来描述听者(或读者)所做的事情。

而谈论说者(或作者)所做的猜想时,我们通常要谈论"预设"。

预　　设

我们使用 this(这个)、he(他)或是 Jennifer(詹妮弗)等指称性表述时,通常会猜想听者能够辨明我们想说的是哪个指称对象(referent)。更具普遍性的情况是,我们设计了自己的语言信息,其基础是对听者已知的东西所做的大尺度猜想。说者(或作者)认为正确或猜想听者(或读者)已经知晓的东西,可描述为**预设**(presupposition)。

如果有人告诉你:"Hey, your brother is looking for you"(嘿,你兄弟找你),就存在一条明显的预设:你有一位兄弟。如果有人问你:"When did you stop smoking?"(你什么时候戒烟的?),这之中至少存在两条预设:你曾经抽烟,你现在不抽了。有一种检验预设的方法:把句子和其否定版本做比较,辨别出哪些预设对二者来说皆真实。这称作"否定不变"(constancy under negation)。无论你说 My car is a wreck(我的车是个破烂儿)还是说否定的 My car is not a wreck(我的车不是个破烂儿),都存在一条保持真实的潜在预设(即 I have a car[我有一辆车])。更多例子,见 227 页作业题 G。

语用标记

说者还有其他方式来标明其话语应当作何解读。这些方式可包括像

you know（你知道）、well（好）、I mean（我意思是说）这类短形式，这些形式是可选项，很松散地加在话语中。这些是**语用标记**（pragmatic marker），可用来标注说者对听者的态度，或是对所说的话的态度。说者可用 you know 表示某一知识正在被视为共有的知识，可用 I mean 来做自我更正或是标记澄清某事之努力。

> They had been reading something by Charles Wright, **you know**, the famous poet and **well, I mean**, he's famous in America at least, but em they didn't really understand it.
> （他们一直在读查尔斯·赖特⑤的东西，**你知道**，那位著名诗人，**好，我意思是说**，他至少在美国出名，但是，嗯，他们并不真正明白这事。）

这位说者对该诗人做了论断之后，用了 well 来标记从表述信息转向对信息加以评论，再用 I mean 来导入一条澄清之辞。

近来，I don't know（我不知道）发生了功能变化，变成了一种语用标记。这个短语从表示知识之缺乏的途径（如 What's a lychee? ~ I don't know［什么是荔枝？~我不知道］），演化为表示犹豫或不确定的标记，用于说者想要说出可能不赞同另一说者的话时。

> LEE: I'm not very fond of Edinburgh it's so drab and it's always cold there.
> JEN: **Oh, I don't know**, I really enjoyed going to the Festival there last year.
> （李：我可不太喜欢爱丁堡，它太乏味，而且那里总那么冷。
> 珍：**哦，我不知道哎**，我去年过节时去那里了，还真挺开心的。）

说者通过对不赞同表现出犹豫，可发出不想挑战另一说者的信号。这似乎是交际中的一种表示礼貌的新方法。

---

⑤ 查尔斯·赖特（Charles Wright，1935 年生），当代美国诗人，先后获国家图书奖、普利策奖，是 2014—2015 年度美国桂冠诗人。——译者注

礼　貌

我们可以从一般性角度来思考礼貌，认为它与策略、谦逊、待人和蔼等想法相关。而在对语言礼貌（linguistic politeness）的研究中，最具相关性的概念是"面子"。语用学里，你的**面子**（face）就是你公开的自我形象。这是情感意义上、社会意义上的自我，人人皆有，且皆希望得到他人的认可。**礼貌**（politeness）可定义为显现出对他人的面子的意识和考量。

你如果说了威胁他人自我形象的话，这就被称为**面子威胁行为**（face-threatening act）。例如，你如果使用直接命令（direct command）来让人做事情（如 Give me that paper![把那张报纸给我！]），你就表现出了似乎有于那个人的社会权力。如果你其实并没有那样的社会权力（比如，你不是军官，也不是监狱管理员），你就是在实施一面子威胁行为。而间接请求（indirect request），以疑问句等形式出现（如 Could you pass me that paper?[你可否把那张报纸递给我？]），则祛除了社会权力之猜想。你只是在询问是否可能而已。这就让你的请求少了些对他人面子的威胁性。无论何时，只要你说的话降低了对他人面子可能构成的威胁，就可称为**面子保全行为**（face-saving act）。

消极面子和积极面子

我们既有消极面子，又有积极面子。（注意"消极"此处不表示"坏"，只是"积极"的反义词而已。）若要表现得独立而不受制于搅扰（imposition），需要的是**消极面子**（negative face）。若要有关联、有归属、成为某一群体的成员，需要的是**积极面子**（positive face）。因此，面子保全行为若强调一个人的消极面子，就会因搅扰而不安（如 I'm sorry to bother you ...［抱歉打扰您……］; I know you're busy, but ...［我知道你很忙，但是……］)。面子保全行为若强调一个人的积极面子，就会展示同心协力，让人注意到共同目标（The same thing happened to me ...［我也遇到过同样的事，……］; Let's do this together ...［咱们一起来做这件事，……］)。

何为标记礼貌的恰当语言，这想法在一种文化和另一种文化之间差别巨大。你所成长的文化中若把直接视为展示同心协力的可贵途径，而别人的文化却更倾向于非直接以及避免直接搅扰，但你却对他们使用了直接的命令（如 Give me that chair!［给我那把椅子！］)，你就会被视为不礼貌。相应地，你也会觉得他们说话模糊，不确定他们是真想要什么东西，还是只问个问题而已（如 Are you using this chair?［这把椅子你正在用吗？］)。无论这两种情况中的哪一种，被误解的都是语用；遗憾的是，所交际的内容常常多于所说的内容。

直接的交际方式和间接的交流方式之间的区别，可分析为不同的语言行动类型，或称之为不同的言语行为类型。

言语行为

我们用言语行为（speech act）这个术语，来描述涉及"请求""命令""质疑""告知"等语言的行动。举个更具体的例子，你如果说："I'll be there at six"（我会六点钟到那)，你并不仅仅是说出了一个句子，而似乎是在实施"承诺"这种言语行为。我们可把言语行为定义为说者借助话语而实施的行动。（更多例子，见 226 页作业题 E。)

为了理解话语何以能够用来实施直接以及间接的行动，我们需要让话语结构和话语正常功能之间的关系可视化，如表 10.2 所示。

表 10.2 言语行为

	结构	功能
Did you eat the pizza? （你吃披萨了吗？）	疑问 （Interrogative）	提问
Eat the pizza (please)! （请）吃披萨！	祈使 （Imperative）	命令（请求）
You ate the pizza. 你吃了披萨。	陈述 （Declarative）	断言

直接言语行为和间接言语行为

像"Did you ...?"（你是否……）、"Is she ...?"（她是不是……）或"Can you ...?"（你可否……）这样的疑问结构用于提问功能时，称**直接言语行为**（direct speech act）。你认真地想知道"Is she wearing a wig?"（她戴着假发吗？）的答案时，这话语就是直接言语行为。如果真的不知道什么事并且询问信息（如，关于能力），我们通常就是在运用直接言语行为，如"Can you ride a bicycle?"（你会骑自行车吗？）

比较"Can you pass the salt?"（你可以递一下盐吗？）这句话。后一例中，我们其实并不是在询问某人的能力。我们是在用疑问句结构来做出请求。这就是**间接言语行为**（indirect speech act）之例。表 10.2 中的结构之一，只要是用来实施列在同一行旁边的功能之外的其他功能，其结果就是间接言语行为。例如，你也可以用陈述句结构（如 You left the door open［你让门开着了］）来做请求（让那个刚从寒冷的外面进来的人关门）。这又是个间接言语行为之例。

间接言语行为提供了很好的证据，来支持前面说过的语用原则，即交际不仅取决于对话语中结构和词义的辨认，而且取决于对说者在特定语境下借助话语所表达的意思的辨认。我们将在第 11 章中遇到这一原则运作的更多例子。

习　题

1. 此处使用的是哪些种类的指示语表述？（例如，we 是人称指示语）

   （a）We went there last summer.（去年夏天我们去过那里。）

   （b）I'm busy now so you can't stay here. Come back later.（我现在忙，你别在这，过会再来吧。）

2. 我们如何描述 here（这里）、now（现在）和 there（那里）、then（当时）之间的语用区别？

3. 解释下列每条话语时涉及何种推断？

   （a）教师：You can borrow my Shakespeare.（你可以借我的莎士比亚。）

   （b）服务员：The ham sandwich left without paying.（那个火腿三明治没付钱就走了。）

   （c）护士：The hernia in room 5 wants to talk to the doctor.（5 号房间那个疝气想跟医生谈谈。）

   （d）牙医：My eleven-thirty canceled so I had an early lunch.（我的 11 点半取消了，所以我早早就吃午饭了。）

4. 下面这个句子里有哪些前照应表述？

   Dr. Foster gave Andy some medicine after he told her about his headaches and she advised him to take the pills three times a day until the pain went away.

   （安迪跟福斯特医生说了他的头疼病之后，她给了他一些药，并建议他每天三次吃这药片，直到那疼痛消失。）

5. 下面这个句子里，称呼短语 an old car（一辆旧车）和 it（它）之间的关系的术语是什么？

   I have an old car, but it runs great.（我有辆旧车，但它跑得很好。）

6. 下例中，用于描述 She（她）和 Ginny Swisher（吉妮·斯维舍）之间的关系的术语是什么？

    She was born prematurely. She lost her parents at an early age. She grew up in poverty. She never completed high school. Yet Ginny Swisher overcame all these disadvantages to become one of the most successful women in America.

    （她是早产儿，她幼年失去了父母，她在贫穷中长大，她从未读完高中。然而，吉妮·斯维舍克服了所有这些劣势，成了美国最成功的女性之一。）

7. 下面这个句子中，cooking（做饭）和 the special meal（大餐）之间的关系涉及何种过程？

    The old men and women lit the fire and started cooking early in the morning so that the special meal would be ready for their guests.

    （大清早，这群老头老太太生着了火，开始做饭。所以，这顿大餐一定会为客人们备好的。）

8. 说者说下面的话时，一个明显的预设是什么？

    (a) Your clock isn't working.（你的钟停了。）

    (b) Where did he find the money?（他在哪里找到钱的？）

    (c) We regret buying that car.（我们后悔买了那辆车。）

    (d) The king of France is bald.（法国国王是个秃头。）

9. 下面的互动中，用了多少个语用标记？

    MANA: Why does everyone think he's a genius, I mean, he gets things wrong like the rest of us, doesn't he?

    MAKA: Well, I don't know, he got that award last year for innovation, you know, the Brill award, at the convention in New York, I think it was.

    （玛娜：为什么所有人都觉得他是个天才？我意思是说，他也像我们其他人一样，会做错事情啊，不是吗？

玛卡：嗯，我不知道，他去年得了那个创新奖，你知道，那个布里尔奖，在纽约大会上，我记得是这样吧。）

10. 下列例子中，说者争取的是积极面子还是消极面子？

（a）If you're free, there's going to be a party at Yuri's place on Saturday.（如果你有时间，星期六尤莉家有个派对。）

（b）Let's go to the party at Yuri's place on Saturday. Everyone's invited.（咱们星期六去尤莉家的派对吧。每个人都受到邀请了。）

11. 有人站在了你和你正在看的电视之间，于是你决定说出下列句子中的一句。辨别出哪句是直接言语行为，哪句是间接言语行为。

（a）Move!（走开！）

（b）You're in the way.（你挡我了。）

（c）Could you please sit down?（请你坐下好吗？）

（d）Please get out of the way.（请让开。）

12. 从言语行为角度来看，你如何解释一位初来乍到、拖着行李、找不到路的游客和火车站外的街头男子之间的这组互动的反常之处？

VISITOR: Excuse me. Do you know where the Ambassador Hotel is?

RESIDENT: Oh sure, I know where it is. (and walks away)

（游客：抱歉，您知道大使旅店在哪里吗？

本地人：哦，我当然知道在哪啦。［然后走开了。］）

作业题

A. 你认为"语境是一种心理构建物"（Sperber and Wilson, 1995）这一论断是何意思？

B. 何为"元语用学"（metapragmatics）？下列话语的哪些方面解释了元语用意识（metapragmatic awareness）？

I know that Justin said, "I'll help you, darling," but he wasn't actually promising anything, I'm sure.

（我知道贾斯汀会说："亲爱的，我会帮你。"但他其实什么都没许诺，我敢肯定。）

C. "指示语投射"（deictic projection）为何对分析下列指示语表述是必不可少的？

（1）On a telephone answering machine: I am not here now.（电话答录机里：我现在不在这里。）

（2）On a map/directory: YOU ARE HERE.（地图或电话簿上：你在此处。）

（3）Watching a horse race: Oh, no. I'm in last place.（观看赛马时：哦，不，我成最后一名了。）

（4）In a car that won't start: Maybe I'm out of gas.（在一辆发动不起来的车里：可能我没油了。）

（5）Pointing to an empty chair in class: Where is she today?（指着课堂上的空椅子：她今天哪去了？）

D. 洛洛沃利语（Lolovoli，分布于西南太平洋瓦努阿图共和国安贝岛［Ambae］）的空间指示可由加在动词上的词缀来标记。用来描述运动方向的动词同样具有指示性。观察下列例子（据 Hyslop, 2001），试回答后面的问题。

（1）hivomai 朝我这边向下而来

（2）hage 向上方离开

（3）hageatu 朝你那边向上而去

（4）vano 水平方向离开

（5）vanoatu 水平方向朝你那边过来

（6）_____ 朝我这边向上而来

（7）_____ 朝你那边向下而来

（8）_____ 水平方向朝我而来

（9）_____ 向下方离开

（ⅰ）你能完成（6）—（9）里的这套动词形式吗？

（ⅱ）用于空间指示的这两个词缀，蕴含的区别是什么？

（ⅲ）你能否想出一条理由，来解释如这些动词中所蕴含的运动方向之别？

E. 下列哪些话语中含有"施为动词"（performative verb）？你是如何确定的？

（1）I apologize.（我道歉。）

（2）He said he was sorry.（他说他很抱歉。）

（3）I bet you $20.（我跟你赌 20 美元。）

（4）She won the bet.（她赢了那个赌。）

（5）I drive a Mercedes.（我开奔驰。）

（6）You must have a lot of money.（你一定很有钱。）

F. 下列短语皆见于推广销售的标牌。你会在其描述中加上哪些别的词，来使之更加清楚？每个短语的底层结构是什么样？例如，Furniture Sale（家具大甩卖）表示 someone is selling furniture（有人正在卖家具）。这样的结构适用于 Garage Sale（车库大甩卖）吗？⑥

Back-to-School Sale （开学季大减价） Bake Sale （烘焙品大减价）	Dollar Sale （一美元大甩卖） Foundation Sale （粉底大减价）	One Cent Sale （一美分大甩卖） Plant Sale （绿植大减价）

---

⑥ 在美国，人们常利用自家的车库、院子等开阔空间自行摆摊，以极低价格出售家中闲置不用的衣物、家具、书籍、工具等物品，称 garage sale（车库大甩卖）。买家可买到物美价廉的二手商品，卖家通常无需办理经营许可、无需缴纳营业税，因而深受买卖双方欢迎，在中小城市及乡村尤其流行。——译者注

Big Screen Sale（大屏幕大减价）	Furniture Sale（家具大甩卖）	Sidewalk Sale（街边大甩卖）
Clearance Sale（清仓大甩卖）	Garage Sale（车库大甩卖）	Spring Sale（春季大减价）
Close-out Sale（歇业大甩卖）	Labor Day Sale（劳工节大减价）	Tent Sale（帐篷大甩卖）
Colorful White Sale⑦（多彩床上用品大减价）	Liquidation Sale（洗涤剂大减价）	Yard Sale（院子大甩卖）

G. 有些类型的问答式笑话或谜语，其效果似乎依赖于给出答案之后对问题中的预设重做分析。例如，"What two things can you never eat before breakfast?"（哪两样东西你绝不会在早餐之前吃？）这个问题里，two things（两样东西）这个短语引发的是可预设出两件"具体东西"的解读，如具体的食品名称，来充当动词 eat（吃）的宾语。等你后来听到答案"Lunch and dinner"（午饭和晚饭）的时候，就须把第一种预设替换为另一种设想了两种"泛泛事物"的预设来充当 eat 的宾语，而非具体的食品名称。⑦

指出下列笑话（取自 Ritchie, 2002）中经过重新分析的预设：⑧

（1）问：Why do birds fly south in the winter?

答：Because it's too far to walk.

（2）问：Do you believe in clubs for young people?

答：Only when kindness fails.

（3）问：Did you know that in New York someone is knocked down by a car every ten minutes?

答：No, but I imagine he must be getting really tired of it.

---

⑦ 床单、枕套、被罩等床上用品，旧时以白色为主，故名。—译者注
⑧ 为避免译文干扰读者思考，本部分译文从略。——译者注

（4）服装店里，一位顾客问售货员：

问：Can I try on that dress in the window?

答：Well, maybe it would be better to use the dressing room.

H. 指示语并不是唯一需要做语用解读的模糊语（vague language）之例。下列所有表述皆在某方面具有模糊性。分析这些表述并将其归类填入后面的表 10.3（依据 Overstreet, 2011：298）。你还能举些别的例子吗？

and all that （以及全部）	and everything （以及一切）	and stuff like that （以及类似的东西）
around seven （大约七点）	heaps of （一堆堆的）	loads of （成车的）
maybe （可能）	now and again （时不时）	occasionally （有时）
possibly （可能）	probably （很可能）	sevenish （七个左右）
sometimes （有时）	sort of blue （有点蓝）	thingamajig （那个什么玩意）
thingy （那玩意）	tons of （成吨的）	whatsisname （那个谁）

表 10.3　模糊语

近似语（Approximator） （= not exactly [不那么]）	
一般性扩展词（general extender） （= there is more [还有]）	
模糊名词（vague noun） （= inherently vague [自身模糊]）	
模糊数量（vague amount） （= how many/much? [多少？]）	

续表

模糊频度（vague frequency） （＝how often?［多频繁？］）	
模糊可能性（vague possibility） （＝how likely?［多大可能？］）	

I. 利用下列例子以及你认为合适的其他例子，试确定委婉语（euphemism）和谚语（proverb）是否应当作为语用学的一部分来研究。例如，你是否认为它们与间接言语行为类似？

(1) She's got a bun in the oven.（她烤箱里有个圆面包。/ 她怀孕了。）

(2) He's gone to a better place.（他已去了个更好的地方。/ 他死了。）

(3) Unfortunately, there was some collateral damage.（遗憾的是，有些附带损失。/ 有人员伤亡。）

(4) The grass is always greener on the other side of the fence.（篱笆另一侧的草永远更绿。/ 盲目羡慕别人有而自己没有的东西。）

(5) If wishes were horses, beggars would ride.（假如愿望是马，乞丐也会骑了。/ 如果只是许许愿而已，生活会很自在。）

(6) People who live in glass houses shouldn't throw stones.（住在玻璃房子里的人不应该扔石头。/ 不应拿自己也有的缺点来指责别人。）

J. 指小词（diminutive）是以某种形式表示"小"之义的词。西班牙语中，指小词形式 perrito（源于 perro［狗］）可用来表示狗仔，也可用来富有感情地谈论任何一只狗（即使很大一只亦可），如 mi perrito（我的小狗）。指小词的另一个用法，是借助"小"的概念来表达"不重要"或"不算大事"之义，从而弱化话语的力量，被解读为一种礼貌形式。

思考下列话语（依据 Mendoza，2005），试确定这些话语更像是在反映积极礼貌策略还是消极礼貌策略。右面是非指小词版本。

（1）¿Gusta un cafecito?（您想来一小点咖啡吗？）

　　　　　　　　　　　　　　　　　　　　［cafe］（咖啡）

（2）Un momentito, por favor.（请稍等一小下。）

　　　　　　　　　　　　　　　　　　　［momento］（一会儿）

（3）Tengo una casita en la cuidad.（我在城里有间小房。）

　　　　　　　　　　　　　　　　　　　　［casa］（房子）

（4）Cuatrito nomás tengo.（我只有四个而已。）　［cuatro］（四）

（5）Dame un poquito.（给我一小点。）　　　［poco］（一点）

（6）¿Alguna otra cosita?（稍稍来点别的？）　［cosa］（东西）

K. 我们在对礼貌的探讨中，提到了面子威胁行为，但没有思考英语里那些明确表示**不礼貌**（impoliteness）形式的行为。虽然对语言的不礼貌用法的解读主要依赖语境以及参与者之间的关系，但是有些类型的表达，似乎是在故意进行面子威胁。（有些特殊用法，见437页，第19章作业题 G。）

下列分析类型依据 Culpeper（2011）。

（i）你能否把后面的每个例子各与此处的一种类型联系起来？

（ii）你能否设想出在某种特殊的情景中，这些表达并不被视为不礼貌？

（a）威胁（threat）

（b）讽刺（sarcasm）

（c）阻止说话（silencer）

（d）驱赶（dismissal）

（e）居高临下（condescension）

（f）负面个人评价（negative personal evaluation）

（1）Get lost!（滚！）

（2）Just sit down and be quiet.（快坐下，不许说话。）

（3）You can't get anything right.（你什么事也弄不好。）

（4）I'm going to get you for this.（我早晚会当场捉住你。）

（5）That wasn't very smart of you, was it?（你这么做可不聪明，对吧？）

（6）Well, thanks very much for leaving all your dirty dishes in the sink.（好吧，多谢你把你那些脏盘子扔在水槽里不洗。）

探讨与研究

I. Tannen（2005）指出，关于"交际量大于话语量"这一话题，思考一下这个情景。

> 有个希腊女人，解释了她是如何跟她父亲交际的（后来跟她丈夫也是如此）。如果她想做什么事，比如去跳舞，她必须请她父亲允许。他从没说过不行。但是，她却能从父亲说同意的方式上看出他说的是不是真心话。如果他说的是"当然行，去吧"之类的话，她就知道父亲觉得这主意不错了。如果他说的是类似"你要是想去就去吧"之类的话，她就明白他不觉得这是什么好主意，就不去了。

（i）你认为"他从没说过不行"（却在表达"不行"）是为什么？

（ii）你如何分析这段材料中充当回应的两种言语行为？

（iii）你还熟悉其他哪些"交际量大于话语量"的情景？

（背景资料，见 Tannen, 2005。）

II. 视为礼貌行为之事，可因群体或文化的不同而有天壤之别。下面是 Lakoff（1990）对三种礼貌类型的一些基本描述，分别称作"距离型礼貌"（distance politeness）、"敬重型礼貌"（deference politeness）和"亲密型礼貌"（camaraderie politeness）。阅读下列描述，同时尝试确定你最熟悉的是哪种类型，以及你是否在哪里接触过其他类型。你认为这些不同类型的礼貌的典型语言是什么样的？

（1）"距离型礼貌对于开化的人来说，好比其他动物的领地策略。动物会建立物理性的边界标记（如狗与消防栓）来向同类表明：我的地盘，禁止入内。而我们这些使用符号的动物，建立的是象征性的藩篱。"

"距离型文化，把保持距离编织进了其语言之中。"

（2）"另一种文化或许会通过采取敬重型礼貌来避免冲突。如果参与者决定，会话中出现的任何东西，无论是说出来的还是意思指的，都取决于对方，冲突就能很容易地避免了。"

"距离型礼貌或多或少地认为参与者之间是平等的，而敬重型礼貌则要由一方或双方降低地位才可运作。"

"相当长的时间以来，距离型礼貌一直是欧洲大多数地区中上阶层之特征，而敬重型礼貌一直是亚洲许多社会之典型。但是，后者在多数社会中还充当了女性所倾向的交际模式，要么始终如一，要么仅在与男性交谈时如此。"

（3）"这种文化中新近出现的第三种策略（亲密型）有不同的设想：互动与联系自身就很好，开诚布公（openness）就是最大的礼节信号。"

"在亲密型的体系中，开放性和友善性之呈现，被竭力置于高于一切之地位。无需遮遮掩掩，没有什么是太可怕不能说出来的。"

（背景资料，见 Lakoff，1990，第 2 章。）

深入阅读

基本论述：

Cutting, J. (2014) *Pragmatics: A Resource Book for Students*.（第 3 版）Routledge.

Yule, G. (1996) *Pragmatics*. Oxford University Press.

更详细论述：

Birner, B. (2012) *Introduction to Pragmatics*. Wiley-Blackwell.

Cummins, C. (2018) *Pragmatics*. University of Edinburgh Press.

英语语用学：

Culpeper, J. and M. Haugh (2014) *Pragmatics and the English Language*. Macmillan.

Grundy, P. (2008) *Doing Pragmatics*.（第 3 版）Hodder.

语境与上下文：

Malmkjaer, K. and J. Williams (eds.) (1998) *Context in Language Learning and Language Understanding*. Cambridge University Press.

Widdowson, H. (2004) *Text, Context, Pretext*.（第 4 章）Blackwell.

指称与指示词：

Cruse, A. (2011) *Meaning in Language*.（第 3 版）（第 4 章）Oxford University Press.

Levinson, S. (2006) "Deixis." In L. Horn and G. Ward (eds.) *The Hand-*

book of Pragmatics. (97−121) Blackwell.

前照应:

Garnham, A. (2001) *Mental Models and the Interpretation of Anaphora.* (第4章) Psychology Press.

预设:

Marmaridou, S. (2010) "Presupposition." In L. Cummings (ed.) *The Pragmatics Encyclopedia*. (349−353) Routledge.

Schwarz, F. (ed.) (2015) *Experimental Perspectives on Presupposition.* Springer.

语用标记:

Aijmer, K. (2013) *Understanding Pragmatic Markers.* Edinburgh University Press.

Archer, D., K. Aijmer and A. Wichmann (2012) *Pragmatics: An Advanced Resource Book for Students.* (A7单元、B7单元) Routledge.

礼貌与面子:

Brown, P. and S. Levinson (1987) *Politeness.* Cambridge University Press.

Kádár, D. and M. Haugh (2013) *Understanding Politeness.* Cambridge University Press.

Mills, S. (2003) *Gender and Politeness.* Cambridge University Press.

言语行为:

Fogal, D., D. Harris and M. Moss (eds.) (2018) *New Work on Speech Acts.* Oxford University Press.

Thomas, J. (1995) *Meaning in Interaction.* (第 2 章) Longman.

其他参考资料:

Culpeper, J. (2011) *Impoliteness: Using Language to Cause Offence.* Cambridge University Press.

Hyslop, C. (2001) *The Lolovoli Dialect of the North-East Ambae Language: Vanuatu.* (Pacific Linguistics 515) Australian National University, Canberra.

Lakoff, R. (1990) *Talking Power.* Basic Books.

Mendoza, M. (2005) "Polite diminutives in Spanish." In R. Lakoff and S. Ide (eds.) *Broadening the Horizons of Linguistic Politeness.* (163–173) John Benjamins.

Overstreet, M. (2011) "Vagueness and hedging." In G. Andersen and K. Aijmer (eds.) *Pragmatics of Society.* (293–317) De Gruyter.

Ritchie, G. (2002) *The Linguistic Analysis of Jokes.* Routledge.

Sperber, D. and D. Wilson (1995) *Relevance.* (第 2 版) Blackwell.

Tannen, D. (2005) *Conversational Style.* Oxford University Press.

11 话语分析

恩惠分两种,有大恩惠,也有小恩惠。度量恩惠的大小,可从一个人跟你说"帮我个忙吧"之后所做的停顿看出。小恩惠——小停顿。"你能帮我个忙吗?给我那支铅笔。"根本没有停顿。大恩惠是"你可不可以帮我个忙,……",然后八秒钟过去了。"哦?什么忙?"[1]

"……,那个。"这停顿押得越长,麻烦就会越大。

人类是唯一讲恩惠的物种。动物就不讲什么恩惠。蜥蜴可不会来到蟑螂面前说:"帮我个忙呗,别动,我想活吃了你。"这么大的恩惠,竟然连半点停顿都没有。

辛菲尔德[2](Seinfeld,1993)

语言研究中,有些最有趣的东西并不在于对语言成分的观察,而在于对语言使用方式的观察,甚至如杰里·辛菲尔德所言,在于对停顿用法的观察。第10章我们讨论语用学时,已经思考了语言使用中的某些特征。我们其实是在问,语言使用者是如何成功解读出他人想要表达的意思的。我们若深究这一问题,探寻我们如何悟出所读的东西的意思,如何区分构建完好的语篇和混乱无序的语篇,如何理解那些让交际内容多于话语内容

---

① "帮我个忙",英语原文为 do me a favor,字面意思是"给我个恩惠"。——译者注
② 辛菲尔德(Jerry Seinfeld,1954年生),美国喜剧演员。——译者注

的说话者,如何成功参与到被称为会话的复杂活动之中,那我们就是在从事**话语分析**(discourse analysis)研究。

话　语

话语(discourse)一词,通常定义为"大于句子的语言";因此,话语分析着重研究的,通常是语篇中、会话中的语言。前面好几章里,我们聚焦于语言描写时,关注的都是对形式和结构的准确表现。然而,作为语言使用者,我们不仅仅能辨别出正确与不正确的形式、结构之区别。我们还能处理像 Trains collide, two die(火车相撞,两死)这样的报刊标题,知道前半句之事是造成后半句之事的原因。我们还能够读懂夏季商场窗户上贴的 No shoes, no service③ 之类的告示,明白这两部分之间存在条件关系(即"你如果不穿鞋,就不会得到服务")。我们拥有对碎片化语言信息进行复杂话语阐释的能力。

解读话语

有些语篇,是用英语写的,但明显违反诸多英语规则,我们自己不会那样写,但我们仍可应对,仍能构建起解读。下例由埃里克·纳尔逊(Eric Nelson)提供,取自一名学英语的学生的作文,文中含有大量不合乎语法的形式以及错误拼写,但是却看得懂。

> My Town
> My natal was in a small town, very close to Riyadh capital of Saudi Arabia. The distant between my town and Riyadh 7 miles exactly. The name of this Almasani that means in English Factories. It takes this name from the peopl's carrer. In my childhood I remember the people live. It was very simple. Most the people was farmer.

---

③ 字面意思:"无鞋无服务",实际表达"进店请穿鞋""不穿鞋者禁止入内"之意。——译者注

(我的家乡
我的出生地是座小城,离沙特阿拉伯首都利雅得非常近。我的家乡和利雅得之间的距离是正好7英里。它的名字叫阿尔马萨尼,是工厂的意思。这名字源于人们的职业。小时候,我记得住在这的人。这里非常简单,大多数人是农民。)

这个例子或可用来解释一个简单的问题:我们如何对含有不合语法形式的语言做出反应?我们并不是简单将其称作不合语法的语篇并将其抛到一边,而是会竭力读懂它的意思。换言之,我们期待从作者想要表达的内容中得出合理的解读。(大多数人都说,他们很容易就看懂了这篇"我的家乡"。)

话语研究中所探寻的关键要素,正在于进行这类解读(以及被解读)所下的功夫和完成这类解读所用的途径。为了得出某一解读,也为了让自己的信息可解读,我们固然要依赖对语言形式和结构的了解。不过,作为语言使用者,我们所了解的可不仅仅是这些东西。

衔　　接

例如,我们了解,语篇必然有某些结构,依赖于与单句结构全然不同的因素。这些因素中有一部分被称作**衔接**(cohesion),也就是语篇内部存在的形式上的纽带(tie)与联结(connection)。下面的语篇中,就有许多**衔接纽带**(cohesive tie)。

> My father once bought a Lincoln convertible. He did it by saving every penny he could. That car would be worth a fortune nowadays. However, he sold it to help pay for my college education. Sometimes I think I'd rather have the convertible.
> (我父亲曾买过一辆敞篷林肯。他是一分一分省吃俭用才买下它的。那辆车拿到今天可谓价值连城。然而,他却把它卖了,来帮我支付大学教育之费用。有时我在想,我宁可要那辆敞篷车。)

我们可透过整篇中维系指称同一人、同一事物的词的使用，辨认出这之中的联结。还有些联结，是通过有共同语义成分的词项而构筑的，如表示"钱"和表示"时间"的词项。前四个句子的动词时态是过去时，在几个事件之间构筑了联结，而最后一个句子的现在时时态则标志着时间和焦点的转移。这些衔接纽带已在表 11.1 中列出。更多例子，见 252 页作业题 B。

表 11.1　衔接纽带

人	My father – He – he – he；My – my – I – I
事物	A Lincoln convertible – That car – it – the convertible
钱	bought – saving every penny – worth a fortune – sold – pay
时间	once – nowadays – sometimes
时态	过去时（bought）—过去时（did）—过去时（could）—过去时（sold）—现在时（think）

对这些衔接纽带的分析，让我们深入观察到作者们是如何把自己想说的话组织起来的。不过，孤立的衔接本身，并不足以让我们读懂所读的东西。创建出一则拥有大量衔接纽带但却难以解读的语篇，是十分容易的。注意下面这则语篇里，有 Lincoln – the car（林肯——那辆车）、red – that color（红色——那颜色）、her – she（她——她）、letters – a letter（字母——信）④ 这些衔接。

My father bought a Lincoln convertible. The car driven by the police was red. That color doesn't suit her. She consists of three letters. However, a letter isn't as fast as a telephone call.
（我父亲买过一辆林肯敞篷。警方开的那辆车是红色的。那颜色跟她不配。She［她］由三个字母组成。然而，信并不如电话快。）

---

④　英语 letter 有"字母"和"信件"两个常用义项，因此可借助 letter 一词构成词汇衔接。——译者注

这类例子显然表明，我们在解读正常语篇时所感受到的"联结性"（connectedness），并不仅仅基于词之间的联系。一定有其他因素帮助我们把有意义的联结语篇和无意义的联结语篇区分开。这个因素通常称作"连贯"。

连　贯

连贯（coherence）（意为"一切皆配合完好"⑤）这一概念的关键，不是像衔接那种存在于词和话语结构之中的成分，而是存在于人之中的成分。把所读、所听的东西"弄懂"的，是人。人竭力达到一种与自己对世界存在方式的经验相一致的解读。你刚才可能十分努力地想要让上一则例子符合某个情景，这情景可把所有细节（包括一辆红色的车、一位女性和一封信）容纳进一份连贯的解读。做这件事，你就参与了把其他信息导入语篇的过程。这个过程不限于对"怪异"语篇的理解，而是似乎存在于我们对一切话语的解读之中。

例如，你拿起一张报纸，看到了这条标题：Woman robs bank with sandwich（女人用三明治抢银行）。你竭力构建一份连贯的解读时，很可能聚焦在 sandwich（三明治）这部分上，因为这情景有些怪异。她只是拿着三明治？还是正在吃三明治（时不时啃上几口）？还是把三明治假扮成武器（可能藏在包里）？确定哪份解读才恰当，不能仅以这标题里的词为基础而完成。我们需要从自己的经验中导入信息，来构建可信的情景。如果你敲定了"假装包里有枪"这一情景，那说明你的思维在构建连贯性方面表现得非常敏锐。

在处理日常会话时，我们也依赖于连贯。我们持续参与会话互动，这之中有大量意义及交际内容其实在所说的话里找不到。下面这则简短的互

---

⑤ coherence 一词源于拉丁语，词根 haereō 表示"连接"，前缀 con- 表示"完成、完好"。——译者注

动中（引自 Widdowson，1978）并没有衔接纽带来联结这三段话语，所以我们必须运用某种别的手段来得出其意义。理解此处发生的是什么事，方法之一是从言语行为角度（已在第 10 章里介绍）思考此互动中的这三个部分。这些思考已在右侧列出，可显示出参与者为何觉得这互动是连贯的，由此为分析互动提供了一种方式。

    HER: That's the telephone.   （她发出请求，要他实施行动。）
    （她：电话。）
    HIM: I'm in the bath.   （他陈述了无法同意请求的原因。）
    （他：我在洗澡。）
    HER: OK.   （她接受了该原因。）
    （她：好吧。）

如果说这是对简短互动中发生的事情的合理分析，那么很明显，语言使用者一定拥有大量关于会话如何运作的知识，这知识不仅是关于词和句子的知识，而且必然包括对诸多别的类型的结构及其典型功能的熟悉程度。

会话分析

通俗地说，英语会话可描述为一种多数时候都有两人或两人以上按**话轮**（turn）来说话的活动。通常，每次只有一个人在说，话轮之间往往要避免沉默（silence）。（并非所有情景、所有社会皆如此。）同一时间若有多于一人试图说话，其中一人通常会停下，如下例中，A 停了下来，直至 B 把话说完。

    A: Didn't you [know wh-
    B: [But he must've been there by two
    A: Yes but you knew where he was going

    （A：你难道不 [知道他……

> B：　　　　　［但他两点前一定到过那里
> A：对，但是你当时知道他正去哪）

（方括号"["通常用来标注同时话语或重叠话语发生的位置。）

多数时候，参与者会一直等到说者之一表明自己已说完，而此说者通常会发出**完结点**（completion point）信号。说者可通过多种方式将自己的话轮标记为已完成：如，通过提问，或是通过在句子、短语等已完成的句法结构的末尾做停顿。而其他参与者可表明自己想接过话轮，同样也有多种方法。他们可在说者仍在讲话时就开始发出较短声音，通常是反复发出，还常运用身体运动或面部表情来发出自己有话要说的信号。（关于会话的更多内容，见253页作业题C，和256页作业题F。）

话轮转换

人们对会话风格有不同预期，而参与会话亦有不同策略，这可造成**话轮转换**（turn-taking）中略微不同的习惯。策略之一，旨在不让正常的完结点出现，该策略可被"长篇大论型"说话人或是习惯了"对公众演说"的说话人所滥用。某种程度来看，这一策略我们都用，但通常用在一边说着话，一边又要思考该说什么话的时候。

如果正常的预期就是用句尾和停顿来标记完结点，那么"霸着不放"的方法之一就是要避免让这两种标记同时出现。换言之，句尾不要停顿；用 and（而且）、and then（然后）、so（所以）、but（但是）之类的连接词让句子继续行进；把停顿放在信息明显不完整的位置上；最好还能用 er（哦）、em（嗯）、uh（呃）、ah（啊）之类的犹豫标记（hesitation marker）来对停顿做"填充"。

172　停顿及填充了的停顿

下例中，注意停顿（用"..."表示）如何被放置于动词的前后，而非句尾，造成很难清楚听懂此人在说什么，直到我们把每个停顿之后的部分听完才有所改观。

> A: that's their favorite restaurant because they ... enjoy French food and when they were ... in France they couldn't believe it that ... you know that they had ... that they had had better meals back home
> （A：那是他们最喜欢的餐馆因为他们……喜欢法国菜他们……在法国的时候简直不敢相信……你知道他们以前……在国内时吃得可比这个好啊）

下一个例子里，说者 X 第一次短暂停顿时差点失去了自己的话轮，随后就产出了**填充了的停顿**（filled pause）（用 em、er、you know 来填充）。

> X: well that film really was ... ［wasn't what he was good at
> Y: ［when di–
> X: I mean his other ... em his later films were much more ... er really more in the romantic style and that was more what what he was ... you know ... em best at doing
> Y: so when did he make that one
> （X：嗯，那电影实在……［不是他擅长的
> Y：   ［什么时候——
> X：我意思是说他的其他……嗯他后来的电影更……哦真的更有浪漫风范而且那才像他……你知道……嗯最擅长拍的
> Y：那他什么时候拍的那部）

相邻语对

上一例似乎表明，会话是种麻烦的活动，说者必须密切关注情况的进行。但是通常并非如此，因为大量会话互动遵循的是十分成熟的模式。当某人说 Hi（嗨）或 Hello（你好）时，我们通常会做出类似的回应。这类几乎自动的序列，称作**相邻语对**（adjacency pair），由第一部分和第二部分组成，见于打招呼、问答（Q～A）、感谢、告辞等。

第一部分	第二部分
YOU: Good mornin'.	ME: Good mornin'.
（你：早。）	（我：早。）
YOU: Where's Mary?	ME: She's at work already.
（你：玛丽呢？）	（我：已经在干活了。）
YOU: Thanks for your help yesterday.	ME: Oh, you're welcome.
（你：谢谢你昨天帮忙。）	（我：哦，别客气。）
YOU: Okay, talk to you later.	ME: Bye.
（你：好，回见。）	（我：拜。）

这些例子体现的是基本模式，但并不是所有的第一部分都立刻接着第二部分。例如，问题可能直到另一个问答序列结束之后才得到回答。（详见 254 页作业题 E。）

173 插入性序列

下例中，Q2～A2 序列出现于第一个问题（Q1）和其答案（A1）之间，这样的序列称作**插入性序列**（insertion sequence），换言之，就是出现于另一相邻语对的第一部分和第二部分之间的相邻语对。

YOU: Do you want some milk?	(= Q1)
（你：你来点奶吗？）	
ME: Is it soy milk?	(= Q2)
（我：是豆奶吗？）	
YOU: Of course.	(= A2)
（你：当然啦。）	
ME: Okay, thanks.	(= A1)
（我：来点，谢谢。）	

有些情景中，插入性序列会带来复杂的结构。"服务场景"中经常如此，我们的下一个例子即是这种。注意这一互动里只有中间位置

（Q3～A3）才有一同出现的相邻语对，而对于前面那两个第一部分来说，插入性序列耽搁了其第二部分的出现。

BUD: Can I order pizza to go? （＝Q1）
（顾客：我可以点外带披萨吗？）
DAN: What kind would you like? （＝Q2）
（丹：您想要哪种？）
BUD: Do you have any special deals? （＝Q3）
（顾客：有没有特价？）
DAN: Well, you can get two veggie supremes for the price of one. （＝A3）
（丹：有，至尊蔬菜披萨，买一赠一。）
BUD: Okay, I'd like that deal. （＝A2）
（顾客：好，我要两份。）
DAN: Sure thing. We'll have that ready for you in no time. （＝A1）
（丹：没问题，您稍等，马上就好。）

我们通常意识不到会话结构中的这些方面。但是，有时说者说出第一部分后，会把注意力拉到对第二部分的需求上。下面这组互动，最初由Sacks（1972：341）分析，一位母亲立刻注意到她女儿没有对别人打的招呼做出口头回应，就把注意力拉到了此处所涉及的社会预期上。

WOMAN: Hi, Annie.
MOTHER: Annie, don't you hear someone say hello to you?
WOMAN: Oh, that's okay, she smiled hello.
MOTHER: You know you're supposed to greet someone, don't you?
ANNIE:［Hangs head］Hello.
（女士：嗨，安妮。
母亲：安妮，你没听到人家向你问好吗？
女士：哦，没关系啦，她笑了就是在问好啦。
母亲：你知道你应该问人家好，对吧？
安妮:［低着头］您好。）

我们皆有的预期，是会话之中可出现某些话轮转换模式；这类预期与社会情景互动中的一个更具普遍性的方面相联系，即要有"合作性"（co-operative）。遵守这一点，其实是一种会话原则。

合作原则

大多数会话交流背后隐藏的设想，是参与者们在相互合作。这一原则，加上其四个元素，或称四条"准则"，是由哲学家保罗·格莱斯（Paul Grice, 1975: 45）最先描述的，如今经常被称作"格莱斯准则"（Gricean maxims），如表11.2所示。

表 11.2　格莱斯准则

合作原则（The Co-operative Principle）：会话发生之时，让你的话符合你所参与的话语交际中获认可的目的或方向之要求。
数量准则（The Quantity maxim）：让你的话的信息量与所要求的一致，不要多于要求，也不要少于要求。
质量准则（The Quality maxim）：不要说你认为是假话的话，不要说你缺乏足够证据的话。
关系准则（The Relation maxim）：要有相关性。
方式准则（The Manner maxim）：要清晰、简洁、有条理。

简言之，我们期待会话伙伴在互动中讲出简洁、诚实、切题、清晰的话，也期待他们在这些准则未得到遵循时向我们发出某种形式的信号。当然，有些时候，我们确实会遇到些会话交流中，合作原则似乎并未发挥作用。不过，为我们在会话中的正常预期做一般性描述，有助于解释说话时的许多有规律的特征。例如，午休吃饭时，一位女士问另一位，她觉得正吃着的三明治味道怎么样，得到的是下面这句回答：

Oh, a sandwich is a sandwich.
（哦，三明治就是三明治呗。）

从逻辑角度看，这句回答似乎并无交际价值，因为它陈述的是显而易见的事情，因而呈现为**同义赘述**（tautology）。重复一个未增加任何信息的短语，很难算作对问题的恰当回答。然而，如果那位女士确实是在合作，并且遵守了数量准则"信息量与所要求的一致"之要求，听者一定猜得出她在交流。她获得了对三明治加以评价的机会，做出的却是并无明显评价的回应，由此就暗示了自己没有是好还是坏的意见想表达。换言之，她的朋友已表明，这三明治并不值得谈论。（详见 253 页作业题 D。）

缓冲语

我们可以用一类被称为**缓冲语**（hedge）[6]的表达来展现我们虽是愿意合作的说话者，却又对遵循准则表示疑虑。缓冲语可定义为用来标明我们并不确定自己所说的话是否足够正确、足够完整的词或短语。我们可把 sort of（有点）或 kind of（有点）作为缓冲语，用来对我们所说的话的精确性做缓冲，如 His hair was kind of long（他的头发有点长）、The book cover is sort of yellow（这书皮有点发黄）之类的描述。这些是质量准则之例。其他例子还包括下面这些开始参与会话时有时会用到的惯用语：

> As far as I know ...（据我所知……）
> Correct me if I'm wrong, but ...（我要是说错了你纠正我，但是……）
> I'm not absolutely sure, but ...（我不绝对确定，但是……）

我们还会谨慎地标明，我们所转达的事情是我们"认为"的、"感觉"的（而不是"知道"的），是"可能"的（而不是"确定"的），是"可能"发生（而不是"必然"发生）。因此才有 Jackson is guilty（杰克逊有罪）和 I think it's possible that Jackson may be guilty（我认为杰克逊或许有

---

[6] 该术语常见的其他译法如"模糊限制语""规避语"等。——译者注

罪是可能的）之间的区别。前一个版本中，人们会认为你有非常好的证据才做了这一论断。

言外之意

我们尝试分析缓冲语如何运作时，通常会谈到说者在暗示一些并未说出的东西。与之类似，我们通过思考那位女士说"a sandwich is a sandwich"（三明治就是三明治）是何意思，确定了她在暗示那三明治并不值得谈论。我们有了合作原则及其各准则作向导，即可开始思考人们在实际中如何确定谁在会话中"暗示"什么事情。思考下面这例：

> CAROL: Are you coming to the party tonight?
> LARA: I've got an exam tomorrow.
> （卡罗尔：你今晚来参加派对吗？
> 腊拉：我明天有考试哎。）

表面来看，腊拉的陈述并不是卡罗尔问题的答案。腊拉不说"来"还是"不来"，但卡罗尔却会把这个陈述句解读为"不来"或"很可能不来"之意。我们如何解释这种从句子字面领悟出另外一种意思的能力？这似乎取决于一种猜想：腊拉既切题（关系准则）又提供了信息（数量准则）。由于腊拉的回答包含了切题的信息，所以卡罗尔就能解读出"明天考试"涵盖"今晚学习"，而"今晚学习"排除了"今晚派对"。因此，腊拉的回答不仅是对明日活动的陈述，还含有一条关于今晚活动的**言外之意**（implicature）（即额外表达出的意义）。

背景知识

值得注意的是，为了分析腊拉的陈述中所涉及的会话含义（conversational implicature），我们须描述会话参与者们必然共有的某些背景知识

（关于考试、学习、派对）。探究我们如何利用自己的背景知识来对所听到、所读到的东西做出解读，是话语分析研究中很关键的一部分。

背景知识的使用过程，如下面这个练习所示。（取自 Sanford & Garrod，1981）首先是这两句话：

> John was on his way to school last Friday.
> （上星期五，约翰正在去学校的路上。）
> He was really worried about the math lesson.
> （他对数学课实在担忧。）

大多数读者都表示，他们认为约翰很可能是个小学生。由于这则信息并未在该语篇中直接交代，所以必然是个推论。不同读者可得出不同推论，如约翰是走路上学还是乘校车上学。这些推论显然源于我们在自己的文化中对"去学校"的常规理解，没有哪位读者表示约翰是泅水上学还是搭船上学，尽管二者确实都是可能的解读。

反馈回的这些推论很有意思的一点是，如果这些推论与随后出现的信息不相符合，读者就会立刻放弃这些推论。

> Last week he had been unable to control the class.
> （上星期，他没能管住班级。）

大多数读者一遇到这个句子，就断定约翰一定是位老师，他很不开心，许多读者还提出，他很可能是开车去学校的。

> It was unfair of the math teacher to leave him in charge.
> （数学老师把事情交给他来管，实在不公平。）

突然间，约翰又变回了小学生身份，认为他是老师的推论迅速被放弃。而该语篇的最后一个句子让人大吃一惊。

After all, it is not a normal part of a janitor's duties.
（毕竟，这可不属于管理员的正常职责啊。）

这样的语篇，以及这种一次一句的呈现方式，当然非常假。不过，这个练习的确让我们清楚看到了我们如何运用字面上的词未能呈现的信息，来为我们所读到的东西"构筑"解读。我们其实是在依据自己对正常情况下所发生的事情的预期，来创建出语篇所论述的内容。要描述这一现象，研究者常要用到"图式"或"脚本"之概念。

图式与脚本

图式（schema）是个表示存在于记忆中的常规知识结构的一般性术语。我们试图理解上例时，使用了我们对学校课堂是何样子的常规知识，即"课堂图式"。我们拥有许多图式，可用于对所经历、所听到、所读到的事物的解读。你听到有人在描述逛超市时发生的事情，你不需要谁来告诉你超市里有什么。你已经有了"超市图式"（如食品摆在货架上，货架一行一行的，有购物车、购物篮，还有结账柜台，等等）。

脚本（script）在诸多方面与图式有相似之处。脚本其实是动态的图式。换言之，脚本不是图式中那套典型的静止画面，而是一系列发生着的常规行为。你有"看牙医"的脚本，另一个人有"看电影"的脚本。我们都有各种版本的"在餐厅吃饭"的脚本，这脚本可在对下面这则语篇的解读中得到激活。

Trying not to be out of the office for long, Suzy went into the nearest place, sat down and ordered an avocado sandwich. It was quite crowded, but the service was fast, so she left a good tip. Back in the office, things were not going well.
（苏西不想离开办公室太久，就走进了最近的地方，坐下来，点了一份鳄梨三明治。人很多，但餐上得很快，所以她留下了不菲的小费。回到办公室，事情不太顺。）

关于这则短文中简要描述的场合和事件，我们依据自己的餐厅脚本，可以说出很多东西。虽然语篇中没有写，但我们却可以认为苏西开了门，进到餐厅里，那里有桌子，她吃了三明治，吃完付了账，等等。人们试图记住这语篇时，这类信息浮现了出来，这一事实是脚本存在的进一步证据。这还清楚地表明了另一条事实：我们对所读东西的理解，并非直接来自纸上的词和句子，而是来自我们在思维中为所读内容创建起的解读。

的确，说明书里的信息被省略，有时就是因为假定每个人都懂这脚本。下面这条说明取自一瓶止咳糖浆：

Fill measure cup to line and repeat every 2 to 3 hours.
（加满量杯至刻度线，每 2 至 3 小时一次。）

不，你每 2 至 3 小时不会只是把量杯加满而已。你也不会把止咳糖浆抹到脖子上或是头发上。他们预期你懂这脚本，每 2 至 3 小时会把量杯里的东西喝掉。

显然，尝试理解话语时，我们对所读到的东西的理解不仅基于我们在纸上看到的东西（语言结构），还基于其他一些位于我们思维中的东西（知识结构）。

习 题

1. "话语"（discourse）通常是如何定义的？
2. 衔接和连贯之间的基本区别是什么？
3. 对英语会话的分析中，你认为"No gap, no overlap"这一口号指的是什么？
4. 在某一话轮的末尾，说者如何对完结点做标记？
5. 什么是"填充了的停顿"？

6. 我们如何描述下列规则会话模式？

   Hi～Hello（嗨～你好）

   Bye～See you later（拜～回头见）

7. 什么是"插入性序列"？
8. 别说你认为是假话的话，这涉及哪条准则？
9. 这位说话者似乎格外注意哪条准则？

   I won't bore you with all the details, but it wasn't a pleasant experience.

   （我不想把所有细节讲出来烦你，但那可不是什么愉快的经历。）
10. 什么是话语中的缓冲语？
11. 什么是言外之意？
12. 在对话语理解的研究中，何为脚本？

作业题

A. 在对话语的分析中，什么是"互文性"（intertextuality）？

B.（i）下面是一部小说（Faulkner, 1929）的第一段，指出此段中的主要衔接手段。

（ii）你认为"他们"在打什么？

Through the fence, between the curling flower spaces, I could see them hitting. They were coming toward where the flag was and I went along the fence. Luster was hunting in the grass by the flower tree. They took the flag out, and they were hitting. Then they put the flag back and they went to the table, and he hit and the other hit. They went on, and I went along the fence. Luster came away from the flower tree and we went along the fence and they stopped and we stopped and I looked through the fence while Luster was hunting in the grass.

（透过篱笆，在弯弯的花的地方之间，我能看见他们在打。他们朝旗子方向来了,我顺着篱笆走。拉斯特在花树旁的草里找。他们把旗子拔走了,他们在打。然后他们又把旗子放回来了,他们走到桌子那,他打,那个人也打。他们继续,我顺着篱笆走。拉斯特离开花树那,我们顺着篱笆走,他们停下了,我们停下了,我透过篱笆看,拉斯特在草里找。)[7]

C. 会话分析中,"更可取"(preferred)的回应和"非更可取"(dispreferred)的回应之间有何区别?你想如何刻画下面两例中"她"的回应?

(ⅰ)HE: How about going for some coffee?

SHE: Oh ... eh ... I'd love to ... but you see ... I ... I'm supposed to get this thing finished ... you know.

(他:想出去喝点咖啡吗?

她:哦……呃……我想……但是你看……我……我得把这东西弄完……你知道。)

(ⅱ)HE: I think she's really sexy.

SHE: Well ... er ... I'm not sure ... you may be right ... but you see ... other people probably don't go for all that ... you know ... all that make-up ... so em sorry but I don't think so.

(他:我觉得她好性感啊。

她:好吧……呃……我不确定……你可能没错……但是你看……别人很可能不会那么搞……你知道……所有那化妆……真的嗯抱歉,不过我可不这么觉得。)

D. 下面的片段取自两位女士之间的对话,她俩在闲聊高中时两人都认识的人。(Overstreet,1999:112-113)这个片段里,克里斯特

---

[7] 此小说是福克纳的《喧哗与骚动》。这部分的叙事者本吉(Benjy)是智力障碍患者,虽是成年人,但仅有3岁智商。——译者注

尔两度使用 or something（还是什么的）这个短语。她遵没遵守合作原则以及质量准则呢？你是如何确定的？

JULIE: I can't remember any ge-guys in our grade that were gay.

CRYSTAL: Larry Brown an' an' John Murphy. I – huh I dunno, I heard John Murphy was dressed – was like a transvestite or something.

JULIE: You're kidding.

CRYSTAL: I – I dunno. That was a – an old rumor, I don't even know if it was true.

JULIE: That's funny.

CRYSTAL: Or cross-dresser or something.

JULIE: Larry – Larry Brown is gay?

（朱莉：我不记得咱们年级有人——有男生是同性恋啊。

克里斯特尔：拉里·布朗，还有，还有约翰·墨菲。我——嗯我不知道，我听说约翰·墨菲穿衣服——穿得像个易装癖还是什么的。

朱莉：你开玩笑吧。

克里斯特尔：我——我不知道。——那是个——是个很老的传言，我都不知道是不是真的。

朱莉：那很好玩。

克里斯特尔：或者叫跨性别装扮者还是什么的。

朱莉：拉里——拉里·布朗是同性恋？）

E. 我们从相邻语对中的两个部分的角度分析了常规的话轮转换；但是，如果有三部分或四部分交际怎么办？你能否为下列交际提出一种分析方式，可解释这之中涉及的会话结构？

（1）

JOE: Did you need anything from the store?

TOM: No thanks.

JOE: Okay.

(乔：你需要从这家店买点什么吗？

汤姆：不了，谢谢。

乔：好的。)

(2)

TEACHER: So, who knows where Tripoli is?

STUDENT: In Libya.

TEACHER: That's right.

(教师：那么，谁知道的黎波里在哪？

学生：在利比亚。

教师：正确。)

(3)

PASSENGER: Are there any early morning flights to Edinburgh?

AGENT: When do you want to go?

PASSENGER: Oh, any time after 6 a.m.

AGENT: Well, there's a 6:45.

(旅客：有清早飞爱丁堡的航班吗？

票务员：您想几点走？

旅客：早上6点之后什么时候都行。

票务员：好的，6∶45有一班。)

(4)

SUE: Do you have any idea what time it is?

JEN: Em, it's just after 4.

SUE: Thanks.

JEN: No problem.

(苏：你知不知道几点了？

珍：嗯，刚过4点。

苏：谢了。

珍：不客气。）

F. 恩菲尔德（Enfield 2017）在其极具眼光的会话研究中列出了一些有关我们如何相互说话的观察。根据你自己的会话互动经验，下列各项应填在哪里才能重构起恩菲尔德的清单？

60　84　200　"um"（嗯）　"uh"（呃）　"no"（否）　"yes"（是）"Huh?"（啊？）　"Who?"（谁？）　one-second（一秒钟的）

- 人们用来回应问题的平均时间，与用来眨眼的时间基本相同：都是（1）＿＿＿＿＿＿毫秒。
- 对一个句子，（2）＿＿＿＿＿＿的回答比（3）＿＿＿＿＿＿的回答慢些，无论讲的是哪种语言皆如此。
- 会话中存在标准的（4）＿＿＿＿＿＿时间空窗用来做回应：这可以帮助我们估算回应是快了、及时、慢了还是完全无法做出。
- 会话中，每（5）＿＿＿＿＿＿秒钟就会有人说（6）＿＿＿＿＿＿、（7）＿＿＿＿＿＿或是其他类似的东西，来对别人刚刚说过的话做检验。
- 我们说的每（8）＿＿＿＿＿＿个词里，就有一个（9）＿＿＿＿＿＿或（10）＿＿＿＿＿＿。

G. 这是威多森（Widdowson 2007）描述过的一个故事的版本之一。大多数读者第一次读这个故事时，都会感到疑惑。你能从背景知识或猜想的角度辨认出这种疑惑的来源吗？

A man and his son were crossing the street one day when a car suddenly came towards them and hit the boy, knocking him down. In less than ten minutes an ambulance came and took the boy to the nearest hospital. As the boy was being taken into the emergency room, one of the surgeons saw him and cried out, "Oh no. This is my son!"

（有一天，一个人和他儿子过马路，突然有辆车撞向他们，撞到了那孩子，把他撞倒了。不到十分钟，救护车就来了，把孩子送到了最近的医院。孩子被送进急救室时,外科医生中的一位看到了他,大喊:"哦,不,这是我的儿子!")

H.(i)什么是批评话语分析(Critical Discourse Analysis)?

(ii)运用这一方法可如何对下面的语篇做分析?这则语篇最初出现于英国《太阳报》(*Sun*)(1989年2月2日),后引用于 van Dijk(1996:98)和 Cameron(2001:127)。

Britain Invaded by Army of Illegals

Britain is being swamped by a tide of illegal immigrants so desperate for a job that they will work for a pittance in our restaurants, cafés and nightclubs.

Immigration officers are being overwhelmed with work. Last year, 2,191 "illegals" were nabbed and sent back home. But there were tens of thousands more, slaving behind bars, cleaning hotel rooms and working in kitchens ...

Illegals sneak in by:

- DECEIVING immigration officers when they are quizzed at airports
- DISAPPEARING after their entry visas run out
- FORGING work permits and other documents
- RUNNING away from immigration detention centres

(英国遭非法者大军入侵

英国正在被非法移民潮吞噬,这些非法移民十分绝望地想要得到一份工作,因而在我们的餐厅、咖啡厅、夜总会里工作,只赚一丁点儿钱。

移民官员正在被工作压垮。去年,2191名"非法者"被查处并遣送回国,但是还有几万人奴隶似地在吧台后面劳碌,在旅店做保洁，在厨房里干活……

非法者潜入的途径包括：
- 在机场回答问题时**欺骗移民官员**
- 入境签证过期后**失联**
- **伪造**工作许可及其他证件
- 从移民管制中心**逃跑**）

I. （i）什么是"文体学"（stylistics）研究？

（ii）下面的语篇（转引自 Verdonk，2002：7-8）刊于作家玛格丽特·阿特伍德（Margaret Atwood）的一部短篇小说集的封底。这份语篇的那些方面可在文体学分析中探讨？

This splendid volume of short fiction testifies to Margaret Atwood's startlingly original voice, full of rare intensity and exceptional intelligence. Each of the fourteen stories shimmers with feelings, each illuminates the unexplored interior landscape of a woman's mind. Here men and women still miscommunicate, still remain separate in different rooms, different houses, or even different worlds. With brilliant flashes of fantasy, humor, and unexpected violence, the stories reveal the complexities of human relationships and bring to life characters who touch us deeply, evoking terror and laughter, compassion and recognition – and dramatically demonstrate why Margaret Atwood is one of the most important writers in English today.

（这卷精彩的短篇小说集，见证了玛格丽特·阿特伍德惊人的原创声音，充满了不凡的力道与独特的智慧。这 14 篇小说中的每一篇，皆闪烁着情感，每篇都揭示了女性思维中未曾探索过的内部景致。这里的男人和女人依旧交流不畅，依旧因不同的屋子、房子，甚至不同的世界而分隔。这些小说里完美地闪过奇幻、幽默以及未曾料想的暴力，揭示了人际关系的复杂性，生动塑造了能够深深触动我们的人物,激起了恐惧与欢笑、怜悯与认同——这就强烈展示出玛格丽特·阿特伍德为何是当今最重要的英语作家之一。)

探讨与研究

I. 话语研究中,经常要对"新信息"(被读者或听者视为新)和"已知信息"(被读者或听者视为早已知道)做出区分。浏览下面这份做面包酱(bread sauce)的菜谱,指出呈现已知信息的各种方式。(试仔细思考应如何开展"方法"部分给出的那些指示,以及有多少未提及的东西,被认为是你已经具备并使用了的。)

配料:

   1 颗小洋葱   3 盎司新鲜面包屑
   2 瓣丁香(clove) 1 盎司黄油
   1 杯牛奶   胡椒粉和盐

方法:
剥好洋葱,将丁香嵌入。加牛奶和黄油,小火煨至少 20 分钟。除去洋葱,将牛奶浇在面包屑上。冷却至黏稠,食用前加热。

(背景资料,见 Brown and Yule, 1983, 第 5 章。)

II. 黛博拉·希弗林(Deborah Schiffrin)认为,"话语标记分析是对话语连贯的更具一般性的分析中的一部分。"(1987:49)下文从会话中节取,观察话语标记(已粗体标出)的使用,你认为这些标记有助于使此话语更加连贯吗?如果将其中任何一个省略掉,此话语连贯性会降低吗?透过这些例子,你想如何定义话语标记?话语标记和第 10 章 217 页描述过的语用标记是否相同?你认为 like 一词（此处用了两次）是否应视为话语标记？

I believe in that. Whatever's gonna happen is gonna happen. I believe ... that ... **y'know** it's fate. It really is. **Because** eh my husband has a brother, that was killed in an automobile accident, **and** at the same time there was another fellow, in there, that walked away with not even a scratch on him. **And** I really fee-I don't feel y'can push fate, **and** I think a lot of people do. **But** I feel that you were put here for so many, years or whatever the case is, **and** that's how it was meant to be. **Because** like when we got married, we were supposed t'get married uh like about five months later. My husband got a notice t'go into the service **and** we moved it up. **And** my father died the week ... after we got married. While we were on our honeymoon. **And** I just felt, that move was meant to be, **because** if not, he wouldn't have been there. **So** eh **y'know** it just s-seems that that's how things work.

（我相信那个。该来的总得来。我相信……那个……**你知道**那就是命。确实就是。**因为**呃我丈夫有个哥哥，出车祸死了，**然后**同时还有另一个人，也在那，抬腿走开，毛都没伤着。还有我真觉得——我觉得你不能跟命运斗，**然后**我觉得很多人就是在斗。**但是**我觉得你被放在这里这么多，年，或者无论什么事，**然后**那就是本来就该这样。**因为**像我们结婚，我们本来打算呃像大约 5 个月以后再结婚。我丈夫接到通知要去服兵役，**然后**我们就提前了。**然后**我爸那星期死了……我们刚结婚。我们度蜜月的时候。**然后**我就觉得，那个提前本来就该，**因为**要不那样，他也不能在那。**所以**呃**你知道**，好–好像事就那个样。）

（背景资料，见 Schiffrin, 1987, 第 3 章。）

深入阅读

基本论述：

Sutherland, S. (2016) *A Beginner's Guide to Discourse Analysis*. Palgrave.

Widdowson, H. (2007) *Discourse Analysis*. Oxford University Press.

更详细论述：

Johnstone, B. (2018) *Discourse Analysis*.（第 3 版）Wiley-Blackwell.

Paltridge, B. (2012) *Discourse Analysis*.（第 2 版）Bloomsbury.

Jones, R. (2012) *Discourse Analysis: A Resource Book for Students*. Routledge.

口语话语专论：

Cameron, D. (2001) *Working with Spoken Discourse*. Sage.

书面语话语专论：

Hoey, M. (2001) *Textual Interaction: An Introduction to Written Discourse Analysis*. Routledge.

话语分析的不同流派：

Schiffrin, D. (1994) *Approaches to Discourse*. Blackwell.

会话分析：

Have, P. (2007) *Doing Conversation Analysis*.（第 2 版）Sage.

Liddicoat, A. (2011) *An Introduction to Conversation Analysis*.（第 2 版）Continuum.

相邻语对与话轮转换:

Clift, R. (2016) *Conversation Analysis*. Cambridge University Press.

Enfield, N. (2017) *How We Talk: The Inner Workings of Conversation*. Basic Books.

格莱斯准则:

Grice, P. (1989) *Studies in the Way of Words*. Harvard University Press.

Sperber, D. and D. Wilson (1995) *Relevance*.(第 2 版)Blackwell.

言外之意:

Kasher, A. (2009) "Implicature." In S. Chapman and C. Routledge (eds.) *Key Ideas in Linguistics and the Philosophy of Language*. (86–92) Edinburgh University Press.

背景知识:

Gibbons, A. and S. Whitely (2018) *Contemporary Stylistics: Language, Cognition and Interpretation*. Edinburgh University Press.

图式与脚本:

Brown, G. and G. Yule (1983) *Discourse Analysis*.(第 7 章)Cambridge University Press.

其他参考资料:

Faulkner, W. (1929) *The Sound and the Fury*. Jonathan Cape.

Grice, P. (1975) "Logic and conversation." In P. Cole and J. Morgan (eds.) *Syntax and Semantics 3: Speech Acts*. (41–58) Academic Press.

Overstreet, M. (1999) *Whales, Candlelight and Stuff Like That: General

Extenders in English Discourse. Oxford University Press.

Sacks, H. (1972) "On the analyzability of stories by children." In J. Gumperz and D. Hymes (eds.) *Directions in Sociolinguistics.* (325–345) Holt, Rinehart and Winston.

Sanford, A and S. Garrod (1981) *Understanding Written Language.* Wiley.

Schiffrin, D. (1987) *Discourse Markers.* Cambridge University Press.

van Dijk, T. (1996) "Discourse, power and access." In C. Caldas-Coulthard and M. Coulthard (eds.) *Texts and Practices: Readings in Critical Discourse Analysis.* (84–104) Routledge.

Verdonk, P. (2002) *Stylistics.* Oxford University Press.

Widdowson, H. (1978) *Teaching Language as Communication.* Oxford University Press.

12　语言与大脑

> 我曾有过一位病人，右脑中风，跌倒在地，由于左腿瘫痪，已无法走路。她在地板上躺了两天，不是因为没人来帮她，而是因为她乐天地向她先生反复保证，她很好，她左腿根本没事。直到第三天，先生才带她来治疗。我问她为什么左腿不会动了，并扶起那左腿让她看，她竟漫不经心地说，那是别人的腿。
>
> 弗莱厄蒂（Flaherty，2004）[①]

上一章中，我们比较详细地审视了人们用来产出并理解语言信息的各类语言特征。这种运用语言的能力位于何处？显而易见的答案是"在大脑中"。然而，这绝不会是大脑中的任意部位。比如，这位置不可能是爱丽斯·弗莱厄蒂的描述中病人受损的右脑。那位女士已认不出自己的左腿，但却仍可谈论自己的左腿。说话的能力没有受损，所以这能力显然位于她大脑中别的位置。

神经语言学

语言和大脑之间的关系研究，称作**神经语言学**（neurolinguistics）。虽

[①] 弗莱厄蒂（Alice W. Flaherty，1963年生），美国神经学家。——译者注

然这是个相对较新出现的术语，但这一研究领域可追溯至19世纪。确定语言在大脑中的位置，在早期研究中是个挑战，但一起事件偶然间提供了一条线索。

1848年9月，佛蒙特州卡文迪什镇（Cavendish, Vermont）附近，一位名叫费尼斯·P. 盖吉（Phineas P. Gage）的建筑工头，负责带领工程队爆破岩石，铺新铁路。正当盖吉先生把铁质夯实棒捅进岩石上的爆破孔里之时，火药意外爆炸，把那根一米长的夯实棒炸进他的左侧面颊上部，又从额头上方飞了出来。那铁棒在50米开外落地，而盖吉先生的伤，在当时看来已无人可医。然而一个月后，他竟然下了病床，知觉和言语没有明显受损。

医学证据很清楚。一根大金属棒穿过了盖吉先生的大脑前部，但他的语言能力没有受到影响。他是医学奇迹，甚至坐下请人画了264页上复制的那张手握夯实棒的肖像。这则极其惊人的故事的关键点在于，语言虽然可能位于大脑中，但显然不是位于大脑的前部。

大脑中的语言区域

自那以来，人们对大脑中与核心语言功能相关的具体部分有了诸多新发现。如今，我们已知道最重要的部分位于左耳附近的区域。为了更详细地描述这些区域，我们需要更仔细地看看灰质（gray matter）中的一部分。所以，拿来一颗头颅，拔去头发，剥掉头皮，去掉颅骨，再断开脑干（brain stem，连接脑和脊椎），割断胼胝体（corpus callosum，连接大脑两半球）。若忽略一定量的其他物质，就基本只剩下两个部分了：左半球和右半球。若暂时先把右半球收走，把左半球按侧面图方向放下，看到的大致就是图12.1（改编自Geschwind，1991）。

图12.1的阴影部分表示与听说相关的语言功能的大致位置。我们对这些区域的了解，主要是通过对病人大脑进行解剖检查，这些病人在世时被诊断为患有某种语言障碍。也就是说，我们试图通过找出患有明确语言

障碍的病人具体的脑损伤部位，来确定正常人的语言能力究竟位于何处。更多关于大脑的图，见 279 页作业题 G。

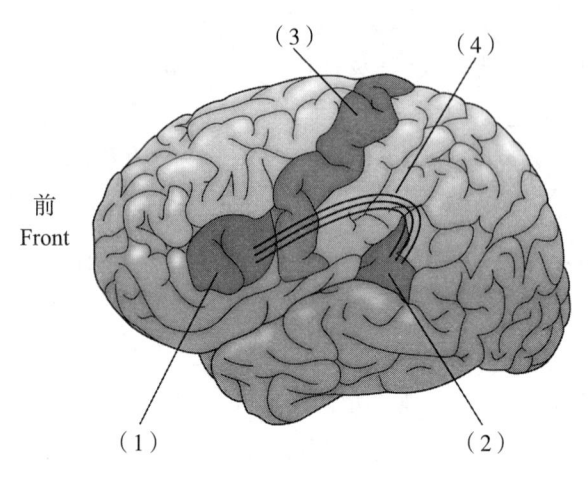

图 12.1 大脑中的语言区域

布洛卡区

图 12.1 里标为（1）的部分，术语称"前部话语皮层"（anterior speech cortex），或按更常用的名称，称为布洛卡区（Broca's area）。法国外科医生保罗·布洛卡（Paul Broca）19 世纪 60 年代时论述过，大脑这一具体部分的损伤，与产出口头话语时的极度困难相关。当时已注意到，右脑中与之对应的区域受损就不会产生这样的效应。这一发现最先被用来论证语言能力必然位于左脑，此后被视为证据，证明布洛卡区高度参与口头话语产生。

韦尼克区

图 12.1 里标为（2）的部分，是"后部话语皮层"（posterior speech cortex），亦称韦尼克区（Wernicke's area）。卡尔·韦尼克是位德国医生，他于 19 世纪 70 年代论述过，大脑这一部分受到的损伤见于那些发生言语

理解困难的病人。很重要一点是，该区域距离处理我们所听到的东西的听觉皮层（auditory cortex）很近。这一发现巩固了语言能力位于左半球之说，并使人们明白韦尼克区是大脑中对口头话语理解至关重要的部分。

运动皮层和弓状束

图 12.1 里标为（3）的部分，是**运动皮层**（motor cortex），这一区域主要控制肌肉运动（活动手、脚、臂等）。运动皮层中靠近布洛卡区的部分控制着面部、下颌、舌、喉等发音肌肉，故而控制着物理性的言语发音。20 世纪 50 年代，潘菲尔德和罗伯茨（Penfield and Roberts，1959）两位神经外科医生发现，通过向大脑的某些具体部位输入少量电流，他们能将电流刺激可干预言语产出的那些区域辨认出来。

图 12.1 里标为（4）的部分，是被称作**弓状束**（arcuate fasciculus，拉丁语意为"弧线形的一束"）的一束神经纤维。这也是韦尼克的发现之一，如今因充当韦尼克区和布洛卡区之间的关键桥梁而为人们所知。

脑功能定位观

指明这四个组成部分之后，很容易得出结论认为语言能力的具体方面对应大脑中的具体位置。这被称作**脑功能定位观**（localization view），一直用来表明，大脑听词、把词弄懂、再把词说出来的活动遵循着明确的模式。词通过韦尼克区被听到并被理解。随后，这一信号经弓状束被传递至布洛卡区，并在此处做好生成词的口头版本之准备。接下来，信号被发至运动皮层的某部分，从物理上发出这个词的声音。

这当然只是可真实发生着的事情的极度简化版，但是却与我们对大脑中的简单语言处理的理解基本一致。最好是把任何关于大脑中的处理通路（pathway）的提法都视为某种形式的隐喻，一旦我们对大脑如何发挥功能的了解进步了，这样的隐喻就可能显得有所不足。"通路"之隐喻，在电子时代似乎十分吸引人，我们对通过电路发送信号的过程很熟悉。而在早年，机械技术更居于主导的时代，西格蒙德·弗洛伊德（Sigmund Freud）缜密地使用了"蒸汽机"之比喻，来解释大脑活动的若干方面；他写道，"构筑压力"的抑制效应，达到了"突然释放"之时刻。比他更早时，亚里士多德的隐喻是，大脑是块冰冷的海绵，让血液保持凉爽。

某种意义来看，我们被迫使用隐喻，主要是因为我们无法获取关于大脑中语言过程的直接物理证据。因为无法直接获及，所以基本只能依靠那些通过间接方式可发现的东西。传统上这些方法中包括竭力透过系统出问题或失灵时获取的线索，来研究系统是如何运作的。

话到嘴边与口误

某些时候，想让大脑和言语产出协调运作，却遇到了困难，这种事我们都经历过。（当然，有些日子比其他日子更糟糕。）这类轻微的产出障碍可提供些可能的线索，展示我们的语言知识在大脑中是如何组织的。

话到嘴边现象

例如，**话到嘴边现象**（tip of the tongue phenomenon）中，我们觉得某个词在故意躲避我们。我们知道那个词，但它就是不出来。对这一现象的研究显示，说者通常拥有该词的准确音系轮廓，能够把首音发对，多数情况下知道这个词有几个音节。而且这样的经历主要发生于不常见的词和名称。这表明我们的"词储存"系统在一定程度上可能是以某种音系信息为基础而组织的；存储中的一部分词，比另一部分词更容易读取。

我们在这种读取过程中出错时，竭力说的目标词和产出的错误词之间，常存在很强音系相似性。例如，说者被问及某种航行仪器的名称（sextant［六分仪］）时，说出的却是 secant（正割）、sextet（六人组）、sexton（教堂司事）之类。其他例子如，把"灭火器"说成了 fire distinguisher（其实是 extinguisher），把"超脱入静"说成了 transcendental medication(其实是 meditation)。这类错误有时被称为**麦拉普现象**(malapropism),源于一位叫麦拉普夫人的人物(谢立丹一部剧里的人物②),总是因为把词"差一点说对"而造成极大的搞笑效果。电视节目里有另一个因麦拉普现象而著称的戏剧人物,就是阿奇·邦克(Archie Bunker),有一次他建议:We need a few laughs to break up the monogamy.(我们需要大笑几声,来打破一夫一妻制。)③

口误

另一类语误通常称作**口误**(slip of the tongue)。这类错误导致了 a long shory stort(其实是 make a long story short[长话短说])、use the door to open the key(用门开钥匙)、a fifty-pound dog of bag food(50 磅的一狗袋粮)。这类口误有时称作**斯普纳现象**(spoonerism),源于牛津大学圣公会教士威廉·斯普纳(William Spooner),他因这类口误而出了名。他犯的大多数口误都涉及两词首音的互换④,例如他曾把一个农村信众团体称呼为 noble tons of soil(尊贵的几吨土),差点把女王说成 our queer old dean(我们古怪的老教长),把神描述成了 shoving leopard to his flock(推推搡搡牧羊的豹子),他批评一位旷课的学生说 You have hissed all my mystery lectures(我的秘术课你全在学蛇吐信子)。⑤

---

② 谢立丹(Richard Brinsley Sheridan,1751—1816),爱尔兰剧作家,18 世纪末英国社会风尚喜剧创作的代表人物。麦拉普夫人之典故源于其作《情敌》(The Rivals)。——译者注

③ monogamy(一夫一妻制)是 monotony(单调乏味)之口误。阿奇·邦克(Archie Bunker),美国 70 年代情景喜剧《一家子》(All in the Family)中的人物,由卡罗尔·奥康纳(Carroll O'Connor,1924—2001)饰演。——译者注

④ 因此,spoonerism 这个术语也可意译为"首音互换"。——译者注

⑤ 上述口误,正确形式分别为:noble sons of toil(尊贵的劳作者们)、our dear old queen(我们亲爱的老女王)、loving shepherd to his flock(牧着羊群的充满慈爱的牧羊人)、You have missed all my history lectures(我的历史课你全都没来)。——译者注

脑误

其他例子，经常是词的替换，即用了相似但却不恰当的词，而不是目标词。一位美国总统在谈及他与前总统的关系时，不得不迅速改口，因为他说："we've had some triumphs ... made some mistakes ... we've had some sex ... eh ... setbacks."（我们一起取得过胜利……出过错……遇到过……呃……挫折）⑥ 不过，日常生活中的错误大多没有这么滑稽。脑误存在三种类型：**保留**（perseveration）是指一个音被延续到了下一个词里，因而 my favorite song（我最喜欢的歌）说成了 my favorite fong。**预测**（anticipation）则是某个音在下一个词出现之前就提前用上了，因此 roman numeral（罗马数字）说成了 noman numeral。**交换**（exchange）指音交换了位置，由此 feel better（感觉好些了）说成了 beel fetter。尽管这些错误大多被视为发音上的错误，但实际上可能是由大脑试图组织并生成语言信息时出现的**脑误**（slip of the brain）造成的。三种错误类型已在表 12.1 中列出。

表 12.1　脑误 ⑦

保留 （perseveration）	音被延续至下一个词	black bloxes，my favorite fong
预测 （anticipation）	音在下一个词出现前已被使用	noman numeral，a tup of tea
交换 （exchange）	词首音换位	shu flots，beel fetter
	词末音换位	stick neff，loop before you leak

耳误

另有一类错误，或可为大脑如何理解所收到的听觉信号提供些线索。

---

⑥ setbacks（挫折）的前一个音节被误作 sex（性），成了"我们一起上过床"。——译者注

⑦ 表中所列的错误（正文中已出现者从略），正确的形式分别是：black boxes（黑匣子），a cup of tea（一杯茶），flu shots（流感疫苗），stiff neck（脖子失枕），look before you leap（看好了再跳／三思后行）。——译者注

这类错误被称为**耳误**（slip of the ear），例如，我们听到 great ape（巨猿）时，会疑惑为什么有人会在办公室里找这么个东西（其实说者说的是 gray tape［灰色的胶带］）。谈论狗的对话里，有位 5 岁小孩说："My uncle has a pimple"（我叔叔有丘疹），结果证明是她把 pit bull（比特犬）听成了这个样子。还有一则类似的误解，是从一个孩子的主日学校⑧汇报里发现的；他写道，人人都在唱一首关于"名叫格莱德利的斜眼狗熊"（a bear called Gladly who was cross-eyed）的歌。结果，这个错误的源头竟是宗教歌曲里的一句歌词：Gladly the cross I'd bear（我高兴地背负着十字架）。⑨有些麦拉普现象（如 transcendental medication 这类），可能也是源于耳误。更多错误，见 278 页作业题 C。

以上这些有趣的说错话之例，向我们提供了人类大脑在处理语言时如何正常工作的线索。但是，也有些关于语言产出与理解的问题，是由更加严重的大脑功能紊乱造成的。

失语症

如果你偶尔经历过上述任何种类的"说错话"，你就略微了解了有些不幸的人必须常年忍受着的遭遇。这些人得的病是不同类型的语言紊乱，统称为"失语症"。**失语症**（aphasia）可定义为局部脑损伤造成的语言功能损伤，这种损伤可导致语言形式理解困难、产出困难，或二者兼而有之。

失语症的最常见原因就是中风（脑血管堵塞或爆裂），虽然暴力或事故造成的头部外伤亦可能造成类似效应。这些效应包括轻重不等的语言使

---

⑧　主日学校（Sunday school），基督教会组织的儿童星期天去教堂学习圣经的活动。——译者注

⑨　cross I'd 听着很像 cross-eyed，而 bear 自身是同形异义。话语中 cross 和 I'd 之间存在停顿，但唱歌时这个停顿未必存在，孩子因而会误解。——译者注

用能力衰退。失语症患者常有相互交错的多种语言紊乱，例如理解困难又可导致产出困难。因此，不同类型的失语症之分类，通常以存在语言困难的人的主症状为基础。

布洛卡失语症

名为**布洛卡失语症**（Broca's aphasia）（又名"表达性失语症"［expressive aphasia］）的严重语言紊乱，其特征是话语量锐减、发音失真而缓慢，说话常常很费力。说出的话经常是几乎完全由词汇语素组成（主要是名词、动词、形容词，如第 6 章所述）。功能语素（如冠词、介词）和屈折语素（如复数 -s、过去时 -ed）经常被省略，导致此类失语症话语以缺乏语法形式为特征，也就是以"非语法话语"为特征。**非语法话语**（agrammatic speech）中，语法标记呈缺失状。

这个话语例子，是一位失语症不严重的患者说出的，是在回答关于他早餐吃了什么的问题：

> I eggs and eat and drink coffee breakfast.
> （我鸡蛋嗯吃嗯喝咖啡早饭。）

然而，这类紊乱可能会极为严重，导致存在大量犹豫以及特别长的停顿（用"..."表示）的话语：

> My cheek ... very annoyance ... main is my shoulder ... achin' all round here.
> （我的脸……很讨厌……主要是我的肩膀……疼这周围。）

有些患者发出单个词的音也会遇到很大困难，如竭力想说 steamship（汽船）时，说："a stail ... you know what I mean ... tal ... stail"（有个 stail……你知道我想说 tal……stail）。布洛卡失语症中，理解通常比产出好很多。

韦尼克失语症

这类导致听觉理解困难的语言紊乱，有时也称作"接受性失语症"（receptive aphasia），但更常用的名称是**韦尼克失语症**（Wernicke's aphasia）。患有这种紊乱的人，其实能产出非常流利的话语，但是这话语经常很难懂。即使要求他回答非常具体的问题，他用的也是非常泛的词，例如下例：

> I can't talk all of the things I do, and part of the part I can go alright, but I can't tell from the other people.
> （我做的事，我不全会说，那部分，那部分，我能弄对，但我跟别人分不清。）

找到正确的词有困难，有时称作**命名失能症**（anomia），在韦尼克失语症中亦有发生。说者为了克服其寻词困难，会使用别的策略，如竭力对物品加以描述，或是说其用途，比如说 the thing to put cigarettes in（放烟的那个东西，指"烟灰缸"）。下面这个例子里（引自 Lesser & Milroy, 1993），说者描述画中的一样东西，却想不起来词（是 kite［风筝］），就尝试了各种策略。

> it's blowing, on the right, and er there's four letters in it, and I think it begins with a C – goes – when you start it then goes right up in the air – I would I would have to keep racking my brain how I would spell that word – that flies, that that doesn't fly, you pull it round, it goes up in the air.
> （吹，右面，呃，里面四个字母，嗯我觉得开头是个 C——跑了——你放它就跑天上了——我得我得使劲用脑想我怎么拼这个词——会飞，也不会飞，你到处拽它，它就上天了。）

传导性失语症

另外一种不那么常见的失语症与弓状束的损伤相关，称为传导性失语症（conduction aphasia）。患有这类紊乱的人有时会把词的音发错，但通常却并没有发音动作上的问题。他们讲话流利,但是由于停顿和犹豫的问题,节奏可能会乱掉。他们对所说的词的理解通常很好,但是让他们重复(别人说的)词或短语,却有很大困难,竭力重复 base(基地)和 wash(洗)这两个词,重复出的却是 vaysse 和 fosh。说者听到了、理解了的东西,无法很成功地传递至言语产出区域。

应当强调的是,许多这样的症状(如寻词困难)在所有类型的失语症中都有发生,还可发生于更具一般性的紊乱,如失智症(dementia)和阿尔兹海默病。说话困难还可伴有书写困难,听觉理解的损伤往往伴有阅读困难。上述语言紊乱几乎永远是左脑受伤的结果。左脑对语言的主导,还可通过另一种研究方法展示出来。

双耳听觉

有种展示左脑对音节处理及词处理的主导作用的实验技术,称为**双耳听觉测试**(dichotic listening test)。这一技术利用的是个被广为接受的事实:身体右侧经历的一切皆由左脑处理,身体左侧经历的一切皆由右脑处理。如本章开头处弗莱厄蒂(Flaherty, 2004)的描述所示,右脑中风造成了左腿的瘫痪。因此,基本猜测就是,由右耳进入的信号将走向左脑,由左耳进入的信息将走向右脑。

有了这一信息,实验即成为可能。受试者在实验中戴着双耳耳机坐下,同时给他两种不同的声音信号,每种经一侧耳机而至。例如,由一侧耳机进入的是音节 ga 或是 dog(狗)一词,在严格相同的时刻,由另一侧耳机进入的是音节 da 或 cat(猫)一词。被问及听到了什么时,正确说出由右耳进入的音的受试者更为常见。这之中的过程,可借助图 12.2 得到极好的理解。(你看着的是头的后侧。)

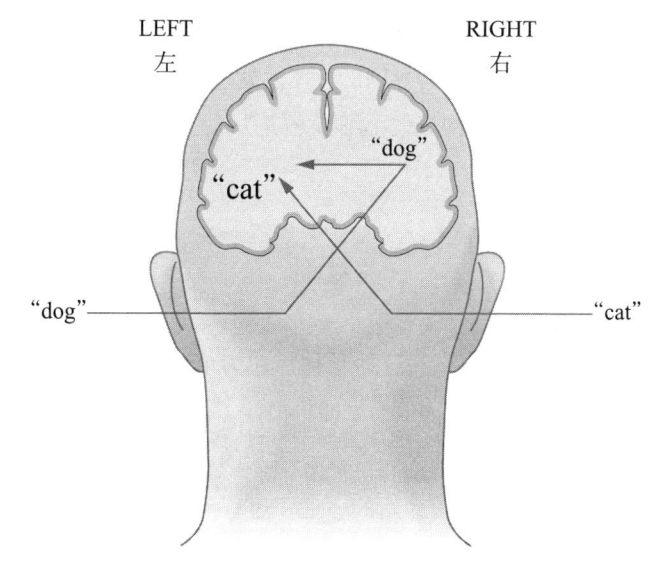

图 12.2 双耳听觉过程

左脑，右脑

这一过程中，通过左耳接收到的语言信号先被送至右脑，再被送到左脑（语言中心）做处理。这条非直达的线路所花的时间，长于语言信号经过右耳直接达到左脑。先得到处理的信号赢了，原因就在于人们通常所说的语音的**右耳优势**（right-ear advantage）。与之相比，右脑显现出在处理涌入的大量其他非语言信号方面承担了主要职责。双耳听觉测试中展示出，经左耳进入的非言语信号（如音乐、咳嗽、交通噪声、鸟叫等）更常被辨认出来，这意味着这些声音通过右脑处理得更快。

到目前为止，我们在分析中聚焦的是左脑的基本语言处理，这主要是因为"抽象概念和词，以及复杂句法，皆为左脑依赖型"。（McGilchrist, 2009：51）然而，若无右脑，我们是无法处理语言交际的，右脑专门负责语境性的理解，利用的即是语调与措辞、带有推论的非字面意义，以及语言学所涵盖的一切。没有右脑，我们就永远无法理解笑话。

我们或许可以说，最重要的区别是由左脑完成的精致聚焦的分析性处理，和由右脑完成的以语境为导向的整体性处理之间的区别；前者如快速序列中的音、词、短语结构等较小细节之辨认，后者如语言更泛的层面及经验之辨认。

关键期

左脑显然专门负责语言，这通常被描述为单侧主导性（lateral dominance），或称侧化（lateralization），即单边性（one-sidedness）。因为人类儿童从子宫中出世时并非具有完善发音活动的语言使用者，所以通常认为，侧化过程是在幼年早期开始的。这一过程与语言习得发生的时段重合。童年期有一段时间，人类大脑接收输入、学习一种具体语言的准备做得最好，有时被称为语言习得的"敏感期"（sensitive period），但更普遍的称呼是**关键期**（critical period）。

虽然有越来越多的证据表明，关键期在子宫内可能就已经真正开始了，但普遍的观点却是，语言习得的关键期由出生持续至青春期。儿童如果由于若干原因中的任何一种，而没能在这一时期习得语言，此后就几乎不可能学会语言了。透过一个虽不幸但记录完好的案例，我们对关键期已过却又未得到足量的语言输入时会发生什么获取了一定的洞察。

吉妮

1970 年，洛杉矶的一家儿童医院收治了一名后来被大家称作"吉妮"（Genie）的女孩。她当时 13 岁，此前大多数时间，她都被关在一间小屋里，绑在椅子上。她父亲是个容不得半点声音的人，她小时候只要发出任何声响，她父亲就会打她。小屋里没有收音机或电视，吉妮唯一别的人类接触者就是她母亲。她被禁止与孩子说话，只允许用几分钟时间喂孩子。吉妮的整个生活，就是在身体、感官、社交、情绪皆遭剥夺的状态下度过的。

人们或许会以为，吉妮刚被送来治疗时是无法使用语言的。然而，她在很短时间内就开始对别人的话语做出回应了，她开始试图模仿声音，开始试图交流。她的句法仍非常简单。她继续发展出了一些说话能力，听得懂数量可观的英语词，这个事实提供了一些证据，来反驳过了关键期就完全无法习得语言的观点。不过，她运用语法复杂的话语的能力很低，这似乎确实支持了一个观点：左脑中有个部分在童年时对接受语言编程呈开放状态，如果像吉妮那样没有进行编程，这一能力就会关闭掉。

吉妮的案例中，测试显示她没有左脑语言能力。那么，她又是如何能够学会一些语言的，哪怕只是有限地学会的呢？同样是这些测试，似乎指向了一个十分惊人的事实：吉妮正在把右脑用于基本的语言功能。双耳测试中，她表现出了强烈的左耳优势，无论对言语信号还是非言语信号皆如此。这一发现得到了关于右脑功能的其他研究的印证，由此产生了一种可能性：我们的语言能力并不仅局限于脑中的一两个具体部位，而是以遍布整个大脑的更加复杂的联络网为基础。

吉妮开始使用言语时，人们注意到她经历了一些与正常儿童语言习得中相同的早期"阶段"。第13章中，我们将审视这些正常阶段有哪些。

习　　题

1. 后部话语皮层的更加常用的名称是什么？
2. 韦尼克在其患者当中发现了什么样的障碍？
3. 大脑中哪一部分被描述为"弧线形的一束"？
4. 把 fire extinguisher（灭火器）说成了 fire distinguisher 属于斯普纳现象还是麦拉普现象？

5. 像 I like pop porn（把 popcorn 说错了），属于哪一类口误？[10]
6. 如果有人说 wistwatch（wristwatch [手表]），这是哪一类口误？
7. 什么是失语症？
8. 哪一类失语症是弓状束损伤之结果？
9. 哪一类失语症以下面的话语为特征？

   speech ... two times ... read ... wr ... ripe, er, rike, er, write ...

   （说话……两次……读……wr……熟，呃，rike，呃，写……）
10. 双耳听觉测试中会出现些什么？
11. 什么是关键期？
12. 研究者们从吉妮的双耳听觉测试中发现了什么？

作业题

A. 我们没有从形状和大小的角度对左脑和右脑加以区别，假定二者是对称的。然而，更详细的研究发现大脑的侧化中存在某些非对称性。两半球的生理之间的这一区别，其根源似乎是什么？这一区别是否支持人脑组织的"颅相学"（phrenology）模式？

B. 语误特征描写中的"浴缸效应"（bathtub effect）指什么？本章中有没有哪些语误之例符合这一效应？

C. 下列由幼儿产出的例子（引自 Jaeger，2005）解释了 270 页表 12.1 里描述的三类失误。括号里的词是我们认为孩子想要说的词。你能否辨别出哪些应分析为预测，哪些为保留，哪些为交换？

   （1）three, four, sive, six, seven (five)（三、四、五、六、七）

   （2）the shun is sining (sun shining)（阳光灿烂）

---

[10] 此处的"笑果"也非常明显：I like popcorn 意为"我爱吃爆米花"，I like pop porn 意为"我爱看流行色情片"。仅一个辅音即可谬以千里。——译者注

（3）Frosted Frakes (Flakes)（霜片）⑪
（4）Fentucky Fried Chicken (Kentucky)（肯德基）
（5）mashed matatoes (potatoes)（土豆泥）
（6）Hi, fredi pace (pretty face)（嗨，美女）
（7）turn the wot hotter on (hot water)（开热水）
（8）Winnie the Pooh pook (book)（维尼熊书）
（9）three little bigs and a big bad wolf (pigs)（三只小猪和大坏狼）
（10）call Bost Gusters (Ghost Busters)（呼叫捉鬼敢死队）
（11）not now, another nay (day)（现在不行，改天的）
（12）I have a snore neck (sore)（我脖子疼）

D. 本章中，我们聚焦了左脑以及左脑受损可造成何后果。那么，一个人右脑受损后，语言会发生什么？

E. 你分析下面这则选自 Radford et al.（2009）的片段时，觉得它更能代表"非语法"（agrammatism）还是"准语法"（paragrammatism）？（说者在竭力谈论一只女鞋。）

Now there there I remember. I have you there what I thought was the ... a lady one. Another. With a very short. Very very clever done. Do that the one two. Go. But there's the liver. And there is the new. And so on.

（现在那里那里我记得。我找到了你那里我以为是……女的。又一个。非常短。非常非常做的聪明。做那个一个两个。去。但是那里更活泼。那里是新的。还有。）

F. 对语言与大脑研究可能有帮助的 CT 扫描、功能性磁共振成像扫描（fMRI scan）以及正电子发射断层扫描（PET scan）等"脑部成像"程序，分别在做什么？

G. 运用你从关于大脑语言区域的讨论里获悉的情况，试将图 12.3 中的（1）—（4）和对这四幅图的描述（A—D）配起来，并简要解

---

⑪ 一种早餐麦片。——译者注

释你的选择依据。每幅图都是正电子发射断层扫描（PET）所呈现的信息，显现出从事不同活动期间，脑中的血流如何在不同位置上聚集。活动越剧烈，图中颜色就越明亮。

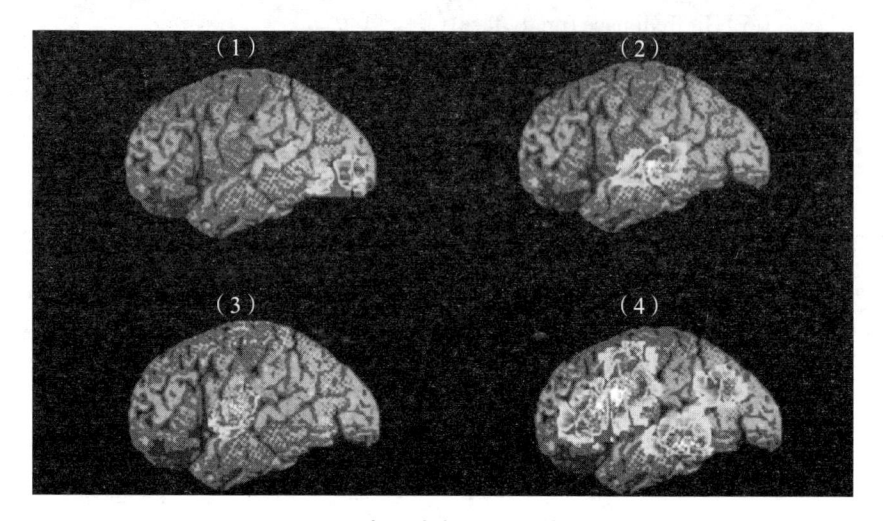

图 12.3　正电子发射断层扫描（PET）

A. 听到词 / 处理词

B. 说出词 / 对词进行发音

C. 生成词 / 准备说出词

D. 看见词 / 阅读词

H. 下列引自 Buckingham & Kertesz（1976：21）的片段，在 Obler & Gjerlow（1999：59）那里作为"新词型乱杂失语症"（neologistic jargon aphasia）之例证得到了讨论。你能否辨认出这位说者所使用的语言中出现的此类状况之特征？句法受到了严重损害吗？形态特征，如屈折，使用得是否正常？这位说者是否有寻词困难？你觉得这种失语症更像是与布洛卡区有关，还是与韦尼克区有关？（说者在回答"现在谁在经营这店铺"这个问题。）

I don't know. Yes, the bick, uh, yes I would say that the mick daysis nosis or chpickters. Course, I have also missed on the carfter teck. Do you know what that is? I've, uh, token to ingish. They have been toast sosilly. They'd have been put to myafa and made palis and, uh, myadakal senda you. That is me alordisdus. That makes anacronous senda.

（我不知道。对，那个 bick，呃，对，我想说那个 mick daysis nosis 或者 chpickters。当然，我也想那个 carfter teck 上面。你知不知道那是什么东西？我有，呃，做 ingish 用的代币。它们一直 sosilly 当面包片。它们被放在 myafa 上做 palis，还有，呃，myadakal senda 你。那是我的 alordisdus。那个做 anacronous senda。）

I. 有个研究组（Huth *et al.*, 2016）为词在脑中什么位置得到处理创立了可视化的呈现法，称之为"语义地图"（semantic map）。他们与《自然》(*Nature*)学刊合作，制作了这类地图的影像资料，名为《脑词典》(*The Brain Dictionary*)。试观看这份影像资料，并思考下列问题。

（1）大脑活动是如何监控的？
（2）受试者须听的是词、句子，还是故事？
（3）研究发现，词处理主要发生于左脑还是右脑？
（4）所有受试者都在大脑相同区域处理了相同的词吗？
（5）是否有特别的区域对应着特定几组词，如数词或表示社会范畴的词（wife［妻子］、mother［母亲］、family［家庭］）？
（6）这些发现告诉了我们哪些关于大脑和语言之关系的事情？

探讨与研究

I. 吉妮的故事里到处可见值得关注的一幕幕。下面的选段选自 Rymer（1993），引述的是研究吉妮多年的语言学家苏珊·柯蒂斯（Susan Curtiss）的话。你如何解释这样的场景？

"吉妮是我所遇见过的最强大的非语言交际者，"柯蒂斯告诉我，"我一下子就能想起这个最极端的例子：由于着迷，她会关注别人拥有的任何塑料东西并对其垂涎三尺。有一天我们在散步——我记得是在好莱坞那边。我像个神经病一样用歌剧的唱法大唱，为的是让她舒缓一些她始终都有的那种紧张。我们来到这个非常繁忙的交叉口的一角，变红灯了，我们就停了下来。突然，我听到了从手包里往外倒东西的声音——那声音你永远不会听错——停在路口上的一辆车，车里有位女士正在把她的手包倒空，她从车里出来，跑过来，把手包给了吉妮，又跑回了车里。那是个塑料手包，而吉妮一个词都没有说啊。"

（背景资料，见 Rymer，1993，第 17 章。）

II. 有位失语症患者，让她出声念出左边这些书写的词时，她每次实际念出的都是右面这些词。这些错误中有没有什么规律？这类现象是否提供了一些线索，可能表明词在大脑中存储与取用的方式？

ambition（雄心）→ career（事业）
anecdote（轶闻）→ narrator（叙事者）
applause（掌声）→ audience（观众）
apricot（杏子）→ peach（桃子）
arithmetic（算术）→ mathematics（数学）
commerce（商业）→ business（生意）
mishap（不幸）→ accident（事故）
parachute（降落伞）→ balloon（气球）
thermometer（温度计）→ temperature（气温）
victory（胜利）→ triumph（凯旋）

（背景资料，见这些例子的来源，Allport，1983）

深入阅读

基本论述：

Ahlsén, E. (2006) *Introduction to Neurolinguistics*. John Benjamins.

Heilman, K. (2002) *Matter of Mind*.（第 2 章）Oxford University Press.

Obler, L. and K. Gjerlow (1999) *Language and the Brain*. Cambridge University Press.

更详细论述：

Friederici, A. (2017) *Language in Our Brain*. MIT Press.

Ingram, J. (2007) *Neurolinguistics*. Cambridge University Press.

Whitaker, H. (2010) *Concise Encyclopedia of Brain and Language*. Elsevier.

关于费尼斯·盖吉：

Damasio, A. (1994) *Descartes' Error*. Putnam.

大脑结构：

Carter, R., S. Aldridge, M. Page and S. Parker (2009) *The Human Brain Book*. DK Publishing.

Springer, S. and G. Deutsch (2001) *Left Brain, Right Brain*.（第6版）W. H. Freeman.

脑成像：

Petrides, M. (2014) *Neuroanatomy of Language Regions of the Human Brain*. Elsevier.

口误：

Bond, Z. (1999) *Slips of the Ear*. Academic Press.

Poulisse, N. (1999) *Slips of the Tongue*. John Benjamins.

语言紊乱：

Caplan, D. (1996) *Language: Structure, Processing and Disorders*. MIT Press.

Vinson, B. (2012) *Language Disorders across the Lifespan*.（第 3 版）Thomson Delmar Learning.

失语症：

Lesser, R. and L. Milroy (1993) *Linguistics and Aphasia*. Longman.

Spreen, O. and A. Risser (2003) *Assessment of Aphasia*. Oxford University Press.

对布洛卡失语症的自我叙述：

Schwyter, J. (2018) "Ten years after the stroke: me talk slightly less funny." *English Today* 34 (2): 35–38.

传导性失语症：

Bernal, B. and A. Ardila (2009) "The role of the arcuate fasciculus in conduction aphasia." *Brain* 132: 2309–2316.

双耳听觉：

Hugdahl, K. and R. Davidson (2004) *The Asymmetrical Brain*. (441–476) MIT Press.

关键期：

Singleton, D. and L. Ryan (2004) *Language Acquisition: The Age Factor*.

(第 2 版) Multilingual Matters.

吉妮:

Curtiss, S. (1977) *Genie: A Psycholinguistic Study of a Modern-day Wild Child*. Academic Press.

Rymer, R. (1993) *Genie*. HarperCollins.

其他参考资料:

Allport, G. (1983) "Language and cognition." In R. Harris (ed.) *Approaches to Language*. (80–94) Pergamon Press.

Buckingham, H. and A. Kertesz (1976) *Neologistic Jargon Aphasia*. Swets and Zeitlinger.

Flaherty, A. (2004) *The Midnight Disease*. Houghton Mifflin.

Geschwind, N. (1991) "Specializations of the human brain." In W. Wang (ed.) *The Emergence of Language*. (72–87) W. H. Freeman.

Huth, A., W. de Heer, T. Griffiths, F. Theunissen and J. Gallant (2016) "Natural speech reveals the semantic maps that tile human cerebral cortex." *Nature* (April 28) doi:10.1038/nature 17637

Jaeger, J. (2005) *Kids' Slips*. Lawrence Erlbaum.

McGilchrist, I. (2009) *The Master and his Emissary*. Yale University Press.

Penfield, W. and L. Roberts (1959) *Speech and Brain Mechanisms*. Princeton University Press.

Radford, A., M. Atkinson, D. Britain, H. Clahsen and A. Spencer (2009) *Linguistics: An Introduction*. (第 2 版) Cambridge University Press.

13 第一语言习得

孩子：Want other one spoon, Daddy.
（爸爸，要 other one spoon［另一把勺子］。）

父亲：You mean, you want the other spoon.
（你意思是，你要 the other spoon［另一把勺子］。）①

孩子：Yes, I want other one spoon, please Daddy.
（对，我要 other one spoon，求你啦爸爸。）

父亲：Can you say "the other spoon"?
（你能不能说"the other spoon"？）

孩子：Other ... one ... spoon.

父亲：Say "other."
（说"other"。）

孩子：Other.

父亲："Spoon."

孩子：Spoon.

父亲："Other spoon."

孩子：Other ... spoon. Now give me other one spoon?

---

① "另一把勺子"的英语表达，父亲的 the other spoon 是正确的，孩子的 other one spoon 是错误的。——译者注

（Other ... spoon。现在给我 other one spoon 吧？）

布雷恩（Braine，1971）[②]

  第一语言习得，因其发生的速度而不同凡响。儿童早在上学之前很久，就已经成为极其复杂细致的语言使用者了，操控着一套自我表达与交际的系统，任何其他动物或是计算机都无法与之媲美。除了习得的速度之外，所有的儿童，无论其环境有多大差异，习得通常都能在没有明显教学指导的情况下发生，这个事实为人类儿童拥有用于习得语言的天生禀性之思想提供了强力支持。我们可视之为每个新生儿皆被赋予的特别的语言能力。然而，单凭这种与生俱来的语言能力是不够的。

习　　得

  语言习得过程有一些基本要求。婴儿在成长的前两至三周里，需要跟使用语言的其他人互动，从而把一般性的语言能力拿来与像英语这样的某一具体语言相接触。吉妮的案例中（第12章）我们已看到，听不到语言或是不允许使用语言的孩子学不到语言。我们还已指出文化传承之重要性（第2章），也就是说，儿童学会的那种具体语言不是靠基因继承的，而是在某一具体的语言使用环境中习得的。

  儿童还必须在生理上有能力发送并接收某一语言的语音信号。所有婴儿在1周岁之内都能发出"咕咕声"（cooing）和"牙牙学语声"（babbling），但是，先天性耳聋的婴儿在大约6个月时会停止发声。因此，儿童若要说一种语言，就必须有能力听到那种语言的使用。然而，仅凭听语言的声音并不够。默斯柯维茨（Moskowitz，1991）论述过一个案例，耳聋的父母让其听觉正常的儿子充分接触了电视及广播节目，但这男孩子仍未

[②] 布雷恩（Martin D. S. Braine，1926—1996），美国认知心理学家，以研究语言习得见长。——译者注

获得说英语、懂英语的能力。截至他3岁时,他十分有效地学会的,是美国手语的使用,也就是他用来跟父母交流的语言。至关重要的要求,似乎在于通过语言跟他人互动。

输入

正常情况下,人类婴幼儿在语言习得方面,固然会受助于家庭语言环境里大一些的孩子以及成年人的典型行为。他们为这孩子提供了语言样本,或称为**输入**(input)。成年人,如妈妈、爸爸以及爷爷奶奶、姥爷姥姥等,跟面前这些小生灵们讲话时,似乎往往不是按成年人对成年人的正常会话方式。像这样的话并不多:Well, John Junior, shall we invest in blue chip industrials, or would grain futures offer better short-term prospects?(好啦,小约翰,咱们投资蓝筹产业吗?还是粮食期货可提供更好的短期前景?)而这样的话似乎非常多:Oh, goody, now Daddy push choo choo?(哦,好宝宝,爸爸给你推啾啾?)③

长时间与婴幼儿互动的人所采用的这种以简化为典型特征的话语风格,纳入了大量让人联想到"娃娃话"(baby talk)的形式。这类形式要么是简化了的词,如 tummy(肚肚)、nana(奶奶/姥姥),要么是用简单的重复音、重复音节构成的另类形式,用来表示儿童环境中的事物,如 choo-choo(啾啾)、poo-poo(便便)、pee-pee(尿尿)、wa-wa(水水)。这类言语风格的特征还包括问句的频繁使用,经常出现夸张的语调、超高的嗓门、伴有更长停顿的较慢节奏等。这种风格有时被描述为"妈妈话"(motherese)或是"以儿童为导向的话语"(child-directed speech),但更普遍的称呼是"育儿者话语"(caregiver speech)。

育儿者话语

大量育儿者话语中构建的那类会话结构,似乎是在婴幼儿成为会说

---

③ choo choo 是儿童对火车的称呼,源于对蒸汽机车头的拟声。——译者注

话的参与者之前,就向他们赋予了互动角色。如果我们看一段母亲向孩子讲话(孩子1周岁零11个月),这话仿佛是两人间的对话,那么这类结构的构建就显而易见了。注意这位妈妈是如何对孩子的动作和发声做出反应的,这些动作和发声仿佛是对话中的话轮(引自 Bruner,1983)。

> 妈妈:Look!
> (看!)
> 孩子:[摸摸画片]
> 妈妈:What are those?
> (那些是什么?)
> 孩子:[发出一段牙牙学语式的声音,并且笑了]
> 妈妈:Yes, there are rabbits.
> (对,有兔。)
> 孩子:[发声,笑,抬头看妈妈]
> 妈妈:[哈哈笑]Yes, rabbit.
> (对,兔子。)
> 孩子:[发声,笑]
> 妈妈:Yes.[哈哈笑]
> (对。)

育儿者话语的特征还包括简单的句子结构以及大量的重复与解释,指称基本限于此地和此时。如果这孩子确实正在发展出一种把音和词组合在一起的系统,那么这种由与之互动的成年人产出的简化模式就可能充当很好的线索,指明这之中涉及的基本结构组织情况。

习得时间表

所有的正常儿童大致都在同一时间产生语言,遵循的基本是相同的时间表。由于坐起、爬行、站立、走路、使用手以及其他许多身体行为也都是如此,语言习得的时间表似乎与由生物学决定的运动技能之发育及婴幼儿大脑之成熟具有相同的基础。

我们可以认为，儿童早年拥有一种生物能力，可在不同阶段辨认出语言输入中的不同层面。早在开口说话之前很久，儿童就已开始积极主动地对所听到的话加以处理。我们可通过婴儿对语音做出反应时"吮吸行为"（sucking behavior）的增减，或是把头转向这类语音的发出方向的增减，辨别出他们正在关注些什么。婴儿1个月时，已能够区分［ba］和［pa］。前3个月期间，已经会用明显的微笑来回应说着话的脸，已开始创造明确的发声。

咕咕叫

最早的类似语言的声音，被描述为**咕咕叫**（cooing）。出生后的前几个月里，婴儿逐渐能够发出些类似元音的序列，尤其是近似［i］和［u］的高元音。截至4个月时，已形成让舌后部经常接触腭的能力，可让婴儿创造出类似软腭辅音［k］和［g］那样的音，这类产出因而常被描述为"咕咕叫"（cooing 或 gooing）。言语感知研究（speech perception study）已表明，截至5个月时，婴儿已能听出元音［i］和［a］的区别，已能区分像［ba］和［ga］这样的音节。

牙牙学语

6个月至8个月之间，儿童已开始坐起，并产出一些不同的元音和辅音，以及像 ba-ba-ba、ga-ga-ga 之类的组合。此类语音产出被描述为**牙牙学语**（babbling）。牙牙学语期的稍晚阶段，大约9至10个月时，所产出的辅音与元音的组合已有可辨的语调模式，并且组合中也出现了变化，如 ba-ba-da-da。鼻音也变得更加常见了，有些音节序列，如 ma-ma-ma 和 da-da-da，最终被父母们解读为 mama（妈妈）和 dada（爸爸），并重复着回复给孩子。

10至11个月时，儿童开始自己站起来了，此时已能用其发声来表达情绪和强调。牙牙学语期的这个最后阶段，以更复杂的音节组合（如

ma-da-ga-ba）以及大量语音游戏和模仿尝试为特征。这种对语音的"前语言"（prelanguage）使用，为儿童提供了一些言语社会角色经验，因为成年人往往会对这牙牙学语做出回应，无论多么不连贯，都仿佛这真是孩子的社会互动话语一样。截至 12 个月时，儿童还开始产出明确的手势，比如手虽够不着却向育儿者指着，或是握着东西伸过去，这手势还伴有发声，显示出手的使用和发音器官的使用之间存在近密的物理联系。

此时应注意一个问题。儿童语言研究者对其研究的儿童的年龄固然做出了非常仔细的论述。然而，他们也非常仔细地指出，在从哪一年龄出现语言发育的何种具体特征这一问题上，不同儿童之间存在显著差异。因此，"截至 6 个月时""截至 2 周岁时"之类的关于发育阶段的论述，我们始终应视其为普遍近似值，可因儿童个体而变化。

一词阶段

12 至 18 个月之间，儿童开始产出各种可辨的单一单位话语。这一阶段传统上称作**一词阶段**（one-word stage），以话语中用单个词项来指事物为特征，如 milk（牛奶）、cookie（饼干）、cat（猫）、cup（杯）、spoon（勺子，通常被念成 [pun]）等。还可能出现 [ʌsæ] 之类的其他形式，环境显示这是儿童所产出 What's that（那是什么）的一个版本，因此，"单一单位"（single-unit）这个术语更准确些。我们用**独词话语**（holophrastic speech）[4] 这一术语（意思是单个形式用作短语或句子之功能）来描述这既可以是一个词，也可以是一个短语或句子的话。

许多这样的独词话语似乎都用于为事物命名，但是其另一些使用环境表明，儿童已对其使用做了扩展。一张空床可能激发出姐姐的名字，她通常睡这张床，即使此人不在现场亦如此。因此，儿童在这一阶段可能已会

---

④ holophrastic 中的前缀 holo- 强调"整体"，源于希腊语 ὅλος（全部，整个）。——译者注

对 Karen（卡伦）和 bed（床）分别做指称，但是还不会把二者放在一起用于更复杂的短语。对于一个刚会蹒跚走路、下楼梯都要转过身去爬下来的人来说，这期待可太过分了。

双词阶段

双词阶段（two-word stage）是始于 18 个月左右还是始于 20 个月左右，取决于我们眼中怎样才算是两个不同的词一同出现，儿童的词汇量此时已超过 50 个。截至 2 周岁时，像 baby chair（宝宝椅子）、mommy eat（妈妈吃）、cat bad（猫猫坏）之类的各种组合通常已出现过。当然，成年人对这类组合的解读跟其出现的语境密切绑定。像 baby chair 这一短语，就可依据不同环境理解为所属权之表述（= this is baby's chair，这是宝宝的椅子），理解为请求（= put baby in chair，把宝宝抱到椅子上），或理解为陈述（= baby is in the chair，宝宝在椅子上）。以下是另一些双词阶段的例子：

> big boat（大船），doggie bark（狗狗叫），hit ball（打球），mama dress（妈妈衣服），more milk（多点牛奶），shoe off（鞋脱）

无论儿童通过这类表达想交流些什么，其显著功能效果都在于，成年人，更常见的是大一些的孩子，表现得仿佛交际已正在发生了。换言之，儿童不仅产出了话语，还收到了反馈，这反馈证实了话语的确充当了互动之中的一部分。此外，截至 2 周岁时，无论儿童已产出 200 个还是 300 个不同的"词"，他/她能听懂的词足有所说的词的 5 倍之多。

电报式话语

2 岁至 2 岁半之间，儿童开始产出大量可归类为"多词"话语（"multiple-word" speech）的话。这类话语的突出特征已不再是词的数量，而是开始显现出的词形式多样性。探究这一发展之前，我们应当注意一个被称为**电报式话语**（telegraphic speech）的阶段。这一阶段以短语或句子中的词串（即词汇语素串）为特征，如 this shoe all wet（这鞋全湿）、cat drink milk（猫喝奶）、daddy go bye-bye（爸爸走拜拜）。截至这一阶段，儿童显然已发展出一些造句能力，并能够让词序正确。这类电报式话语使用期间，屈折（如 -ing）开始在某些词形式中出现，简单的介词（如 in、on）也已开始使用。

截至 2 岁半时，儿童的词汇量已迅速扩张，儿童已开始发起更多谈话，而此时增加的身体活动则包括跑和跳。截至 3 周岁时，词汇量已增至数百个词，发音也变得更加清晰了。此时，有必要思考一下成年人在儿童语言发展中发挥了何种影响。

习得过程

随着儿童的语言本领的增长，人们常以为儿童在某种意义上被"教"会了语言。这一想法其实并未从儿童实际所做的事情中得到佐证。对于绝大多数儿童来说，没有人提供如何说这种语言的指导。一种更准确的观点认为，儿童是在根据对他们所说的话以及他们周围的话，积极地构筑起语言使用的可能方式。儿童的语言产出，似乎主要是个尝试构建并测试这些构建是否可行的问题。

儿童习得语言主要靠成年人来教，显然是不可能的。儿童当然会模仿成年人所说的话，也明显会从所听到的话（输入）里吸纳大量词汇。然而，儿童话语中出现的许多表达，成年人根本不可能说过。下面这段材料里（Clark, 1995），注意这孩子如何在这语境中创造了一个新动词（to Woodstock）：

诺亚（拿起一只玩具狗）：This is Woodstock.（这是伍斯托克。）
　　　　　　　　　　　　［他用这玩具反复敲亚当的脸。］
亚当：　　　　　　　　　Hey Woodstock, don't do that.（嘿，伍斯托克，别这样。）

	［诺亚不停手。］
亚当：	I'm going home so you won't Woodstock me.（我要回家了哦，省得你伍斯托克我。）

通过模仿来学习？

反对把"模仿"当作儿童语言产出之主要来源的类似证据，还可从对婴幼儿所使用的结构的研究中得来。他们可能会重复单个的词或短语，但却不会重复句子结构。下面两例中，儿童被要求重复成年人所说的话（左侧）。

The dogs are hungry.	~ dog hungry
（狗饿了。）	
The owl who eats candy runs fast.	~ owl eat a candy and he run fast
（吃糖的猫头鹰跑得快。）	

这些例子中，儿童应该是理解了成年人所说的话，但他们却有自己的方式来表达所听懂的东西。

通过纠正来学习？

认为成年人的"纠正"十分有效地决定了儿童的说话方式，同样不可能。试图做纠正的一个例子（other one spoon 之例），已在本章开头处引用。即使很细致地做了纠正，那孩子仍要用他自己构建的形式，尽管大人已反复说了正确形式应该是什么。注意在下面这则对话中（引自 Cazden，1972），这个4岁的孩子既不重复大人的话，也不接受大人的纠正。

孩子：My teacher **holded** the baby rabbits and we patted them.⑤
（我们老师握着兔宝宝，我们摸摸它们。）

---

⑤ 英语动词过去时屈折后缀是 -ed，但 hold（握）正确的过去时形式是 held。此例中的儿童反复使用的是错误的类推形式 holded，虽然妈妈对此反复纠正，孩子仍我行我素。——译者注

妈妈：Did you say your teacher **held** the baby rabbits?
（你说你们老师握着兔宝宝？）

孩子：Yes.
（对）

妈妈：What did you say she did?
（你说她做什么了？）

孩子：She **holded** the baby rabbits and we patted them.
（她握着兔宝宝，我们摸摸它们。）

妈妈：Did you say she **held** them tightly?
（你是说她握得很紧吗？）

孩子：No, she **holded** them loosely.
（没有，她握得很松。）

儿童的习得过程中有个因素似乎很重要，就是会独立使用音的组合及词的组合，有时是在与他人的互动中，有时是在文字游戏中。魏尔（Weir 1966）描述过，有个2岁儿童独自躺在床上时，磁带录下了他戏玩词和短语的声音："I go dis way ... way bay ... baby do dis bib ... all bib ... bib ... dere."（我走这边……边和湾……宝宝做这哔哔……都哔哔……哔哔……那边。）文字游戏，似乎是儿童的全套语言本领发展中的重要元素。我们更仔细地审视电报式阶段之后的发展时，可以探查这小话匣子的稳定语流中出现的具体的语言特征。

发展词法

截至2岁半时，儿童已开始超越电报式话语形式，并开始吸纳屈折语素和功能语素。表达中第一个出现的是 -ing 这个形式，如 cat sitting（猫坐着）、mommy reading book（妈妈在看书）。这之后出现的通常是介词 in（在……里）和 on（在……上），无论它俩谁先谁后。

词法方面的下一步发展，通常是用 -s 形式标注规则复数，如 boys（男孩，复数）和 cats（猫，复数）。这个复数标记的习得，常伴有**过度归纳**（overgeneralization）之过程。儿童会对这条加 -s 构建复数的明显规则做过度归纳，继而谈论 foots（脚，复数）和 mans（人，复数）[⑥]。

不规则复数，如 men 和 feet，随后才会出现（有时仍会过度归纳，如 some mens、two feets），同时出现的还有不规则的过去时形式，如 came（来，过去时）和 went（走，过去时）。不久后我们还会看到动词 to be（是）的不同形式，如 is 和 are。差不多是在这些新动词形式出现的同一时候，有时更早些，属格屈折形式 -'s 出现于名词短语中，如 Karen's bed（卡伦的床）、mommy's book（妈妈的书）。名词短语中还开始用上了冠词 a 和 the。

最后，带 -ed 的规则过去时形式，如 it opened（它打开了）、he walked（他走了）里的形式，变得很常见，有些例子里会出现一些过度归纳，如 he goed（他走了）、you comed here（你来这里了），也有 walkeded（走了）、wented（走了）之类的例子。[⑦] 最后一个会使用的屈折语素，是现在时 -s，先出现于动词，如 comes（来）、knows（知道），再出现于助动词，如 does、has。个体案例上可存在某些差异，但基本习得顺序如表 13.1 所呈现（改编自 Brown, 1973）。

表 13.1 语素习得

阶段	语素	例子
1	-ing	cat sitting, mommy reading book
2=	in	in bag, not in that
3=	on	on bed, that on top
4	复数 -s	boys, cats
5=	不规则过去时	he came, it went away
6=	属格 -s	Karen's bed, mommy's book
7	动词 to be（is, are）	this is no, you are look

---

⑥ 这两个复数形式是错误的，正确形式是下段提及的 feet 和 men。——译者注

⑦ 正确形式分别是 he went、you came here、walked、went。——译者注

续表

阶段	语素	例子
8	冠词（a，the）	a cat, the dog
9	过去时 -ed	it opened, he walked
10	现在时 -s	it comes, she knows

"="表示 2 和 3 两阶段可互换，5 和 6 两阶段同理。

发展句法

关于儿童话语中的句法发展的研究已有很多。我们将审视两个结构的发展，大多数说英语的儿童似乎都是以常规方式习得这两个结构的。在疑问句的构成以及否定的使用当中，似乎存在三个可辨别阶段。儿童经历这些阶段的年龄可略有差别，但基本模式似乎都是：第一阶段发生于 18 至 26 个月之间，第二阶段发生于 22 至 30 个月之间，第三阶段发生于 24 至 40 个月之间。（时间段上重合的部分反映了不同儿童之间正常的发育程度差异。）

构成疑问句

构成疑问句时，儿童的第一阶段有两种过程。把 wh- 类形式（如 where［哪里］）简单地加在表述之前（如 Where kitty?［猫猫呢？］），或是在表述接近结尾时让语调上升（如 Sit chair?［坐椅子？］）。

第二阶段，可构成更复杂的表述，但升调策略依然在用（如 You want eat?［你想吃？］）。值得注意的是，有更多 wh- 类形式（如 What［什么］、Why［为什么］）开始使用了（如 Why you smiling?［你为什么笑？］）。

第三阶段，英语疑问句中称作**倒装**（inversion）的助动词位置变化，在儿童话语中变得明显（如 I can have ...［我可以有……］⇒ Can I have ...?［我可以有……吗？］），但是尚未自主延展至所有 wh- 类问句。事实上，有些刚上学的孩子在构成 wh- 类疑问句（尤其是否定形式）时，可能仍倾向于使用与成年人话语里不同的那类结构。他们往往说"Why kitty can't do it?",而不是"Why can't kitty do it?"(猫猫为什么不会做那事)。除了这些 wh- 类疑问句的问题以及继续存在的动词词法难题(如说"Did I caught it?"而非"Did I catch it?"[我抓住那个了吗?])之外,第三阶段的疑问句已经跟成年人的模式十分接近。

这些观察在表 13.2 里做了总结。

表 13.2　疑问句的习得

第一阶段	(1至2个词 + 升调)	Doggie? (狗狗?)	Sit chair? (坐椅子?)
	(加 Where)	Where kitty? (猫猫在哪?)	Where that? (那个在哪?)
第二阶段	(2至3个词 + 升调)	You want eat? (你想吃?)	See my doggie? (看我的狗狗?)
	(加 What 和 Why)	What book name? (什么书名?)	Why you smiling? (你为什么笑?)
第三阶段	(3至4个词 + 倒装)	Can I have a piece? (我能吃一块吗?)	Will you help me? (你愿帮我吗?)
	(加 Who[谁] 和 How[怎样])	Who did you go? (你和谁去?)	How is that open? (那个是怎样开的?)
	(非成年人形式)	Why kitty can't do it? (猫猫为什么不会做这事?)	Did I caught it? (我抓住那个了吗?)

构成否定句

关于否定句,第一阶段涉及的似乎是一种把 no(不)和 not(不)置于开头的简单策略。有些案例中(如 Not doing it[不做这个]),这否定可能用于否认(= I am not doing it [我没在做这个]),其他时候也可用来表达渴求(= I don't want to do it [我不想做这个]),但这说话方式却不会变。这一阶段,no 和 not 都可以加在名词(no mitten[不要手套])以及动词(not sit there[不坐这里])上。

第二阶段中，否定形式 don't（不）和 can't（不能）也出现了，跟 no 和 not 一道，越来越多地用在动词的前面，而非话语的开头。这一阶段，儿童似乎是把 don't 这一形式当作一个单一整体来使用，和其另一个形式 do not 并无关联，这很可能是因为 not 的缩合形式 n't 无法作为言语中清晰可辨的成分而被听到。

第三阶段见证了 didn't（未曾）、won't（不打算）等其他助动词形式的加入，与此同时，典型的第一阶段形式消失了。一个很晚才习得的否定形式是 isn't（不是），其结果就是有些第二阶段形式（用 not 而非 isn't）被继续使用很久，如 This not ice cream（这不是冰淇淋）。这些观察在表 13.3 里做了总结。

研究儿童对否定形式的使用，揭示出了一些有趣的案例，这之中的儿童显然有自己的否定句规则。有个著名的例子（引自 McNeill，1966）同样显现出成年人对儿童话语所做的刻意"纠正"是徒劳的。

孩子: Nobody don't like me.
（没人喜欢我。）⑧
妈妈: No, say "nobody likes me."
（不对，说"nobody likes me"）。
孩子: Nobody don't like me.
［这对话反复了 8 次。］
妈妈: No, now listen carefully; say "nobody likes me."
（不对，你听仔细了；说"nobody likes me"。）
孩子: Oh! Nobody don't likes me.
（哦！Nobody don't likes me.）

---

⑧ 注意这种"双重否定"结构在英语中并不表示肯定。历史上，双重否定形式曾经是英语否定句的主流，至今仍见于部分方言。可参考法语的否定句式 ne ... pas，亦由两个否定词构成。这一结构的详情，参见叶斯柏森《英语等语言中的否定》(Otto Jespersen, *Negation in English and Other Languages*，1917）。——译者注

表 13.3　否定句的习得

第一阶段	（在开头加 no 或 not）	No mitten （不要手套）	Not a teddy bear （不要玩具熊）
		No doing it （不做这个）	Not sit there （不坐那里）
第二阶段	（在动词上加 no 或 not）	He no bite you （他不咬你）	That not touch （那个别动）
	（在动词上加 don't 或 can't）	I don't want it （我不要这个）	You can't dance （你不会跳舞）
第三阶段	（在动词上加 didn't 或 won't）	I didn't caught it （我没抓住它）	She won't let go （她不想放手）
	（非成年人形式）	This not ice cream （这不是冰淇淋）	He not taking it （他不要这个）

发展语义

　　父母复述的那些关于自家孩子早期话语的趣事（孩子长大后颇感到尴尬）通常会涉及词的怪异用法之例。有个孩子曾被告诫苍蝇会把细菌带进家，问他什么是"细菌"，他回答说就是"苍蝇玩的东西"。想要精准地确定儿童为他们所使用的词赋予了何种意义，有时并不可能。独词阶段，许多儿童似乎都在用其有限的词汇来指称大量相互间并无联系的事物。有个孩子首先用 bow-wow（汪汪）一词指狗，继而又指带玻璃眼珠的毛皮饰物，指衣物摁扣，甚至指测洗澡水温的温度计。bow-wow 一词的意思似乎是"有闪亮部件的东西"。别的孩子则经常把 bow-wow 一词扩展至猫、奶牛、马等。

　　这个过程称为**过度扩展**（overextension）。儿童对词义进行过度扩展，最常见的模式是基于形状、声音、大小，其次是基于运动和质地。因此，ball（球）这个词扩展至一切圆形的东西，包括灯罩、门把手、月亮。而 tick-tock（嘀嘀嗒嗒）一词，起初用来指手表，但还可用来指浴室里带有圆形表盘的体重秤。基于大小，fly（苍蝇）一词起初用来指这种昆虫，后逐渐用来指斑痕，甚至指面包屑。有个孩子最初用 sizo 表示 scissors（剪刀），后来显然是基于质地，这个表达扩展到了所有金属物品。儿童对词的使用中，语义发展通常先要经历一个过度扩展的过程，之后，随着更多的词被学会，每个词项的使用就发生了渐进的缩窄过程。

过度扩展虽然在儿童的言语产出方面记载很多，但未必出现于言语理解方面。有个 2 岁半的孩子说话时用 apple（苹果）来指称许多其他圆形物，如西红柿、球，但是让他从包括西红柿和球在内的一堆圆形物中把 the apple 挑出来时，他毫无困难地做到了。

婴幼儿的语义学，一个有趣的特征就是某些关系的处理方式。从上下义关系来看，像 animal – dog – terrier（动物-狗-㹴犬）这样的上下义关系集合中，孩子使用的几乎永远是"中层"词项，但是却有证据显示，儿童首先以过度扩展的意义来使用 dog 一词，基本上就是指"动物"。这可能与成年人当中的一种类似的倾向有关：跟孩子说话时，总是用 flower 来指"花"（不是更宽泛的 plant［植物］，也不是更具体的 tulip［郁金香］）。

后续发展

有些类型的反义词关系，是非常晚时才习得的（5 周岁以后）。有份研究中，一大群幼儿园小朋友被问及 "Which tree has more apples?"（哪棵树苹果较多？）和 "Which tree has less apples?"（哪棵树苹果较少？）时，指向了同一棵果实累累的苹果树。他们似乎认为正确答案就是较大的树，忽略了 more（多）和 less（少）之间的区别。其他词对之区别，如 before/after（之前/之后）、buy/sell（买/卖）等，似乎也是较晚时才习得的。而某些类型的复杂结构以及较长话语的产出能力，也是晚得多的时候才发展出的。

儿童在童年后期，的确依然处于习得其第一语言的其他若干方面的过程中；但是通常认为，截至 5 周岁时，他们已完成了语言习得基本过程之大部。他们已成为第一语言的完备使用者。在有些人看来，儿童此时已具备开始学习第二语言（或外语）的完好状态。不过，大多数人是此后很久才开始尝试学习另一种语言的。总被提出的一个问题就是：如果第一语言习得如此直接且基本自主，那么学习第二语言对许多人来说为何却如此困难？我们将在第 14 章回答这个问题。

习　题

1. 描述育儿者话语的四个典型特征。
2. 婴儿在哪个年龄阶段能够区别 [ba] 和 [pa]？
3. 为什么婴儿最初发出的一些声音被称为"咕咕"？
4. 描述 1 周岁婴儿牙牙学语时产出的两种手势。
5. 儿童在哪个阶段产出独词话语？
6. 儿童通常在哪个阶段第一次产出与 mama（妈妈）、dada（爸爸）很像的音节序列？此时他们多大？
7. 儿童通常在什么年龄开始产出类似 ma-da-ga-ba 这样的多样化音节组合？
8. 下列哪种话语可描述为电报式话语？
   （a）hit ball（打球）
   （b）what's that（那是什么）
   （c）daddy go bye-bye（爸爸走拜拜）
   （d）my teacher holded the baby rabbits（我们老师捧着兔宝宝）
9. 下列表达，哪个可能用得比其他的早？
   mommy books（妈妈的书）
   mommy's book（妈妈的书）
   mommy reading（妈妈看书）

mommy goed（妈妈走了）

10. 下列表达，哪个可能用得比其他的早？

   What book name?（书什么名？）

   How that opened?（那个怎么开的？）

   Where kitty go?（猫猫去哪了？）

11. 下面两句话，哪个是由年龄较大的孩子产出的？为什么？

   （a）I not hurt him（我不伤他）

   （b）No the sun shining（没有太阳）

12. 孩子用 ball（球）这个词表示苹果、鸡蛋、葡萄以及球，哪个术语可以用来描述这之中的过程？

作业题

A. 本章中提到了与早期言语感知相关的婴儿"吮吸行为"。这行为应如何度量？我们从这些度量结果中可得出什么？

B. 有人提出，习得英语的婴幼儿能够辨认出所听到的词的主重音（primary stress），他们最初尝试发这些词的音时，经常使用的是扬抑格（trochaic）重音模式。

   （i）什么是扬抑格重音模式？

   （ii）下列英语词（括号中）的儿语版本之例，哪些或可视为这些儿童喜欢用扬抑格结构造词的证据？

   æməl（animal，动物）   laɪ（butterfly，蝴蝶）
   nana（banana，香蕉）   putə（computer，电脑）

   baba（bottle，瓶子）   dædæ（daddy，爸爸）
   bʌbʌ（bunny，小兔）   raɪsə（eraser，橡皮）

C. 英语环境中的普通儿童，其早期运动技能发展与言语发展之间的联系曾被 Lenneberg（1967：128-130）详细描述过，近年又得到了 Iverson（2010）的进一步细化。你能否把对各年龄的运动技能和言语技能的恰当描述填入表 13.4 中，从而显现出二者是如何共同发展的？（部分年龄层有两条描述。）

运动技能

——可在帮扶下走路

——可坐起，向前弯腰，伸手够物品

——手和脚可灵活运动

——可躺着抬起头和手

——可在帮扶下坐起

——可用拇指和其他手指握住物品

——可把玩具等物品及手指放入口中发出声音

——可自主站起

言语技能

——发出更多类似辅音的音以及元音

——发出尖叫声、咕噜声、咕咕声

——玩弄声音，发出冒泡泡声以及音节组合（如 [da da ba ba]）

——因人的言语声而转头

——发出较长的元音以及牙牙学语声，部分声音像音节（如 [da]、[mu]）

——辨认出不同声音（如 [ba] 和 [ga] 之区别）

——很容易地发出带有不同辅音的重复音节（如 [ba da ma]）

——发出更多带有规则的音节节奏的声音（如 [ba ba ba]）

表 13.4　运动技能与言语技能

	运动技能	言语技能
4 个月		

续表

	运动技能	言语技能
5个月		
6个月		
8个月		
10个月		
12个月		

D. 下列例子取自三位儿童的话语。判断哪位儿童处于最早的阶段，哪位次之，哪位处于最高阶。描述每位儿童的话语例子中支撑了你的排序的那些特征。

儿童 X　　You want eat?（你想吃？）
　　　　　I can't see my book.（我看不见我的书了。）
　　　　　Why you waking me up?（你为什么把我弄醒了？）

儿童 Y　　Where those dogs goed?（那些狗去哪了？）
　　　　　You didn't eat supper.（你没吃晚饭。）
　　　　　Does lions walk?（狮子会走路吗？）

儿童 Z　　No picture in there.（这里没有画。）
　　　　　Where momma boot?（妈妈靴子呢？）
　　　　　Have some?（来点？）

E. 关于第一语言习得是如何发生的，存在两种不同的理论视角，通常被标签为"理性视角"（rational perspective）和"经验视角"（empirical perspective）。二者皆可用若干宗旨与原则来刻画，如下面这些论断。把这些论断分为两组，一组代表理性视角，另一组代表经验视角。你倾向于哪种视角？

（1）习得以循序渐进方式进行，在已有基础上续建。

（2）习得沿既定路线发生。

（3）儿童出世即拥有某些关于可能出现的语言单位的知识。

（4）儿童可学会说些与输入无关的东西。

（5）一般性学习机制可解释语言的学习。

（6）把新的语言信息融入已有知识要花上些时间。

（7）语言学习独立于其他种类的学习。

（8）新的语言知识可非常迅速地习得。

（9）言语之感知，从最一开始就不同于其他任何物理刺激。

（10）仅存在少量固定的语言结构之可能性要学。

（11）存在许多可能的语言结构可学。

（12）言语和其他物理刺激之间最初并无区别。

（13）不存在预先编程（pre-programmed）的语言知识。

（14）儿童学会说的东西，与输入直接相关。

F. 男孩和女孩早期各阶段的语言发展有区别吗？二者说话的方式之间，以及对二者说话的方式之间，是否有差异已得到记载？

G. 儿童语言研究中的 MLU（Mean Length of Utterance，平均话语长度）指的是什么？你能否研究出下面这少量话语样本的 MLU？

no big box（没大盒子）

no eating that（不吃那个）

daddy eat red apple（爸爸吃红苹果）

daddy eats apples（爸爸吃苹果）

that mommy's book（那妈妈的书）

探讨与研究

I. 我们在对语义发展的讨论中，主要聚焦于名词的用法。下列例子中，有位幼儿（年龄用"岁；月"表示）使用动词的方式似乎不是以成年人的用法为基础，因此不太可能是"模仿"。这些例子里是否存在固定的模式？关于这个孩子描述各种动作时的选词，你能否提出一条解释？⑨

(2;3) I **come** it closer so it won't fall (= bring it closer)
（我把它拿近一点，它就不会掉了。）

(2;6) Mommy, can you **stay** this open? (= keep this open)
（妈妈，我能给这个敞着口吗？）

(2;8) Daddy, **go** me round (= make me go round)
（爸爸，帮我转起来。）

(2;9) I'm gonna **fall** this on her (= drop this on her)
（我想用这个砸她。）

(2;11) How would you **flat** it? (= flatten it)
（你怎样把这个弄扁？）

(3;1) I'm **singing** him (= making him sing)
（我要让他唱歌。）

（背景资料，见 Clark，2016，第 6 章。）

II. 下列三种对第一语言习得的隐喻（引自 Valian，1999），你赞同哪一种？为什么？

（a）复制隐喻（copy metaphor）认为，"儿童让自己的言语逐渐向其语言共同体的言语靠拢"，并且"关键点在于输入所发挥的积极作用"。

（b）依照假说测试隐喻（hypothesis testing metaphor），"儿童按照

---

⑨ 中译文无法揭示这个孩子用词的独特性，仅供参考。为帮助读者揣摩英语原文，译者对孩子"自行发明"的动词用法做了加粗。与之对应的常规用法在句子后面的括号里，原作者已用"="标出。——译者注

该语言里存在的结构来构筑假说,并对这些假说加以检测",
"儿童并不是在对输入进行复制"。

(c) 依照激活器假说(trigger metaphor),"儿童既不复制输入,也不评价输入","某条具体的输入激活了正确的参数值",这一假说认为儿童生来就拥有关于数量不大的一套可能参数值的知识。

(背景资料,见 Valian,1999。)

深入阅读

基本论述:

Apel, K. and J. Masterson (2012) *Beyond Baby Talk*.(修订版)Three Rivers Press.

Clark, E. (2017) *Language in Children*. Routledge.

O'Grady, W. (2005) *How Children Learn Language*. Cambridge University Press.

更详细论述:

Clark, E. (2016) *First Language Acquisition*.(第 3 版)Cambridge University Press.

Lust, B. (2006) *Child Language*. Cambridge University Press.

婴儿的言语感知:

Jusczyk, P. (1997) *The Discovery of Spoken Language*. MIT Press.

Vihman, M. (2013) *Phonological Development: The First Two Years*. Wiley.

牙牙学语：

Oller, D. (2000) *The Emergence of the Speech Capacity*. Lawrence Erlbaum.

手势与早期言语：

Clancy, P. (2014) "First language acquisition." In C. Genetti (ed.) *How Languages Work*. (318–350) Cambridge University Press.

Olson, J. and E. Masur (2011) "Infants' gestures influence mothers' provision of object, action and internal state labels." *Journal of Child Language* 38: 1028–1054.

一词阶段：

Rodgon, M. (2009) *Single-Word Usage, Cognitive Development and the Beginnings of Combinatorial Speech*. Cambridge University Press.

词法发展：

Moskowitz, B. (1991) "The acquisition of language." In W. Wang (ed.) *The Emergence of Language*. (131–149) W. H. Freeman.

句法发展：

O'Grady, W. (1997) *Syntactic Development*. University of Chicago Press.

语义发展：

Bloom, P. (2002) *How Children Learn the Meanings of Words*. MIT Press.

理性视角和经验视角：（顺序同）

Pinker, S. (1994) *The Language Instinct*. William Morrow.

Tomasello, M. (2003) *Constructing a Language*. Harvard University Press.

其他参考资料:

Brown, R. (1973) *A First Language*. Harvard University Press.

Bruner, J. (1983) *Child's Talk: Learning to Use Language*. Norton.

Cazden, C. (1972) *Child Language and Education*. Holt.

Clark, E. (1995) *The Lexicon in Acquisition*. Cambridge University Press.

Iverson, J. (2010) "Developing language in a developing body: the relationship between motor development and language development." *Journal of Child Language* 37: 229–261.

Lenneberg, E. (1967) *The Biological Foundations of Language*. John Wiley.

McNeill, D. (1966) "Developmental psycholinguistics." In F. Smith and G. Miller (eds.) *The Genesis of Language*. (15–84) MIT Press.

Valian, V. (1999) "Input and language acquisition." In W. Ritchie and T. Bhatia (eds.) *Handbook of Child Language Acquisition*. (497–530) Academic Press.

Weir, R. (1966) "Questions on the learning of phonology." In F. Smith and G. Miller (eds.) *The Genesis of Language*. (153–168) MIT Press.

14 第二语言习得与学习

"复活节就是个吃羊肉的大派对,"意大利保姆解释道,"还可以吃巧克力。"

"那么谁把巧克力带来呢?"老师问。

我知道那个词,就举起了手,说:"复活节兔子,他带来了巧克力。"

"兔子?"老师以为我用错了词,就把两只食指举到头顶,像兔耳朵一样扭动着,"你说的是这个?兔子?"

"对啊,那当然,"我说,"晚上你睡着了,他跑进来,手里拿着篮子和吃的。"

老师叹了口气,摇了摇头。在她看来,我刚刚解释的这一切,对我这国家来说都是错的。"不对不对,"她说,"法国这里,巧克力是一口从罗马飞来的大钟带来的。"

我请求暂停,"可是那口大钟怎么知道你住在哪?"

"好吧,"她说,"那么兔子又怎么知道?"

赛德瑞斯(Sedaris,2000)[①]

有些儿童在使用多于一种语言的社会环境中成长,能够在与第一语言

[①] 塞德瑞斯(David Sedaris,1956年生),美国幽默作家。这段引文讲述他41岁时在法国参加面向成人的法语学习课程(但效果不佳)的经历,选自他的散文随笔集《说得美》(*Me Talk Pretty One Day*)。——译者注

类似的情况下习得第二语言。这些幸运的人是双语个体（参见第 18 章）。然而，我们大多数人是像大卫·赛德瑞斯那样，直到晚得多的时候才开始接触第二语言；即使经过多年的学习，我们使用第二语言的能力依然很难与第一语言能力相提并论。

第二语言学习

这一情景中似乎有个谜团，因为显然没有别的什么知识系统，2 岁、3 岁时会学得比 13 岁、30 岁时更好。人们已提出过若干理由来解释这一谜团，也建议了若干方法来帮助学习者像使用第一语言（简称 L1、一语）那样用外语或第二语言（简称 L2、二语）进行高效的交际。

有时可对"外语"（foreign language）环境下的学习（即所在共同体中未普遍使用的语言之学习）和"第二语言"（second language）环境下的学习（即所在共同体中使用着的语言之学习）做区别。换言之，日本的英语课堂上的日本学生，是把英语作为外语学习（English as a foreign language，简称 EFL），同样这些学生，若在美国的英语课堂上，就是在把英语作为第二语言学习（English as a second language，简称 ESL）。无论是这两种情况中的哪一种，他们都只是在尽力学习另一种语言，因此，两种情况皆可用**第二语言学习**（second language learning）这一描述来泛指。

习得与学习

更重要的一组区别，是习得和学习之区别。**习得**（acquisition）这个术语，指通过在交际环境中与会某一语言的其他人自然地使用这一语言，经历较长时间渐进地发展出该语言的能力。习得通常在没有教师，也未太注意所习得的东西的细节的情况下发生。而**学习**（learning）这个术语，则适用于通过分析某一语言的词汇、语法等特征来积累知识的更有意识的过程，通常在机构环境中由教师来教。（例如，数学就只能学习，不能习得。）

让人联想到"学习"的活动，传统上用于学校里的第二语言教学；即使成功，得到的也多是"关于"语言的知识（由考试展示），而不是对该语言的真正熟练运用（由社会互动展示）。而让人联想到"习得"的活动，就是幼儿所经历的那些活动，以及与之可比的那些"随时学点"第二语言的人所经历的活动；后者长期处于与该语言的母语者（native speaker）的互动之中，时不时地使用着该语言。（母语者就是把该语言当作第一语言来讲的人。）这一区别有时候被等同于偏爱哪种学习风格。有的人偏爱分析性的方法，也有人偏爱整体性的方法。不过，二语接触以学习型经历为主的个体，发展出的熟练程度往往不如那些更具长期习得型经历的个体。

习得障碍

对于大多数人来说，二语经历和其一语经历是迥然不同的，对习得几乎没什么帮助。他们通常都是在青少年时期[2]和成年时期接触到二语的，在校期间每周进行几个小时（而不是通过孩提时的常态互动），期间有许多其他事情要做（婴幼儿们基本没有其他事情要做）。他们还已发展出了对已掌握的语言的语音及结构的无意识忠诚，这语言已在其基本日常交际需求中使用了多年。虽然时间、焦点、动力上的不足皆可破坏二语学习的诸多尝试，但还是有许多人似乎能够克服这类困难，十分有效地发展出使用二语的能力，尽管听上去通常不像母语者。

然而，即使是在理想的习得环境中，似乎也很少有人使用二语时达到母语者般的熟练度。有些人在书面语上达到了极致，但在口语上却未能如此。约瑟夫·康拉德（1857—1924）[3]就是个例子，他用英语写的小说已成为英国文学经典，但他用英语讲话仍带有他的第一语言波兰语的浓重口

---

② 英语原文为 teenage，特指 13 至 19 岁之间。——译者注

③ 康拉德（Joseph Conrad，1857—1924），波兰裔英国小说家，英国现代主义文学先驱，最著名的作品包括《黑暗之心》（*Heart of Darkness*，1899）、《吉姆爷》（*Lord Jim*，1900）等。——译者注

音。这或许显示出，二语的某些特征（如词汇和语法）比另一些特征（如发音）易学。的确，除非幼年时就有使用二语的语音语调之经历，否则即使达到很高熟练度的成年学习者，仍可能显现出带有某种"口音"。

年龄因素

这类观察有时被用作证据来证明，过了语言学习关键期，青春发育期（puberty）前后，完全习得另一种语言就变得很困难了（参见第12章）。这一过程我们或可理解为，我们与生俱来的语言能力已被一语的特征占据，其结果就是丧失了接受另一语言的特征的开放性。从约瑟夫·康拉德以及其他许多人的例子来看，我们或可注意到一语的主导性在发音方面格外强大。

也有人反对这一观点，指出与7岁孩童相比，初中生[④]才是教室中更迅速、更高效的二语学习者。当然，高效的二语学习（即使带些口音痕迹）可能需要若干因素之组合。学习的最佳年龄可能是大约10至16岁之间，此时我们与生俱来的语言能力之灵活性尚未完全消失，并且认知能力的成熟让我们能更有效地分析所学的二语的规则特征。

情感因素

不过，即使是在此处所提的二语学习最佳年龄期间，也仍可存在另外一种习得障碍。青少年的自我意识通常比小一些的儿童高很多。如果在尝试产出另一种语言中不一样的音的时候存在强烈的不情愿或尴尬之因素，就可能推翻所有身体上和认知上的能力。如果这样的自我意识再叠加对另一种文化缺乏移情（empathy）（例如，对该语言的使用者及其风俗文化无感），就会有不想听着像俄国人、德国人或美国人的微妙效应，可强力阻碍学习过程。

[④] 英语原文为 students in their early teens，大体上指13至15岁的学生，与我国初中学生的年龄段刚好相符。——译者注

这类情绪反应，或称为"情感"（affect），还可因枯燥的教材、不愉快的课堂环境或过重的课业计划而致。所有这些负面的感受和经历，都是可造成习得障碍的**情感因素**（affective factor）。通常，我们若是感到有压力、不舒服、自我意识强、缺乏动力，就不可能学会太多东西。与之相反，另外一些性格特点，如自信、不易焦虑、有正面自我形象等，似乎就更能够克服学习空间中的各种困难。

儿童通常不太受情感因素的限制。对童年二语习得的描述中，随处可见幼童尝试使用新的词句时迅速克服阻碍之例。成年人有时也能克服自己的障碍。在一份很有意思的研究里，一群成年的二语学习者自告奋勇，要通过逐渐提高饮酒程度来降低自我意识程度。达到某个点时，二语发音显著改善了，但是可想而知，几杯下肚后，发音就迅速恶化了。导入了"喝干邑学法语"或是"喝伏特加学俄语"的课程或能解决一部分问题，但是一旦醒了酒，阻碍可能就又回来了。

聚焦教学方法

尽管存在上述障碍，但对其他语言的教学之需求，仍带来了各式各样以二语培养为目标的教育思路与方法。早在 1483 年，威廉·卡克斯顿[5] 就利用他新成立的印刷社出版了一本《为快速学法语和英语而编的正确而良好的学习材料》（*Right good lernyng for to lerne shortly frenssh and englyssh*）。他不是第一个为二语学习者编写练习材料的人，他那带有习惯性招呼的口语书形式（如 Syre, god you kepe. I haue not seen you in longe tyme[先生，上帝保佑您，我好久没见到您了]）在现代也有很多同类产品。更现代的二语学习方法，往往反映了关于二语最好是如何学的各种理论观点。

---

[5] 卡克斯顿（William Caxton，约 1422—约 1491），英国商人、作家，1476 年在伦敦开办印书社，是把商业出版印刷引入英国的第一人。乔叟的《坎特伯雷故事集》即在他首批出版印刷的书之列。——译者注

语法-翻译法

最传统的方法,是把二语学习按照和其他学校课程相同的方式来处理。词汇表和一套套语法规则被拿来阐释学习目标,鼓励进行背诵记忆,得到强调的是书面语言而非口语。这一方法的根源是传统的拉丁语教学,被称作**语法-翻译法**(grammar-translation method)。二语学习的这一重心,常常使学生全然不知该语言在日常会话中是如何使用的。数个世纪以来,此方法显然培养了许多成功的二语学习者;但是,学生通过这一方法拿到了法语课的高分,毕了业,听法国人在法国真正讲着法语时却发现自己一头雾水。

听说法

与之截然不同的方法,强调口语,在20世纪中期流行起来。这一方法涵盖对二语结构的系统呈现,由简单到复杂,形式是让学生重复的句型训练。这一方法称为**听说法**(audiolingual method),受到一种思想的深刻影响,这思想相信语言的娴熟使用基本就是一套可通过大量练习而形成的"习惯"。这种练习包括在语音室里用数小时时间重复口语句型训练。这一方法的各种版本至今仍用于语言教学中,但是批评者已注意到,孤立的语言模式训练,跟真实口语使用中的互动本质完全没有相像之处。不仅如此,这方法枯燥得难以想象。

交际法

二语学习经历近来得到的各类修正,可统称作**交际法**(communicative approaches)。这些方法一定程度上反制的是"句型练习"(pattern-practice)的造作性,也是在反对有意识地学习某一语言的语法规则可促进该语言的使用能力的信条。该方法虽存在不同版本,但都是基于这一信念:得到强调的应当是语言的功能(用语言来做什么),而不是语言的形式(正确形式与正确结构)。课堂教学可围绕不同社会场景中的概念来组织如

"索要物品"等，而不是围绕不同句子中的"过去时的各种形式"。与这些转变同时出现的，还有为带有具体目的的二语学习提供更恰当的材料之尝试，如"医药英语""商务日语"等。

聚焦学习者

二语研究领域近年最重大的变化，是从对教师、教材、教学法的关注，转向了对学习者和习得过程的兴趣。例如，最具交际性的那些流派，一个很激进的特征就是对学生所犯"错误"的包容。传统上，"错误"曾被视为负面的，须避免或清除。而近来对学习者使用二语时的这类错误表示接受，是基于视角上的根本转变，这视角已迥异于较为传统的二语学习发生观。

我们不把说西班牙语者（一语者）所产出的 in the room there are three womens（屋里有三位女士）单纯视为学习正确英语时的失误（可通过加强正确形式的训练来改正），而是把这样的话语视为进行中的二语自然习得过程。因此，"错误"（error）不是什么阻碍学生进步的东西，而很可能是一条线索，表明学生在调试以新语言进行交际的途径，正在取得积极的学习进展。正如习得一语的儿童会不时产出某些类型的不合乎语法的形式，我们或可料到二语学习者在某些阶段也会产出类似的形式（参见第13章）。此处的 womens 之例，或可视为某种过度归纳（对作为复数标记的 -s 的过度归纳），学习者以英语最常见的复数形式构成方式为依据，使用了这个形式。

迁移

当然，有些错误可能是由于"迁移"（也叫"跨语言影响"[crosslinguistic influence]）而造成的。**迁移**（transfer）是指在二语实践中使用了源于一语的语音、表达或结构。例如，讲西班牙语的人（一语者）产出

take it from the side inferior（把它从下面拿上来），可能是在尝试使用西班牙语的形容词 inferior（"下面的"，相当于英语的 lower［下面的］）⑥，他还尝试像典型的西班牙语结构那样，把这个词放在了名词之后。如果一语和二语具有相似的特征（如都在名词词末标记复数），那么学习者就可能通过一语知识的**正迁移**（positive transfer），让二语获益。而另一方面，把与二语截然不同的一语特征移植过来（如把形容词放到了名词之后），就造成了**负迁移**（negative transfer），可能会使二语表达难以理解。如果一语和二语是迥然不同类型的语言，负迁移对交际之成功往往会产生更大的影响，这就使熟练掌握英语的任务对于讲汉语的人比对于讲德语的人来说更具挑战性。我们应当记住，负迁移（亦称"干扰"［interference］）在二语学习的早期阶段更为常见，随着学习者对二语日益熟悉，负迁移会随之下降。

225　中介语

近距离审视，会发现二语学习者所产出的语言中含有大量跟一语、二语的形式皆无关联的"错误"。例如，以西班牙语为一语的说者用英语说"She name is Maria"（她名字叫玛丽亚），他产出的这个形式讲英语的成年人不用，儿童的英语一语习得里未出现，同样也不是基于西班牙语结构的形式。这类证据表明，存在一种二语习得过程中所使用的中间系统（in-between system），这系统当然涵盖一语及二语的某些方面，但却是个拥有自己规则的内在变量系统。这样的系统称为**中介语**（interlanguage），

---

⑥ 同源词在不同语言中的词义和用法，常有显著差异。此例中的 inferior 一词，英语和西班牙语都有，词源皆为拉丁语 īnferior（较低的，形容词 īnferus［低］的比较级），但西班牙语里的"下面的"这层意义，英语里显然没有。这一问题有时被形象地称为"假朋友现象"（faux-amis），是造成词汇副迁移的重要原因。其他例子如，西班牙语 librería（书店）——英语 library（图书馆），德语 also（因此）——英语 also（也），法语 supporter（忍受）——英语 support（支持），等等。——译者注

如今被视为一切二语产出之基础。(327 页作业题 H 有更多例子。)

有些学习者如果发展出了一套相当稳定的二语表达法,之中包含许多与目标语言不符的形式,并且似乎不再向前发展了,他们的中介语就可认定发生了**石化**(fossilization)。二语发音中的石化过程似乎最有可能是感觉为外国口音的东西之基础。不过,中介语未必一定会石化。中介语会自然发展,若遇适当条件,可发展为更富成效的二语交际途径。找出怎样才算是成功的二语学习的适当条件,是个方兴未艾的探索领域。

动机

成功的二语学习者的经历中,有数个因素之组合。显然,学习动机非常重要。许多学习者拥有**工具型动机**(instrumental motivation)。换言之,他们想学会二语来达到某一目标,如完成学业之要求,或是能够阅读科学出版物,但并不打算用二语参与太多社会互动。与之相反,那些具有**融入型动机**(integrative motivation)的学习者,想学习二语用于社会目的,参与使用该语言的社群的社会生活,成为该群体中得到接受的成员。

还有一点值得注意:那些在二语群体中经历过点成就的人,在最具学习动机者之列。所以,动机既可是成功之因,亦可是成功之果。语言学习之环境,若能支持鼓励学生竭力使用其二语技能之所及,来进行成功的交际,必然比那些强调错误、改正、未达精确之环境更有帮助。的确,学习者若愿意去猜,愿意去冒犯错之风险,愿意尝试用二语交流,往往一有机会就会变得更加成功。这机会中很重要的一类,就是获得"输入"的机会。

输入和输出

输入(input)这个术语,和一语习得中一样(见第 13 章),用来描述学习者所接触的语言。输入若要对二语学习有益,就必须可理解,因为我们无法处理我们不懂的东西。输入可通过简单些的结构和词汇而被弄得易懂，各类被称为**外国味的话**（foreigner talk）的言语即是如此。英语母语者可能会尝试问外国留学生："How are you getting on in your studies?"（你学得怎么样了？）对方如果没懂，可能就会改问："English class, you like it?"（英语课，你喜欢吗？）这类外国味的话可能不仅对直接的交际有益，而且还可作为输入，为学习者提供可懂的二语基本结构之例。

然而，随着学习者的中介语的发展，出现了更多互动之需求，以及某种"商谈式输入"。**商谈式输入**（negotiated input）是学习者一边把积极注意力集中在所说的话上，一边可在互动中通过请求澄清而获得的二语材料。下面的互动中（Pica et al., 1991），注意学习者，即英语的非母语者（non-native speaker, NNS），是如何跟英语母语者（native speaker, NS）一同商谈语义的。可理解性输入（即用 triangle[三角]这个词来描述一种形状），在学习者需要它并开始注意到它在上下文中的意义之时，被提供了出来。

NS: like part of a triangle?
（母语者：像三角的一部分？）
NNS: what is triangle?
（非母语者：什么是三角？）
NS: a triangle is a shape um it has three sides
（母语者：三角是一种形状，嗯，有三个边。）
NNS: a peak?
（非母语者：像山峰？）
NS: three straight sides
（母语者：三条直边。）
NNS: a peak?
（非母语者：山峰那样？）
NS: yes it does look like a mountain peak, yes

（母语者：对，是有点像山峰，是。）

NNS: only line only line?

（非母语者：只是直线，只是直线？）

NS: okay two of them, right? one on each side? a line on each side?

（母语者：对，两条，对吧？一边一条？两边各一条？）

NNS: yes

（非母语者：对。）

NS: little lines on each side?

（母语者：两边各一条小直线？）

NNS: yes

（非母语者：对。）

NS: like a mountain?

（母语者：像座山？）

NNS: yes

（非母语者：对。）

在这类互动中，学习者在接收输入（听二语）和产出输入（说二语）两方面皆经历了有益之处。在言之有物的互动中产出可理解的**输出**（output），这机会似乎是学习者二语能力发展中的又一个重要元素，但也是二语课堂里通常最难提供的东西之一。

任务学习法

解决方案之一，是创建各种任务和活动，让学习者互动，通常以小组或对子的形式进行，交换信息，或是解决问题。"描述由 A 地到 B 地的路，让你的伙伴能够在地图上画出路线"或是"列一张购物清单，跟你的伙伴设计一趟购物出行"这类任务的运用，背后的设想是，在以语义表达为焦点且具有清晰目的的活动中使用二语，学生可提高自己的能力，尤其是提高熟练度。虽然存在学习者可相互学习对方的"谬误"之担忧，但是这类**任务学习法**（task-based learning）却提供了数量庞大的证据，证明更多学习者二语使用得更多、更好。这类活动的目标不在于让学习者对二语了解得更多，而在于让他们发展出二语的交际能力。

交际能力

交际能力（communicative competence）可定义为精确、恰当、灵活地使用语言的基本能力。第一个组成部分是**语法能力**（grammatical competence），包括对词和结构的精确使用。不过，仅聚焦于语法能力无法为学习者提供恰当解读或产出二语表达之能力。

恰当使用语言的能力，是第二个组成部分，称**社会语言学能力**（sociolinguistic competence）。这一能力让学习者知道在社会语境中，什么时候该说"Can I have some water?"（我可以喝点水吗？），什么时候该说"Give me some water!"（给我点水！）学习者若想发展出社会语言学能力，那么我们从语用学角度讨论的许多东西（见第 10 章）皆须熟悉二语的文化语境。

第三个组成部分是**策略能力**（strategic competence）。这是有效组织信息并通过策略来弥补所有困难的能力。使用二语时，学习者不可避免地会经历交际意图与表达该意图的能力之间存在鸿沟的时刻。有些学习者可能会把话停下（这是坏主意），也有些学习者会竭力使用**交际策略**（communication strategy）来表达自己（这才是好主意）。例如，一语是荷兰语的说者想用英语来指称 een hoefijzer（马蹄掌），却不会这个英语词，于是，她可以借助已经掌握的词汇来运用交际策略，说"the things that horses wear under their feet"（马穿在脚上的那东西），"the iron things"（铁的东西），听者立刻就明白她指的是什么了（horseshoe，马蹄铁）。这种灵活性是交际成功的关键因素；作为说二语的人，那些发展出策略能力，从而克服了互动中的潜在交际问题的学习者，最终可以更加成功。更多策略，见 325 页作业题 F。

习　题

1. 下列哪些学生是在 EFL 环境下学习英语？

   北京的中国学生，巴黎的英国学生，伦敦的日本学生。
2. 我们为什么说数学是学习来的，不是习得来的？
3. 与儿童习得一语相比，成年人习得二语的四大典型障碍是哪些？
4. 你认为"约瑟夫·康拉德现象"指的是语言学习中的哪个方面？
5. 哪两种情感因素可在课堂语言学习中造成障碍？
6. 哪种性格特征在语言学习中是个正面因素？
7. 语言教学的哪种方法以口语句型训练为特征？
8. 正迁移和负迁移有何区别？
9. 中介语石化时会发生什么？
10. 学习另一种语言的两种动机之间有何区别？
11. 哪类输入对于习得来说是必要的？
12. 交际能力的三个组成部分是什么？

作业题

A. 二语学习中的"输入"（input）和"取入"（intake）之间有何区别？

B. 哪些论据可拿来支持二语研究中的"输出假说"（the output hypothesis）？

C. 中介语研究中，"风格连续体"（stylistic continuum）指什么？

D. 英语作为二语的习得中，第一语言各异的学习者的输出里可观察到一些"发展顺序"（developmental sequence），这与把英语作为第一语言来习得的儿童的输出并无实质不同。例如，否定句的习得中，一些结构以固定顺序出现于另一些结构之前，与第13章中描述的第一语言习得之顺序很相似。（参见300页表13.3）给出下列5个否定句之例，你认为从最早的形式开始排列，发展的顺序应该是什么样？

I no like（我不喜欢）

you can't like it（你不会喜欢它）

he doesn't like（他不喜欢）

she don't like it（她不喜欢它）

no like that（不喜欢那个）

E. 与英语语言学习研究截然不同的，是个正在扩张的新领域，该领域致力于把英语视为一种通用语（lingua franca）。在日益增多的互动中，英语被一语互不相同的个体当作通用语（即共同的交际语）来使用，他们通常关注的是达到互动的目的，而不是母语者标准中的形式正确。你能否找到其他例子加入表14.1（依据Jenkins, 2007；Seidlhofer, 2011）之中？

表 14.1 英语作为通用语

新词	angriness （气愤）
词的新用法	we back to Singapore Monday （我们周一回新加坡）
第三人称零标记	one woman come every morning （有位女士每天早上都来）
用 which 指人	customers which order online （网上预定的用户）
偏爱零冠词	doctor explained patient about treatment （医生向病人解释了治疗）

续表

介词的新用法	we discussed about finance（我们讨论了金融）
一切名词皆可数	she say she need more informations（她说她需要更多信息）
新习语	they'll get in hot soup (= "hot water")（他们想进热汤＝"热水"）

F. 交际语言教学的课堂活动，设置了让二语学习者产出各类交际策略的情景。你能否把策略（a）—（f）跟例子（1）—（6）——搭配起来？若按照从最无效到最有效的顺序，你想如何排列这些策略？

（a）请求帮助

（b）近似

（c）绕弯说话（circumlocution）

（d）放弃信息

（e）动作模仿（mime）或做手势

（f）声音模仿

（1）the color is dark and ... the size is just as a hand ... it is made of ... la-leather（谈论手套）

（颜色暗……就像手这么大……是用……皮-皮革做的）

（2）how do you say in English that word ... we say in Spanish "bujía"（谈论蜡烛台）

（那个词你们用英语怎么说……我们西班牙语叫 bujía）

（3）the man he play a ... you know ... it makes a［whistles］like that（谈论小型箫）

（那人他在吹奏……你知道……那东西发出［吹了个口哨］像这样的声）

（4）the first you ... like put together and you ... do the next step ... I can't ... I'm sorry（谈论咖啡滤压壶［plunge coffee maker］）

（首先你……像放到一起，然后你……做下一步……我不会……抱歉了）

(5) maybe is something like a rope（谈论电线）

（可能是像根绳子的东西）

(6) the oval is the big one and the other part is what take to［demonstrates holding the handle of a brush］（谈论圣诞树底座）

（椭圆的，是个大的，另一半我们拿过来［做出个握着刷子柄的动作］）

G. 近年关于课堂第二语言学习的研究中，大量注意力被投向教师是如何向学生提供反馈的。

（i）利用（a）—（e）提供的关于各种反馈类型的描述，试分析（1）—（5）里教师对说了"I should be student now"（我现在应该是学生了）的学生的反应。

（ii）你是否认为有些反馈类型比另一些更有效、更有益？

(1) You know, you have to include an article here and say "a student."

（你知道，你必须在这里加个冠词，说"a student"。）

(2) I'm sorry, could you say that again?

（抱歉，你可以再说一遍吗？）

(3) No, say, "I should be studying now."

（不行，说"I should be studying now."［我现在应该在学习。］）

(4) Do you mean that you want to be a student now?

（你的意思是说你现在想当学生了吗？）

(5) You're saying you should be studying now?

（你是说你现在应该学习了？）

(a) 澄清之请求：检查教师是否听到/听懂了学生的话。

（b）诱导（elicitation）：尝试让学生再试一把，或是不带所发现的错误地重说一遍。

（c）明确纠正：明确修改学生的话，纠正所发现的错误。

（d）明确提及一条规则：陈述一条改正所发现错误时所涉及的规则。

（e）重塑（recast）：把学生的话不带所发现的错误地进行重新构建。

H. 中介语语法的特征一致，是明显存在与一语或二语的规则皆不相符的临时规则，如 Gass, Behney & Plonsky（2013）所描述。下列例子源于一位一语是阿拉伯语的说者。你能否描述出他使用复数 -s 时似乎在运用的一条或数条规则？

（1）How many brother you have?（你有几个兄弟？）

（2）The streets are very wide.（这些街道非常宽。）

（3）I finish in a few day.（我几天后就完成了。）

（4）Here is a lot of animal in the houses.（这几座房子里有很多动物。）

（5）Many people live in villages.（许多人住在那些村子里。）

（6）There are two horses in the picture.（这幅图里有两匹马。）

（7）Both my friend from my town.（我的两位朋友都来自我的家乡。）

（8）Seven days in a week.（一星期有七天。）

I. 什么是对比分析（contrastive analysis）？对比分析为何或能帮助我们理解以西班牙语为一语的学生所产出的下列类型的英语二语错误？

（1）He must wear the tie black.（他必须戴黑领带。）

（2）My study is modernes languages.（我学的是现代语言。）

（3）He no understand you.（他没理解你。）

（4）It was the same size as a ball of golf.（它像高尔夫球那么大。）

（5）We stayed at home because was raining.（我们待在家里，因为下雨了。）

（6）I eat usually eggs for breakfast.（早餐我通常吃鸡蛋。）
J. 被称为"应用语言学"（applied linguistics）的一般性研究领域，20世纪40年代时随着改进二语/外语教育的尝试而形成。
（i）这一研究为何不称作"语言学之应用"（linguistics applied）？
（ii）如今这一领域里涵盖了哪些研究？

探讨与研究

I. 下列陈述，你赞同哪些？你能给出何种理由来支持自己的看法？
（1）智商（IQ）高的人，是好的语言学习者。
（2）二语中的大多数错误，是由于来自一语的干扰。
（3）不该允许二语学习者听到错误，否则他们会学这些错误。
（4）教师教复杂的二语结构之前，应先教简单的。
（5）教师每次只应该教一条二语语法规则，引入下一条之前，这一条要做充分训练。

（背景资料，见 Lightbown & Spada，2013，第7章。）

II. "交际语言教学建立在这一设想之上：学习者能够交际之前，不需要教他们语法，他们会把语法作为交际学习过程的一部分而自然习得。因此，有些版本的交际语言教学中，完全没留直接教语法的空间。"（Ellis，1997）
（a）你是否相信第二语言的学习仅聚焦于功能（"交际"）而不聚焦于形式（"语法"）是可能的？
（b）你认为，交际语言教学进行了这么多年之后，为什么重新出现了"聚焦形式的教学"之呼声？

（背景资料，见 Ellis，1997，第9章。）

深入阅读

基本论述：

Ellis, R. (1997) *Second Language Acquisition*. Oxford University Press.

Lightbown, P. and N. Spada (2013) *How Languages Are Learned.*（第4版）Oxford University Press.

更详细论述：

Cook, V. (2016) *Second Language Learning and Language Teaching.*（第5版）Hodder Education.

Hawkins, R. (2019) *How Second Languages Are Learned*. Cambridge University Press.

Saville-Troike, M. and K. Barto (2016) *Introducing Second Language Acquisition.*（第3版）Cambridge University Press.

理论视角：

Cook, V. and D. Singleton (2014) *Key Topics in Second Language Acquisition*. Multilingual Matters.

Mitchell, R., F. Myles and E. Marsden (2013) *Second Language Learning Theories.*（第3版）Routledge.

Ortega, L. (2014) *Understanding Second Language Acquisition*. Routledge.

VanPatten, B. and J. Williams (eds.) (2015) *Theories in Second Language Acquisition.*（第2版）Routledge.

翻译：

Bellos, D. (2011) Is That a Fish in Your Ear? *Translation and the Meaning of Everything*. Faber & Faber.

双语习得：

Murphy, V. (2014) *Second Language Learning in the Early School Years*. Oxford University Press.

Yip, M. and S. Matthews (2007) *The Bilingual Child*. Cambridge University Press.

第一语言习得与第二语言习得之比较：

Meisel, J. (2011) *First and Second Language Acquisition: Parallels and Differences*. Cambridge University Press.

Culicover, P. and E. Hume (2017) *Basics of Language for Language Learners*.（第2版）The Ohio State University.

年龄之效应：

Dekeyser, R. and J. Larson-Hall (2005) "What does the critical period really mean?" In J. Kroll and A. De Groot (eds.) *Handbook of Bilingualism*. (88-108) Oxford University Press.

Singleton, D. and L. Ryan (2004) *Language Acquisition: The Age Factor*. （第2版）Multilingual Matters.

聚焦于方法：

Richards, J. and T. Rodgers (2014) *Approaches and Methods in Language Teaching*.（第3版）Cambridge University Press.

聚焦于学习者：

VanPatten, B. (2003) *From Input to Output: A Teacher's Guide to Second Language Acquisition*. McGraw-Hill.

酒后的发音:

Guiora, A., B. Beit-Hallahmi, R. Brannon, C. Dull and T. Scovel (1972) "The effects of experimentally induced change in ego states on pronunciation ability in a second language: an exploratory study." *Comprehensive Psychiatry* 13: 5–23.

马蹄掌之例:

Kellerman, E., T. Ammerlan, T. Bongaerts and N. Poulisse (1990) "System and hierarchy in L2 compensatory strategies." In R. Scarcella, E. Anderson and S. Krashen (eds.) *Developing Communicative Competence in a Second Language.* (163–178) Newbury House.

任务学习法:

Samuda, V. and M. Bygate (2008) *Tasks in Second Language Learning.* Palgrave Macmillan.

Willis, D. and J. Willis (2007) *Doing Task-Based Teaching.* Oxford University Press.

其他参考资料:

Gass, S., J. Behney and L. Plonsky (2013) *Second Language Acquisition: An Introductory Course.*(第4版)Routledge.

Jenkins, J. (2007) *English as a Lingua Franca: Attitude and Identity.* Oxford University Press.

Pica, T., L. Holliday, N. Lewis, D. Berducci and J. Newman (1991) "Language learning through interaction: what role does gender play?" *Studies in Second Language Acquisition* 11: 63–90.

Seidlhofer, B. (2011) *Understanding English as a Lingua Franca.* Oxford University Press.

15 手势与手语

这位老人已年过九旬,但头脑却极为清醒,她有时会静静地进入冥思。冥思时,手似乎是在织毛衣,不停地做出复杂的动作。不过,她那同为手语者的女儿却告诉我,那可不是在织毛衣,那是在自言自语,是用手语来思考。进而我又被告之,这位老人即使是在睡梦中,仍会在被子上比划出断断续续的手势。她连做梦都是用手语做。

萨克斯(Sacks,1989)[①]

我们思考语言习得过程时所专注的一个事实是,大多数儿童自然习得的是言语。然而,这并非一语习得的唯一途径。正如英语父母的孩子幼年大多自然习得英语,西班牙语父母的孩子幼年大多自然习得西班牙语,聋人父母的聋儿也会自然习得**手语**(sign,亦称 sign language)。正如萨克斯所观察到的,他们后来甚至可能在"说梦话"时都使用手语。这样的儿童若是在美国家庭里长大的,通常会习得**美国手语**(American Sign Language,亦称 Ameslan 或 ASL)作为他们的手语版本。ASL 的手语人口至少 50 万,也可能多达 200 万,是美国广为使用的语言。这样的人口规模十分可观,因为直到相对较近的历史中,ASL 的使用在大多数聋人教育

---

① 萨克斯(Oliver Sacks,1933—2015),英国神经学家,畅销书作者。——译者注

机构中仍受压制。其实在历史上，很少有从事聋人教学的教师学过 ASL，他们甚至根本不把 ASL 视为一种"真正"的语言。在许多人眼里，手语不是语言，而"只是些手势"而已。

手　　势

虽然手语和手势都涉及手的使用（也涉及身体其他部位），但是二者迥然不同。手语像言语，用来替代说话；而手势大多用于说话之同时。手势之例，如一边谈论在课上表现不好，一边用一只手做出向下的运动；又如你描述竭力打开瓶子或罐子时，用一只手做出旋扭状动作。手势只是意义表达途径中的一部分，在人们讲话时、使用手语时皆可观察到。

非语言行为研究中，可对手势和象征动作做出区分。**象征动作**（emblem）是类似"拇指向上"（= 事情很好）或是"嘘"（= 保持安静）之类的信号，发挥固定语句之功能，却又不依赖言语。象征动作是规约性的，依赖社会知识（如某一具体情景中，哪些算作具有冒犯性，哪些不算）。在英国，用两根手指（食指和中指）呈 V 字形举起，手背若对着信号的发出者，代表一种象征动作（= 胜利），而手背若对着信号的接收者，则代表一种全然不同的象征动作（= 我用极具冒犯性的方式侮辱你）。身处不同地区时，不要混淆当地的象征动作，这一点很重要。

象似手势

在手势之集合的内部，我们还可对以某种方式呼应话语信息内容的手势，和那些标明被指称的事物的手势加以区分。**象似手势**（iconic）是那种似乎反映了所说事物之意义的手势，例如我们用一根手指在面前划出个方框，表示"我在找个小盒子"，即是这种。象似手势本身，并不表示与所说的话意义相同，但是却可使"意义"得到加强。有个非常清晰的例子里面（取自 McNeill, 1992），一位女士一边将其上臂上下挥动，攥着拳，仿佛拿着武器，一边说："她又一次把他轰出去了。"这条涉及武器（一把雨伞）的信息，是通过言语与手势相结合而创建起来的。

指示手势

手势的另一常见类别，称作**指示手势**（deictic）。如第 10 章所示，"指示"即"指向某一事物"之义。我们可在当前语境中使用指示手势，例如用一只手，指着桌子（桌上放着块蛋糕）问某个人"你想来点蛋糕吗？"晚些时候，我们还可用同样的手势指着同一张桌子（上面的蛋糕已经没了）说："那蛋糕很好吃。"后一种情况中，手势和言语组合起来，完成了对某种仅存在于共同记忆中，而非存在于当前物理空间中的事物的指称。

打拍子

还存在其他手势，例如那些被称为**打拍子**（beat）的手势，即手或手指小幅而迅速的运动。这类手势与说话时的节奏相伴，常用来强调所说的话中的某些部分，或是用来标记由描述某一故事中的场景转向评论这些场景。和其他手势一样，这类手部运动也是虽与言语相伴，但通常并未被当作一种说话方式来使用。倘若手部运动真的以"说话"为目的而使用，我们就称之为手语之组成部分。（关于手势的更多信息，见 344 页作业题 A 和 B。）

手语的类型

关于手语之使用，存在两大类型：选择型手语和基本型手语。**选择型手语**（alternative sign language）是说话者在某种无法使用言语的具体语境下发展出的用于有限交际的一套手语系统。这类信号也称作**手势交际**（gestural communication），以示其不同于语言。有些宗教团体里有禁言之规，需使用有限的选择型手语。本笃会②修道院里的修士禁言时段对手语的使用，自中世纪以来就有记载。而澳大利亚的一些原住民群体，亦存在完全避免说话并转而使用十分复杂的手语的时段（如吊丧期）。

不那么复杂的版本，可在某些特殊工作环境中见到。英国的赛马博彩业者使用一套被称作"嘀嗒"（tic-tac）的手势系统来相互交际（不与参赌的公众交际）；电视新闻里通常也会展示，商品交易所里的交易者们只要一谈到商品价格，就疯狂地相互发出信号。所有这些情况中，选择型手语的使用者都另有一种会说的第一语言。

与之相比，**基本型手语**（primary sign language）是不使用口头语言来相互交际的人群的第一语言。英国手语（British Sign Language，BSL）、法国手语（Langue des Signes Française，LSF）用于英国和法国的聋人社群成员的日常交际，是基本型手语。与大众印象相反的是，这些不同的基本型手语之间并无相同的符号，相互之间也无法相通。英国手语还与美国手语（American Sign Language，ASL）差别显著，后者由于历史原因，与法国手语的共同点更多。

我们将聚焦于美国手语来描述基本型手语的某些特征，不过首先，我们须论述一个事实：直到近来，美国手语才被视为一种可能的语言。

口语法

直到20世纪60年代，才有人依据威廉·斯托基③的著作（Stokoe，

---

② 本笃会（The Benedictines），天主教隐修会之一，6世纪初由意大利隐修士努西亚的圣本笃（Saint Benedict of Nursia，480—548）创立。——译者注

③ 斯托基（William Stokoe，1919—2000），美国语言学家，指出手语与手势具有本质区别，手语拥有词法和句法，是真正的语言。他因而有时被视为手语语言学（sign language linguistics）之父。——译者注

1960），认真考虑给予美国手语自然语言之地位。在此之前，许多善意的教师都真心以为，耳聋儿童使用的手语（太过简单）会阻碍其英语习得。由于这些教师相信口头的英语才是这些儿童的真正之所需，所以一种被通称为"口语法"（oralism）的教学方法在20世纪大部分时间里主导了聋人教育。这一方法要求学生练习英语语音，发展读唇术（lip-reading skill）。这一方法虽然未获重大成功，但也从未受过严肃挑战，或许因为这一时期许多人都暗自相信，从教育角度来看，大多数聋儿本来也无法取得太大成就。

无论原因何在，这一方法都没能培养出多少学生会讲听得懂的英语（不足10%），会读唇的就更少了（4%）。随着口语法式微，美国手语的使用开始繁盛。许多听觉正常的父母家的聋儿从聋人学校学会了这种被禁的语言，其实不是从教师那里学来的，而是从其他儿童那里学来的。由于每10名聋儿中仅有1名的父母也是聋人，可从他们那里习得手语，所以美国手语的文化传承性大多是以儿童对儿童的形式传递下去的。

手语英语

近年来，聋人教育已发生实质性的变化，但仍存在对学习英语书面语而非口语的强调。因此，许多机构在推广学习一种**手语英语**（Signed English），亦称作"手语编码英语"（Manually Coded English，MCE）。这一途径，大致以英语词序产出与英语句子中的词相对应的符号。手语英语的设计，在许多方面力图为聋人群体和正常听觉群体之间的互动带来便利。它最大的优点似乎在于，摆在聋儿的听觉正常的父母面前的学习任务远没有那么可怕了，从而为父母提供了一种可用来与孩子进行交流的系统。

也是出于类似的原因，聋人教育中听觉正常的教师也可利用手语英语，一边打手势一边说话。对于那些在公共演说或讲座中为聋人听众做同声传译的译员们，手语英语同样更简单些。许多聋人其实更希望译员使用手语英语，因为他们说这样听懂信息的可能性更高。正常听觉的人，除非从小就学过美国手语，否则很少有谁能熟练到足以把速度很快的英语话语翻译成口语式的美国手语（idiomatic ASL）。

美国手语的起源

美国手语若真像有人以为的那样，是"手势版的英语"，会让人十分惊讶。历史上，美国手语是从巴黎的一所成立于18世纪的学校中所使用的法国手语发展而来的④。19世纪初，该校的一位名叫洛朗·克莱尔（Laurent Clerc）的教师，被美国牧师托马斯·加洛德（Thomas Gallaudet）请来美国。加洛德正在努力建一所聋儿学校，克莱尔不仅教聋儿，也培训了其他教师。19世纪，这种舶来的手语版本，吸纳了美国聋人所使用的本土自然手语的特征，演化为今天的美国手语。这一起源有助于解释为何美国手语的使用者和（英国国内的）英国手语的使用者并未共同使用同一种手语。

手语符号的结构

作为一种以视觉模式运作的自然语言，美国手语是为眼而设计，而非为耳而设计。手语者以美国手语来产出语言形式时，运用了视觉信息的四种关键层面。这些层面作为美国手语的**发音参数**（articulatory parameter），可从手形、方向、位置、运动角度加以描述。我们可用"谢谢"这个常见的手语符号为例，来描述这四个参数。

---

④ 该学校即巴黎国家聋人青年学院（Institut national de jeunes sourds de Paris），1760年由法国博爱主义者勒皮（Charles-Michel de L'Épée，1712—1789）所建。勒皮今被誉为聋人教育之父。——译者注

图 15.1 做出"谢谢"的手语符号

手形和方向

描述美国手语中"谢谢"之表达⑤，我们可从**手形**（shape）开始；手形即单手或双手构成手语符号时的形状。手形可因使用哪（几）根手指、手指伸直还是弯曲以及手的基本形状而区别。图15.1里呈现的手形是"伸平的手"（而不是"握拳的手"或"杯形的手"）。

做出"谢谢"的手语符号时，手的方向（orientation）是"手心向上"，而不是"手心向下"。其他手语符号中，手可以有若干其他方向，如"伸平的手，手心朝向发出符号者"这一形式用来表示"我的"。

位置

每个手语符号都有与发出符号者的头和身体相参照的**位置**（loca-

---

⑤ 此处的"表达"，英语原文是 articulation，与"发音"是同一个词。articulation 一词的本义为"清晰表达"，语音学用来指发音的生理过程。手语中以视觉方式呈现的"发音"，可理解为 articulation 一词衍生的隐喻。——译者注

tion）。在"谢谢"中，该符号以接近口部为开始，以与胸部相平为结束。有些符号可以仅因位置而区别；例如，"夏天"（高于眼部）和"丑陋"（低于眼部）之区别即是如此，因为二者的手形、手心方向以及运动皆相同。有些双手符号中（如"药""船"），一只手充当基本位置，另一只手在这只手的上面或上方运动。

运动

"谢谢"中的**运动**（movement）成分，是"向外，向下"朝向接收者。发出手语符号时，较快的运动和较慢的运动之间的区别同样对语义有影响。斯托基（Stokoe, 2001）复述的一件事中，加洛德（聋人）学院公关部主任有一天见到两位员工在用手语谈论已病得十分严重的一位前院长。她看到一个她解读为"死了"的手语符号，就给《华盛顿邮报》打了电话，该报次日刊出了这位前院长的讣告。而事实证明，这讣告出得过早了。同一手部运动，进行得非常快时是"死了"（DEAD），而那天实际使用的时候，翻转速度慢很多，意思是"快死了"（DYING）。这种运动区别可造成意义的不同。正如有"耳误"存在（第12章），也可以存在"眼误"（slip of eye）。

素元

这四个基本参数内部的区别元素，可分析成特征之集合，或称**素元**（prime）之集合。我们说"伸平的手"是手形角度的素元，"手心向上"是方向角度的素元。辨别出这些素元中的每一个，使我们能够为每个手语符号创建起完整的特征分析，这一方式与我们分析有声语言的音系特征（见第4章）基本相同。

面部表情和指拼法

手语以极微妙的方式对视觉媒介加以利用，这一事实让纸面上的准确表述变得困难。正如卢·范特[6]（Fant, 1977）所言："严格说来，撰写美国手语的书的唯一方式是用电影。"非手部成分，如头部运动、眼动以及许多种具体的面部表情等，皆发挥重要功能。通常情况下，"谢谢"发出时，附带着点头以及面部微笑。

如果还能遇到个新术语或新名称，那么手语者还会运用**指拼法**（finger-spelling），即以手形表示字母表里的字母的系统。

大多数手语符号皆位于颈部和头部附近。某个手语符号如果是在胸部或腰部做出的，往往就是个双手符号。视觉信息的根本特征之一，是可以同时融入若干种不同的元素。有声语言的产出是线性的，而在视觉媒介中，多重成分可在空间中同时产出。

手语符号的标写

一个重大问题，是找到一种方式来把面部表情的那些对信息有用的方面包括进来。有个局部解决方案，是把手语符号词（manually signed word）（以大写字母表示）写成一行，之后在此行的上方，标出对信息有用的面部表情的性质和程度。如下例所示，转写中的 q 用来展现这之中的面部表情（眉毛上升，眼睁大，头部前倾）表示整个手语符号过程为疑问句功能，可翻译为"我可以借这本书吗？"

```
                    q
ME  BORROW  BOOK
我    借      书
```

语义中的其他微妙方面亦可通过面部表情表示出。有份研究中，一位

---

[6] 范特（Lou Fant，1931—2001），美国聋哑教师、手语专家，著有《美国手语导论》（*Ameslan: An Introduction to American Sign Language*，1972）、《手语》（*Sign Language*，1977）等著作。范特曾在多部影视作品中饰演过聋哑人角色，使用手语本色演出。——译者注

手语者讲述故事时产出了这样一条信息:"人 鱼［进行］"。做出"进行"这个元素时,手反复进行大幅度运动。基本翻译为:"此人正在钓鱼"。然而,美国手语的使用者却把它翻译成"此人正在轻松而享受地钓鱼"。多出来的信息源于面部表情:双唇闭合,略微前伸,头部倾斜。符号 mm 表示这一元素,如下列转写所示:

```
                    mm
———————————————————————
MAN   FISH ［continuous］
 人     鱼   ［进行］
```

手语符号的意义

美国手语的符号,有时被误认为是简单的视觉表达,或者是"图画",这种语言被想象成由一套有限的原始手势构成,这些手势与物品形似,或是类似哑剧中的模仿动作。有趣的是,作为美国手语的非使用者,我们被告知某一手语符号用来指称某一事物时,经常会创建起一种符号联系,让手语符号和所指之间的关系似乎显而易见。我们看到表示"谢谢"的手语符号,会认为它就是"感谢"动作的某种恰当的象征版本。

然而大多数时候,并不能做这样的反方向解读。我们通常会觉得,很难仅凭一个手语符号的外表来猜出其意义。的确,正如我们遇到任何不熟悉的语言时一样,在熟练的手语中,我们可能连一个个的符号(词)都辨不出来。美国手语符号的日常使用,大多不是基于认出象征性的图像,而是基于对具有任意性地位的语言形式加以辨认。我们做个实验,试确定图15.2 里的这个常用的手语符号应翻译成英语的哪个词。

这个手语符号,两手手指相扣,一起在胸前转动。关于其来源有多种不同说法,如"它代表旗子上的条"、"它是个大熔炉",或"它表示来到一起"。认为手语者用这个手语符号来表示 AMERICA(美国)时,头脑中想到的是上述意象中的任何一种,都是荒唐的,就像认为说英语的人一听到 America 这个词就想起亚美利哥·韦斯普奇（Amerigo Vespucci）一样荒唐，而这位意大利人的名字确实是这个现代词语的词源。美国手语的符号在其符号系统内部拥有自己的意义，而不是每次使用时皆要通过指称某一图画意象来获得意义。

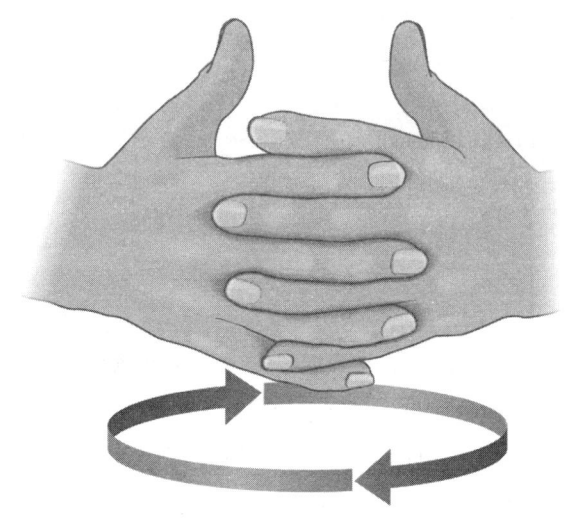

图 15.2　双手符号

手语作为自然语言

从语言学角度研究美国手语，是个相对较新的现象。不过，有声语言中通常可见的任何特征，在美国手语里皆有对应特征，这一点已变得很明显。第 2 章里描述过的所有人类语言根本特征，在美国手语中皆存在。美国手语同样有音系、形态、句法层面。例如，美国手语使用和英语一样的主动宾（SVO）词序，但是通常却把形容词放在名词之后，这一点与英语不同，反而与法语相同。

把美国手语作为第一语言来习得的儿童，会经历与学习有声语言的儿童类似的各发展阶段，尽管手语符号的产出似乎比口语词的产出开始得更早些。有些聪明的个体的手中，美国手语被用来制造各种各样的笑话和"手语符号游戏"。不同地区存在不同的美国手语方言，亦可在过去 100 年间追溯手语符号形式的历史变迁（较旧版本在老电影中得到了保存）。

手语在儿童间的自然发展之证据，可从对**尼加拉瓜手语**（ISN，Idioma de Señas de Nicaragua）的研究中获得；这种手语 20 世纪 80 年代在中美洲的尼加拉瓜形成，其当前的形式，英语今称 Nicaraguan Sign Language（NSL，尼加拉瓜手语）。当时建立了一所职业培训学校，让聋人学生第一次享受到教育，学校里语言教学的部分起初依赖的是口语法。然而，课堂之外，这些年幼的耳聋学生们开始用他们自己的手语符号相互交流。之后的几年，更小的聋儿一入学，就会遇到这种使用手语符号的系统，他们对其加以扩充，使之发展为一套完整的语言系统。20 世纪 90 年代，该校放弃了口语法，采纳了学生们创制的这种手语。

像美国手语和尼加拉瓜手语这样的基本型手语，虽遭遇了偏见、误解以及低质教学，但却因其演化与耐久性而令人称奇。这些手语还充当了例子，展示了人类如何具有使用语言的天性，展示了每代人须如何对其所在群体的语言加以重塑，即使所涉及的文化传承是由儿童传递给儿童，也依然如此。

习　　题

1. 在关于非语言行为的研究中，何为象征动作？
2. 在关于手势的研究中，"象似手势"和"指示手势"之间的区别是什么？
3. 何为选择型手语？
4. 下列哪些手语具有共同起源？
   美国手语、英国手语、法国手语、尼加拉瓜手语

5. 美国手语和手语英语之间的重大区别是什么？
6. 可通过口语法发展出读唇术技能的聋人学生，占多大百分比？
7. 历史上，曾有多少聋儿是聋人父母所生？
8. 许多聋人为何更希望译员使用手语编码英语？
9. 在美国创立第一所聋儿学校的那位美国牧师叫什么名字？
10. 如果所用的手语符号 HE（他）WATCH（看）TV（电视）伴随着双手反复做的大幅度运动，应如何翻译？
11. 美国手语里的"伸平的手"和"手心向上"，分别是哪些表达参数（articulatory parameter）的素元？
12. 下列两例，最可能的翻译是什么？

（a）_____q

　　　HAPPEN YESTERDAY NIGHT
　　　发生　　　昨天　　　夜

（b）neg_____mm

　　　BOY NOT WALK ［continuous］
　　　男孩　不　　走　　［进行］

作业题

A. 本章中我们提到了指示手势，但没有探究其实际使用。你能否详细描述出最常见的指示手势？指示手势的使用，是否存在社会制约？是否有使用身体别的部位的其他指示方法？

B. 手势是跟自我表达绑定，还是跟与听者的交际绑定？例如，听者在场时我们做的手势多，还是听者不在场时（如打电话时）我们做的手势多？盲人说话时做手势吗？

C. 聋人教育与电话的发明之间有何联系？

D. 是什么使人们强烈忠于口语法，即使它并不成功也依然如此？

E. "前语言"听觉障碍("prelinguistic" hearing impairment)和"后语言"听觉障碍("postlinguistic" hearing impairment)之区别依据的是什么?

F. 什么是"指语术"(dactylology)?其英国版本和美国版本之间的主要区别是什么?

G. 有声语言使用时所伴随的面部表情,多数时候似乎都是可选的;与之不同的是,美国手语是一种视觉语言,面部表情是所交际内容中不可或缺的一部分。为下列句子打手语时,习惯上与之相联系的面部表情应该是什么样?

(1) Are you married?(你结婚了吗?)

(2) Where do you work?(你在哪里工作?)

(3) You like jazz, I'm surprised.(你喜欢爵士乐,我很惊讶。)

(4) If I miss the bus, I'll be late for work.(我如果赶不上这趟车,上班会迟到。)

H. 有些语言学家把尼加拉瓜手语的发展,视为支持第 1 章里描述过的语言先天假说(innateness hypothesis)的清晰证据。关于尼加拉瓜手语的发展,平克(Pinker,1994,第 2 章)等先天论者(nativist)具体提出了何种论据?

探讨与研究

I. 你赞同下列哪条(些)表述?你会给出哪些理由支撑你的意见?

(1) 耸肩之体态永远表示某种"无奈"。

(2) 眉毛挑起(eyebrow flash)在各地皆用作打招呼。

(3) 学外国的手势比学外语词容易。

(4) 眉毛降低,暗示某种负面的东西;眉毛提高,暗示某种正面的东西。

（5）如果某人说话时使用了大量的手部运动，如捋头发、摸下巴等，这表明此人正在说谎。

（背景资料，见 Ekman，1999。）

II. 据柯巴利斯，"有充分理由认为，过去 200 万年来的语言发展，相当一部分是通过手势而非声音来进行的。"（Corballis，2002：98）语言起源可从手势中找到，言语发展源于将手之手势转移为口之手势，这类看法你怎么看？早期人类的手，发展得比言语能力早得多，这一点是否与之相关？儿童用非语言手段交际早于其言语之产出，这一事实你怎样看？

（背景资料，见 Corballis，2002，第 5 章。）

深入阅读

基本论述：

Goldin-Meadow, S. (2005) *Hearing Gesture*.（修订版）Belknap Press.

Lucas, C. and C. Valli (2004) "American Sign Language." In E. Finegan and J. Rickford (eds.) *Language in the USA*. (230–244) Cambridge University Press.

更详细论述：

Kendon, A. (2004) *Gesture*. Cambridge University Press.

Valli, C., C. Lucas, K. Mulrooney and M. Villanueva (2011) *Linguistics of American Sign Language: An Introduction*.（第 5 版）Gallaudet University Press.

美国手语教程：

Guido, J. (2017) *Learn American Sign Language.* Wellfleet Press.

Humphries, T. and C. Padden (2003) *Learning American Sign Language.* （含 DVD）（第 2 版）Allyn and Bacon.

Stewart, D., E. Stewart and J. Little (2006) *American Sign Language the Easy Way.* （第 2 版）Barron's Educational.

澳大利亚手语与英国手语：

Johnston, T. and A. Schembri (2007) *Australian Sign Language: An Introduction to Sign Language Linguistics.* Cambridge University Press.

Sutton-Spence, R. and B. Woll (1999) *The Linguistics of British Sign Language.* Cambridge University Press.

尼加拉瓜手语：

Kegl, J. (1994) "The Nicaraguan Sign Language Project: an overview." *Signpost* 7: 24–31.

Senghas, A. and M. Coppola (2001) "Children creating language: how Nicaraguan Sign Language acquired a spatial grammar." *Psychological Science* 12: 323–328.

指拼法：

Padden, C. and D. Gunsauls (2003) "How the alphabet came to be used in a sign language." *Sign Language Studies* 4: 10–33.

选择型手语：

Kendon, A. (1988) *Sign Languages of Aboriginal Australia.* Cambridge University Press.

Umiker-Sebeok, D-J. and T. Sebeok (eds.) (1987) *Monastic Sign Languages*. Mouton de Gruyter.

其他参考资料:

Corballis, M. (2002) *From Hand to Mouth*. Princeton University Press.

Ekman, P. (1999) "Emotional and conversational nonverbal signals." In L. Messing and R. Campbell (eds.) *Gesture, Speech and Sign*. (45−55) Oxford University Press.

Fant, L. (1977) *Sign Language*. Joyce Media.

McNeill, D. (1992) *Hand and Mind*. University of Chicago Press.

Pinker, S. (1994) *The Language Instinct*. William Morrow.

Stokoe, W. (1960) *Sign Language Structure: An Outline of the Visual Communication Systems of the American Deaf*. Studies in Linguistics, Occasional Papers 8, University of Buffalo.

Stokoe, W. (2001) *Language in Hand*. Gallaudet University Press.

16　书面语言

图 16.1　儿童写的字[①]

  这位 5 岁儿童，象征性表达技能在这里得到了展现，他似乎已熟悉书写的一些基本要素。一个个字母从左向右书写，每个字母都跟下一个字母分得很清楚，字形基本清晰，每个词都以较大空格跟下一个词分开。拼写偶有

[①] 画中的文字翻译如下：第 1 行（加下划线的标题）："马戏里的小丑们"。第 2、3 行："马戏里，小丑们让你笑他们的把戏。"——译者注

"错误"②，是书面英语的传统问题，无法掩盖一个事实：这孩子已经学会了如何写字。

书　写

我们把**书写**（writing）定义为通过使用字符符号对语言进行的象征表达。与言语不同，书写不是个可简单习得的系统，而必须通过持续不懈的有意识努力来学习。并非所有语言都有书写形式，而且即使那些其语言拥有完备书写体系的民族，也存在大量不会使用书写体系的个人。

从人类发展的角度来看，书写是个相对较新的现象。人类以视觉方式表达信息的努力，我们可追溯到至少 2 万年前画的岩洞画，或是大约 1 万年前的陶筹（clay token），后者似乎是早期的簿记之尝试；不过，这些人工技艺至多只能算作文字书写的古代前身。我们有清晰证据证明的最早的文字，是"楔形文字"（cuneiform），大约 5000 年前书写在泥板上。而大约 3000 年前左右，铭文（inscription）开始用于古文字，与今天所使用的书写系统之间有更为明显的联系。我们知道，我们一定遗失了很多刻在易损材料上的铭文；但是，通过研究那些保存至今的铭文，我们已能够追溯一种持续了数千年的书写传统，通过这一传统，人类已为后来的事创立了更具永久性的记录。

象形符号

岩洞画或可用于记录某个事件（如，3 个人、1 头水牛），但通常并

---

② 图中的"拼写错误"包括：mak（= make，让），yoo（= you，你），laf（= laugh，笑），ther（= their，他们的），triks（= tricks，把戏）；"小丑"一词出现了两次，一次正确（clowns），另一次错误（clawns）。欧美各国的文字大多为拼音文字，因此幼儿及小学低年级阶段的语文教育，常把思想的顺畅表达作为主要追求目标，教师会暂时"放任"孩子出现拼写错误，此后才会将正确的拼写逐步引入。我国的小学语文教育中，会暂时允许低年级学生用拼音替代不会写的汉字，也是同样的思路。——译者注

不被看作某种真正的语言信息，而是被视为属于图画艺术传统。有些"图画"如果逐渐固定地代表某一意象，我们即可把这一产物描述为图画式书写（picture-writing）形式，或称**象形符号**（pictogram）形式。现代象形符号，如图 16.2 所示，可独立于语言之外，并可在讲着不同语言的不同地区，按照约定俗成的同一意义来理解。

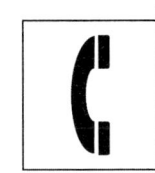

图 16.2　象形符号

表意符号

图 16.2 里的图画依然反映物品的物理样貌，但我们对其的解读，通常会超越对这些物品本身的简单认可。换言之，杯子（下面带盘）的图画可不只是让我们知道这里有杯子。那样的解读会很怪异，因为我们通常不仅来找杯子，更是来找杯子里装着的东西，比如咖啡或茶之类，或许还要找点配着咖啡或茶的东西，如蛋糕或饼干（这些东西哪个也没有包含在这幅图画里）。我们其实并不把这类图画解读为物品，而是解读为物品之象征，与这象征相联系的意义未必局限于该物品。

图画式表达早期发展中的某个时候，※这个符号被用来指称太阳。这种具象性符号（representative symbol）的用法至关重要的一点，在于每个人都应当用类似的形式来表达大致相近的意义。随着时间的发展，这幅图也许会发展成更固定的符号象征形式，如◉，并且除了指"太阳"之外，还逐渐用来指"热"或是"白天"。注意，随着从"太阳"延伸至"热"，这个符号正从视觉之物转向概念上的东西（不再是一幅简单的图）。这种类型的符号因而被视为属于概念式书写（idea-writing）系统，或称**表意符号**（ideogram）。象形符号和表意符号之间的区别，主要在于符号与所代表实体之间关系的不同。更"像一幅画"的形式是象形符号，而经历更多抽象演变的形式是表意符号。象形符号和表意符号之间共同的关键特征，是二者皆不代表某一特定语言中的词或音。

人们通常认为，后来的书写系统里出现的许多符号，都存在象形源头或表意源头。例如，埃及圣书字（Egyptian hieroglyphics）中，⌂这个符号用来指房子，由对房屋平面图的图示表达演变而来。汉语书写中，"川"这个汉字曾用来表示河流，其来源是对两岸之间流动的河水的图画表达。然而，很重要的一点是要注意，无论埃及的书写符号还是中文的书写符号，其实都不是一幅画了房子或河流的图画。这些符号比图画更加抽象。我们在某一书写系统中创制符号时，始终存在超越物理世界的抽象过程。

符号与实体或概念之间的关系变得足够抽象之时，我们即可更自信地认为，符号极可能已被用来表示某一具体语言中的词了。早期的埃及文字中，表示水的表意符号是≈。后来，演变出的符号～逐渐用作真正的意为"水"的词。符号一旦被用来表示某一语言中的词，即被视为词式书写（word-writing）之例，也就是"词符符号"之例。

250　词符符号

词符书写的早期例子，是约5000年前生活在美索不达米亚（今伊拉克南部）的苏美尔人所使用的系统。这些铭刻因其符号的特殊形状，而被更广泛地称作**楔形文字**（cuneiform writing）。cuneiform这个术语（源于拉丁语 cuneus，"楔子"）意为"楔子的形状"；苏美尔人所使用的这种铭文，通过用楔子形的工具在软陶土上按压而成，陶土硬化后即成为永久性符号，形成诸如 ⋎⋎◁ 之类的形式。

符号指称的是何种实体，其形式实在无法给出任何线索。书写形式和其表示的事物之间的关系已变得具有任意性，我们就有了词式书写或称**词符符号**（logogram）的清晰例子。前面那个楔形文字符号表示鱼，可以跟表示同一鱼类实体的典型象形符号做比较，后者是 ⋄。

我们还可以把上文提到的表示太阳的表意符号⊙，跟楔形文字里可见到的用来指称同一事物的词符符号做比较，后者是🪶。

英语中的现代词符符号，是 $、8、& 之类的形式，每个符号表示一个词；@ 也是如此，如今成了最为常用的词符符号之一（用于邮件地址中）。在中国，可见到一定程度上以词符符号的使用为基础的更为精密的书写系统。汉语的书写符号，或称**汉字**（Chinese character），用来表示词的意义或词的组成部分的意义，而不表示口语中的语音。严格来说，这种书写在有些论述中被描述为"语素文字"（morphographic），因为这些符号已逐渐被用作语素，而不是词。（词和语素之区别，见第 6 章。）这一系统的优点之一是，讲截然不同的两种汉语方言的两位说话者，听懂对方的口语形式或许极为困难，但两人却能读懂同样的书面文本。汉语书写作为一种书写系统，拥有最长的连贯历史，对其使用者来说，明显具有许多其他优点。

一个重要的缺点在于，这样的书写系统内部需要数量庞大的不同书写符号，尽管官方的"现代汉语常用字表"限制在 2500 字。（其他字表最多含有 5 万字。）无论如何，记住大量不同的合成性词符，的确呈现出不小的记忆负担；其他大多数书写系统的历史皆显示了背离词符书写的发展路径。若要完成这一过程，就需要某种有原则的方法，由表示词的符号（即词符系统）走向一套表示语音的符号（即表音系统）。

表音文字

某些词若发音相似（但语义不相似），就会按相似的方式使用某些符号；如果没有这一过程，从象形表达到词符文字的发展就不会发生，即使是苏美尔人也不例外。依据盖尔伯[③]（Gelb，1963）的论述，我们可从下

---

③ 盖尔伯（Ignace Jay Gelb，1907—1985），美国历史学家、亚述学家，文字系统研究鼻祖，著有《古阿卡德语词表》（*Glossary of Old Akkadian*，1957）、《古阿卡德语的书写与语法》（*Old Akkadian Writing and Grammar*，1961）、《文字研究》（*The Study of Writing*，1963）等。——译者注

列情况中观察到这一过程的发生：箭头状物理外形（﹥—）最初用来表示"箭"（ti）这个词，后来被用作更为抽象的概念"生命"（ti），仅因为这两个词发音相同。与之类似，表示"芦苇"（gi）这一物理事物的符号（⚹）被拿来表示抽象概念"销账"（gi），理由也是发音相似。这一发展过程中，符号被拿来表示词的发音，又称**表音文字**（phonographic writing）。

画谜原则

某一语言中，用已有符号来表示词的发音，这一普遍模式经常从一种被称为**画谜原则**（rebus principle）的过程来加以描述。这个过程中，表示某一实体的符号，被拿来表示用于指称该实体的口语词（或口语词的一部分）的语音。该符号因而逐渐被用来表示任何词里所出现的这个音。

我们可以利用英语 eye（眼睛）一词的读音，自制一个例子。我们能想象出 ⟨⟩ 这个象形符号如何能发展为词符符号 ○。这个词符符号的发音是 eye，按照画谜原则来运作，你就可以把你自己也指称为 ○ 了（I，我），还可以把你的某位朋友称作 ＋○（Crosseye，斜眼）；把这个词符跟表示 deaf（聋）的词符放在一起，就产出了 defy（对抗）；把它跟表示 boat（船）的词符放在一起，就产出了 bow-tie（领结），等等。

与之类似的过程发生在当今英语短信的发送中；"2"这个符号不仅用作数字，还用作其他词或词的组成部分中的音，如下边左侧那条短信（意为 (I) need to speak to you tonight［今晚需要跟你谈谈］）。这条短信里，字母 u 也阐释了画谜文字过程，成了表示口语词 you（你）的音的符号，另一个例子所揭示出的情况亦是如此，c 和 8 也是在表音。

        nd2spk2u2nite   cul8r
    （今晚需要跟你谈谈）   （回头见）

我们再来看一个非英语的例子。这个例子中，表意符号 ⚹ 变成了词符符号 ⌣，表示发音为 ba 的词（意为"船"）。由此，我们可以产出一个符号来表示发音为 baba（意为"爸爸"）的词，这符号就是⌣⌣。一个符号故而能够以诸多不同方式加以使用，而语义则各有千秋。这一过程从根本上缩减了文字系统中所需的符号的数量。

音节文字

上例中，用来表示词中一部分的发音的那个符号，表示的是一个由辅音 b 和元音 a 组成的单位 ba。如第 4 章所述，这个单位是一种音节。文字系统采用的一套符号，若每个符号皆表示一个音节的发音，就称作**音节文字**（syllabic writing, syllabary）。

当今使用中的文字系统，没有纯音节性的；但是现代日语是可以仅用一套称为"平假名"（hiragana）的表示口语音节的符号来书写的，因此常被描述为（半）音节文字系统。

19 世纪初，居住在北卡罗来纳的一位名叫塞阔雅（Sequoyah）的切罗基族人，发明了一种音节文字系统，该系统曾在切洛基社团内部广为使用，用来依据口头语言创建书面信息。写有文字的纸，被称作"谈话叶"（talking leaves）。从下列切洛基文例子中我们可以看出，各例中的文字符号并不与单个辅音（C）或单个元音（V）相对应，而是与音节（CV）相对应。

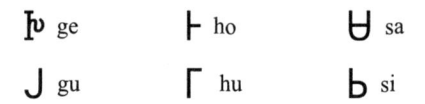

    Ᏽ ge   Ᏹ ho   Ᏺ sa
    Ꮰ gu   Ᏽ hu   Ᏸ si

古埃及和苏美尔的文字系统，都发展到了先前的一部分词符符号被用来表示口语音节的阶段。然而，直到 3000 至 4000 年前之间，居住在今黎巴嫩地区的腓尼基人的时代，我们才见到了完全使用音节文字的系统。腓尼基人使用的许多符号，都取自此前的埃及文字。埃及形式⌐（意为

"房子")以稍作旋转的形式得以采用,成为ᗡ。以词符符号形式用来指一个读 beth 的词(意仍为"房子")之后,这个符号逐渐用来表示其他以 b 音开头的音节。与之类似,埃及形式 ∼∼(意为"水")以 ᔕ 的形式出现,并被用于以 m 音开头的音节。

由此,发音或为 muba 的词,可写成ᗡᔕ;发音或为 bima 的词,可写成ᔕᗡ。注意书写的方向是从右向左,与现代阿拉伯语的文字系统仍在使用的方式相同。截至约 3000 年前时,腓尼基人已不再使用词符符号,拥有了发育完备的音节文字系统。

字母文字

你如果有一套符号可表示以 b、m 等音开头的音节,其实离用符号来表示某一语言中的某一音类的情形就已经不远了。实际上,这就是字母表中使用的那种文字的基础。**字母表**(alphabet)原则上是一套每个符号皆表示一个音类或音位的书面符号。(关于音位的描述,见第 4 章。)刚刚描述过的这种情形,正是阿拉伯语、希伯来语等闪米特语言的文字系统发展中出现的情况。日常生活中,用这些语言书写的词,通常由表示词里的辅音的符号构成,正确的元音由读者自己加进去(就像把 reader〔读者〕写成 rdr)。

这类文字系统有时被称作辅音型字母表(consonantal alphabet)。闪米特字母文本的早期版本,源于腓尼基人的书写系统,是世界各地可见到的大多数其他字母表的基本源头。修改过的版本,向东可追溯至伊朗、印度以及东南亚的文字系统,向西可通过希腊语来追溯。字母符号首次以"A-B-C-D……"为基本顺序排列,约 3000 年前由腓尼基人创立,今继续用作我们的首要排序途径,用于从词典到电话簿、成绩单的一切列表。

早期的希腊人把字母化过程再向前推了一步,用单独的符号把元音表示为不同的实体,由此创立了一种经过重新打造的拥有元音符号的系统。

这一变化，使腓尼基语辅音"阿莱普"（alep）变成了元音符号"阿尔法"（alpha, A），与已有的"贝塔"（beta, B）等辅音符号并行，使我们拥有了单音式文字（single-sound writing），即"字母"。实际上，在一部分学者看来，从腓尼基人那里学会了音节性质的系统并创制了一符对一音的彻底的**字母文字**（alphabetic writing）的功劳，恰恰应当归于希腊人。

从希腊人那里出发，这种经过修改的字母表经过罗马人，传至西欧其他地区。因此，我们把英语所使用的这种文字系统称为罗马字母（Roman alphabet）④。另一条发展线索把同样的希腊基本文字系统带到了东欧讲斯拉夫语的地区。这种修改版本称作基里尔字母（Cyrillic alphabet）（以9世纪基督教传教士圣基里尔［St. Cyril］的名字命名），就是今天俄语所使用的文字系统的基础。

现代欧洲这几种字母表里，许多字母的实际形式都可以追溯至其埃及圣书字源头，并通过腓尼基文和希腊文而演变为我们今天所使用的符号。图 16.3 里的例子，以 Davies（1987）为基础。

Egyptian	Phoenician	Early Greek	Roman
埃及字母	腓尼基字母	早期希腊字母	罗马字母
			A
			B
			K
			M
			N
			T
			S

图 16.3　字母的发展

---

④　该字母表在我国更为通行的名称是"拉丁字母"。——译者注

书面英语

如果字母文字系统的起源确实以单一符号和单一音类之对应为基础,那么人们或许有理由质疑,英语书面形式(如 you know)和英语口语语音("yu no"或 /ju noʊ/)之间为何存在如此司空见惯的不匹配。其他语言(如意大利语、西班牙语)的文字系统,与字母文字的一音对一符原则接近得多。英语却不是始终那样一致。如我们在第 3 章中所见,当代英语口语里的每个音怎样在书面文字中表示,存在很大的多样性。如下表左侧两栏所示,/i/ 所代表的那个元音,有好几种写法;如右侧两栏所示,/ʃ/ 所代表的那个辅音,也有好几种写法。

i(critique,述评)	ee(queen,女王)	s(sugar,糖)	ch(champagne,香槟)
ie(belief,信念)	eo(people,人)	ss(tissue,纸巾)	ce(ocean,海洋)
ei(receipt,收据)	ey(key,钥匙)	ssi(mission,任务)	ci(delicious,好吃的)
ea(meat,肉)	e(scene,场景)	sh(Danish,丹麦的)	ti(nation,国家)

英语正字法

如我们已看到的,英语的**正字法**(orthography)(即拼写)存在大量差异。看看上面两份列表里,一个音位实际由一个以上字母来表示的情况有多么频繁。这种情况的原因之一,在于英语满是借自其他语言的词,并且这些词常保持原有的拼写,例如 alphabet(字母表)、orthography(正字法)等希腊语借词里以 ph 表 /f/,两个字母用来表示一个单音。两个字母之组合,固定地用来表示一个单音,称作**二合字母**(digraph),如 ph /f/ 和 sh /ʃ/。

英语的文字系统是非常广义上的字母文字。语音和符号表达之间的不规则对应关系的部分原因,可从书面英语形式的若干历史影响因素中找到。书面英语的拼写,基本按照 15 世纪印刷术传入英格兰时的形式固定了下来。当时，词的书面形式中有许多惯例，源于书写其他语言时所用的形式，尤其是拉丁语和法语。例如，类似 queen（女王）这样的词里，qu 取代了英语旧时的 cw。此外，许多早期印刷商的母语是弗莱芒语[5]，无法始终如一地对英语发音做出准确决断，因而把古英语的 gast（鬼魂）变成了 ghost，多出了个从弗莱芒语版本中带来的 h（弗莱芒语为 gheest）。更为重要的一点或许是这个事实：15 世纪以来，英语口语的发音已经经历了相当大的变化。例如 knight（骑士）一词，我们尽管已不再发词首的 k 音以及词内部的 gh 音，但却依然把这些反映旧时读音的字母包含在当今的拼写中。这些字母有时被称为"不发音字母"（silent letter），违背了纯字母文字的一音一符原则，但是与许多英语词不发音的词末 -e 相比，影响并不算大。后者，我们不仅须知该字母不发音，而且须了解它对前一个元音的影响模式，如 hat（帽子）/ hate（恨）中 a 的不同发音，以及 not（不）/ note（记录）中 o 的不同发音。[6]

我们若再加上这条事实，书面形式和口语形式之间的不匹配之根源就开始变清晰了：大量较旧的书面英语词，其实经历了 16 世纪拼写改革家的"再创造"，目的是使这些书写形式和其拉丁语词源（有些词源是错的）更相符（如 dette［债］变成了 debt，doute［疑惑］变成了 doubt，iland［岛］变成了 island）[7]。北美英语拼写习惯发展中的更进一步变化，在

---

[5] 弗莱芒语（Flemish），比利时境内的荷兰语方言，今为比利时官方语言之一。——译者注

[6] knight 一词里的 gh，原读 /ç/ 音，15、16 世纪开始消失，试比较其德语同源词 Knecht /knɛçt/（奴仆）。词首 /k/ 音的消失发生得很晚，始于 17 世纪末。英语词末"弱 e 音"的脱落从 15 世纪开始，这一过程使英语大量双音节词变成了单音节词。关于英语语音拼写关系史，详见叶斯柏森 7 卷本《现代英语语法》第 1 卷《语音与拼写》（*Sounds and Spellings*, 1909）。——译者注

[7] dette 和 doute 中古英语时期借自古法语 dete（债）、dout（疑惑），而不是直接借自拉丁语 dēbita（债）、dubitāre（犹豫），所以英语这两个词里从未真正存在过辅音 b；今天的法语拼写中也没有这个 b：dette /dɛt/（债），doute /dut/（疑惑）。上述拼写改革家对 island 的词源阐释则完全错误，island 的词源是古英语 iegland（岛），该词是由 īeg（岛）+

323页作业题 D 中得到了阐释。

第17章中,我们将更详细地审视英语历史发展中的其他各方面,以及语言变化中的其他方式。

习　题

1. 陶筹首次被用作簿记工具,大约是在什么时候?
2. 有一种早期文字系统,为何叫作"楔形文字"?
3. 词符文字系统和表音文字系统之间的基本区别是什么?
4. 以画谜原则为基础的变化过程中会发生什么?
5. 为切洛基语发明的文字,属于哪种文字系统?
6. "cu@9"这条短信,是词符文字之例还是字母文字之例?
7. 俄语所使用的文字系统,叫什么名字?
8. 拥有最长持续使用历史的文字系统,是哪里的文字系统?
9. 描述汉语书写符号的最佳方式,是象形文字、表音文字还是语素文字?
10. "$、8、?、&"中哪一个未被用作词符符号?
11. 哪个民族创立了字母符号 A、B、C、D 的基本顺序?
12. 什么是二合字母?

作业题

A. 何为"牛耕式书写"(boustrophedon writing)?这种书写曾在哪个时期使用过?

(接上页)land(土地)构成的复合词;īeg 与古北欧语 ey(岛)同源,后者演变为今挪威语 øy(岛)、丹麦语 ø(岛)、瑞典语 ö(岛);所以,英语旧拼法 iland 没有错,却因与拉丁语 insula(岛)混淆而被无端插入了字母 s。——译者注

B. 谚文（Hangul）是哪种文字系统？哪里使用这一系统？其形式在页面上如何来写？

C. 发短信时用的是什么样的书写？你如何描述下列短信中所使用的书写规则（象形符号、表意符号、词符符号、音节文字还是字母文字？）

xlnt msg （"excellent message"）　　swdyt （"So, what do you think?"）
（大好消息）　　　　　　　　　　（所以，你觉得怎样？）
btw （"by the way"）　　　　　　　ne1 （"anyone"）
（顺便说一下）　　　　　　　　　（任何人）
b42moro （"before tomorrow"）　　　cul8r ;-) （"see you later, wink"）
（明天之前）　　　　　　　　　　（一会见，眨个眼）

D. 前面我们论述英语正字法时，没有考虑北美英语和英国英语之间发展出的不同之处，如英国使用 programme 的拼法，而美国使用 program。

（i）在下面的词表中，辨别出 11 个明显为美国式拼写的词，11 个明显是英国式拼写的词，以及 6 个在两种变体中拼法相同的词。

（ii）你能否指出本词表所揭示出的 6 种规则性拼写区别（如 -mme 和 -m 之区别）？

advertisement	amour	analyze	apologise
（广告）	（爱慕）	（分析）	（道歉）
behaviour	catalog	categorise	center
（行为）	（目录）	（归类）	（中心）
counsellor	defense	dialogue	epilogue
（顾问）	（防守）	（对话）	（尾声）
favorite	fence	fibre	filter
（最喜欢的）	（围篱）	（纤维）	（过滤）
humour	jewelry	licence	liter
（幽默）	（珠宝）	（执照）	（升）

modelling（塑型）	neighbor（邻居）	offence（冒犯）	parallel（平行）
paralyze（瘫痪）	pretense（假装）	sombre（昏暗的）	traveller（旅行者）

（背景资料，见 Carney，1997；Cook，2004，第 7 章；Micklethwait，2000。）

E. **辅音音素文字**（abjad）、**元音附标文字**（abugida）分别指什么样的文字系统？二者的根本区别是什么？

F. **重写本**（palimpsest）这个术语描述的是文字书写史中的某一特定过程之产物。这个过程是什么？为什么要使用这一过程？

G. 当今的用法中，书面语言不仅仅是写下来的口语。例如，我们创建文本的方式和我们交谈的方式之间存在诸多差异。Biber et al.（1999）依据其语料库研究，描写了若干种"词块"（lexical bundle），即四个或四个以上常态化共同出现的词所构成的序列，有的出现于口语中，有的出现于书面语中。

（i）你能否将下列词块重新分成两组，一组是非正式的英语口语中的典型表达，另一组是更常见于教育环境的书面英语之表达？

as a result of ...（由于……的缘故）	it has been suggested that ...（有人指出……）
do you want me to ...（你需要我……吗）	it is possible to ...（……是可能是）
have a look at ...（看看……）	on the other hand ...（另一方面，……）
I don't know what ...（我不知道什么……）	that's a good idea ...（……是个好主意）
I think I have ...（我觉得我有……）	the fact that the ...（这样一个事实：……）

in the case of ...   there's a lot of ...
（一旦……）   （有许多……）
it has nothing to do with ...   what's the matter with ...
（这跟……完全无关）   （……怎么了）

（ii） 总的来说，英语口语和英语书面语，你认为哪个具有较多的名词？哪个具有较多的动词？哪个具有较多的形容词？哪个具有较多的代词？

（iii） 你认为这样的模式为何存在？

H. 思考下列例子，试确定 X 在哪些例子中是个没有语义的功能符号，在哪些例子里是个有清晰且泛泛的语义的符号，又在哪些例子里是个有非常具体的语义的符号。这些用法有没有哪些可视为词符符号？

（1） The twenty-fourth letter of the English alphabet is X.
（英语字母表里的第 24 个字母是 X。）

（2） On the map was a large X and the words "You are here."
（地图上有个很大的 X，写着"你在此处"。）

（3） Most of the older men were illiterate at that time and put X where their signature was required.
（那时候大多数年长的人都不识字，就在要他们签名的地方划一个 X。）

（4） Indicate your choice by putting X next to only one of the following options.
（在下列选项中唯一一项旁划一个 X，标明你的选择。）

（5） He wrote $X - Y = 6$ on the blackboard.
（他在黑板上写了 $X - Y = 6$。）

（6） There was an image of a dog with a large X across it.
（那里画着一只狗，上面划了个大大的 X。）

（7）The teacher put X beside one of my sentences and I don't know why.
（老师在我的一个句子旁划了个 X，我不知道为什么。）

（8）We can't take the children with us to see that film because it's rated X.
（我们没法带孩子们一起看那部电影，因为那是 X 级的。）

（9）The witness known as Ms. X testified that she had heard several gunshots.
（化名 X 女士的证人指证，她听到了几声枪响。）

（10）Aren't there two X chromosomes in the cells of females?
（雌性细胞里不是有两个 X 染色体吗？）

（11）At the bottom of the letter, after her signature, she put X three times.
（在信的结尾处，她的签名之后，她划了三个 X。）

（12）In the XXth century, Britain's collapsing empire brought new immigrants.
（20 世纪，英国衰落的帝国带来了新移民。）

I. 365 页图 16.4 里的插图，Jensen（1969）将其描述为一位居住在北西伯利亚的尤卡吉尔族（Yukaghir）年轻女子寄出的信。这位女子（c）把此信寄给"她那即将出外的心上人"（b）。你认为这封信想要表达什么？信中的其他人是谁？这属于哪种"文字"？

探讨与研究

I. 弗洛利安·柯尔玛斯（Florian Coulmas）认为，"当今的文字分布，证实了文字系统和宗教之间的密切联系。"（Coulmas, 2003：201）你是否认为不同宗教的传播（比其他任何因素更能够）解释当今世界所使用的各种文字的不同形式？你会利用何种证据来支持或反对这一观点？

（背景资料，见 Coulmas, 2003，第 10 章。）

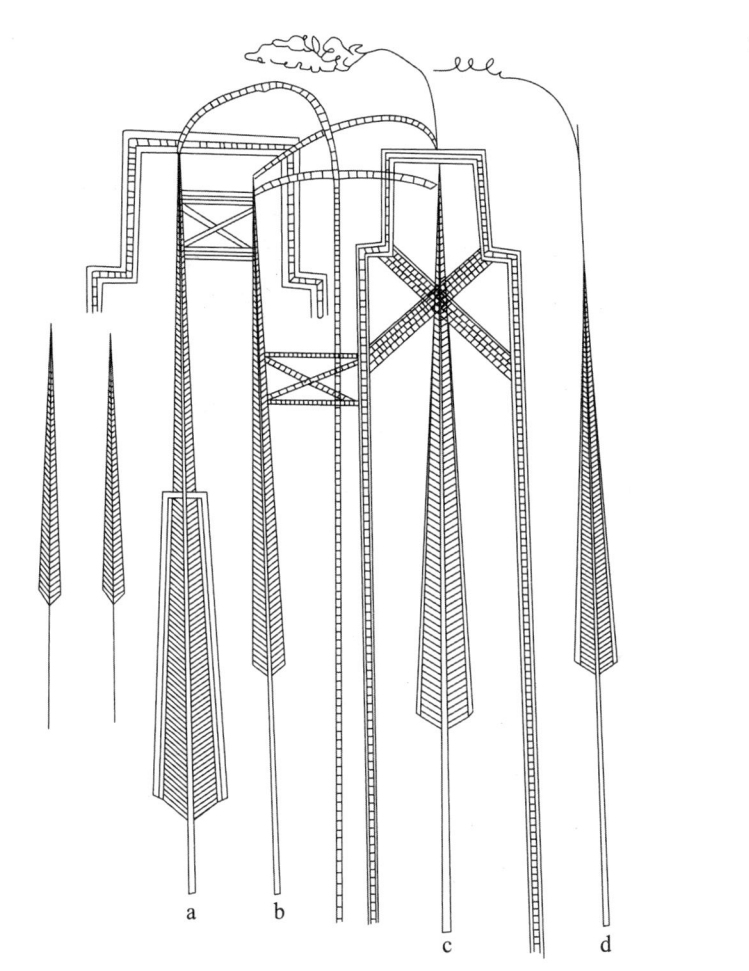

图 16.4　尤卡吉尔人的一封信

II. 象形符号可独立于语言之外，但是似乎无法独立于文化之外。许多象形性和表意性的表述，我们若要对其加以解读，就必须熟悉关于这些符号"表示"什么的文化猜想。

（i）做个简单的实验，把下列 12 个符号（图 16.5）拿给一些朋友看，问他们是否知道每个符号的意思（他们可能会说自己从没见过这些符号，但要鼓励他们猜一猜。）

图 16.5　与文化相联系的符号

(ii) 下一步，向他们提供这份"官方意义"的清单，请他们确定哪个符号与哪个意义相匹配。

(a) 搅拌

(b) 献血者

(c) 风干、加热

(d) 保持冷冻

(e) 锁

(f) 走失的儿童

(g) 注册登记

(h) 电报

(i) 开门或开盖

(j) 媒体室、采访室

(k) 防护设备、安全设备

(l) 转向水池操作实验（basin maneuvering）（船）

(iii) 你能否描述解读这些符号（引自 Ur, 2009）时涉及了什么样的文化猜想？

深入阅读

基本论述：

Robinson, A. (2007) *The Story of Writing*.（第 2 版）Thames & Hudson.

Sampson, G. (2015) *Writing Systems*.（第 2 版）Equinox.

更详细论述：

Coulmas, F. (2003) *Writing Systems*. Cambridge University Press.

Rogers, H. (2005) *Writing Systems: A Linguistic Approach*. Blackwell.

综合性述评：

Daniels, P. and W. Bright (1996) *The World's Writing Systems*. Oxford University Press.

Wyse, D. (2017) *How Writing Works: From the Invention of the Alphabet to the Rise of Social Media*. Cambridge University Press.

文字的前身：

Schmandt-Besserat, D. (1996) *How Writing Came About*. University of Texas Press.

古代语言：

Woodard, R. (2003) *The Cambridge Encyclopedia of the World's Ancient Languages*. Cambridge University Press.

楔形文字：

Glassner, J. (2003) *The Invention of Cuneiform*. Johns Hopkins University Press.

埃及文：

Allen, J. (2000) *Middle Egyptian: An Introduction to the Language and Culture of Hieroglyphs*. Cambridge University Press.

古希腊文：

Jeffery, L. (1990) *The Local Scripts of Archaic Greece*. Clarendon Press.

切洛基文：

Cushman, E. (2011) *The Cherokee Syllabary*. University of Oklahoma Press.

汉语、日本语、韩国语的文字：

Pae, H. (ed.) (2018) *Writing Systems, Reading Processes and Cross-linguistic Influences*. John Benjamins.

字母表：

Man, J. (2000) *Alpha Beta*. Wiley.

英语书面语：

Carney, E. (1997) *English Spelling*. Routledge.

Cook, V. (2004) *The English Writing System*. Hodder Arnold.

Cook, V. and D. Ryan (eds.) (2016) *The Routledge Handbook of the English Writing System*. Routledge.

关于"Ghost"的故事：

Crystal, D. (2012) *Spell It Out: The Singular Story of English Spelling*.（第19章）Profile Books.

其他参考资料:

Biber, D., S. Johansson, G. Leech, S. Conrad and E. Finegan (1999) *Longman Grammar of Spoken and Written English*. Longman.

Davies, W. (1987) *Egyptian Hieroglyphics*. British Museum / University of California Press.

Gelb, I. (1963) *A Study of Writing*. University of Chicago Press.

Jensen, H. (1969) *Sign, Symbol and Script*.(第 3 版)George Allen and Unwin.

Micklethwait, D. (2000) *Noah Webster and the American Dictionary*. McFarland & Company.

Ur, P. (2009) *Grammar Practice Activities*.(第 2 版)Cambridge University Press.

17 语言的历史与变化

Fæder ure þu þe eart on heofonum,
si þin nama gehalgod.
Tobecume þin rice.
Gewurþe þin willa on eorðan swa swa on heofonum.
Urne gedæghwamlican hlaf syle us to dæg.
And forgyf us ure gyltas,
swa swa we forgyfað urum gyltendum.
And ne gelæd þu us in costnunge,
ac alys us of yfele.

(我们在天上的父，
愿人都尊你的名为圣。
愿你的国降临，
愿你的旨意行在地上，
如同行在天上。
我们日用的饮食，
今日赐给我们。
免我们的债，
如同我们免了人的债。
不叫我们遇见试探，

救我们脱离凶恶。)①

《主祷文》(约公元 1000 年)

　　大约 1000 年前的这份几乎无从辨认的《主祷文》版本极其清晰地表明，这种在当时被称为"Englisc"的语言历经了显著的变化，才成为我们今天所使用的英语。探究旧时的语言及其发展成现代语言的途径，把我们带进了关于语言史和语言变化的研究，即**语文学**（philology）。19 世纪时，语文学主导着语言研究，成果之一就是展示语言之间有何种亲缘关系的"谱系树"（family tree）的构建。不过，在完成这一切之前，必须揭示出分布于世界不同地区的诸多种语言确为同一家族中的成员。

谱系树

　　1786 年，驻印度的一位名叫威廉·琼斯爵士（Sir William Jones）的英国政府官员，对书写印度法律的古代语言梵语做出了如下论断（Lehman，1967：10）：

梵语虽然古老，却有奇妙的结构；比希腊语更加完美，比拉丁语更加丰饶，比二者中任何一者都精巧细致，但无论在动词词根方面还是在语法形式方面，与二者之间的强烈相似性不可能仅为偶然。

　　威廉爵士继而提出，不同地理区域的语言必然拥有某种共同的祖先，这在当时是极具革命性的看法。然而，这个共同祖先显然没有在任何现存记录中得到过描写，而须提出假说；假说的依据，是那些被认定为其子嗣语的记录中存在的相似特征。

　　19 世纪，有个术语被用来描述这一共同祖先。该术语涵盖的概念包括：这种语言是一种原始形式（Proto，"原始"）；这种语言是印度次大

---

① 中译文据和合本《新约·马太福音》6：9—6：13。——译者注

陆（Indo，"印"）及欧洲（European，"欧"）的现代语言的源头。随着**原始印欧语**（Proto-Indo-European）被认定为很久以前的"曾曾祖母"，学者们开始辨认印欧语谱系树的枝枝权权，为许多现代语言追本溯源。图17.1 展示的是印欧语谱系树中的一小部分。

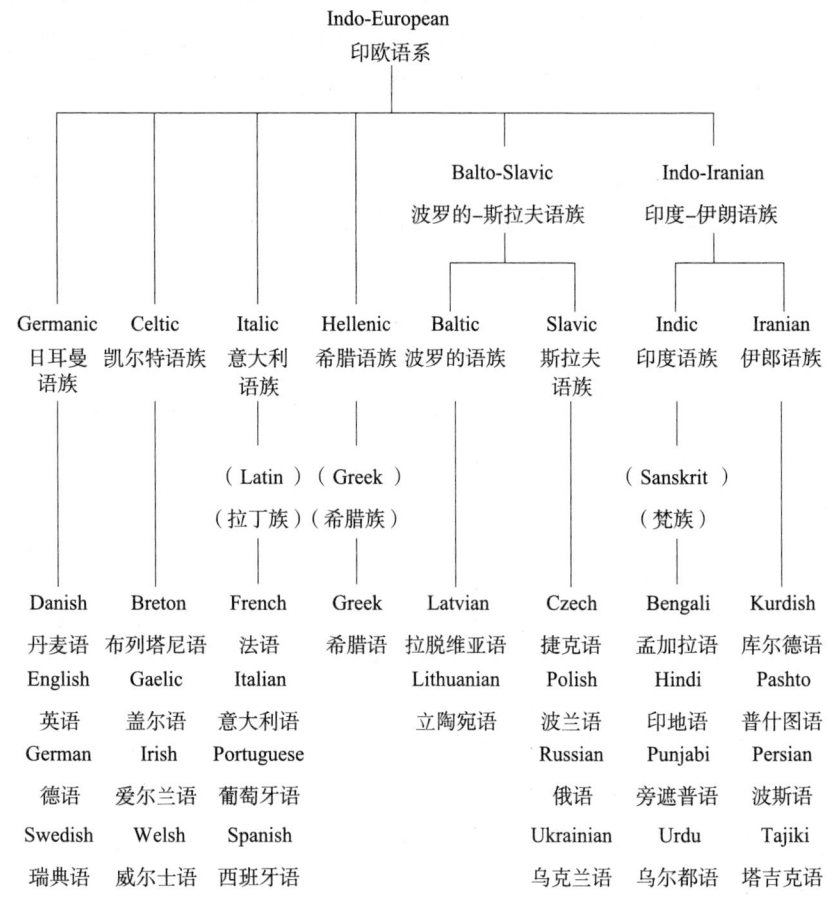

```
                            Indo-European
                               印欧语系
        ┌──────────┬──────────┬──────────┬──────────┬──────────┐
                                      Balto-Slavic      Indo-Iranian
                                     波罗的-斯拉夫语族   印度-伊朗语族
                                      ┌────┴────┐       ┌────┴────┐
   Germanic   Celtic    Italic   Hellenic  Baltic  Slavic   Indic   Iranian
   日耳曼     凯尔特    意大利    希腊语族  波罗的   斯拉夫   印度    伊朗语族
   语族       语族      语族               语族    语族     语族
                        │        │                          │
                    （Latin）（Greek）                  （Sanskrit）
                    （拉丁族）（希腊族）                  （梵族）

   Danish    Breton    French   Greek    Latvian    Czech    Bengali   Kurdish
   丹麦语    布列塔尼语 法语     希腊语   拉脱维亚语 捷克语   孟加拉语  库尔德语
   English   Gaelic    Italian           Lithuanian Polish   Hindi     Pashto
   英语      盖尔语    意大利语          立陶宛语   波兰语   印地语    普什图语
   German    Irish     Portuguese                  Russian  Punjabi   Persian
   德语      爱尔兰语  葡萄牙语                    俄语     旁遮普语  波斯语
   Swedish   Welsh     Spanish                     Ukrainian Urdu     Tajiki
   瑞典语    威尔士语  西班牙语                    乌克兰语  乌尔都语  塔吉克语
```

图 17.1 印欧语谱系树②

---

② 注意"意大利语族"（Italic languages）和"罗曼语族"（Romance languages）两术语的区别。意大利语族除拉丁语之外，还包括与之平行的奥斯坎语（Oscan）、翁布里亚语

印欧语

印欧语系是世界上人口最多、分布最广的语系，但并不是唯一的语系。像这种涵盖数量庞大的不同语言的语系，大约有 30 个。据一份有声望的资料（民族语言网 [*Ethnologue*]，2018），全世界实际上有 7097 种已知语言。③ 这些语言中有许多濒临消亡，而有一些则正在扩张。从使用人数来看，汉语拥有最多的母语者（超过 10 亿），但西班牙语（超过 4 亿）和英语（超过 3.3 亿）在世界各地使用得更为广泛。观察印欧语的谱系树，我们起初或许会对这些迥异的语言皆有亲缘关系之观点颇感困惑。毕竟，像意大利语和印地语这样的两种现代语言似乎毫无共同之处可言。更清晰地看出它们何以具有亲缘关系，方法之一是审视演化出这些现代语言的拉丁语、梵语等更老一辈语言留下的文字记录。例如，如果用我们熟悉的字母来写梵语、拉丁语和古希腊语里表示"父亲"和"兄弟"的词，一些共同特征就变得明显了：

（接上页）（Umbrian）等久已消亡的古代语言。由于此语族仅有拉丁语生存至公元 1 世纪以后，"意大利语族"这一名称在普通读者当中知名度并不高。拉丁语分化为今天的罗马尼亚语、意大利语、法语、西班牙语、葡萄牙语等语言，这些现代语言的统称"罗曼语族"更为今天的研究者们所熟悉。——译者注

③ 这个数字仅供参考。民族语言网列出的"语言"非常全，并且不断修订更新。译者 2022 年 4 月访问该网站时，网站已更新至第 25 版，全球活语言的数量更新为 7151 种。但是，这数字实际上包含各种方言、皮钦语以及手语，因此比我们平时印象中的全球语言数量大很多。如此细致的划分是否合理？我们不妨以汉语为例来思考这个问题。我国学界传统上认定的"七大方言"当中，北、粤、客、赣、吴、湘六种皆列作独立语言，与汉语""中国手语""中国英语皮钦语"并列；闽方言的"五区"（闽南、闽东、闽北、莆仙、闽中）各自单独列为"语言"，与粤、客、吴等并列。北方方言下的"胶辽官话""中原官话""兰银官话"等未见单列，但地位存在争议的"晋语""徽语"却列为独立的语言，"平话"被分成"北平话"和"南平话"，列为两种"语言"。在马来西亚、新加坡等东南亚国家常被视为与"福建话"（指闽南语）平行的"潮州话"和"海南话"（二者皆为闽南语的次方言），未见列入。本书作者尤尔评价该网站的资源时用的形容词是"有声望的"（reputable）而非"权威的"（authoritative），耐人寻味。——译者注

梵语	拉丁语	古希腊语	
pitar	pater	patēr	"父亲"
bhrātar	frāter	phrāter	"兄弟"

这些形式有明显的相似之处，但在不同语言中随处可见全然相同的词，是极不可能的。不过，高度相似处之存在（尤其是词的发音方面）已是提出亲缘联系的很好证据。更多例子，见388页作业题C。

同源词

我们刚才用来在不同语言间构建可能的亲缘联系的过程，涉及对所谓"同源词"的审视。具有亲缘关系的一组语言的内部，我们经常能够见到某组具体的词之间的高度相似性。一种语言（如英语）里某个词，在另一种语言（如德语）里的**同源词**（cognate）和它具有相似形式且用于（或曾经用于）相似意义。英语词mother（母亲）、father（父亲）、friend（朋友）是德语词Mutter（母亲）、Vater（父亲）、Freund（朋友）的同源词。以这些同源词为基础，我们可看到现代英语和现代德语必然在印欧语系日耳曼语族中拥有共同的祖先。我们审视印欧语系意大利语族中的类似集合，就会发现西班牙语（madre[母亲]、padre[父亲]、amigo[朋友]）和意大利语（madre[母亲]、padre[父亲]、amico[朋友]）的同源词。

<h2 style="text-align:center">比较构拟</h2>

利用不同（但明显有亲缘关系）的语言中的同源词集合之信息，我们可启动一种被称为**比较构拟**（comparative reconstruction）的程序。这一程序的目的，是为共同的祖先语言重构出早先的形式，甚至重构出可能的"原始"（proto）形式。执行这一程序时，我们可利用两条非常普遍的原则。

最大多数原则（the majority principle）是十分直观的。在某一同源词集合中，如果 3 个词以［p］音开头，1 个词以［b］音开头，那么我们最好的猜想是，大多数语言保留了原有的音（即［p］）。

最自然发展原则（the most natural development principle）的基础是这个事实：有些类型的音变十分常见，如表 17.1 所示，而反方向的音变则极其不具可能。

表 17.1　音变

变化方向	例子
1. 词末元音经常消失	vino → vin
2. 清音浊化，常见于元音之间	muta → muda
3. 塞音变成擦音	ripa → riva
4. 辅音在词末清化	rizu → ris

比较同源词

我们若从 3 种语言中取些同源词的例子，如下所示，就可以通过确定这三个词首音最初的形式最有可能是什么，来开启比较构拟。因为书写形式经常具有误导性，所以我们确认了 A 语和 B 语的词首音都是［k］，C 语所有这些词的词首音都是［ʃ］。

A 语	B 语	C 语	
cantare	cantar	chanter	"唱歌"
catena	cadena	chaîne	"链子"
caro	caro	cher	"亲爱的"
cavallo	caballo	cheval	"马"

语音的构拟

在刚才看到的少量语言内部，最大多数原则可用来证明，A 语和 B 语的词首［k］音比 C 语的［ʃ］音更古老。可为这一分析增加支持的是，［k］音是个塞音，［ʃ］音是个擦音，依据"最自然发展原则"（表 17.1），音变经常按照由塞音到擦音的方向发生，因此［k］音更有可能是原始的音。

我们刚才启动的是关于意大利语（A语）、西班牙语（B语）和法语（C语）里一些词的共同词源的比较重构。此例中，我们有种方法可对构拟进行检查，因为这3种语言共同的源头就是拉丁语。我们查一查列出的这些词的拉丁语同源词，会发现 cantare（唱歌）、catena（链子）、carus（亲爱的）、caballus（马），印证了 [k] 曾是那个词首音。

词的构拟

再看一组非印欧语言的同源词，我们可以把下面这些数据，想象成刚从亚马孙偏远区域考察回来的某位语言学家提供的。这些例子是一组同源词，取自3种有亲缘关系的语言；但是，原始形式什么样呢？

语言1	语言2	语言3	原始形式	
mube	mupe	mup	_____	"河流"
abadi	apati	apat	_____	"石头"
agana	akana	akan	_____	"刀"
enugu	enuku	enuk	_____	"钻石"

利用最大多数原则，我们可以提出较古老形式最有可能是以语言2和语言3为基础。如果这一点正确，那么辅音音变必然是 [p]→[b]，[t]→[d]，[k]→[g]，从而产生语言1里的较新形式。这些音变中存在一种模式：清音在元音之间变成浊音。因此，语言2和语言3有比语言1更古老的形式。

语言2和语言3的这两份清单，哪份包含了更古老的形式呢？记住另外一类"最自然发展"的音变（即词末元音经常消失），我们就能提出，语言3的词系统地失去了今仍存在于语言2的词里的词末元音。因此，我们最好的猜想是，语言2里列出的形式最接近于最初的原始形式可能的样貌。

英语的历史

原始形式之构拟，是在尝试确定语言在拥有文字记录之前可能是什么样子。不过，像英语这样的语言，即使我们有较古老时期的书面记录，这记录很可能跟此语言当今的书面形式并不相像。本章开头处引用的那个版本的《主祷文》，就为这一点提供了很好的例证。甚至连某些字母似乎都十分陌生。

较古老的字母 þ（名称是"thorn"）和 ð（名称是"eth"）都被 th 取代了（如 þu［你］→ thou，eorðan［土地］→ earth），æ（名称是"ash"）简单地变成了 a（如 to dæg［今天］→ today）。若要了解一种语言如何随着时间推移而经历了显著变化，我们可以简要地看看英语的历史，英语史传统上分作四个时期[④]：

> 古英语（Old English）：1100 年之前；
> 中古英语（Middle English）：1100 年至 1500 年；
> 早期现代英语（Early Modern English）：1500 年至 1700 年；
> 现代英语（Modern English）：1700 年之后。

古英语

后来成为英语的那种语言，主要来源是欧洲北部的盎格鲁人（Angles）、撒克逊人（Saxons）、朱特人（Jutes）部落所讲的几种日耳曼语言，他们于 5 世纪中期迁至英伦三岛。在一份早期叙述中，这些部落被描述为

[④] 更常见的分期方式是把英语史分为三个时期：古英语、中古英语、现代英语。三分法中的"现代英语"涵盖了"早期现代英语"在内。另有部分学者把四分法中的"现代英语"称为"晚期现代英语"（Late Modern English），如荷兰学者普茨玛（Hendrik Poutsma, 1856—1937）撰写的 5 卷本《晚期现代英语语法》（*A Grammar of Late Modern English*, 1914—1929）。——译者注

"神对不列颠的愤怒"。正是从前两个部落的名称中，我们有了描述这些人的"盎格鲁-撒克逊"（Anglo-Saxons）这个术语；而从第一个部落的名称中，我们得到了表示他们的语言的词 Englisc（英语）以及他们的新家园 Engla-land（英格兰）。

这种早期版本的英语，今称作**古英语**（Old English）。我们的许多最基本词项都源于该语言，如：mann（man，男人）、wīf（woman，女人）、hūs（house，房子）、mete（食物）、etan（eat，吃）、drincan（drink，喝）、feohtan（fight，打仗）。这些异教入侵者并未保持异教太久。6世纪至8世纪的某一时期，盎格鲁-撒克逊人皈依了基督教，来自拉丁语（宗教语言）的大量词项这一时期进入了英语。今天英语的 angel（天使）、bishop（主教）、candle（蜡烛）、church（教堂）、fever（发烧）、martyr（殉教者）、plant（植物）、priest（神甫）、school（学校）、temple（神殿），其源头皆可追溯至这一时期。

8世纪至9世纪、10世纪，另一群北欧人来到不列颠的部分海岸地区，先是劫掠，后来居住了下来。他们是维京人（Vikings）⑤，从他们的语言古北欧语（Old Norse）中，英语吸纳了 die（死）、flat（偏平）、get（得到）、give（给）、law（法律）、leg（腿）、skin（皮）、sky（天空）、take（拿）、they（他们，主格）、their（他们的）、them（他们，宾格）的原始形式，此外还吸纳了一周七天的名称，如 Tiw's day（星期二）、Thor's day（星期四）。通过他们的冬日节 jól，我们有了 Yule 这个词，表示圣诞季节。

中古英语

标志着古英语时期结束、**中古英语**（Middle English）时期开始的事件，是诺曼法国人1066年在征服者威廉（William the Conqueror）率领下赢得了黑斯廷斯（Hastings）战役，来到了英格兰。这些讲法语的入侵者

---

⑤ Vikings 有时也译为"北欧海盗"，但需注意，此词是民族名称，并非仅指从事海盗活动的人。——译者注

成了统治阶级,因此,英格兰此后 200 年间的贵族圈、政府、法律、文明生活的语言皆为法语。法语是 army(军队)、arrest(逮捕)、court(法庭)、defense(防卫)、faith(信仰)、govern(政府)、marry(结婚)、prison(监狱)、punish(惩处)、tax(税)等词的词源。

不过,农民的语言依然是英语。农民在土地上劳作,饲养着 sheep(羊)、cow(牛)、swine(猪)(这些词来自古英语),而上层阶级却谈论着 mutton(羊肉)、beef(牛肉)、pork(猪肉)(这些词具有法语词源)。因此,现代英语有不同的词项表示"活着会跑的"动物和"盘子里的"动物。整个这一阶段,法语(或者更确切说,是英格兰版本的法语)是威望语言(prestige language),乔叟告诉我们,坎特伯雷朝圣者们当中就有人会讲:

> She was cleped Madame Eglentyne
> Ful wel she song the service dyvyne,
> Entuned in her nose ful semely,
> And Frenche she spak ful faire and fetisly.

> (大家叫她埃格伦庭夫人,
> 她的圣歌唱得很好,
> 调子似从鼻子里完美哼出,
> 她的法语说得美丽而优雅)

这是 14 世纪后期的中古英语之例。从古英语到中古英语已发生了实质上的变化,但是另一些变化仍尚未发生。最显著的一点是,乔叟时代的元音,和我们今天在与之相似的词里听到的元音非常不同。乔叟住在 hoos(房子)里,和他 weef(妻子)住在一起,hay(他)或许会在 mona(月亮)光下,跟 heer(她)喝着一瓶 weena(葡萄酒)。[⑥]

---

 ⑥ 这些拼写是利用当今的英语读音规则对中古英语发音做的转写,不是中古英语的拼法。这几个词在乔叟时代常见的拼法是:hous(房子)、wif(妻子)、he(他)、wine(葡萄酒)、hir(她)、mone(月亮);注意词末的 e 此时仍然发音。——译者注

1400年至1600年，将乔叟与莎士比亚分隔开的200年间，英语语音经历了一场被称为"元音大转移"（Great Vowel Shift）的显著变化。长元音的这次普遍的上升（例如，长音［o］上升为长音［u］，如 mōna → moon；长音［e］上升为长音［i］，如 hay → he），其效应是使早期现代英语（大约从1500年起）的发音与此前各时代极为不同。1476年，印刷术的传入带来了重大的变革；但是，由于印刷商往往让当时的发音固定在了词的拼写形式里（如 knee、gnaw），所以后来的发音变化常常无法在现代英语（1700年以后）的书写方式中得到反映。

反映外来影响的变化（如源自诺曼法语或古北欧语的借词），是**外部变化**（external change）之例。其他变化（尤其是音变）则是**内部变化**（internal change）过程之产物。

音　　变

从中古英语到现代英语的若干变化中，有些音从某些词的发音中消失了，这一过程可简单地称作**音的消失**（sound loss）。许多古英语词，词首的［h］都脱落了，如 hlud（响亮）→ loud，hlaford（领主）→ lord。有些词丢失了音，却保留了拼写，造成了当今英语书面上的"不发音字母"。词首的软腭塞音［k］和［g］位于鼻音［n］之前已不再发音，但我们依旧写 knee（膝盖）、gnaw（啃咬），带着较早期发音之孑遗。

另外一例是软腭擦音［x］，见于古体形式 niht（夜晚）的发音［nɪxt］（更接近于现代德语的 Nacht 的发音），而当今的形式 night 发音为［naɪt］，［x］音已不存。这种音的残迹仍见于某些方言，如苏格兰 loch（湖）一词词末，但它已不再是现代英语大多数方言里的辅音。⑦

---

⑦ 德语 Nacht（夜晚）发音为［naxt］，苏格兰语 loch 发音为［lox］。古英语 niht 的发音严格来说应为［nɪçt］，［ç］是硬腭擦音，可视为［x］在前元音环境中的变体，与［x］形成互补分布。——译者注

换位

被称为**换位**（metathesis）的音变涉及词里两个音的位置颠倒。透过下列这些词变化后的版本和其早期形式之间的不同，这类颠倒可以得到阐释。

acsian → ask（问）　　frist → first（首先）　　brinnan → beornan (burn)（烧）
bridd → bird（鸟）　　hros → horse（马）　　wæps → wasp（黄蜂）

西部牛仔说 pretty good（很好）时，发音有点像 purty good，这是个与之类似的换位之例，是现代英语内部的方言变体。美国英语有些方言里，仍能听到 aks（问）这个形式，而不是 ask，如 I aksed him already（我已经问过他了）。

换位时位置的颠倒，有时还发生于不邻接的音。西班牙语 palabra（词）这个词，由拉丁语 parabola（阐述）衍生而来，[l]音和[r]音的位置发生了颠倒。这一模式可由下面这组词来例证。

拉丁语		西班牙语	
miraculum	→	milagro	"奇迹"
parabola	→	palabra	"词"
periculum	→	peligro	"危险"

词中增音

另一类音变，称作**词中增音**（epenthesis），涉及在某词的中部加一个音。如：

　　æmtig → empty（空的）
　　spinel → spindle（纺锤）
　　timr → timber（木材）
　　þunor → thunder（雷）

像 empty 中那种加在鼻音[m]之后的[p]音，在有些说话者把 something（某事）发成 "sumpthing" 时也能听到。任何人若是把 film（电影）发得像"filum",或是把arithmetic（算术）发得像"arithametic",都是在为现代英语提供词中增音之例。

你如果听IZ哥（伊瑟瑞·卡玛卡威乌欧尔）[⑧]的流行歌曲《彩虹之上》（Somewhere Over the Rainbow）,会听到他唱High above the chiminey top（高过烟囱顶）这句时,chimney（烟囱）一词里即带有一个作为词中增音的元音。

词首增音

还有一类音变,尽管英语里没有,但仍值得注意；这类音变涉及的是在词的开头加一个音,因而称作**词首增音**（prothesis）。该音变是某些形式从拉丁语演化至西班牙语时的常见特征。

> schola → escuela（学校）
> spiritus → espíritu（精神）
> scribere → escribir（写）
> sperare → esperar（希望）

说西班牙语的人把英语作为第二语言来学习时,起初有时会在一些英语词的开头放上一个作为词首增音的元音,其结果就是让strange（奇怪的）、story（故事）听着像"estrange"、"estory"。

句法变化

古英语句法结构和现代英语句法结构之间的最显著差别,包括词序上的差别。古英语中,我们可看到现代英语最常见的主-动-宾顺序（SVO）,但也能看到一些已不再使用的其他顺序。例如,主语可以接

[⑧] 伊瑟瑞·卡玛卡威乌欧尔（Israel Kamakawiwo'ole, 1959—1997）,美国歌手、政治活动家,夏威夷原住民。——译者注

在动词之后，如 ferde he（他出发，字面"traveled he"）；宾语可位于动词之前，如 he hine geseah（他看见了他，字面"he him saw"），也可位于句首，如 him man ne sealde（大家都什么也不给他⑨，字面"him man not gave"）。

最后这个例子中，否定词的使用也与现代英语不同，因为 *not gave 已不再合乎语法。古英语还可出现"双重否定"结构，如 ne sealdest þū næfre（你从未给，字面"not gave you never"），ne（不）和 næfre（从未）用在同一个动词上。如今，我们说"You never gave"（你从未给），而不说"*You not gave never"。

屈折的消失

下面这个古英语句子里，我们可以看到各种句法特征如何造就了与现代英语版本（and you never gave me a kid［而你从未给我生个孩子］）截然不同的词序。注意词序是动-主-宾（VSO），而不是现代英语的 SVO。

and	ne	sealdest	þū	me	næfre	ān	ticcen
(and)	(not)	(gave)	(you)	(me)	(never)	(a)	(kid)
而	不	给	你	我	从未	一个	孩子
			（主格）	（与格）			（宾格中性）

这个例句还暗示出英语句子形式与较早时期相比的最大规模变化。这个变化就是许多词类大量屈折后缀的消失。注意在之前的例子里，sealde（他给了）和 sealdest（你给了）通过现代英语今已不存的屈折后缀（-e，-est）来区别。名词、形容词、冠词、代词皆因其在句子中的语法功能而拥有不同屈折形式。（更多变化之例，见 389 页作业题 F。）

---

⑨ 此句中的 man 是泛指代词，与现代德语的泛指代词 man 相同，作用近似现代英语的 one。——译者注

语义变化

现代英语不同于古英语的最显而易见之处，在于古英语时期以来进入英语中的借词之数量。（关于借词的更多论述，见第 5 章。）不那么显而易见之处，则是许多词已不再使用。因为我们已不再携带刀剑（至少我们大多数人如此），所以 foin（剑鞘）一词就听不到了。古英语表示"人"的一个常用词是 were，但是此词已逐渐废弃，除了在偶尔出现复合词 werewolf（狼人）的恐怖电影里之外。许多表达，如 lo（看哪）、verily（无疑）或是 egad（天哪），可立刻被判断为属于很早的时候，还有像 Bertha（伯萨）、Egbert（埃格伯特）、Egfrid（埃格弗利德）、Ethelbert（埃塞尔伯特）、Percival（珀西瓦尔）之类的人名也是如此。

有一类语义变化，可让词按照表现得十分不同的新意义来使用。随着时间的发展，awful、dreadful、horrible、terrible 经历了变化，脱离了"造成 awe（敬畏）、dread（担心）、horror（憎恶）、terror（恐惧）"之义。现代英语中，这些形式今经常用于副词，与 very（非常）或 extremely（极其）类似。像 The room was awfully small（那房间非常小），He's always terribly polite（他总是极有礼貌），全无半点敬畏或恐惧之义。

类似的转变，还发生于 literally 的用法。最初，这个词表示"严格按字面意思"或"依照事实"之义，例如我们在第 5 章举过一个例子，说 the Spanish expression *perros calientes* as literally "dogs hot"（西班牙语短语 perros calientes〔热狗〕字面上是"狗热"）。然而，有位女士描述最近的经历时说："When he said that to me, I literally died inside."（他跟我说那样的话的时候，我真的从心里死掉了。）她当然不是在描述自己的死亡（因为真死了就没有机会讲述了），而是在发出隐喻用法、修辞用法之信号。所以，literally 一词如今在不同的语境中，时而表示"不夸张"之义，时而表示夸张之义。

语义的扩大

不那么极端的变化中，有一种称作语义的**扩大**（broadening），如 holy day（圣日）由宗教圣餐演变为不必工作的休息日 holiday（假日）。我们已把 foda（今 fodder，牲口的饲料）的用法扩大至一切 food（食物）。⑩ 像 luflic（值得爱的）和 hræd（快）这样的古英语词，不仅经历了音变，而且发展出更加复杂的评价意义（evaluative meaning）（分别表示"好的"和"宁愿"之义），如其现代用法："That's a lovely idea, but I'd rather have the money"（那是个好主意，但我宁愿要那笔钱）。另一个例子是 dog（狗）这个词的现代用法。我们非常宽泛地用它来指各个品种，但其古时的形式（古英语 docga）仅指其中一个品种。⑪

语义的缩小

与之相反的过程，称作**缩小**（narrowing），使古英语曾经用来指任何品种的狗的 hund（狗），变为今天仅指某些特定品种的 hound（猎犬）。另一个例子是 mete，曾用来指任何食物，而其现代形式 meat（肉）变成了仅限于某些特定类别的食物。wife（妻子）一词古英语版本曾可用来指任何女人，而今缩小至仅用来指已婚女人。现代英语 nice（好）一词，源于拉丁语 nescius（由 ne［不］+ sci［知］构成），本意为"不知"或"无知"；这类变化可拿走它的负面意义，并且随着时代的发展，赋予其更加正面的意义。另外一种与之不同的缩小，可给某些词带来负面意义，如 notorious（曾表示"广为人知的"，今表示"声名狼藉的"）、vulgar（曾仅表示"普通的"，今表示"粗俗的"）、naughty（曾表示"一无所有的"，今表示"顽劣的"）。

---

⑩ 原文如此。《博斯沃思-托勒氏盎格鲁-撒克逊语词典》（Bosworth Toller's Anglo-Saxon Dictionary）显示，古英语时期已有 fōda（食物）和 fōdder（草料）之分化。——译者注

⑪ 据《牛津英语词源词典》，古英语主要用 hund 表示"狗"，docga 一词直至古英语晚期才出现。关于 docga 的品种，德语 Dogge 和荷兰语 dog 可在一定程度上充当旁证，二者借自英语，但皆指"猛犬"。——译者注

历时差异与共时差异

　　这些变化都不是一朝一夕发生的，而是渐进性的，且极可能在发生的过程中难以体察到。尽管有些变化可与战争、侵略及其他动荡引发的重大社会变革相联系，但是语言变化的最普遍源头，似乎在于持续不断的文化传承（第2章已论述）之过程。在这一永不停歇的过程中，每位儿童皆须对其共同体的语言加以"再创造"，不可避免的一个倾向，就是会精确地习得某些成分，粗略地习得另一些成分。有时还存在想要与众不同之渴求，故而不难料想，语言不会保持稳定，变化和差异是不可避免的。

　　本章中，我们聚焦的是**历时**（diachronically）角度的语言差异，即从历史视角看长时间以来的变化。语言差异还可以从**共时**（synchronically）角度来看，也就是从某一语言内部同一时代的不同群体间的不同之处来看，这类差异是18、19两章的主题。

习　题

1. 威廉·琼斯爵士认为与拉丁语相似的两种语言是哪两种？
2. 盖尔语属于印欧语系的哪个语族？
3. 下列语言，你能否从历史角度出发，按其密切亲缘关系每两种归为一对？

   孟加拉语、布列塔尼语、捷克语、英语、法语、库尔德语、普什图语、葡萄牙语、瑞典语、乌克兰语、乌尔都语、威尔士语
4. 迄今已有多少个语系得到了认定？
5. 什么是同源词？
6. 以下列数据为基础来看，最可能的原始形式是哪些？

语言 1	语言 2	语言 3		
cosa	chose	cosa	_____	（事情）
capo	chef	cabo	_____	（头）
capra	chèvre	cabra	_____	（山羊）

7. 英语从哪种语言那里接纳了 die、marry、plant 这几个词？

8. 如果你了解到 IZ 哥是位夏威夷语母语者，这一点会如何帮助你解释他的 chimney 一词里的词中增音？

9. 下列哪些词有可能来自古英语？又有哪些词有可能来自法语？
bacon（培根肉）、beef（牛肉）、calf（小牛）、deer（鹿）、ox（牛）、pig（猪）、veal（小牛肉）、venison（鹿肉）

10. 下列各例各自揭示的是哪种类型的音变？

　（a）thridda → third

　（b）scribere → escribir

　（c）glimsian → glimpse

　（d）hring → ring

　（e）slummer → slumber

　（f）beorht → bright

11. 古英语 gærshoppa 一词，经历换位之后变成了现代英语的哪个词？

12. 古英语动词 steorfan（死，任何原因导致的死亡），是现代英语动词 starve（饿死，因缺乏食物而死亡）的词源。哪个术语可用来描述这类语义变化？

作业题

A. 下列哪些语言不应归入印欧语系的谱系树？它们属于哪些语系？
加泰罗尼亚语（Catalan）、夏莫罗语（Chamorro）、法罗语（Faroese）、格鲁吉亚语、希伯来语、匈牙利语、马拉提语（Marathi）、

塞尔维亚语、泰米尔语（Tamil）、土耳其语

B. 丹麦语言学家拉斯慕斯·拉斯克（Rasmus Rask），以及更因童话而出名的德国学者雅各布·格林（Jacob Grimm），两人都在19世纪初从事研究，人们把后来被称为"格林定律"（Grimm's Law）的原创发现归功于他们俩。

什么是格林定律？该定律如何用来解释法语和英语（如 <u>d</u>eux/<u>t</u>wo［二］，<u>t</u>rois/<u>th</u>ree［三］）以及法语和拉丁语（<u>p</u>ater/<u>f</u>ather［父亲］，<u>c</u>anis/<u>h</u>ound［狗］，<u>g</u>enus/<u>k</u>in［属类］）成对的同源词里不同的词首辅音？

C. 我们经常可以把现代英语中许多不同的词，追溯至同一个印欧语形式。运用你在本章中学到的东西，你能否利用下面这些词完成下表，从而阐释若干英语词的历史？

corage, coraticum, cord, cordialis, heorte, herton, kardia, kardiakos, kerd

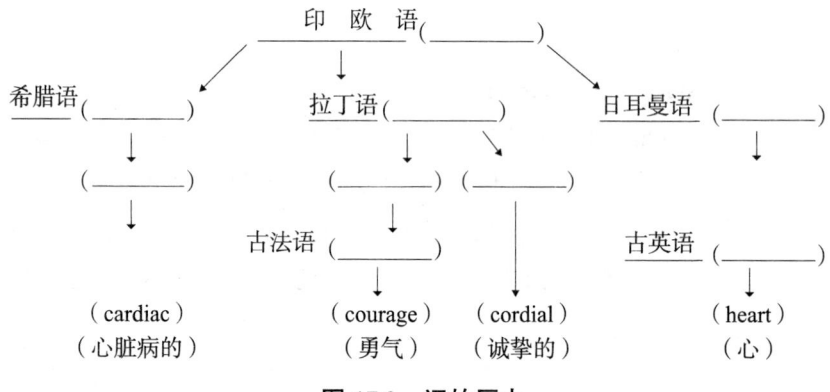

```
                    印 欧 语（_____）
            ↙           ↓              ↘
    希腊语（_____）  拉丁语（_____）   日耳曼语（_____）
        ↓              ↓                    ↓
     （_____）    （_____） （_____）
        ↓              ↓                    
     （_____）    古法语（_____）        古英语（_____）
                       ↓                    ↓
     （cardiac）   （courage）（cordial）  （heart）
     （心脏病的） （勇气）   （诚挚的）    （心）
```

图 17.2　词的历史

D. 中世纪的一份著名文本是《彼得伯勒编年史》（*Peterborough Chronicle*）⑫，其开头如下，附 Janson（2012：135）的现代英语译文。

---

⑫ 《彼得伯勒编年史》是《盎格鲁-撒克逊编年史》最重要的版本之一，因最初收藏于彼得伯勒修道院而得名。——译者注

Brittene igland is ehta hund mila lang & twa hund brad, & her sind on þis iglande fif gebeode: Englisc & Brittisc ... & Scyttise & Pyhtise & Boc Leden.
(Britain's island is eight hundred miles long and two hundred broad, and there are on this island five languages: English and British ... and Scottish and Pictish and Book Latin.)
(不列颠岛 800 英里长，200 英里宽，这岛上有 5 种语言：英语、不列颠语……苏格兰语、皮克特语、书面拉丁语。)

(ⅰ) 此处英语和不列颠语之间有区别。如果我们认定英语就是盎格鲁人的语言，那么讲不列颠语的是什么人？有没有哪些现代语言是这种不列颠语的后裔？

(ⅱ) 苏格兰语和皮克特语之间的区别是什么？有没有哪些现代语言是这两种语言的后裔？

E. 利用任何有记载的案例，描述"语言死亡"（language death）是怎么回事。

F. 坎贝尔（Campbell, 2013）用《圣经》中同一事件（马太福音 26∶73）的下列四种版本，来阐释英语史中的一些变化。你能否描述这之中词汇和语法上的变化？

(ⅰ) 现代英语（1961）

Shortly afterwards the bystanders came up and said to Peter, "Surely you are another of them; your accent gives you away!"

(ⅱ) 早期现代英语（1611）

And after a while came vnto him they that stood by, and saide to Peter, Surely thou also art one of them, for thy speech bewrayeth thee.

(ⅲ) 中古英语（1395）

And a litil aftir, thei that stooden camen, and seiden to Petir, treuli thou art of hem; for thi speche makith thee knowun.

(ⅳ) 古英语（1050）

þa æfter lytlum fyrste genēalǣton þa ðe þær stodon, cwædon to petre. Soðlice þu eart of hym, þyn spræc þe gesweotolað.

（字面：then after little first approached they that there stood, said to Peter. Truly thou art of them, thy speech thee makes clear.）

（过了不多的时候，旁边站着的人前来，对彼得说，你真是他们一党的。你的口音把你露出来了。）⑬

G. 在被称为"语法化"（grammaticalization）的过程中会发生什么？你能否研究出语法化过程是如何让英语动词 go（走）和 will（愿意）能够用在"I'm gonna be late"（我快要迟到了）和"I'll be at work until six"（我将工作到六点钟）之类的句子里的？

H. 18 世纪后期，库克船长的太平洋航行行至夏威夷时，他和船员们很惊讶地发现，夏威夷语许多词跟他们从数千英里外的其他太平洋岛群学到的词很相似。如今，我们知道这种相似性是因为太平洋地区的许多语言都有一个共同的祖先，称作原始波利尼西亚语（Proto-Polynesian）。

（i）表 17.2 依据的是 Kikusawa（2005），里面是 5 种波利尼西亚语言的例子。以这些同源词为基础，你能否研究出原始波利尼西亚语最可能的形式？（符号"'"，如 waʻa 中，表示一种被称为声门塞音 [ʔ] 的辅音，第 3 章里描述过。）

表 17.2 波利尼西亚语言

	汤加语	萨摩亚语	拉帕努伊语⑭	毛利语	夏威夷语	原始形式
（眼睛）	mata	mata	mata	mata	maka	
（独木舟）	vaka	vaʻa	vaka	waka	waʻa	
（水）	vai	vai	vai	wai	wai	

---

⑬ 中译文从和合本。——译者注

⑭ 拉帕努伊语（Rapanui），复活节岛原住民的语言，属南岛语系马来-波利尼西亚语族。——译者注

续表

	汤加语	萨摩亚语	拉帕努伊语	毛利语	夏威夷语	原始形式
（海）	tahi	tai	vaikava	tai	kai	＿＿＿
（海草）	limu	limu	rimu	rimu	limu	＿＿＿
（天空）	langi	lagi	rangi	rangi	lani	＿＿＿
（跳蚤）	kutu	'utu	kutu	kutu	'uku	＿＿＿

（ii）了解了汤加语形式和夏威夷语形式之间的有规律的差异，你能否为下列汤加语词写出最有可能的夏威夷语同源词？

	汤加语	夏威夷语
（禁止的）	tapu	＿＿＿
（血）	toto	＿＿＿
（鱼）	ika	＿＿＿
（睡觉）	mohe	＿＿＿
（热）	vela	＿＿＿
（九）	hiva	＿＿＿
（南）	tonga	＿＿＿
（名字）	hingoa	＿＿＿
（斧子）	toki	＿＿＿
（人）	tangata	＿＿＿

探讨与研究

I. 19世纪有位叫古尔替乌斯（Curtius）的学者（引自Aitchison, 2013），对历史语言学的主要目标做了下列描述：

> 这门科学的首要目标，就是从各种语言中现存的各式各样的走样而残缺的形式中，构拟出原始阶段完整而纯粹的形式。[15]

---

[15] 本引文由古尔替乌斯的德语原文直接译出，未从本书作者引用的英译文转译。出自古尔替乌斯《语法性与词源性》（Grammatisches und Etymologisches, 1871）一文，213

你是否赞同语言会随时间而衰败、恶化("走样而残缺")？你想用什么样的证据来支持或反对这种观点？

（背景资料，见 Aitchison，2013，第 16 章。）

II. 运用你对比较构拟的了解，试为下列同源词重构最可能的原始形式（取自 Sihler，2000：140）。

语言 A	语言 B	原始形式
kewo（红）	čel（红）	_____
kuti（树）	kut（木头）	_____
like（沉重的）	lič（忧郁的）	_____
waki（姐妹）	wač（姐妹）	_____
wapo（手）	lap（手）	_____
woli（房梁）	lol（房顶）	_____

（背景资料，见 Sihler，2000，第 96-102 节。）

深入阅读

基本论述：

Aitchison, J. (2013) *Language Change: Progress or Decay?*（第 4 版）Cambridge University Press.

Schendl, H. (2001) *Historical Linguistics*. Oxford University Press.

（接上页）页，载于他本人主编的刊物《希腊语与拉丁语语法研究》(*Studien zur griechischen und lateinischen Grammatik*)，第 4 卷，209-229 页（实为他为第 4 卷第 1 期撰写的编后语）。古尔替乌斯（Georg Curtius，1820—1885），德国语文学家，莱比锡"旧语法学派"代表人物。——译者注

更详细论述：

Campbell, L. (2013) *Historical Linguistics: An Introduction.*（第 3 版）MIT Press.

Crowley, T. and C. Bowern (2010) *An Introduction to Historical Linguistics.*（第 4 版）Oxford University Press.

Janson, T. (2012) *The History of Languages.* Oxford University Press.

语系：

Austin, P. (ed.) (2008) *One Thousand Languages.* University of California Press.

Pereltsvaig, A. (2012) *Languages of the World.* Cambridge University Press.

印欧语：

Fortson, B. (2010) *Indo-European Language and Culture.*（第 2 版）Wiley-Blackwell.

Mallory, J. and D. Adams (2006) *The Oxford Introduction to Proto-Indo-European and the Proto-Indo-European World.* Oxford University Press.

语言变化：

Labov, W. (2001) *Principles of Linguistic Change.* 第 2 卷：*Social Factors.* Blackwell.

McMahon, A. (1994) *Understanding Language Change.* Cambridge University Press.

英语史：

Barber, C., J. Beal and P. Shaw (2012) *The English Language: A Historical Introduction.* (Canto edition) Cambridge University Press.

Crystal, D. and H. Crystal (2013) *Wordsmiths and Warriors: The English*

Language Tourist's Guide to Britain. Oxford University Press.

Gramley, S. (2019) *The History of English: An Introduction*.（第 2 版）Routledge.

Tombs, R. (2014) *The English and Their History*. Alfred A. Knopf.

古英语、中古英语及早期现代英语：

Baker, P. (2012) *Introduction to Old English*.（第 3 版）Wiley-Blackwell.

Horobin, S. and J. Smith (2002) *An Introduction to Middle English*. Oxford University Press.

Nevalainen, T. (2006) *An Introduction to Early Modern English*. Edinburgh University Press.

论威廉·琼斯爵士：

Cannon, G. (1990) *The Life and Mind of Oriental Jones*. Cambridge University Press.

论"terribly"和"literally"：

Burridge, K. and A. Bergs (2017) *Understanding Language Change*.（第 3 章）Routledge.

词义的扩大与缩小：

Minkova, D. and R. Stockwell (2009) *English Words: History and Structure*.（第 2 版）Cambridge University Press.

论"lovely"和"rather"：

Adamson, S. (2000) "A lovely little example" In O. Fischer, A. Rosenbach and D. Stein (eds.) *Pathways of Change: Grammaticalization in En-*

glish. (39−66) John Benjamins.

Rissanen, M. (2008) "From 'quickly' to 'fairly': on the history of *rather*." *English Language and Linguistics* 12: 345−359.

其他参考资料：

Ethnologue. (2018)（第 21 版）SIL International.

Kikusawa, R. (2005) "Comparative linguistics: a bridge that connects us to languages and people of the past." In P. Lassettre (ed.) *Language in Hawai'i and the Pacific*. (415−433) Pearson.

Lehmann, W. (ed.) (1967) *A Reader in Nineteenth Century Historical Indo-European Linguistics*. Indiana University Press.

Sihler, A. (2000) *Language History: An Introduction*. John Benjamins.

另见 www.ethnologue.com

18 语言的地区差异[①]

Yesterday, I toll my dad, "Buy chocolate kine now, bumbye somebody going egg our house you know, cuz you so chang." He sed, "Sucking kine mo' bettah cuz lass mo' long. Da kids going appreciate cuz..." And befo' he could start his "Back in my days story" I jus sed, "Yeah, yeah, yeah, I undahstand," cuz I nevah like hea da story again ah about how he nevah have candy wen he wuz small and how wuz one TREAT fo' eat da orange peel wit sugar on top. Da orange PEEL you know. Not da actual orange, but da orange PEEL. Strong emphasis on PEEL cuz dey wuz POOR.

（昨天，我跟我爸说："买点巧克力什么的吧，您那么抠门，没准有人要朝咱家房子扔鸡蛋哦，您知道。"他说："咂点更好的玩意吧，至少能多咂一会。现在的孩子得懂珍惜，因为……"抢在他开始讲"我小时候……"之类的故事之前，我赶紧说："对对对，我明白。"因为我可不想让他再一次讲起这样的故事了，像什么他小时候从来没有糖果吃，大家都把撒了点白糖的橙子皮当作美味。橙子皮，你知道的。不是真正的橙子，是橙子皮。他把"皮"字咬得很重，因为他们那时候很穷。）

托诺奇（Tonouchi, 2001）[②]

[①] 题头图片中的文字，意为"小心，路上有羊"。此标牌用北英格兰方言书写（标准英语为：Take care. Lambs on the Road.），其醒目特征包括：take 中的元音不是双元音而是长单元音，定冠词仅是一个辅音 [t]。——译者注

[②] 托诺奇（Lee A. Tonouchi, 1972 年生），当代美国作家，夏威夷人。这段引文选自

整本书中，我们一直把英语、西班牙语、斯瓦西里语等语言谈论得仿佛每种语言日常使用时只有一种变体而已。换言之，目前为止我们基本上忽略了一个事实：每种语言都存在大量差异，口语尤为如此。仅观察英语，我们就会发现澳大利亚、美国、英国等不同国家所讲的英语大不相同。而在这些国家内部的不同地区，我们同样可发现各种各样的变体。李·托诺奇所描述的夏威夷版的"不给糖果就捣蛋"，只是其中的一例。本章中，我们将探究语言差异中那些基于语言在何地使用的方面，即**语言地理学**（linguistic geography）的研究途径之一。首先，我们应辨别出通常被我们认定为是英语、西班牙语或斯瓦西里语的语言具体是哪种变体。

标准语

之前各章里，我们谈论某一语言的词和结构时，仅聚焦于一种变体的特征，这样的变体通常称为**标准语**（standard language）。这实际上是一种理想化的变体，因为它并无具体的区域可言。这种变体与行政中心、商业中心、教育中心相联系，而与地域无关。我们若想到标准英语，那版本就是我们相信可在普通的报纸、书籍及大众传媒上见到的印刷着的英语。该变体用于大多数文学作品，用于科学文章及其他技术性文章，同时也在大多数学校中教着。我们竭力教给那些想把英语作为二语或外语来学习的人们的，通常也是这一变体。标准语与公众语境下的教育和广播电视联系显著，从与书面语言相关的特征（即词汇、拼写、语法）来看，比口语更易于描写。

（接上页）他的短篇小说集《词》（*Da Word*），小说中使用的是夏威夷皮钦语（Hawaiian Pidgin）。托诺是该语言的热心推动者，著有《活着的皮钦语——皮钦文化冥思集》（*Living Pidgin: Contemplations on Pidgin Culture*，2002），还编写了一部小型的《夏威夷皮钦语词典》（*Da Kine Dictionary: Da Hawai'i Community Pidgin Dictionary Projeck*，2005）。——译者注

我们若想到美国的主流公共广播电视中使用的那种基本变体，更具体地指的是标准美国英语；而英国的，则是标准英国英语。在世界其他地区，可谈论的则是其他受到认可的变体如标准澳大利亚英语、标准加拿大英语或是标准印度英语。

口音和方言

无论我们认为自己讲的是不是英语的标准变体，我们都在带着**口音**（accent）讲话。认为有些说话者有口音，另一些说话者没有，是个误区。我们或许会觉得有些说话者具有十分明显或是很容易辨认的那些类型的口音，而另一些说话者具有较为隐晦或是不那么明显的口音；但是，每位语言使用者说话时，皆带有口音。理论上来说，"口音"这个术语仅局限于对发音层面的描写，这发音可从地域上或社会阶层上表明某一说话者来自何处。口音不同于**方言**（dialect）这个术语，后者不仅用来描述发音层面，而且用来指语法和词汇方面。

我们承认，"You don't know what you're talking about"（你不知自己在说什么）这个句子无论带着美国口音来说，还是带着苏格兰口音来说，基本都一样。两位说话者用的都将是与标准英语相关的形式，只是发音有所不同。然而，下面这个句子——"Ye dinnae ken whit yer haverin' aboot"（你不知自己在说什么）——虽然与刚才那句意思相同，但却是按照贴近讲某种苏格兰英语方言的人可能会说的话来写的。这之中既存在发音上的差别（如 ye［你］、whit［什么］、aboot［关于］），也存在不同词汇（如 ken［知道］、haverin'［说］）和不同语法形式（如 dinnae［不］、yer［你的］）之例。③

---

③ 苏格兰语动词 haver（亦拼作 haiver）尤指"乱说、胡说"，词源不详；而另一个动词 ken（知道）是个古老的日耳曼词，试比较德语 kennen（认识）、荷兰语 kennen（知道）、丹麦语 kende（知道）等。其他几个例子与英语同源：whit（＝what）、aboot（＝about）、dinnae（＝don't）、yer（＝you're）。——译者注

语法差异

词汇上的不同常常很容易认出，而语法结构的意义方面的方言差异，记录得就没有那么多。下面这个例子里（引自 Trudgill, 1983），在爱尔兰多尼戈尔（Donegal），两位讲英国英语的游客（B 和 C）正和一位讲爱尔兰英语的本地人交谈。

> A：How long are youse here?（你们在这多久［了］？）
> B：Till after Easter.（复活节过后。）
> 　［A 一脸疑惑。］
> C：We came on Sunday.（我们星期天来的。）
> A：Ah. Youse're here a while then.（啊，那你们在这也有一阵了。）

说话者 A 的方言里，"How long are youse here?" 这一结构，似乎与"How long have you been here?"（你们已在这里多久了？）意义相近，指的是过去时间。然而，B 回答得仿佛是这问题是指将来时间（"How long are you going to be here?"［你们打算在这里多久？］）。而 C 做出了表示过去时间的回答时（We came on Sunday），A 认可了，并且再次使用了他那用来指过去时间的现在时（Youse're here）。注意，方言形式 youse（你们），两位游客似乎都听懂了，尽管这个词不太可能是他们自己的方言里的成分。

方言学

许多讲着不同英语方言的人之间，虽然偶有困难，但基本印象还是相互听得懂。这是方言研究（the study of dialects）或方言学（dialectology）区别是同一语言的两种不同方言（说话者通常能相互听懂）还是两种不同语言（说话者通常无法相互听懂）的标准之一。认定方言，这既不是唯一的方法，也不是最可靠的方法，但是这一方法却有助于构建起一条事实：每种不同的方言，都和每种语言一样，同样值得分析。从语言学角度来看，某一语言的变体之间没有哪种变体天生就比其他变体"更好"；它们只是有所不同而已。认识到这一点很重要。

然而，从社会角度来看，有些变体的确变得更具威望了。事实上，发展为标准语的那种变体，通常一直是种具有社会威望的方言，原本就与经济势力及政治势力的中心相联系（如伦敦对于英国英语而言，巴黎对于法语而言）。不过，某一语言在不同区域所讲的其他各种变体，会一直继续存在。

区域方言

不同区域方言之存在，得到了广泛的认可，也常常是居于其他区域的人制造幽默之源。在美国，纽约布鲁克林地区的人会拿南方人对 sex 的定义开玩笑，告诉你"sex is fo' less than tin"，④这是他们竭力对南方各州来的人的模仿。作为回敬，南方人也会高调质疑，布鲁克林的 tree guy 是什么？因为他们听过布鲁克林人说"doze tree guys"。⑤有些区域方言明显带有与之相联系的刻板印象式发音。

抛开刻板印象，对区域方言做严肃研究的人，把很大一部分调查研究花在了辨认某一地理区域与另一地理区域相比较时显现出的固定言语特征

---

④ "sex is fo' less than tin"，字面意思是"与钱相比，性是给更少的人准备的"，意即赚足了钱也未必能占有"美色"。tin（锡）在旧时的俚语中借指"钱"，源于铸币材料之隐喻。但是，此处这句话实际上是对美国南方口音的"six is four less than ten"（六就是比十少四的数字）的谐仿。把 six 读成 sex，把 ten 读成 tin，这种 [ɪ] 和 [e] 的颠倒是对"美国南方口音"的刻板印象，尽管未必真实。——译者注

⑤ "doze tree guys"，字面意思是"把树人弄傻了"，实际上是"those three guys"（那三个人）之义。布鲁克林居住着很多劳工阶层人士以及外国移民，以 [t/d] 代替 [θ/ð] 的情况在很多人的口语中的确存在。——译者注

上。这类方言调查经常包含大量对细节的关注，在挑选可接受的调查对象（informant）方面要遵循十分具体的标准。毕竟，搞清楚那个你记录他言语的人是不是此区域方言的典型代表，是很重要的事。

因此，20 世纪的方言调查中的调查对象，往往是 **NORMS**，即"无迁居记录且较为年长的农村男性说话者"(**n**on-mobile, **o**lder, **r**ural, **m**ale speakers)。选这样的人，是因为他们在言语方面不太可能受到来自本区域之外的影响。使用这样的标准造成的不幸后果之一，是由此而来的方言描写往往更准确地反映了调查之时的前一个时代。然而，所获取的详细信息却为若干种全国语言地图集（如英格兰）及区域语言地图集（如美国上中西部地区[⑥]）提供了基础。

等语线

我们可以看几个关于区域差异的例子，这些差异是在为美国上中西部地区编制语言地图集时所进行的一次调查中发现的。这样的调查，其目的之一在于找出居住于不同地区的人的言语中的若干显著差异，并能够从方言角度绘制出这些地区的边界在哪里。例如，如果发现某一地区的绝大多数调查对象都说自己把从商店买的东西装在 paper bag（纸袋）里带回家，而另一地区的绝大多数人却说自己用的是 paper sack（纸袋），那么通常就可以在地图上绘制一条线，把这两个地区分开，如图 18.1 所示。这样的线叫作**等语线**（isogloss），表示地区之间在某一具体语言成分方面的边界。如果发现其他成分也有十分类似的分布，如北部喜欢用 pail（桶），南部喜欢用 bucket（桶），那么就可以在地图上绘制其他等语线。

[⑥] 美国中西部（Midwest）习惯上指美国北方的中部区域。依照美国普查局（United States Census Bureau）的定义，共包括下列 12 州：伊利诺伊、印第安纳、艾奥瓦、堪萨斯、密歇根、明尼苏达、密苏里、内布拉斯加、北达科他、俄亥俄、南达科他、威斯康星。上中西部（Upper Midwest）即这一区域的北部。——译者注

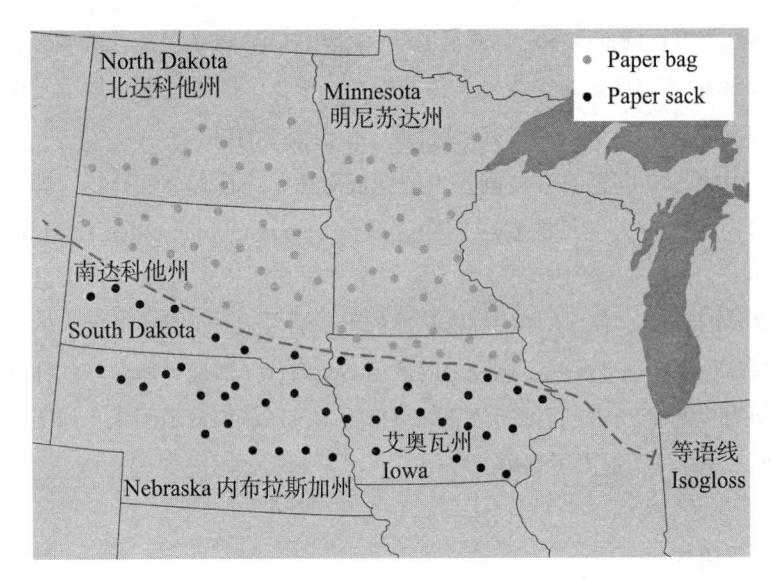

图 18.1　上中西部地区的区域差异（美国）

方言界

若干条等语线以此方式汇聚时，就可画一条表示方言界（dialect boundary）的实线了。图 18.1 中，浅色圆点表示 paper bag 使用的地区，深色圆点表示 paper sack 使用的地区。两区域之间的虚线是等语线，它与数量充分的其他等语线重合，后者涉及可归结为方言界的其他语言特征。利用这一信息，我们发现在美国上中西部地区存在一个北部方言（North dialect）区域，包括明尼苏达州、北达科他州、南达科他州大部以及艾奥瓦州北部。而艾奥瓦州其他地区以及内布拉斯加州，显示出的是中部方言（Midland dialect）之特征。这里给出一部分显著差异。

	taught（教）	roof（屋顶）	creek（溪）	greasy（油腻的）
北部方言	[ɔ]	[ʊ]	[ɪ]	[s]
中部方言	[ɑ]	[u]	[i]	[z]

北部方言	paper bag	pail	kerosene	slippery	get sick
中部方言	paper sack	bucket	coal oil	slick	take sick
	（纸袋）	（桶）	（煤油）	（滑）	（生病）

所以，如果有美国英语（男性）说话者把 greasy 一词发成 [grizi]，并且要一个 bucket 来提水，那么他就不太可能是在明尼苏达长大的，或者不太可能是在明尼苏达度过人生大多数时光。做这样的基本论断时我们不应忘记，方言中的许多特征并不一定被当前居住在该区域的所有说者使用。

方言连续体

另需小心的一点，涉及方言的边界。为区域方言构建基本概况时，划一条方言界是十分有用的；但是，这样做会掩盖一个事实：在界线之内的区域，一种方言变体或语言变体与另一种方言变体或语言变体是相互融合的。区域变体其实是沿**方言连续体**（dialect continuum）而存在的，而不是在一个区域和另一个区域之间呈尖锐断裂。

与之类似的另一种连续体，可存在于政治边界两侧的亲缘语言中。你从荷兰出发去德国，会发现讲典型的荷兰语的人在边境区域少了；这里的"荷兰语"听着可能更像"德语"，因为荷兰语的方言和德语的方言区分得不那么清楚。接下来，你更深入德国时，更多讲典型的德语的人才会出现。

在边界区域来来回回的人，可轻松地使用不同的变体，或用**双方言**（bidialectal）来形容（即"讲两种方言"之义）。我们大多数人都在某种形式的双方言环境中长大，跟家人和朋友一起时讲一种"街头的"方言，还须学另一种"学校里的"方言。然而，在有些地方，这之中涉及的是两种不同的语言；通晓两种语言的人，可用**双语**（bilingual）来形容。

双 语

在许多国家，区域差异不是同一语言的两种（或两种以上）方言的事，而是可涉及两种（或两种以上）全然不同的语言。例如，加拿大官方上是个双语国家，法语和英语都是官方语言。对该国主要居住在魁北克的讲法语者的语言权利的认可，是经历了许多政治动荡才促成的。历史上大多数时候，加拿大基本上是个有讲法语的少数民族的英语国家。在这样的情况下，个人层面的**双语**（bilingualism）往往是少数民族群体的特征。这种双语形式中，少数民族群体成员在一种语言共同体中长大，主要讲一种语言（如英国的威尔士语，或美国的西班牙语），但会学另一种语言（如英语），以便参与到更具主导性的语言共同体之中。

的确，许多语言少数民族的成员可能一辈子都没见过他们的母语出现于公共场合。在威尔士，直到抗议和政治活动之后，双语（英语和威尔士语）路标牌才开始广泛使用。许多 henoed（老年人）从没想到过会在威尔士的公共标识中见到自己的第一语言，如图 18.2 所示，尽管他们可能不明白，为什么人人都被警告要小心着他们点。

图 18.2　威尔士的双语标牌[⑦]

[⑦] 此路标的文字部分，第 1 行为威尔士语"老年人"，第 2、3 行为英语"老年人"。即提醒过往车辆当心老年人之义。——译者注

双言

有些国家存在一种极为特殊的情况，称作**双言**（diglossia），涉及同一语言的两种不同变体。双言中，有一种"低端"变体，在本地习得，用于日常事务；另有一种"高端"变体或特殊变体，在学校学得，用于重要事务。讲阿拉伯语的国家就存在一种类型的双言，高端变体（古典阿拉伯语）用于正式演讲、严肃政治场合，特别是宗教讨论中。而低端变体是该语言的本地版本，如埃及阿拉伯语或黎巴嫩阿拉伯语。欧洲历史上有很长一段时间，存在双言情况，拉丁语充当高端变体，而本地的欧洲语言（即意大利语、法语、西班牙语的早期版本）则充当低端版本，或称"白话"。

语文规划

或许是因为双语在当今欧洲和北美往往主要见于少数民族群体，许多国家经常被认为是单语国家。美国对于它许多只会讲一种语言（英语）的居民来说，确实像是个单语国家。而对于另一些人来说，显然不是，因为他们居住在英语不是家中第一语言的较大社群里。例如，得克萨斯州圣安东尼奥市（San Antonio）[8]的主要人口更可能听的是西班牙语的广播，而不是英语的。这个简单的事实，从本地代议制政府的组织以及教育系统来看，已造成十分巨大的影响。小学教育应该使用西班牙语还是英语来进行呢？

思考一下以中美洲国家危地马拉为背景的一个类似问题：该国不仅有西班牙语，还有 26 种玛雅语言。这样的情况下，如果西班牙语被选为教育语言，那么所有这些讲玛雅语的人在社会中是否被置于了早期教育劣势

---

[8] 圣安东尼奥是美国人口排名第七的城市，也是南方仅次于休斯敦的第二大城市。美国十年一度的人口普查数据显示，2020 年，西班牙语裔占圣安东尼奥的总人口的 63.9%，非西班牙语裔白人为 23.4%；而在半世纪前的 1970 年，前者人口占 44.9%，后者人口占 47.7%。——译者注

之中？这类问题需要基于某种语文规划（language planning）的答案。许多国家的政府机构、法律机构、教育机构都必须对本国所讲的哪种或哪几种语言变体作为官方事务所使用的语言做出规划。在以色列，希伯来语虽然并不是该国人口中最广为使用的语言，但却被选为政府官方语言。在印度，所选的语言是印地语，然而在许多非印地语地区，爆发了反对该决策的暴乱。在菲律宾，不同族群商定国语的名称（菲律宾语）之前，曾有过数次"国语之战"。

语文规划的一系列阶段若是经过多年才完成的，其过程或可展现得更为清楚。东非国家坦桑尼亚把斯瓦西里语采纳为国语，可能是个很好的例子。该国仍存在大量其他语言，另有殖民时代留下来的英语，但是其教育系统、法律系统、政府系统逐渐引入了斯瓦西里语作为官方语言。"选择"（selection）过程（即官方语言的选择）之后，是"整理"（codification）过程，此时要通过基础语法书、词典以及写作范例来构建出标准变体。再之后是"充实"（elaboration）过程，标准变体得到发展，使之可用于社会生活的一切层面，以此为标准撰写的大量文学作品出现。此后的"实施"（implementation）过程，主要是政府推动鼓励使用这一标准；而"接受"（acceptance）是最后一个阶段，此时绝大多数人口皆在使用这一标准，并将其视为国语，这样的国语不但具有社会角色，而且具有民族认同之角色。

皮钦语

在有些地区，所选的标准可以是一种最初在该国并无母语者的变体。例如，巴布亚新几内亚有 800 多种不同的语言，而该国的许多官方事务是用托克皮辛语（Tok Pisin）来进行的。这种语言如今被 100 多万人使用着，但是多年前却是作为一种被称为**皮钦语**（pidgin）的即兴语言（impromptu language）而起家的。某一语言的所谓"皮钦语"变体，充当的经常是因某种实用目的而发展起来的"接触型"语言（"contact" language）之例，不同群体经常接触，相互却不通晓对方的语言。因此，这样的语言没有母语者。"皮钦"一词的词源，据认为是英语 business（生意）一词的某个中文读法。

如果英语是某一皮钦语的词汇提供语（lexifier language），即英语充当了这种皮钦语所采纳的词汇的主要来源，那么某种皮钦语就称作"英语皮钦语"（English pidgin）。但这并不意味着这些词会跟其来源语保持相同的发音或语义。例如，gras 一词源于英语 grass（草），但在托克皮辛语还用来表示"头发"。此词还是 mausgrass（唇上的胡须）以及 gras bilong fes（络腮胡子）里的成分。托克皮辛语里发展出了 yumi（咱们，即"我和你"）和 mipela（俺们，即"我和别人"）之区分，区别了标准英语中没有的 we（我们）的两种不同意义。

当今有若干种英语皮钦语仍在使用。这些皮钦语的特征，是缺乏任何复杂语法形态，词汇也较为有限。像 -s（复数）和 -'s（属格）这类屈折后缀对于标准英语名词来说必不可少，而在英语皮钦语里则较为罕见，反而像 tu buk（两本书）、di gyal place（女孩的地方）这类的结构才较常见。标准英语的 -ed 后缀在英语皮钦语里通常不存在，因此售卖的商品上经常摆着 smoke fish（熏鱼）、pickle mango（腌芒果）之类的牌子。功能语素经常取代来源语言中的屈折语素。例如，英语 your book（你的书）这类短语，以英语为基础的皮钦语并不把 you（你）的形式变为 your（你的），而是利用 bilong 这类形式，并对词序加以改变，形成 buk bilong yu（你的书）以及 gras bilong fes（"脸的头发"，即络腮胡子）这样的短语。（更多例子，见 414 页作业题 F。）

皮钦语的句法可与它借来词项并对其加以修改的那种语言全然不同，如下面这个托克皮辛语早期阶段的例子所示：

Baimbai	hed	bilongyu	i-arrait	gain
by and by	head	belong you	he alright	again
逐渐	头	属于你	他好了	再次

"你的头很快就会再次好了。"

有 600 万至 1200 万人，仍在使用皮钦语；另有 1000 万至 1700 万人，在使用皮钦语的后裔"克里奥尔语"。

克里奥尔语

皮钦语的发展若是超出了其贸易语言或接触型语言的角色，变成了某一社会共同体的第一语言，就被称作**克里奥尔语**（creole）了。托克皮辛语如今已是一种克里奥尔语。夏威夷相当多的人，第一语言也是一种克里奥尔语，尽管本地把这种语言称作"皮钦语"，但是更准确地说，应该叫"夏威夷克里奥尔英语"。（见 413 页作业题 D）克里奥尔语起初发展为在使用皮钦语的社群中长大的孩子的第一语言，之后随着其承担更多的交际目的而变得更加复杂。与皮钦语不同，克里奥尔语拥有大量母语者，并且在用途方面完全不受局限。海地有法语克里奥尔语，牙买加和塞拉利昂有英语克里奥尔语。

皮钦语里的独立词汇成分，在克里奥尔语里可以变成语法成分。早期托克皮辛语里的 baimbai yu go（= by and by you go）这个形式，逐渐缩短成了 bai yu go，最终变成了 yu bigo，语法结构和其英语译文"you will go"并无不同。（见 411 页作业题 C。）

后克里奥尔连续体

在当今已演化出克里奥尔语的环境中，通常可找到发生另一过程的证据。正如存在由皮钦语发展为克里奥尔语的**克里奥尔化**（creolization）过程，如今在那些更常接触语言的标准变体的人当中，也常有从克里奥尔语的使用中撤退的情况。在那些教育及较高社会威望与"较高端"的变体相联系的地区（如英国英语对牙买加来说），许多说话者会倾向于少使用些克里奥尔形式和克里奥尔结构。这一过程被称为**去克里奥尔化**（decreolization），在一个端点上，形成一种与外部标准规范更加接近的变体；在另一个端点上,保持一种带有较多本地克里奥尔特征的基本变体。这两个极端之间,可存在一系列略微不同的变体,有些变体的克里奥尔特征多一些,有些变体的克里奥尔特征少一些。这一系列变体都是在克里奥尔语形成之后演化出的,故而叫作后克里奥尔连续体(post-creole continuum)。

因此在牙买加,有的说话者可能会说 a fi mi buk dat(这是我的书),使用的是基本的克里奥尔语变体;另一位说话者则可能将其说成 iz mi buk,使用的是克里奥尔特征较少的变体;还有的说话者可能会选择 it's my book,使用的是仅带有某些克里奥尔语发音特征(即"克里奥尔口音")的变体。说话者还能够在不同情景中使用不同的变体,这一点也十分常见。(详见 414 页作业题 G。)

这些差别自然与社会价值和社会认同相联系。从区域差异角度讨论语言变体时,我们排除了同样可以决定语言差异的复杂的社会因素。第 19 章中,我们将探究若干种此类社会变量带来的影响。

习　题

1. 你认为导言中引用的李·托诺奇的话是英语的哪种变体?
2. 口音和方言之间有何区别?
3. 下面这个爱尔兰英语的例子中,说话者指的是将来时间还是过去时间?

   How long are youse here?
4. 下列哪一点描述不是 NORMS 的特征?

   男性,正常人,较为年长,农村人
5. 方言调查中使用 NORMS 的一个缺点是什么?
6. 语言地图集里,等语线表示什么?
7. 等语线和方言界之间的区别是什么?
8. 如果你遇到一些美国的说者,说某物的表面 slick(光滑),说他们感觉自己 taking sick（病了），他们讲的可能是北部方言？中部方言？还是南方方言？

9. 给出两个双言现象中使用的"高端"变体话语的例子。
10. 哪个国家采用了斯瓦西里语作为国语？
11. 克里奥尔语在哪些具体方面不同于皮钦语？
12. 什么是词汇提供语（lexifier language）？

作业题

A. 标准美国英语的使用者和标准英国英语的使用者通常可以相互理解得了，但是在用词上存在某些差别。你能否把下列词填进合适的空格里？

bill（账单），biscuit（饼干），bonnet（引擎盖），boot（后备箱），candy（糖果），check（账单），cookie（饼干），crisps（薯片），dummy（奶嘴），estate agent（房地产经纪人），flashlight（手电筒），garbage（垃圾），gas（汽油），hood（引擎盖），jumper（毛衣），pacifier（奶嘴），pants（裤子），petrol（汽油），potato chips（薯片），realtor（房地产经纪人），rubbish（垃圾），sneakers（运动鞋），sweater（毛衣），sweets（糖果），torch（手电筒），trainers（运动鞋），trousers（裤子），trunk（后备箱）

	美国英语	英国英语
例：Would you like a chocolate _____ with your coffee?（你想来点巧克力 _____ 配着咖啡吗？）	cookie	biscuit
（1）He should wear a white shirt and dark _____.（他应该穿白衬衫和深色 _____。）	_____	_____
（2）It's really dark outside, you'll need a _____.（外面实在太黑了，你需要 _____。）	_____	_____

（3） I bought some new _____ in order to go running. _____ _____
（我买了新 _____ 以便跑步。）

（4） It's all _____, so just throw it all away. _____ _____
（根本就是 _____，随手扔了就好。）

（5） The small child had a _____ in its mouth. _____ _____
（小宝宝嘴里叼着个 _____。）

（6） Eating a lot of _____ is bad for your teeth. _____ _____
（_____ 吃多了对你牙齿不好。）

（7）（饭店里）Can we have the _____, please? _____ _____
（我们可以 _____ 吗？）

（8） Do you want some _____ with your sandwich? _____ _____
（你想来点 _____ 陪着三明治吃吗？）

（9） You'd better bring a _____ because it's quite chilly. _____ _____
（你最好带件 _____，因为天非常冷。）

（10） What does a gallon of _____ cost these days? _____ _____
（这几天一加仑 _____ 要多少钱？）

（11） The _____ thinks the house will sell quickly. _____ _____
（_____ 认为这房子很快就卖出去了。）

（12） In most cars, the spare wheel is in the _____, _____ _____
and not under the _____. _____ _____
（大多数车，备胎在 _____ 里面，不在 _____ 下面。）

B. 英语 **R 类音**（rhotic）和**非 R 类音**（non-rhotic）的发音区别，可用来辨别国际变体之间的差异，如英国英语和美国英语；也可用来辨别国内变体之间的差异，如南不列颠英语（Southern British English）和北不列颠英语（Northern British English）。

（i）这一区别的依据是什么？

（ii）回看 47 页表 3.5，表中是否有非 R 类音变体之证据？

C. 比斯拉马语（Bislama，亦作 Bichelamar）和托克皮辛语类似，也是一种变成了国语的克里奥尔语，分布于西南太平洋上的瓦努阿图共和国。观察下列例句(引自 Crowley,2004),这些例句展示的是比斯拉马语口语(Toktok Langwis Bislama),试回答后面的问题。

(1)Mekanik ia bae i fiksimap trak blong mi.

("The mechanic will fix the car.")

(师傅会来修我的车。)

(2)Bae mi imelem yu tumoro.

("I will email you tomorrow.")

(我明天给你发邮件。)

(3)Man ia i stilim mane blong mi.

("That man stole my money.")

(那个人偷了我的钱。)

(4)Bae yumitu rusum taro.

("We will roast taro.")

(我们要烤芋头。)

(5)Bae mi kukum raes.

("I will cook rice.")

(我要做米饭。)

(6)Hem i stap komem hea blong hem.

("She is combing her hair.")

(她正在梳头。)

(7)Oli katemdaon stampa blong manggo.

("They cut down the mango tree.")

(他们砍倒了芒果树。)

(8)Olgeta oli kilimaot ol waelpig finis.

("They have exterminated all of the wild pigs.")

(他们已经杀光了所有的野猪。)

（9）Bae yumi hipimap doti.

　　（"We will pile up the rubbish."）

　　（我们会把垃圾堆起来。）

（10）Bae mi leftemap pikinini.

　　（"I will lift up the child."）

　　（我要把孩子举起来。）

（i）后缀 -em、-im、-um 是做什么用的？

（ii）选其中一个而不选另外两个，依据是什么？

（iii）你会使用哪个后缀来完成下列表达？

bagar ___ ap	（"ruin it"）	（毁了它）
biliv ___	（"believe it"）	（相信它）
ful ___ ap	（"fill it"）	（充满它）
har ___	（"hear it"）	（听到它）
kar ___	（"carry it"）	（带着它）
kat ___ frut	（"cut the fruit"）	（切水果）
pen ___	（"paint it"）	（给它上油漆）
rid ___ buk	（"read the book"）	（看书）
wek ___ ap	（"wake it up"）	（弄醒它）
wil ___ ap glas	（"wind up the window"）	（把车窗摇上）

D. 下面的夏威夷克里奥尔英语例子中（取自 Lum，1990；转引自 Nichols，2004）有些典型的形式和结构。你想如何分析这个选段里 da、had、one、stay、wen 的用法？

Had one nudda guy in one tee-shirt was sitting at da table next to us was watching da Bag Man too. He was eating one plate lunch and afterwards, he wen take his plate ovah to da Bag Man. Still had little bit everyting on top, even had bar-ba-que meat left. "Bra," da guy tell, "you like help me finish? I stay full awready."

（另有一个穿着 T 恤的人，坐在我们旁边那一桌，他也在看着那个无家可归的人。他正在吃着一份午餐，之后他把盘子拿到那个无家可归的人面前。每样东西，盘子上都留了一点，甚至还留了点烤肉。"兄弟，"他说，"帮我吃完呗？我已经饱了。"）

E. 皮钦语研究中，"底层"（substrate）语言和"顶层"（superstrate）语言分别指什么？二者哪个更可能成为语调、句法和词汇的来源？

F. 下列例子依据的是 Romaine（1989），转引自 Holmes & Wilson（2017）。利用你已掌握的托克皮辛语，你能否把这些例子跟英语译文 bird's feather（鸟羽）、bird's wing（鸟翅）、cat's fur（猫毛）、eyebrow（眼睫毛）、hair（头发）、weed（杂草）配起来？

gras antap long ai, gras bilong pisin, gras nogut,

gras bilong hed, gras bilong pusi, han bilong pisin

G. 克里奥尔语研究中，可依据三种变体大致区分出：上层方言（acrolect）、下层方言（basilect）、中层方言（mesolect）。

（i）这一区分的依据是什么？

（ii）牙买加克里奥尔语里，"I am eating"（我正在吃饭）的下列说法，各自可充当哪种"方言"（lect）的例子？这些例子依据 Sebba & Harding（2018）改编。

（1）/mi itɪn/

（2）/aɪ æm itɪn/

（3）/mi a nyam/

（4）/a ɪz itɪn/

H. 在英伦三岛的哪些区域，可听到布鲁米口音（Brummie accent）、乔尔迪口音（Geordie accent）以及说斯高斯话（Scouse）的人？在哪些区域可听到 bairns（小孩）、boyo（男人）、fink（想）这些词的使用？在哪些区域可听到人说"Would you be after wanting some tea?"（你想来点茶吗）？

I. 方言学的两位先驱，是格奥尔格·温克（Georg Wenker）和尤里·吉耶隆（Jules Gilliéron）。他俩的研究方法有何不同？哪种方法成了后来的方言研究之典范？

J. 思考下列关于标准英语的论述，试确定你是否赞同这些论述，为每一例给出你的理由。
（1）标准英语不是一种语言。
（2）标准英语是一种口音。
（3）标准英语是一种说话风格。
（4）标准英语是一套关于正确用法的规则。

探讨与研究

I. 彼得·特鲁吉尔（Peter Trudgill）指出："20 世纪日益增多的地理流动性，导致了许多方言和方言形式的消失，其过程我们可称之为方言均一化（dialect levelling）——即一种方言和另一种方言之间的差别被拉平。"（2000：155）
你是否认为"方言均一化"正在你所熟悉的地理区域持续发生着？这是否意味着最终将只存在一种方言？另有哪些力量或许会发挥作用，可造成新方言的产生？

（背景资料，见 Trudgill，2000，第 8 章。）

II. 英语不是美国的官方语言，但是有些人坚持认为它应该是。支持或反对"只说英语运动"（English-Only Movement）的理由有哪些？

（背景资料，见 Wiley，2004。）

深入阅读

基本论述:

Crystal, D. (2019) *The Cambridge Encyclopedia of the English Language*. (第 3 版) Cambridge University Press.

Kretzschmar, W. (2004) "Regional dialects." In E. Finegan and J. Rickford (eds.) *Language in the USA*. (39-57) Cambridge University Press.

更详细论述:

Chambers, J. and P. Trudgill (1998) *Dialectology*. (第 2 版) Cambridge University Press.

Wardhaugh, R. (2014) *An Introduction to Sociolinguistics*. (第 7 版) Wiley-Blackwell.

美国英语方言:

Cramer, J. and D. Preston (2018) "Changing perceptions of southernness." *American Speech* 93: 3-4.

Wolfram, W. and B. Ward (eds.) (2006) *American Voices: How Dialects Differ from Coast to Coast*. Blackwell.

英国英语方言:

Hughes, A., P. Trudgill and D. Watt (2012) *English Accents and Dialects*. (第 5 版) Routledge.

英语的其他变体:

Melchers, G. and P. Shaw (2015) *World Englishes*. (第 3 版) Routledge.

Trudgill, P. and J. Hannah (2017) *International English*.（第 6 版）Routledge.

标准英语：

Hickey, R. (ed.) (2012) *Standards of English*. Cambridge University Press.

双语：

Grosjean, F. (2012) *Bilingual*. Harvard University Press.

Myers-Scotton, C. (2005) *Multiple Voices*. Wiley.

语文规划：

Spolsky, B. (ed.) (2018) *The Cambridge Handbook of Language Policy*. Cambridge University Press.

今日坦桑尼亚之语言现状：

Ochieng, D. (2015) "The revival of the status of English in Tanzania." *English Today* 31 (2): 25–31.

皮钦语与克里奥尔语：

Siegel, J. (2008) *The Emergence of Pidgin and Creole Languages*. Oxford University Press.

Velupillai, V. (2015) *Pidgins, Creoles and Mixed Languages*. John Benjamins.

荷兰语–德语方言连续体：

Barbour, S. and P. Stevenson (1990) *Variation in German*. Cambridge University Press.

托克皮辛语（baimbai 之类的词）：

Sankoff, G. and S. Laberge (1974) "On the acquisition of native speakers by a language." In D. DeCamp and I. Hancock (eds.) *Pidgins and Creoles*. (73-84) Georgetown University Press.

Smith, G. (2008) *Growing up with Tok Pisin: Contact, Creolization and Change in Papua New Guinea's National Language*. Battlebridge.

夏威夷克里奥尔英语：

Drager, K. (2012) "Pidgin and Hawai'i English: an overview." *International Journal of Language, Translation and Intercultural Communication* 1: 61-73.

Sakoda. K. and J. Siegel (2003) *Pidgin Grammar*. Bess Press.

其他参考资料：

Holmes, J. and N. Wilson (2017) *An Introduction to Sociolinguistics*.（第5版）Pearson Education.

Lum, D. (1990) *Pass On, No Pass Back*. Bamboo Ridge Press.

Nichols, J. (2004) "Creole languages: forging new identities." In E. Finegan and J. Rickford (eds.) *Language in the USA*. (133-152) Cambridge University Press.

Romaine, S. (1989) *Pidgin and Creole Languages*. Longman.

Sebba, M. and L. Harding (2018) "World Englishes and English as a lingua franca." In J. Culpeper, P. Kerswill, R. Wodak, T. McEnery and F. Katamba (eds.) *English Language*.（第21章）（第2版）Palgrave Macmillan.

Tonouchi, L. *Da Word*. Bamboo Ridge Press.

Trudgill, P. (1983) *On Dialect*. Blackwell.

Trudgill, P. (2000) *Sociolinguistics*.（第4版）Penguin.

Wiley, T. (2004) "Language planning, language policy, and the English-Only Movement." In E. Finegan and J. Rickford (eds.) *Language in the USA*. (319–338) Cambridge University Press.

另见:

(美国方言学会，American Dialect Society) www.americandialect.org

(英国图书馆，British Library) sounds.bl.uk

(英语方言国际档案，International Dialects of English Archive) dialectsar-chive.com

19 语言的社会差异

> 在尼亚加拉大瀑布的时候,我曾陪同过一位相处得不错的年轻女士。她为了更好地观景,站到了一块石头顶上,结果滑倒跌了下来,显然摔伤了;她划伤的其实是胫部。她一瘸一拐地往家走的时候,我说:"你的腿伤得可不轻啊。"她把头一扭,明显感觉十分震惊,或者说受到了极大的冒犯;我觉得我也没犯什么十恶不赦之罪啊,就恳求她告诉我,是什么原因令她如此不悦。她迟疑了一会才说,既然跟我很熟悉,就直说吧:"腿"(leg)这个词,永远不应该在女士面前提起。
>
> 马里艾特(Marryat,1839)①

上一章里,我们聚焦于不同地理区域内可见的语言差异。然而,某一地理区域内,并不是每一个人在每一个场合下都会以相同方式讲话。正如上面的引文里(转引自 Mohr,2013:192),马里艾特船长获悉的那样,有些个人可对何为社会上恰当的语言有十分特别的看法。我们还注意到一个事实:居住在同一地区,但在教育和经济地位方面有所差别的人,说话的方式常常十分不同。

的确,这类差异可或明或暗地用来标明在不同社会人群及言语共同体

---

① 马里艾特(Frederick Marryat,1792—1848),英国海军军官、作家,国际商船信号旗系统的设计者。——译者注

中的归属。**言语共同体**（speech community）就是在语言的使用方面共享同一套标准、同一套预期的人群。关于与言语共同体的参与者具有社会关联的语言特征的研究，称作"社会语言学"。

社会语言学

社会语言学（sociolinguistics）这个术语，通常用于语言与社会之间的关系研究。这个广阔的研究领域，涉及语言学与从社会角度审视语言的若干其他学科之间的相互关系，如人类学、社会学以及社会心理学。我们由社会视角分析语言时，会用到所有这些联系。

社会方言

传统的地域方言研究，如第 18 章所述，往往聚焦于农村地区的人的话语，而**社会方言**（social dialect，或称 sociolect）研究，主要关注的是城市和市镇的说话者。在对方言的社会研究中，用来定义具有某一共同点的说者群体的，主要就是社会阶层。通常会区分两个主要群体，一是"中产阶级"（middle class），即教育年限较长且从事非手工劳动的群体；二是"劳工阶级"（working class），即教育年限较短且从事某种形式的手工劳动的群体。所以，我们提及"劳工阶级言语"时，谈到的就是一种社会方言。"上层"和"下层"这组术语用来对这两个人群做进一步的划分，主要以经济为依据；因此，"中产阶级上层的言语"就成了又一种社会方言。

正如所有方言研究一样，对社会方言的分析中也是仅把语言的某些特征作为重要特征来处理。这些特征就是劳工阶级按一种形式，中产阶级按另一种形式来规则地使用着的发音、词汇或结构。例如，在苏格兰爱丁堡，home（家）这个词在劳工阶级下层说话者当中发音通常为 [heɪm]，与 same（相同）押韵，而在中产阶级说话者当中，发音是 [hom]，与 foam（泡沫）押韵。这是个发音上的小差别，但却是社会阶层的指示剂，还可能充当社会认同（social identity）的微妙指示剂，被部分说话者潜意识地用来标记他们是谁或不是谁。一个更加熟悉的例子或许是 ain't（不是，没有）这个动词，如 I ain't finished yet（我还没弄完呢），此词更常充当劳工阶级话语的特征，而非中产阶级话语的特征。

我们寻找其他可充当社会方言特征的语言用法之例时，会把阶层视为**社会变量**（social variable），把发音或词视为**语言变量**（linguistic variable）。由此，我们即可以通过思考每个阶层的说话者是如何使用某一语言变量的，来探究用法上的系统差异。这种情形很少会非此即彼，所以我们通常发现的只是某一群体使用某个形式比另一群体更多些或是更少些，而不是只有这个群体或那个群体才会毫无例外地使用某个形式。（436 页作业题 F 里有这些变量的例子。）

教育与职业

虽然每个生命体独一无二的境况使我们每个人都拥有不同的讲话方式，即**个人方言**（personal dialect, idiolect），但是我们往往会跟那些与我们拥有相似教育背景或相似职业（或二者皆相似）的人听上去很像。作为成年人，我们在教育系统中度过的时间之结果，通常会体现于我们的职业及社会经济地位中。银行职员之间说话的方式，不同于玻璃清洁工之间说话的方式，这通常可为这些社会变量的重要性提供证据。

20 世纪 60 年代，社会语言学家威廉·拉波夫（William Labov）通过审视纽约市三家百货商店售货员的发音区别（见 Labov, 2006），将职业场所和社会经济地位结合了起来。这三家百货商店分别是萨克斯第五大道（Saks Fifth Avenue）（卖昂贵物品，中产阶级上层地位）、梅西百货（Macy's）（中等价位，中产阶级地位）和克莱恩（Klein's）（卖便宜货，劳工阶级地位）。拉波夫分别走进这三家店，向售货员问具体的问题，如 "Where are the women's shoes?"（女鞋在哪里？），以便引发 fourth floor（四楼）之回答。这一短语含有两次发（或不发）**元音后**（postvocalic）的 /r/ 音的机会。

这几家百货商店里,答案中存在一种有规律的模式。商店的社会经济地位越高,在此工作的人的 /r/ 音发得就越多;地位越低,则 /r/ 音发得越少。因此,这一语言变量(r)的出现频率为话语打上了中产阶级上层、中产阶级还是劳工阶级的标记。

特鲁吉尔(Trudgill,1974)在伦敦西 40 英里的雷丁(Reading)进行的一项研究显示,与同一变量(r)相联系的社会价值在此地截然不同。雷丁的中产阶级说话者发 /r/ 音比劳工阶级少。该市的中产阶级上层的说话者似乎完全不发元音后的 /r/。他们说的是"Oh, that's mahvellous, dahling!"(哦,那太好了,亲爱的!)之类。这两项研究的结果,如表 19.1 所示(引自 Romaine,2000)。

表 19.1 发元音后 /r/ 音的人群百分比

社会阶层	纽约市	雷丁
中产阶级上层	32	0
中产阶级下层	20	28
劳工阶级上层	12	44
劳工阶级下层	0	49

社会标记

如表 19.1 所示,从社会地位来看,语言变量(r)的意义在两个不同地区可完全相反;然而两地的模式却皆展现出,如何使用这个具体的语音,发挥了**社会标记**(social marker)之功能。换言之,让(或不让)这一特征频繁出现于你的言语中,可将你标记为某一特定社会群体的成员,无论你是否意识到这一点皆如此。

还有其他发音特征,亦发挥社会标记之功能。其中一个特征,似乎在整个英语世界都十分稳定地标志着较低阶层和较低教育程度,这个特征就是把 sitting(坐着)、thinking(想着)等词的 -ing 词尾里最后一个音发成 [n] 而不是 [ŋ]。写成 sittin'、thinkin' 的发音,与劳工阶级的话语相联系。

还有一个社会标记,被称为"[h]音的脱落"([h]-dropping),使 at(在)和 hat(帽子)听着同音。此现象发生于词首,可导致像这样的话:"I'm so 'ungry I could eat an 'orse"(我饿得能吃下一匹马)。当今的英语中,这一特征与较低阶层和较低教育程度相联系。而对于在19世纪中后期写作的查尔斯·狄更斯(Charles Dickens)来说,这一特征似乎也充当了体现类似联系的社会标记。小说《大卫·科波菲尔》(*David Copperfield*)中,他曾将其用作显示乌利亚·希普(Uriah Heep)这个人物来自较低阶层的手段之一,如此例所示(引自 Mugglestone,1995):

"I am well aware that I am the umblest person going," said Uriah Heep, modestly; "My mother is likewise a very umble person. We live in a numble abode, Master Copperfield, but we have much to be thankful for. My father's former calling was umble."
("我非常清楚,我就是个最卑贱的人,"乌利亚·希普谦虚地说,"我母亲也是个非常卑贱的人。我们住的是非常卑贱的房子,科波菲尔老爷。但是,我们很感恩。我父亲以前的职业也很卑贱。")

英国英语里一些可视为社会标记的语法特征,在表19.2中已举例说明。

表 19.2　充当社会标记的语法特征

劳工阶级	中产阶级
we was too late (我们来得太迟了)	were
I don't want none (我一点也不想要)	any
he don't know how (他不知道该怎样做)	doesn't
she weren't too happy (她不太高兴)	wasn't
he's went to bed already (他已经睡了)	gone

续表

劳工阶级	中产阶级
it wasn't us what done that（做那事的不是我们）	who did
them boys throwed something（那些男孩子扔了个东西）	those ... threw

言语风格与风格变更

拉波夫在其百货商店研究中纳入了另外一个微妙的成分，该成分让他不仅能探究表19.1里阐释的那种社会分层，而且还能把**言语风格**（speech style）作为语言使用中的社会特征来探究。言语风格中最基本的区别，是正式用法（formal use）和非正式用法（informal use）之分。正式风格中，我们会对自己说话的方式投入更仔细的注意力；而非正式风格中，投入的注意力则比较少。二者有时也被称作"仔细风格"（careful style）和"随意风格"（casual style）。同一个体从一种风格变向另一种风格，称为**风格变更**（style-shifting）。

起初，拉波夫问售货员某些东西在哪里时，以为他们会以非正式风格来回答。他们回答了问题之后，拉波夫会假装没有听见，并说"Excuse me?"（什么？），为的是诱使他们把同样的话再说一遍，但这遍他们会更加仔细地来发音，发得十分清楚。这被视为说话者更加仔细的风格的典型例子。说话者重复fourth floor（四楼）这个短语时，所有人群的元音后 /r/ 音的频率都会增高。频率上最显著的增高出现于梅西百货的群体中。其他研究中的发现也已印证，中产阶级的说话者使用仔细风格时，说话风格更有可能明显朝着中产阶级上层方向变更。

运用更加详细的诱发机制来构建更多风格范畴等级是可行的。请某人朗读一小段文本，此人对言语的注意力会高于仅仅通过采访形式让他回答几个问题。请同一个人朗读从该文本中取出的单个词列表，他对这些词的发音甚至会更加仔细，由此呈现出个人言语风格的更加正式的版本。

拉波夫分析纽约人在诱导机制中的表现方式时发现，由于此任务要求对言语有更高的注意力，因而所有阶层的元音后的 /r/ 都普遍增加了。中产阶级下层的说话者当中，词表发音中的增幅非常大，以致他们发元音后的 /r/ 音的频率，其实已超过了中产阶级上层。其他研究也已印证，中等地位群体的说话者在正式场合竭力使用某个与高等地位群体相关联的威望形式（prestige form）时，往往会过度使用（overuse）该形式。这一模式在关于"矫枉过正"的研究中也已被观察到（见第 7 章）；说话者变更其言语风格以便"说得更好"的时候，可产出不一样的形式或是怪异的发音。

某一特定言语共同体的成员所理解的"威望"形式之概念，有时可拿来当作一种途径，来解释社会语言学研究中所观察到的那类风格变更。然而，对什么才算具有威望加以刻画，却存在不同的途径。

威望

有些个体，把自己的言语朝着那些被认为拥有更高社会地位的人的言语中常见的形式转变，此时我们处理的是**显性威望**（overt prestige），即在更大的共同体中被普遍认定为得到了"更好"评价或更正面评价的地位。

然而，还有另一种现象称作**隐性威望**（covert prestige）。这种具有正面价值的"隐藏的"言语风格地位，可解释某些群体所展现出的风格变更为何远不及另一些群体。例如，我们或许会问，许多劳工阶级下层的说话者，为什么不像中产阶级下层的说话者那么明显地把言语风格从随意改到仔细，答案可能在于，前者珍视那些将他们标记为自己所属的社会群体之成员的特征。他们对群体一致性（group solidarity）（听着像他们周围的人）的珍视，超过了上向流动性（upward mobility）（听着像社会地位高于他们的人）。

中层的年轻人说话者当中，常存在一种隐性威望，依从于某些与地位较低群体的话语相联系的发音特征、语法特征（如，说 I ain't doin' nuttin'〔我什么也没在做〕，而不说 I'm not doing anything）。

言语调适

我们近距离观察言语风格差异时，会发现这差异不仅仅基于说话者的社会阶层以及对言语的注意力，而且还会受到他们对其听者的看法的影响。这类差异有时可从"听众设计"（audience design）的角度加以描写，但是更广为人知的名称是**言语调适**（speech accommodation），可定义为我们润色自己的言语风格的能力，从而使之靠近或远离听我们说话的人在我们头脑中的风格。

趋同

我们可采取一种试图缩减社会距离的言语风格，这称作**趋同**（convergence），并可运用与听我们说话的人所使用的形式相类似的形式。下列例子中（引自 Holmes & Wilson, 2017），一位十来岁的男孩子想看看度假照片。第一例，他是在跟朋友说话；第二例，他是在跟朋友的母亲说话。他的请求是相同的，但风格却不同，因为说话者在跟对方的言语风格趋同。

  (to friend) C'mon Tony, gizzalook, gizzalook.
  （〔跟朋友〕：行嘛，托尼，给看看，给看看。）
  (to friend's mother) Excuse me. Could I have a look at your photos too, Mrs. Hall?
  （〔跟朋友的母亲〕：劳驾您，霍尔夫人，我可以也看看您的照片吗？）

趋异

在有些社会互动中，我们可能希望听着像他人，或是尽力听着像他人，从而强调社会亲近感，但是也有些时候，我们可能更想制造相反的效应。言语风格用来强调说话者之间的社会距离时，这一过程称作**趋异**

(divergence)。通过使用迥异的形式，我们可以让自己的言语风格远离另一个人的言语风格。下例第三行，这位苏格兰青少年转向了一种特征与第一行全然不同的言语风格（虽然说的本质上是同一回事）。

TEENAGER: I can't do it, sir.
（青少年：老师，这个我不会。）
TEACHER: Oh, come on. If I can do it, you can too.
（老师：哦，试试吧。如果我会，你也会。）
TEENAGER: Look, ah cannae dae it so ...
（青少年：瞧，我真不会……）

激起风格上突然趋异的，似乎不仅仅是他想继续强调他一直说的话之需，而且还因为他老师的"我们都一样"之论断。这位青少年运用言语风格，来表明他俩并不一样。

语　　域

与社会认同密不可分的另一种言语风格影响因素，源于语域（register）。语域是某一特定语境中恰当使用语言的方式，可按照情景性的（如教堂里）、职业性的（如律师之间）或是话题性的（如谈论语言）来认定。我们可辨别出宗教语域中（如 Ye shall be blessed by Him in times of tribulation［磨难之时，你会受到神的保佑］）、法律语域中（如 The plaintiff is ready to take the witness stand［原告准备站上证人席］）以及语言学语域中（如 In this dialect there are fewer inflectional suffixes［这种方言里屈折后缀比较少］）呈现出的特有特征。

行话

某一语域的根本特征之一，就是行话（jargon）的使用；行话就是与某一具体工作领域或兴趣领域相联系的特殊技术性词汇，常为名词（如 plaintiff［原告］、suffix［后缀］）。从社会角度来看，行话有助于在那些视自己为某种意义上的"圈内人"的人当中构建并维系联系，并把"圈外人"排除出去。许多时候，让一个人成为某一专业领域内部具备有效职业能力的人，恰恰在于正确学会该职业的术语。专业行话的排外效应，例如在医学语域中（如 Zanoxyn is a nonsteroidal anti-inflammatory drug for arthritis, bursitis and tendonitis［赞诺欣是一种用于关节炎、滑囊炎和韧带炎的非类固醇消炎药］），经常导致人们对"行话连篇"（jargonitis）似的东西的抱怨。

俚　　语

行话是特定社会群体内部的人所使用的特殊词汇，经常由职业状态（如法律行话）所定义，与之相比，**俚语**（slang）通常由较高地位群体之外的人所使用。俚语，或者说"口头话"，是年轻说者以及其他有特殊兴趣的群体用来替代日常词项的词或短语。bucks 这个词（表示"美元"或"钱"），在美国作为俚语表达已用了 100 多年，而加上 mega-（大量）构成 megabucks（大票）则是个较近期的革新，此外还有 dead presidents（死了的总统，指票面上的总统画像）以及 benjamins（本杰明，指 100 美元上的本杰明·富兰克林）。

据一份近来的描述，"俚语是具有高度非正式性和非常规性的一类词汇。俚语被理解为表达力深刻，迷人而难忘，而且刻意制造不体面。"（Widawski, 2015 : 8）与时装和音乐一样，俚语也是社会生活中反映时尚的层面，在青少年当中尤其如此。俚语可由具有共同的思想和态度的某一群体内部的人，用作使自己和他人相区别的一种途径。作为人生某个有限阶段（如青少年时期早期）的群体认同的标记，俚语表达可能会"衰老"得非常快。表示"非常好"的旧形式，如 groovy、hip、super，已被 awesome、rad、wicked 取代，而后者又让位给了 dope、kickass、phat。表示

"体态迷人的男人"，hunk 已变成了 hottie；表示"太糟了"，已不是 the pits，下一代人觉得该用"bummer""harsh!"，或是说"That's sucky!"。分作老一代说话者和年轻一代说话者的群体之间在俚语使用方面的不同，为支持这一看法提供了最为清晰的证据：年龄是语言使用之社会差异研究中涉及的又一个重要因素。此外，较为年轻的使用者尤其更愿意使用禁忌语词项。

禁忌语词项

俚语的使用，在较年轻社会群体内部可存在差别，这一点可由脏话（obscenity）和**禁忌语**（taboo）词项的使用来阐释。禁忌语词项，常常涉及身体部位、身体功能以及性行为，是人们出于与宗教、道德以及被禁止的行为相关的原因而回避的词和短语。这些词和短语经常是骂人话，在公共广播电视中通常会被"哔"（bleep）的一声消音（如 What the bleep are you doing, you little bleep![你他X的在干什么，你这小XX！]），在书面印刷上通常会被"打星号"（如 S**t! F*** off! You stupid f***ing a**hole! [X 的！X 你 X！你这个愚蠢的 XXX！]）。

埃科特（Eckert，2000）在一份关于底特律的高中里"优等生"（"Jocks"）和"差等生"（"Burnouts"）之间的语言差别的研究中指出，"差等生"当中经常使用禁忌词，男女都用。而地位较高的群体（"优等生"）当中，男生只跟其他男生用禁忌词，女生似乎完全不用这样的词。社会阶层分化，至少在俚语使用方面，在青少年时期就已经构建起来了。

非裔美国英语

前面的大部分讨论中，我们一直综述的社会差异研究，主要是基于英国英语以及或可称为"欧裔"美国英语的例子。依据说话者的历史来源而给一种普遍社会变体贴上标签，使我们能够将其与另一种称作**非裔美国英**

语（African American English，AAE）的主要变体做比较。AAE 亦称黑人英语（Black English，或 Ebonics）[②]，是美国各地的很多（但不是全部）非裔美国人使用的变体。该变体有许多典型特征，将这些特征组合起来，就构成了一套独特的社会标记。

海洋、河流、山脉等将人群分隔开的大型地理屏障，孕育了地域方言中的语言差异；与之类似，歧视、隔离等社会屏障，同样构筑起社会方言之间的显著区别。AAE 之例中，那些不同的特征常被污名化为"不良"语言，这之中遵循的是一种很常见的模式：被统治群体的社会行为，尤其是其言语，被统治群体视为"不正常"，统治群体认定自己控制着对"正常"的定义权。虽然讲 AAE 的人仍能体会到歧视效应，但他们的社会方言常常在其他社会群体的年轻成员当中拥有隐性威望，在流行音乐方面尤为如此；AAE 的某些特征，可被许多并不是非裔美国人的人用于表达之中。

白话

被研究得最多的一种 AAE 形式，通常被描述为**非裔美国白话英语**（African American Vernacular English，AAVE）。**白话**（vernacular）这个术语，自中世纪起就一直在使用，首先用来指与拉丁语（高威望）相对的欧洲语言早期本地版本，后者最终变成了法语、意大利语、西班牙语（低威望）；后来，"白话"又用来描述某一语言的由低地位群体所使用的非标准口语版本。因此，白话是个宽泛的表述，用来指某种通常由低地位群体所讲的社会方言，因其与"标准"语言有显著不同而被视为"非标准"语言。（关于标准语言的概念的详情，见第 18 章。）AAVE 作为非裔美国人的白话，与其他非标准变体有许多共同特征，如部分西班牙语裔美国人群体所讲的"奇卡诺英语"（Chicano English）。被称为"亚裔美国英语"

[②] Ebonics 的词源是 ebony（黑檀木），一种名贵木材。——译者注

（Asian American English）的若干变体，同样以某些发音特征为标志，也在这类白话研究中得到了描写。

白话的语音

AAVE 以及其他英语白话的一个普遍的音系特征，是词末辅音丛的简化趋势；因此，以两个辅音结尾的词（left hand［左手］），常常发得仿佛只有一个辅音（lef han）。这可影响某些语境中过去时 -ed 的发音，如 iced tea（冰茶）、I passed the test（我考试通过了）之类的表达，听着像是 ice tea、I pass the tess。这一特征，如第 18 章中的描写所示，与许多皮钦语和克里奥尔语相同，这就带来一种提法，认为 AAVE 最初可能是通过和其他英语克里奥尔语类似的方式形成的。

词首的齿辅音（如 think［想］、that［那个］）常被发成齿龈塞音（tink、dat），结果就是定冠词听着像是［də］，如 "You da man!"（你这家伙！）。其他形态特征，像属格 -'s（如 John's girlfriend［约翰的女朋友］）以及第三人称单数 -s（如 she loves him［她爱他］），通常不用（成了 John girlfriend、she love him）。此外，当一个短语含有明确的复数信号时，复数 -s 的标记（guys［家伙］、friends［朋友］）通常就不加了（成了 two guy、one of my friend）。

白话的语法

AAVE 以及其他白话最被高度污名化为"不合逻辑"或是"懒散"的方面，通常是语法方面。最常受到批评的成分之一，是双重否定（double negative）结构，如 He don't know nothin（他什么也不知道），或是 I ain't afraid of no ghosts（我不怕鬼）。因为否定被表达了两遍，所以这些结构一直被谴责为"不合逻辑"（因为两个否定被认为应相互抵消）。然而，AAVE 的这个特征，在许多英语方言里都能见到，在法语等其他语言里也见得到：如 il ne sait rien（他什么也不知道，字面义为"他＋不＋知＋无"）。

这一结构在古英语中也很常见：如 Ic naht singan ne cuðe（我不会唱歌，字面义为"我+无+唱+不+能"）。这些结构并无与生俱来的不合逻辑之处，甚至还能扩展出多重否定（multiple negtive），使信息的否定方面得到更加突出的强调，如 He don't never do nothin（他从来都是什么也不做）。

"懒散"之指责，聚焦于 AAVE 里动词 to be（是）的各形式（如 are、is）的频繁缺失，如 You crazy（你疯了），或是 She workin now（她现在在工作）。确切点说应该是，凡是其他变体里 are 和 is 可在随意风格中缩合的地方（如 You're crazy, She's working），在 AAVE 里就不发音。这类表达中，标准英语的正式风格要求的是 are 和 is，但是许多地域变体并不这样要求。许多其他语言，如阿拉伯语和俄语，在类似语境中也不要求 to be 的形式。AAVE 话语结构的这个方面，并没有比说阿拉伯语或俄语的人的日常交谈更"懒散"。

表 19.3 AAVE 的结构

活动或状态	AAVE 结构
当前（＝现在）	he busy（他在忙）
	he playin ball（他正在打球）
反复或习惯性（＝通常）	he **be** busy（他通常很忙）
	he **be** playin ball（他通常打球）
已开始或此前发生（＝以前）	he **bin** busy（他以前很忙）
	he **bin** playin ball（他以前打球）

讲 AAVE 的人，虽然在 She workin now（她正在工作）这类结构中并不把助动词 is 用于表示当前正在发生的事，但是却可在 She be workin downtown now（她现在通常在市中心工作）里使用 be，作为表示习惯性工作的手段，如表 19.3 所示。换言之，be 的有与无，可区别是重复发生的活动还是当前正在发生的活动。而谈论已开始的习惯行为或是以前有过的习惯行为，AAVE 使用 bin（通常带重音）而不是 was，如 She bin workin there（她以前在那工作）。由此，表示习惯的 be 或 bin 的使用，现在时状

态表达中 to be 的缺失，都是 AAVE 语法中的固定特征。这些动词的否定版本，用 don't（而不是 doesn't）来构成，而动词本身不构成缩合否定形式。所以，在 AAVE 中，She don't be workin（她通常不工作）是合乎语法的，而 *She doesn't be workin 和 *She ben't workin 被认为是不合乎语法的。

这一讨论中，我们已聚焦了不同群体的社会方言的语言特征。不过，这些群体之间的相互区别，不仅在于其使用的基本语言，而且还在于某些更具一般性的因素，如关于世界以及关于他们对世界的感知的信念与构想。这方面通常是从"文化"角度加以讨论的，这就是第 20 章的主题。

习　　题

1. 你想如何定义"言语共同体"？
2. 在关于语言与社会的研究中，"阶级"是个什么样的变量？
3. 拉波夫为什么要诱使别人回答 fourth floor（四楼）这个短语？
4. 下列短语，哪一个拥有的元音后 /r/ 数量最多？
   armed robbery（武装抢劫）
   birth order（出生次序）
   race car driver（赛车手）
   red underwear（红色内衣）
5. 特鲁吉尔关于雷丁的话语的研究中，哪个群体产出的元音后 /r/ 数量最少？
6. -ing 的发音可在哪方面充当一种社会标记？
7. 向言语投入更多注意力时，哪个社会群体中更易出现"矫枉过正"？
8. 分析言语风格时，"趋异"指的是什么？
9. 透过语言的某些特定用法中存在的隐性威望，可看出什么样的动机？
10. 行话和俚语之间的区别是什么？

11. 什么是"语域"？
12. AAVE 中，"He don't be smokin now"里的 be 表示什么？

作业题

A. "微观社会语言学"（micro-sociolinguistics）和"宏观社会语言学"（macro-sociolinguistics）之间有何区别？
B. 在社会方言研究中，什么是"观察者悖论"（the observer's paradox）？可如何克服？
C. 风格变更（style-shifting）和语码转换（code-switching）的区别是什么？
D. "Ebonics"（黑人英语）这个术语的来源是什么？其意义经历了何种转变？
E. 基于社会地位的语言用法差异，在拥有敬语系统（system of honorifics）的语言中显而易见。何为敬语（honorific）？敬语在哪些语言中使用得最普遍？

下列两组对话中，说话者在同一企业机构中工作；运用你对敬语的发现，试确定每组对话中哪位说话人的地位较高？（引自 Shibatani，2001：556）

（1） A： Konban   nomi   ni   ikoo   ka
           今晚   喝   （方向助词） 去 （疑问助词）
          （今晚去喝酒吧？）

   B： Ee,   iki-masyoo
      好的,   去（敬语）
     （好的，去。）

（2） A： Konban   nomi   ni   iki-masyoo   ka
           今晚   喝   （方向助词）去（敬语）（疑问助词）

（今晚去喝酒吧？）

B： Un,　　　ikoo
　　 嗯　　　 去
（嗯，去。）

F. 表 19.4 中的信息依据 Cheshire（2007：164）改编，呈现的是英格兰三座不同城市的青少年话语（14 至 15 岁）中某些"一般性拓展语"（general extender）的分布。一般性拓展语之例位于表中最左栏，如下列句子所阐释：

I like watching sport and stuff.
（我爱看体育什么的。）
I cook occasionally on weekends and things.
（我周末什么的偶尔做做饭。）
I think they must've broken up or something.
（我觉得他们肯定分手了或是什么的。）

表中的数字表示每座城市的中产阶级青少年和劳工阶级青少年使用每个形式的频率（每 1 万词当中的频率）。

表 19.4　一般性拓展语的社会语言学分布

	雷丁（Reading）		米尔顿凯恩斯（Milton Keynes）		赫尔（Hull）	
	中产阶级	劳工阶级	中产阶级	劳工阶级	中产阶级	劳工阶级
and that	4	49	9	44	10	66
and all that	4	14	2	4	1	4
and stuff	36	6	45	5	62	18
and things	32	0	35	0	12	5
and everything	21	16	22	18	30	31

续表

	雷丁 （Reading）		米尔顿凯恩斯 （Milton Keynes）		赫尔 （Hull）	
	中产阶级	劳工阶级	中产阶级	劳工阶级	中产阶级	劳工阶级
or something	72	20	30	17	23	9

（J. Cheshire © 2007，John Wiley & Sons 出版社）

（i）总体来看，这些青少年用得最普遍的一般性拓展语是哪三个？

（ii）哪个社会阶层一般性拓展语用得最多？

（iii）附加型（adjunctive）一般性拓展语（以 and 开头的那些）当中，哪个是最典型的中产阶级话语？哪个是最典型的劳工阶级话语？

（iv）哪座城市中，话语里的这一阶层差异最显著？

（v）在你所居住的地区，最常见的一般性拓展语是哪三个？

G. 澳大利亚英语中，朋友之间有一种基于"伙伴情谊"（mateship）概念的社会互动特征。你能否描述伙伴情谊之基础，并用它来解释下面这组互动中朋友间相互说话的方式？

这组互动之前，迈克尔和史黛西在跑步，安吉鼓励史黛西跑得再快点。（见于 Sinkeviciute, 2014：129）③

MICHAEL： （迈克尔）	hey if you were a singer you'd be called Chubby Checker [hahaha] fat boy not so slim [hahaha] （嘿，你要是个歌手的话，一定名叫恰比·却克③。[哈哈哈]胖小子，一点也不瘦。[哈哈哈]）
STACEY： （史黛西）	[hahaha] （[哈哈哈]）

---

③ 恰比·却克（Chubby Checker），原名厄内斯特·埃文斯（Ernest Evans），20 世纪 50 年代末以来活跃的美国摇滚乐歌手。Chubby Checker 的字面意思是"胖棋子"。——译者注

ANGIE: (安吉)	I'm not fat and I'm not a boy so I don't understand what's happening (我不胖，我也不是男的，所以我不懂你什么意思。) [Stacey pokes Angie's stomach] ([史黛西戳了戳安吉的肚子])
MICHAEL: (迈克尔)	you're not slim either[hehehe] 你也不苗条啊。[呵呵呵]
ANGIE: (安吉)	no but I *am* actually[ha] (不对，我才苗条呢。[哈])
MICHAEL: (迈克尔)	are ya? (就你？)
ANGIE: (安吉)	yeah (对啊。)
MICHAEL: (迈克尔)	ok (好吧。)
ANGIE: (安吉)	[smiling voice]let's compare beer guts hey ([笑声])咱几个比比啤酒肚吧，嘿。
MICHAEL: (迈克尔)	settle down sweetheart we all know what it looks like (不用了，宝贝，事实什么样咱们都知道。)
ANGIE: (安吉)	[smiles][runs after Michael]oh you little chubby red-haired man ([笑][追着迈克尔跑])哦，你这个红毛小胖子。
ANGIE AND MICHAEL: (安吉和迈克尔)	[laugh] ([笑])

H. 据 Fought（2003），奇卡诺英语是美国西南部地区墨西哥裔美国人所讲的英语。阅读下列关于奇卡诺英语的论断，试确定你赞同还是反对这些论断。

（1）奇卡诺英语是美国英语的一种方言。

（2）奇卡诺英语是表示"西班牙语式英语"（Spanglish）的另一个

术语。

（3）奇卡诺英语只是些不合语法的英语或"破碎"的英语，如 "Everybody knew the Cowboys was gonna win again"（人人都知道牛仔队又要赢了）以及"She don't know Brenda"（她不认识布兰达）之类的句子所示。

（4）奇卡诺英语是从讲西班牙语的国家来的第二语言学习者所讲的英语。

（5）奇卡诺英语没有母语者。

探讨与研究

I. Brown, Attardo & Vigliotti（2014）认为：

儿童如果在9岁之前搬迁至某一地区，就能够"随手获取"当地的方言，而他们的父母就不会这样。

你认为这一论断对于地域方言和社会方言来说皆正确吗？你认为人们在哪个时期以何种方式发展其社会方言？

（背景资料，见 Brown, Attardo & Vigliotti，2014。）

II. 从语言学角度来看，不存在某一语言的"好变体"和"坏变体"。然而，却存在一种被称为"语言从属化"（language subordination）的社会过程，此过程使有些变体被视为价值低于另一些变体。你能否描述在你所熟悉的某一社会情景中，这一过程是如何运作的？

（背景资料，见 Lippi-Green，2011。）

深入阅读

基本论述：

Edwards, J. (2013) *Sociolinguistics: A Very Short Introduction*. Oxford University Press.

Spolsky, B. (1998) *Sociolinguistics*. Oxford University Press.

更详细论述：

Holmes, J. and N. Wilson (2017) *An Introduction to Sociolinguistics*.（第 5 版）Pearson.

Meyerhoff, M. (2018) *Introducing Sociolinguistics*.（第 3 版）Routledge.

Romaine, S. (2000) *Language in Society*.（第 2 版）Oxford University Press.

拉波夫的研究：

Gordon, M. (2013) *Labov: A Guide for the Perplexed*. Bloomsbury.

语言调适：

Giles, H. (ed.) (2016) *Communication Accommodation Theory*. Cambridge University Press.

社会标记：

Kerswill, P. (2018) "Language and social class." In J. Culpeper, P. Kerswill, R. Wodak, T. McEnery and F. Katamba (eds.) *English Language*.（第 2 版）（第 18 章）Palgrave Macmillan.

语域：

Biber, D. and S. Conrad (2009) *Register, Genre and Style*. Cambridge University Press.

俚语：

Eble, C. (2004) "Slang." In E. Finegan and J. Rickford (eds.) *Language in the USA*. (375–386) Cambridge University Press.

非裔美国英语：

Green, L. (2002) *African American English*. Cambridge University Press.

Green, L. (2011) *Language and the African American Child*. Cambridge University Press.

Smitherman, G. (2000) *Talkin that Talk*. Routledge.

其他参考资料：

Brown, S., S. Attardo and C. Vigliotti (2014) *Understanding Language Structure, Interaction and Variation*.（第 3 版）University of Michigan Press.

Cheshire, J. (2007) "Discourse variation, grammaticalisation and stuff like that." *Journal of Sociolinguistics* 11: 155–193.

Eckert, P. (2000) *Linguistic Variation as Social Practice*. Blackwell.

Fought, C. (2003) *Chicano English in Context*. Palgrave Macmillan.

Labov, W. (2006) *The Social Stratification of English in New York City*.（第 2 版）Cambridge University Press.

Lippi-Green, R. (2011) *English with an Accent*.（第 2 版）Routledge.

Mohr, M. (2013) *Holy Shit: A Brief History of Swearing*. Oxford University Press.

Mugglestone, L. (1995) *Talking Proper: The Rise of Accent as Social Symbol*. Clarendon Press.

Shibatani, M. (2001) "Honorifics." In R. Mesthrie (ed.) *Concise Encyclo-*

pedia of Sociolinguistics. (552-559) Elsevier.

Sinceviciute, V. (2014) "'When a joke's a joke and when it's too much': mateship as a key to interpreting jocular FTAs in Australian English." *Journal of Pragmatics* 60: 121-139.

Trudgill, P. (1974) *The Social Differentiation of English in Norwich*. Cambridge University Press.

Widawski, M. (2015) *African American Slang*. Cambridge University Press.

20 语言与文化

> 未来在艾马拉语（Aymara）中是未被看到的东西。我们无法看见未来。艾马拉语中，未来在你的身后，你看不见它。英语中，未来在你前面，你可以展望它。
>
> 米拉克尔、亚皮塔·莫亚（Miracle & Yapita Moya, 1981）[①]

第 19 章描述过的那类社会语言学差异，有时可归因于文化差异。把语言的某些方面认定为非裔美国文化、欧洲文化或是日本文化的典型特征，并不罕见。语言研究的这一方法源于人类学家的研究，他们把语言用作一般性的"文化"研究的信息来源。

在关于语言与文化的研究中，特别吸引人的是对看世界的迥异方式的揭示。对于讲艾马拉语（分布于南美玻利维亚和秘鲁）的人来说，时间分为两部分，一是我们之所知（过去加现在），二是我们之不知（未来）。英语 tomorrow（明天）一词是我们可以向前展望的东西，直译成艾马拉语却是"背后的一天"。在世界观方面，这是个非常惊人的差别，难免让我们疑惑，还有多少我们以为明显而普遍的事情，其实不过是某一人群的视

---

① 米拉克尔（Andrew W. Miracle, 1945 年生），美国人类学家。亚皮塔·莫亚（Juan de Dios Yapita Moya, 1931—2020），玻利维亚语言学家，艾马拉语专家。——译者注

角下的表述。本章中，我们将尝试对这一视角加以扩展，从而更好地理解他人是如何看事物的。

文　化

我们用**文化**（culture）这个术语，来指我们成为社会群体成员时，学到的关于事物和人的本质的一切思想与假定。文化可定义为"通过社会而获取的知识"。这类知识就像我们的第一语言那样，我们起初可在无意识的情况下习得。只有在语言发展了之后，我们才会发展关于知识的意识，继而发展对我们的文化的意识。我们通过文化传承而学会的第一语言，首先为我们提供了一种现成的体系，来使我们周边的世界范畴化。

随着我们习得了词，我们就学会了承认我们的社会世界中至关重要的各类范畴区别。婴幼儿们起初可能并不觉得"狗"和"马"是不同的实体类型，把二者都叫作"汪汪"。随着他们把英语发展为第一语言，也发展出了更加详细的概念系统，于是就学会了对动物种类进行范畴化，把哪只归类为"狗"，把哪只归类为"马"。太平洋上的原住民文化中不存在马，也不存在表示马的词，这毫不奇怪。为了对表示"狗"还是"马"、"雪"还是"雪片"、"父亲"还是"叔叔"、"星期"还是"周末"的词正确加以使用，我们必须具备一套概念系统，涵盖这些人、事物、思想，将其作为独特而可辨的范畴。

范　畴

虽然据我们的经验，"狗"的所有个体之间存在巨大差异，但是我们却可以利用"狗"这个词，把它们之中的任何一只作为此范畴之成员来加以谈论。**范畴**（category）是具有某些共同特征的群体，我们可以把所学的词汇视为一套范畴标签。这些标签就是词，用来指称我们的社会世界中的人通常所需谈论的概念。

人们往往认为，我们所学的词之集合（我们的范畴）和外部现实（external reality）的组织方式之间存在固定的联系。然而，来自世界各语言的证据却显示，外部现实的组织，其实因谈论外部现实时所使用的语言而呈现出一定程度的差别。有些语言可能有很多表达法来表示各种"雨"或各种"椰子"，另一些语言则可能只有两个。虽然新几内亚的达尼族（Dani）能够看到光谱上的所有颜色，但是他们却只使用两种颜色名称，即相当于"黑"和"白"的词。格陵兰的因纽特人，除了这两种颜色词之外还有红、绿、黄。英语这5个词都有，再加上蓝、棕、紫、粉、橙、灰。技术越多的群体，所使用的语言似乎颜色词就越多。观察了不同语言中基本颜色词的差别，我们就可以说，**词汇化**（lexicalized）的（即"用单独一个词来表达的"）概念差异，可以存在于一种语言中、不存在于另一种语言中。

亲属关系词

词汇化范畴的一些最清晰的例子，是用来指称同一家族中各成员的词，即亲属关系词（kinship term）。所有语言都有亲属关系词（如英语 brother［兄弟］、mother［母亲］、grandmother［祖母/外祖母］），但是并不都按同样方式来对家族成员做范畴归类。有些语言中，相当于"父亲"的词不仅用来指"父亲"，还用来指"父亲的兄弟"。英语中，我们用 uncle 一词来指后一类个体。我们已使这两个概念之间的差别得到了词汇化，但是却又用同一个词（uncle）来指"母亲的兄弟"。这个差别在英语中没有词汇化，但在其他语言中词汇化了。瓦塔姆语（Watam）（巴布亚新几内亚）中，英语 uncle 一词可翻译为 aes（父亲的兄弟）或 akwae（母亲的兄弟）。而讲默潘玛雅语（Mopan Maya）（中美洲伯利兹）的人加以词汇化的，是一种基于全然不同的概念条理的差别：下面这两个词（取自 Danziger，2001），每一个都既是英语 uncle 一词的翻译，又不是英语 uncle 一词的翻译。

    suku'un：哥哥，父亲或母亲的弟弟
    tataa'：父亲或母亲的哥哥，祖父或外祖父

"uncle"们的年龄差别,在默潘玛雅人的文化中显然很重要。而亲属间的其他差别,也可在世界各语言中得到不同的词汇化。挪威语中,"父亲的母亲"(farmor[奶奶])和"母亲的母亲"(mormor[姥姥])之间的差别得到了词汇化,而英语中 grandmother 一词则是泛指二者。(更多例子,见 460 页作业题 D 和 463 页作业题 I。)

时间概念

再看一个更抽象些的例子,我们学会 week(星期)或 weekend(周末)这类词的时候,继承的是把时间的量(amount)作为普遍范畴来运作的系统。我们有"两天""七天"之类的时间单位词,表明我们按照量来思考时间(抽象的,无物质存在),与对"两个人""七本书"(物质的东西)等名词短语的思考方式相同。在另一种世界观中,时间可能并不按这样的方式来看待。亚利桑那州的霍皮语(Hopi)中,传统上没有对等词来表示我们的大多数时间词和时间短语(如 two hours[两个小时]、thirty minutes[三十分钟]),因为我们的词项表达的是按"钟表时间"运行的文化里的概念。或许也是因为同样的原因,该语言以前没有词项表示一个由七天组成的单位,没有"星期";也没有词项表示"星期六和星期天"组合成的一个时间单位,的确曾没有"周末"。

语言相对论

上述例子中,我们把语言使用上的差异,视为谈论外部现实的不同方式之证据。这一点经常从**语言相对论**(linguistic relativity)的角度加以讨论,因为我们语言的结构及其预先确定的各种范畴,似乎必然对我们如何感知世界产生了影响。在其较温和的版本中,这一思想仅仅捕捉到了一个事实:我们不仅说话,而且在一定程度上,极有可能还会运用我们的语言提供的各种范畴,来谈论经验世界。我们的第一语言在塑造"习惯思维"

时似乎具有决定性角色,而习惯思维就是我们在日常生活中,未分析如何做思考,就对事物加以思考的方式。

这一思想还存在更激进的版本,称作**语言决定论**(linguistic determinism),认为"语言决定思维"。语言若的确决定思维,那么我们就只能按照我们的语言所提供的范畴进行思考。例如,讲英语的人只使用一个表示"雪"的词(snow),通常把所有那白花花的东西都看成是一种东西。与之相比,爱斯基摩人向外看到这白花花的东西,会将其视为许多不同的东西,因为他们有很多不同的词来表示"雪"。因此,某一语言中内在的范畴系统,决定了讲这种语言的人如何对经验进行解读和表达。我们后面会回到"雪"这个主题上,但是刚才描述的这一设想,提供了一种分析语言与文化之联系的思路之例,这思路可追溯至18世纪。

萨丕尔-沃尔夫假说

我们正在思考的这种一般性的分析视角,是20世纪中期被称为**萨丕尔-沃尔夫假说**(Sapir-Whorf hypothesis)的学说的一部分。那时候,美国语言学与人类学的关系更为近密,爱德华·萨丕尔(Edward Sapir)和本杰明·沃尔夫(Benjamin Whorf)提出,霍皮语等美洲原住民语言,让原住民对世界的看法不同于讲欧洲语言的人。我们已经论述了霍皮语和英语在看待时间方面的差异。据沃尔夫,霍皮人对世界的理解不同于其他部落(包括讲英语的"部落"在内),因为他们的语言引导他们做了这样的理解。霍皮语语法中存在"有生命"(animate)和"无生命"(inanimate)之区别,并且归作"有生命"范畴的实体集合中包括云和石头。沃尔夫断言,霍皮人相信云和石头是有生命实体,因为他们的语言引导他们相信这一点。英语没有在语法中把云和石头标记为"有生命",所以讲英语的人看世界的方式与霍皮人不同。用沃尔夫的话来说:"我们沿着自己母语划下的线,来对自然加以切割。"(见 Carroll, Levinson & Lee, 2012)

反对萨丕尔-沃尔夫假说

要记住一件很重要的事：爱德华·萨丕尔和本杰明·沃尔夫其实并没有一起写过任何一本书，甚至没有一起写过任何一篇文章，来倡导以他俩命名的那个假说。② 另有质疑指出，归功于他俩的这种理论观点的决定论性质，别人也论述过。然而，还有许多论述，批评的是该假说中的语言学思想。我们跟随桑普森（Sampson, 1980），设想一下有个部落，他们的语言里性别差异要在语法上做标记，因此，用来表示女性的词，如"女孩""女人"，在该语言中皆有特殊标记。深入观察该语言，我们还发现这种"女性"标记还用于表示"石头"和"门"的词。我们是否要被迫得出结论，认为该部落相信石头和门是跟女孩、女人一样的女性实体？这部落可不是什么微不足道的群体。他们使用 la femme（女人）、la pierre（石头）、la porte（门）③ 这些表述。他们就是那个住在法国的"部落"。我们是否应得出结论，认为讲法语的人相信石头和门是"女的"，和女人无差？④

由霍皮语和法语之例引发的这些结论，其问题在于混淆了语言学分类（"有生命""阴性"）和生物学分类（"活体的""雌性"）。这两者在语言

---

② 关于这一问题的详细论述，参见澳大利亚学者佩妮·李（Penny Lee）撰写的《沃尔夫理论体系——批评性重构》（*The Whorf Theory Complex: A Critical Reconstruction*, 1996）。——译者注

③ la 是法语的阴性单数定冠词。——译者注

④ 桑普森（Geoffrey Sampson），英国语言学家。其《语言学的流派——竞争与演化》（*Schools of Linguistics: Competition and Evolution*, 1980）是一部影响力非常广泛的著作。该书中有专章评述萨丕尔-沃尔夫假说，对这一假说中的各种疑点进行了质疑和批评。尤尔此处所"跟随"的，是该书中的这一段："设想一下，我们遇到了另一个部落，性别在这个部落里是个'隐性范畴'，所以吧，所有指女性的名词就都带上了特殊的后缀来与之相符；再进一步设想，许多表示无生命事物的词，如'石头''水''月亮'皆属于隐性类型（cryptotype），而另一些，如'铁''火''太阳'则表现得像那些表示男性的词。显然，沃尔夫一定会得出结论认为，这个部落持有某种泛灵论的自然观，认为万事万物皆有生命且皆有性别。但是，还真有这么个部落：他们就住在从多佛出发的英吉利海峡对面；如果问法国人绝对不是什么者，那一定不是泛灵论者。沃尔夫没有把他的差之概念运用于欧洲各语言之间。"（Sampson 1980：85）——译者注

中常有关联，但并不是一定要有关联。不仅如此，语言学上的形式并不会强迫我们忽略生物学上的区别。虽然霍皮语对表示"石头"的词做了语言学上的分类，但这并不意味着霍皮族的货车司机压到了石头，会忧心自己害死了生灵。

雪

回到寒冷地区的雪这个话题上，我们首先应当把"爱斯基摩"换成更准确表示该民族的名称"因纽特人"（Inuit）以及准确表示其语言的名称"因纽特语"（Inuktitut）。马丁（Martin, 1986）指出，西格陵兰的因纽特人只有两个表示"雪"的基本词（qanik，表示"飘在空中的雪"；aput，表示"落在地上的雪"）。因此，从一个角度来看，我们可以说该语言真的只有两个表示雪的词。然而，和讲其他语言的人一样，因纽特人也可以从这两个基本成分出发，造出大量的常用表达法，来表示与雪相关的各种不同现象。因此，更准确的说法或许是，他们有大量用来指称雪的短语，而不是词。不过，似乎没有迫切的理由表明，这些表达法控制了其使用者的视野或思想。有些表达法会在习惯性经验之语境中频繁使用，但是，思考这种经验的，决定要做何表达的，是人，而不是语言。

非词汇化范畴

英语在"雪"这方面，的确对某些概念区别做了词汇化，如 sleet（雨夹雪）、slush（半融化的雪泥）、snowflake（雪片）。我们或许还应把 avalanche（雪崩）和 blizzard（暴风雪）包括进来。然而，讲英语的人也能通过操控自己的语言，造出短语以及其他复杂表达法，如 fresh snow（刚下的雪）、powdery snow（粉末似的雪）、spring snow（春雪），还可以说 the dirty stuff that is piled up on the side of the street after the snow-plow has gone through（除雪机驶过之后街边堆起的脏东西）。这些对讲英语的人来说都可能是雪之范畴，但却是**非词汇化**（non-lexicalized）（即"未用单独一个词来表达"）的范畴。讲英语的人可以表述出范畴差异，一方面用词汇化范畴来进行区别（如 It's more like slush than snow outside［外面与其说是雪，不如说是雪化时的烂泥］），另一方面用非词汇化区别来进行特殊指称（We decorated the windows with some fake plastic snow stuff［我们用假塑料雪之类的东西装饰了窗户］），但大多数人对"雪"的看法，跟普通的讲因纽特语的人截然不同。

我们继承了一种语言来表述所知，故而会认为该语言以某种方式影响了我们的知识组织结构。然而，我们还继承了操控该语言并用该语言进行创造的能力，从而能够表达我们的感知。霍皮人从讲英语的传教士那里借入了 santi（星期天）这个词，随后又用它来指以一个 santi 为开端、以下一个 santi 为结尾的时间段，于是就发展出了他们自己对我们所说的"星期"的概念。假如思考和感知是完全由语言来决定的，那么语言变化之概念就成了不可能的。如果一位霍皮族小女孩的语言里没有哪个词能表示那个被称为"电脑"的东西，那她就无法感知这个东西吗？她会无法思考这个东西吗？这位霍皮族小女孩能够做的是，当她遇到一件新事物时，对她的语言加以改变，使之能够适应指称这一新事物之需。是人在操控语言，而不是语言在操控人。

认知范畴

分析认知，或者说分析人们如何思考，我们可从语言结构中找线索，而不是找缘由。讲霍皮语的人继承了一种认为云具有"有生命"特征的语言系统，这一事实或可告诉我们一些关于传统信仰体系或思维方式的事情，这些事情是他们的文化的一部分，而不是我们的。在秘鲁的雅瓜语（Yagua）里，具有"有生命"特征的实体之集合，除了包括人之外，还包括月亮、石头和菠萝。雅瓜人的传统中，这些实体皆被视为得到珍重之物,因此,他们对"有生命"特征的文化阐释,可能更接近于"在生命方面具有特殊重要性"之概念,而不是大多数讲英语的人的文化阐释中的"具有生命"之概念。

类别标记

我们了解雅瓜语等语言的词的分类,是通过一种被称为**类别标记**(classifier)的语法标记,这种类别标记可标示相关的名词的种类或"类别"(class)。例如斯瓦西里语(分布于东非)中,不同的前缀加在名词上充当类别标记,表示人(wa-)、非人(mi-)以及物品(vi-),如 wa-tutu(孩子)、mimea(植物)、visu(刀)。由此,以所使用的类别标记为基础,概念区别可存在于原材料(miti,树)和用该原材料做的制成品(viti,椅子)之间。(更多类别标记之例,见459页作业题C。)

类别标记(量词)[5]经常与数词共同使用,表示某种类型的事物之计数。下列日语例子中,量词与从形状角度加以概念化的物品相联系,如"长而细的物品"(hon,「本」)、"扁而薄的物品"(mai,「枚」)、"小而圆的物品"(ko,「個」)。

    banana nihon(「バナナ二本」,香蕉两根)
    syatu nimai(「シャツ二枚」,衬衫两件)
    ringo niko(「りんご二個」,苹果两个)

英语中最接近类别标记之使用的,是我们谈论某些类别的事物的"单

---

[5] 英文语言学文献中,把汉、日等语言中常见的量词词类也归为classifier。本书中,译者把汉、日等语言中的classifier译为"量词",把其他类型的classifier译为"类别标记"。此处不译成"类别词",是因为斯瓦西里语中的classifier显然不是"词"而是"前缀"。关于这些前缀的详情,可参见章培智《斯瓦西里语语法》(外研社,1990),71—85页。本节中的日语例子,除保留原书中的拉丁字母转写形式并译成中文之外,译者还补充了日语的书写形式(放在日文引号「 」之中),供读者参考。——译者注

位"（unit）之时。英语中存在视为**可数**（countable）的事物（如 shirt［衬衫］、word［词］、chair［椅子］）和视为**不可数**（non-countable）的事物（如 clothing［衣物］、information［信息］、furniture［家具］）之区别。把 a/an 或复数与不可数名词连用，在英语中是不合乎语法的（如 *a clothing，*an information，*two furnitures）。要避免这样的形式，我们就要使用 item of 或 piece of 之类的量词式表达，如 an item of clothing（一件衣物）、two pieces of furniture（两件家具）。许多语言中与之对等的名词，被视为"可数"的；因此，"不可数实体"这个语法类别的存在，是英语数量表达背后的认知范畴化类型之证据。（更多例子，见 460 页作业题 E。）

社会范畴

前面讨论过的 uncle、grandmother 之类的词，提供了**社会范畴**（social category）的例子。社会范畴就是我们可用来表述我们如何与他人相联系的社会组织结构之范畴。像 uncle 这样的词，我们可为其提供理论上的定义（如"父亲的兄弟"），但是在许多情景中，这种词可用来指很多人，包括那些并未涵盖在理论定义中的亲密朋友。与之类似，在许多群体中，brother 一词也用来指并不是家人的人。我们可把这些词用作社会组织手段，即把个体标记为以社会关系来定义的群体之中的成员。

称谓词

街上有人问另一个人："Brother, can you spare a dollar?"（兄弟，给一块钱呗），brother（兄弟）一词被用作了**称谓词**（address term）（即口语或书面语里用来称呼一个人的词或短语）。说话者对称谓词做出这一选择，通过宣称一种与家庭成员相关的关系亲密性，试图建立起一种近乎（即我与你社会地位相同），或许可导致对方心甘情愿地把钱给他。他也可以改用 Sir（先生）来做此请求，此词表明权力关系的不平等（即社会地位不同），因为他明显具有更"高"的地位，或许"先生"真会把钱给他呢。

更常见的是，基于不平等关系的互动的特征在于，称呼地位较高的一方，用头衔（如 Doctor［医生/博士］）或头衔加姓（如 Professor Buckingham［白金汉教授］）作称谓词；只有称呼地位较低的一方时，才会用名。例如: Professor Buckingham, can I ask a question?（白金汉教授，我可以问您一个问题吗？）～ Yes, Jennifer, what is it?（可以，詹妮弗，什么问题？）更平等的关系中，使用的是表明参与者的相近地位的称谓词，如名或绰号: Bucky, ready for some more coffee?（姓白的，再喝点咖啡啊？）～ Thanks, Jen.（谢了，詹。）

许多语言里，被称呼的人在社会关系上是亲近还是疏远，存在代词上的选择。这被称作 **T/V 区别**（T/V distinction），如法语代词 tu（你，亲密）和 vous（您，疏远）之区别。类似的社会范畴化类型，还见于德语（du/Sie，你/您）和西班牙语（tú/usted，你/您）。上述每组区别，正如较古旧的英语中的 thou/you（你/你们）之用法，复数形式用来表示说话者之间关系并不亲密。传统上，这些形式可用来标记权力关系。地位较低的个体对地位较高的个体说话时，须用 vous 类形式。这样的用法被描述为非相互性的（non-reciprocal），但是如今在欧洲的年轻说话者当中，如彼此不算太熟但情况基本相同的学生当中，tu 类形式的相互性（reciprocal）用法（即说话者双方使用同一形式）已经普遍增多。

英语中，没有特殊头衔的人可用 Mr.（先生）、Mrs.（夫人）、Miss（小姐）、Ms.（女士）来称呼。只有女性称谓词才含有社会地位信息。事实上，女性还有个称谓可标明她是某位男性之妻，如 Mrs. Dexter Smith（德克斯特·史密斯夫人），或者只叫 Mrs. Smith（史密斯夫人）。而 Dexter 却绝不会被称作 Mr. (Betsy) Cuddlesworth（［贝西·］卡德斯沃思先生）。这一体系最初投入使用时，女性在社会上是通过与男性的关系来呈现身份的，要么为人妻，要么为人女。这类称谓词继续承担社会范畴标记之功能，用来呈现女性而非男性的身份，说明其已婚还是未婚。而今女性用

Ms. 来作为自己的称谓词之一，是在表明其社会范畴化已无需以婚姻状况为基础。

性别

观察到用于男性和女性的称谓词有所不同，让我们思考了社会范畴化中最基本的差异，即基于"性别"的差异。我们已在第 7 章中论述过词的性别的两种用法之间的不同。生物性别（亦称"自然性别"）是每个物种的"雄性"和"雌性"之间的性区别。语法性别是西班牙语等语言中用于名词分类的"阳性"和"阴性"之间的区别（如 el sol［太阳，阳性］，la luna［月亮，阴性］）。而第三种用法表示**社会性别**（social gender），我们用"男人""女人"之类的词的社会角度来对个体加以归类时，就是在做社会性别之区别。虽然生物区别（"雄性，雌性"）是社会区别（"父亲，母亲"）之基础，但是个体作为男人或女人所承担的社会角色，很大一部分与生物学并无关系。正是在社会性别意义上，通过学会如何成为"男孩"或"女孩"的过程，我们才继承了一种有性别的文化。这过程可以很简单，就像学会哪一类人应该穿粉色衣服，哪一类人应该穿蓝色衣服；这个过程也可以很复杂，就像搞懂其中一类人如何在漫长的历史时期内被排除在代议制政府过程之外（不给选举权）。想成为某一社会性别，还要熟悉有性别的语言。

性别词

埃塞俄比亚的西达莫语（Sidamo）中，有些词仅供男性使用，有些词仅供女性使用；因此，把"牛奶"翻译过去，男人用 ado，女人用 gurda。日语中，指称自己时（"我"），男人传统上用 boku（「僕」），女性用 watashi（「私」）或 atashi（「あたし」）。葡萄牙语中，如果你是男人，说"谢谢"是 obrigado；如果你是女人，说"谢谢"是 obrigada。

上述例子简单地阐明了许多语言中，男人用词和女人用词可存在差别。当今的英语中，许多指人的词项都已变成了性别中立的词项，如 chairperson（主席）和 police officer（警察）。然而，另一些词项使用起来仍带有性别偏见，如 career woman（职业女性）或 working mother（外出工作的母亲），却罕用 career man（职业男性）或 working father（外出工作的父亲）。

更加"性别中立"的语言之方向上，一个显著的变化是**单数 they**（singular *they*）（以及 their、them）得到了更大范围的认可，可用于未确指性别的单数先行项（antecedent），如"No one should be defined by the place where they are born"（谁也不该因出生地而遭遇偏见），"Each student is required to buy their own dictionary"（每位学生都被要求自己买本词典），或是"One of my neighbors asked me to help them"（一位邻居向我求助）。"其反身代词有个单数版本（即 themself）据说已变得常见"A singular version of the reflexive pronoun (themself) has also been reported to be more common，如 Mair（2006：154）引述的例子："You won't be the first or last man or woman who gets themself involved in a holiday romance"（把自己卷入假日浪漫的，你不会是第一个男人或女人，但也不会是最后一个）。

性别结构

我们审视社会差异时（第19章），论述了劳工阶级话语和中产阶级话语之间的差异，而基本忽略了性别差异。然而，每个社会阶层的内部都因性别而存在显著差异。总的来说，每当出现较高威望与较低威望相对立的变量时（如 talking/talkin'［说话］，或 I saw it/I seen it［我看见它了］），女性都更可能使用威望较高的形式。这一差别在中产阶级女性当中最明显。在一份关于中产阶级下层话语中的双重否定（如 I don't want none［我什么也不要］）的研究中，男性（32%）使用这一结构明显多于女性（1%）。这种有规律的差异模式，有时被解释为女性参与社会时的社会地位意识更强，对他人会如何评价自己更为敏感。另一种解释则认为，男性参与社会时力求强势、强壮、独立。非标准的形式，或是与劳工阶级相联系的形式被男性所偏爱，是因为这样的形式与体力劳动、有力气、身强力壮相联系。此外，壮汉说话，声音还要低沉。

性别话语

总的来说，男性比女性声道更长，咽腔更大，声带更厚。其结果就是男性说话的音高域（pitch range）（80—200赫兹）低于女性（120—400赫兹）。**音高**（pitch）用来描写声带的震动效应，较慢的震动使声音听着较低，而快速的震动使声音听着较高。虽然"正常说话"发生时，与男女的音高域皆有显著重合，但也存在一种对男女之别加以夸大的趋势，从而听着更"像个男人"或是更"像个女人"。

讲美国英语的许多女性当中，还普遍存在更多音高运动（pitch movement），也就是存在更多的升升降降的语调（intonation）。把升调（↑）用在陈述句句尾（It happened near San Diego ↑, in southern California ↑ [这事发生在南加州圣迭戈附近]），更频繁地使用缓冲语（如 sort of、kind of）和反义疑问句（如 It's kind of cold in here, isn't it? [这里有点冷，是不是？]），都已被指出是女性话语之特征。**反义疑问句**（tag question）是由助动词（如 don't、isn't）和代词（如 it、you）组成的小问句，加在陈述句的末尾（如 I hate it when it rains all day, don't you? [下一整天雨我可真不喜欢，你也是吧？]）⑥，更多被女性使用，用于表达意见时。女性话语的这些特征，似乎都是邀请对方赞同意见的途径，而不是对意见做断言的途径。男性往往会使用更具决断的形式以及较"强势"的语言⑦（如 It's

---

⑥ 此处的"反义疑问句"概念，和我国英语教学中常用的"反义疑问句"概念有一定不同。我们常把陈述句和这种"小问句"的组合，合称为"反义疑问句"（tag question），而把这种"小问句"本身称为"反义疑问句句尾"（question tag）。——译者注

⑦ 原文为"strong" language。所谓 strong language，很多时候就是"粗话脏话"的委婉说法。——译者注

too damn cold in here![这里可真他妈冷啊！]）。另有研究发现，女性在同性别群体中更多使用间接言语行为（如 Could I see that photo?[我可以看看那照片吗？]），而不是直接言语行为（如 Gimme that photo[把那照片给我]），后者经常可在同性别群体的男性那里听到。

同性谈话

关注"同性别"之间的交谈非常重要，因为我们的社会参与大多是在这样的群体中发生的。截至3岁时，我们已经建立起与同性别他人交谈的偏爱。整个童年阶段，男孩们都是以较大群体实现社会化，群体常以竞技活动（competitive activity）形式存在，还建立起层级型关系（hierarchical relationship）并对其加以维系（"我是蜘蛛侠，你得听我的"）。女孩们则以较小群体实现社会化，群体更常以合作活动（co-operative activity）形式存在，建立起的是相互型关系（reciprocal relationship）并互换角色（"你现在可以当医生了，我病了"）。许多社会中，这种同性别的社会化模式，通过男女分开的教育经历以及各不相同的社会实践行为而得到加强。

性别互动

女性话语中可辨明的许多特征，显示出通过让别人说话而推动了话轮的交换，因而使互动成为一种共同活动。而男性之间的互动，似乎是以更具层级性的方式而组织的，"拥有话语权"被视为目标。男性的话轮通常较长，在许多社会语境中（如宗教活动场合），只有男性才允许讲话。

这些不同风格的效应之一，是使某些特征在跨性别互动中变得十分突显。例如，在同性别的讨论中，说者相互打断的次数鲜有差别。然而在跨性别的互动中，男性打断女性的可能性高很多。在同性别的会话中，女性会产出较多的**反馈渠道**（back-channel）来表示在听或在关注。反馈渠道这个术语，描述的是听者在别人说话时使用词（如 yeah[对]、really?[真的吗？]）或语音（hmm[嗯]、oh[哦]）。男性不仅产出的反馈渠道较少，而且在听到别人产出反馈渠道时，似乎将其视为表示赞同之意。在跨性别的互动中，男性缺少反馈渠道，往往使女性认为男性未在注意她们。而女性更频繁地使用反馈渠道，则致使部分男性以为女性在对他们所说的话表示赞同。

我们所记录的性别话语差异，可能被证实在老一代人当中较准确，而在较年轻的人当中不那么明显。有越来越多的证据表明，当代社会中，男性和女性都有更大机会构建自己的社会认同，而不是接受传统角色，因而就不那么可能服从于先前的性别刻板印象了。这类社会变化可在语言变化中有所反映，并让我们更好地理解卡梅伦（Cameron，2007：152）的这一看法："说起话来像个女人，或是像个男人，并不是作为女人或作为男人的必然结果。"

习　　题

1. 语言研究中，"文化"的常见定义之一是什么？
2. 格陵兰的因纽特人使用几种颜色词？"蓝色"是其中一种吗？
3. 什么是亲属词？
4. 表示"父母的母亲"的词项，英语和挪威语有何差别？
5. 什么是"语言决定论"？
6. 因纽特语里可找到多少个表示雪的基本词汇？
7. 英语 sleet 和 slush 两词之区别中涉及的是哪种范畴化？是词汇化的还是非词汇化的？是非指称性的还是社会性的？
8. 下面这句话为什么不合乎语法？

    *She gave me a good advice.

    （她给了我一条好建议。）
9. 从传统来看，你认为下面这句话更可能是女性说的还是男性说的？为什么？

I think that golf on television is kind of boring, don't you?

（我觉得电视上的高尔夫球有点无聊，你觉得呢？）

10. 澳大利亚的哲波尔语（Dyirbal）里有语法标记可区分由下列 X 和 Y 所代表的不同认知范畴。

X："男人，袋鼠，回力镖（boomerang）"

Y："女人，火，危险的东西"

（ⅰ）你若了解到哲波尔语里说："太阳是月亮的妻子"，那么你想把"太阳"和"月亮"放到哪个范畴中？

（ⅱ）这类语法标记，专业术语称之为什么？

11. 什么是 T/V 区别？

12. 什么是相互型代词使用？

作业题

A. "跨文化"交际（"cross-cultural" communication）、"文化间"交际（"intercultural" communication）⑧、"多元文化"交际（"multicultural" communication）有何区别？

B. 我们论述了不同语言里用来描述颜色的词的数量之差异。什么是"基本颜色词层级"（basic color term hierarchy）？

C. 波纳佩语（Ponapean）（分布于西太平洋地区的一种语言）的数词与名词连用时，还要使用恰当的类别标记，如 Lynch（1998）所示。用作类别标记的部分后缀，包括 -men（"有生命的事物"）、-pwoat（"较长的事物"）、-mwut（"成堆的事物"）、-sop（"成根

---

⑧ 中文文献中，我们未必区别 cross-cultural communication 和 intercultural communication，二者通常都译为"跨文化交际"。——译者注

的事物")、-dip(成片的事物)。数词的例子如 sili-(三)、pah-(四)。你能否用恰当的词尾来完成下列名词短语?

例:pwutak reirei silimen(三个高个子男孩)

(1)sehu ＿＿＿＿＿＿＿＿＿＿＿＿＿＿＿＿＿(四根甘蔗)

(2)dipen mei ＿＿＿＿＿＿＿＿＿＿＿＿＿＿＿(四片面包果)

(3)mwutin dippw ＿＿＿＿＿＿＿＿＿＿＿＿(四堆草)

(4)nahi pwihk ＿＿＿＿＿＿＿＿＿＿＿＿＿＿(我的三只猪)

(5)tuhke ＿＿＿＿＿＿＿＿＿＿＿＿＿＿＿＿(一棵树)

D. 据 Foley(1997),瓦塔姆语(Watam)(巴布亚新几内亚的一种语言)的亲属词与英语极为不同。父亲及父亲的兄弟,皆用 aes 一词;母亲及母亲的姐妹,皆用 aem 一词。而 akwae 和 namkwae,分别用于母亲的兄弟和父亲的姐妹。

(i)利用上述信息,你能否完成下面的比较表?

(ii)把英语 aunt 和 uncle 翻译成瓦塔姆语时,会遇到什么样的问题?

(iii)讲英语的人,说起父亲的兄弟和母亲的兄弟之别,或者说起父亲的姐妹和母亲的姐妹之别,会如何做区分?

英语	亲属范畴	瓦塔姆语
mother	母亲	＿＿＿＿＿＿
＿＿＿＿＿＿	母亲的姐妹	＿＿＿＿＿＿
＿＿＿＿＿＿	父亲的姐妹	＿＿＿＿＿＿
＿＿＿＿＿＿	父亲	＿＿＿＿＿＿
＿＿＿＿＿＿	父亲的兄弟	＿＿＿＿＿＿
＿＿＿＿＿＿	母亲的兄弟	＿＿＿＿＿＿

E. 我们简单地思考了英语在"可数"与"不可数"之间所做的区分。

(i)你能否将下面这些词分成三组,分别标为"可数""不可数"以及"既可数又不可数"?

（ii）哪些表示"单位"的短语经常与这些不可数名词连用（如 a round of applause［一轮掌声］）？

applause（掌声），business（生意），cash（现金），chocolate（巧克力），courage（勇气），crash（撞毁），equipment（设备），hair（头发），lesson（课程），luck（运气），mistake（错误），mountain（山脉），noise（噪音），paper（纸），party（聚会），rain（雨），research（研究），rubbish（垃圾），salmon（三文鱼），sand（沙子），shopping（购物），tennis（网球），theft（偷窃），underwear（内衣）

F. 下列句子中，你认为应使用哪些形式？

(1) If Mary or Robert asked me, I would certainly help _____.
（如果玛丽或罗伯特让我帮忙，我一定帮 _____。）

(2) Everyone wants _____ child to be healthy and able to take care of _____.
（人人都希望 _____ 的孩子健康，并能够照顾 _____。）

(3) One of the professors usually promises that _____ will be available in the summer.
（有位教授许诺，夏天时将找得到 _____。）

(4) Someone left a message for you, but _____ didn't leave _____ name.
（有人给你留了条消息，但 _____ 没留下 _____ 的名字。）

(5) A friend of my parents claimed that _____ had met Mick Jagger.
（我父母的一位朋友声称 _____ 曾见过米克·贾格尔。）

(6) The person who leaves _____ car unlocked has only _____ to blame if it's stolen.
（把 _____ 的车扔着没锁的那个人，车如果被偷了只能怪 _____。）

G. 许多语言都有"言据成分"（evidential），即用来体现说者对所传达信息的真实性或可靠性有多大把握的标记。下列例子取自奇楚亚语（Quechua），一种分布于南美洲安第斯地区的秘鲁等国的语言；这些例子中，可以见到一些这样的言据标记。（改编自 Weber，1986）

（i）你能否辨认出下列例子中使用的三个言据标记？

（ii）你认为这之中所表达的可靠性，其三个等级是什么？

(1) Ima-shi kaykan chaychaw rikaykamunki
 　　什么　存在　那里　去看
 （去看看那里有什么。）

(2) Chay-ta musya-yka-chi
 　　那个　知道　我
 （那事我什么都不知道。）

(3) Qam-pis maqa-ma-shka-nki-mi
 　　你　也　打　我　过去
 （我觉得你打我了。）

(4) Wañu-nqa-paq-chi
 　　死　它　将来
 （它可能会死。）

(5) Chawra utkupa murullanta-shi tarimun
 　　因此　棉花　仅 种子　她找到
 （因此她仅找到了棉花种子。）

(6) Wañu-nqa-paq-mi
 　　死　它　将来
 （我肯定它会死。）

(7) Qam-pis maqa-ma-shka-nki-chi
 　　你　也　打　我　过去
 （你可能也是打了我的人之一。）

（8）Wañu-nqa-paq-shi
死　它 将来
（有人告诉我它会死。）

（9）Noqa aywa-yka-chi qam-paq-qa
我　去　我　你-主题
（你可能以为我是为你而去的，其实不是。）

（10）Qam-pis maqa-ma-shka-nki-shi
你　也　打　我　过去
（有人告诉我你也［趁我喝醉］打了我。）

H. 不同语言对文化概念做不同编码的途径之一，可见于其数词系统。罗托卡斯语（Rotokas）（分布于巴布亚新几内亚的布干维尔岛［Bougainville］）所使用的数词系统的一部分基本成分，展示于表 20.1 中，资料据 Firchow（1987）。

表 20.1　罗托卡斯语的数词

1 = katai	6 = katai vatara	20 = erao tau
2 = erao	7 = erao vatara	80 = vopeva vatara tau
3 = vopeva	8 = vopeva vatara	100 = katai vovota
4 = resiura	9 = resiura vatara	200 = erao vovota
5 = vavae	10 = katai tau	1,000 = katai kuku

（i）仔细观察数词构建的方式之后，你能否翻译出下面这个数字？
erao kuku resiura vatara vovota vopeva tau erao vatara

（ii）如果你了解到 vavae 这个词在罗托卡斯语里意思是"手"，那么你能否描述出这一计数系统的基础如何区别于英语？可用来区别这两种计数系统的专业术语是什么？

I. 英语中发展出的一些亲属词，以诺曼法语为基础，含有 in-law（字面意思："法律上的"）这个成分（如 mother-in-law［婆婆/岳母］）；这些亲属词在关系中涉及的是哪个人，这方面并不很透明

（是丈夫的母亲还是妻子的母亲？）。其他语言，如东非埃塞俄比亚南部的沃莱塔语（Wolaytta），这种关系中所涉及的人表达得很清楚。试将下列英语表达法与沃莱塔语所使用的表达法搭配起来（取自 Wakasa, 2014）。⁹

  mother-in-law   sister-in-law
  daughter-in-law grandmother
  brother-in-law   uncle
  father-in-law   nephew

aawai（父亲），aayiya（母亲），na`ai（儿子），ishai（兄弟），macciya（妻子）

aawaa ishai（叔/伯），
aawaa aawai（祖父）

（1）macciyo aawai（_____）
（2）ishaa macciya（_____）
（3）ishaa na`ai（_____）
（4）aayiyo ishai（_____）
（5）macciyo ishai（_____）
（6）aayiyo aayiya（_____）
（7）na`aa macciya（_____）
（8）macciyo aayiya（_____）

---

⑨ 由于这些英语词所表示的亲属关系远不如汉语明确，读者可不必借助这些英语词，直接把后面的沃莱塔语亲属词译成汉语。读者还可思考，此处的这些英语亲属词，在汉语中究竟可以有多少种译法？——译者注

探讨与研究

I. 你认为,为什么经常有人继续引述"爱斯基摩语有 100 多个表示雪的词"这一说法?你想如何说服那些认为这是个事实的人,告诉他们这项多是个传说?

(背景资料,参见 Pullum,1991,第 19 章。)

II. 会话中的"打断"(interruption)和"重叠"(overlap)是否存在不同?你认为"报告式谈话"(report talk)和"关系式谈话"(rapport talk)之间的区别是什么?我们是否应该区别"快速说话"风格和"慢速说话"风格,而不是把一些特征跟男女差异相结合?

(背景资料,参见 Tannen,1990,第 7 章。)

深入阅读

基本论述:

Kramsch, C. (1998) *Language and Culture*. Oxford University Press.
Duranti, A. (2001) *Key Terms in Language and Culture*. Blackwell.

更详细论述:

Foley, W. (1997) *Anthropological Linguistics: An Introduction*. Blackwell.
Danesi, M. (2012) *Linguistic Anthropology: A Brief Introduction*. Canadian Scholars Press.

文化:

Kuper, A. (1999) *Culture: The Anthropologists' Account.* Harvard University Press.

Piller, I. (2017) *Intercultural Communication.*（第 2 版）Edinburgh University Press.

范畴:

Taylor, J. (2003) *Linguistic Categorization.*（第 3 版）Oxford University Press.

颜色词:

Deutscher, G. (2010) *Through the Language Glass.* Metropolitan Books.

语言相对论:

Boroditsky, L. (2003) "Linguistic relativity." In L. Nadel (ed.) *Encyclopedia of Cognitive Science.* (917–921) Nature Publishing Group

Leavitt, J. (2011) *Linguistic Relativities.* Cambridge University Press.

萨丕尔-沃尔夫假说:

Carroll, J., S. Levinson and P. Lee (eds.) (2012) *Language, Thought and Reality: Selected Writings of Benjamin Lee Whorf.*（第 2 版）MIT Press.

McWhorter, J. (2014) *The Language Hoax.* Oxford University Press.

认知范畴:

Evans, V. (2007) *A Glossary of Cognitive Linguistics.* Edinburgh University Press.

Ungerer, F. and H-J. Schmid (2006) *An Introduction to Cognitive Linguistics.*（第 2 版）（第 1 章）Routledge.

类别标记(量词):

Aikhenvald, A. (2000) *Classifiers*. Oxford University Press.

社会范畴:

Mesthrie, R., J. Swann, A. Deumert and W. Leap (2009) *Introducing Sociolinguistics*.(第 2 版)John Benjamins.

发展社会性别:

Maccoby, E. (1998) *The Two Sexes*. Harvard University Press.

性别与语言:

Coates, J. (2004) *Women, Men and Language*.(第 3 版)Longman.

Eckert, P. and S. McConnell-Ginet (2013) *Language and Gender*.(第2版)Cambridge University Press.

Jule, A. (2008) *A Beginner's Guide to Language and Gender*. Multilingual Matters.

Talbot, M. (2010) *Language and Gender*.(第 2 版)Polity Press.

单数的 they :

Bodine, A. (1975) "Androcentrism in prescriptive grammar: singular they, sex-indefinite he, and he or she." *Language in Society* 4: 129–146.

Curzan, A. (2003) *Gender Shifts in the History of English*. Cambridge University Press.

La Scotte, D. (2016) "Singular they: an empirical study of generic pronoun use." *American Speech* 91: 62–80.

例子来源:

艾马拉语(Aymara): Miracle, A. and J. Yapita Moya (1981) "Time and space in Aymara." In M. Hardman (ed.) *The Aymara Language in Its Social and Cultural Context*. University Presses of Florida.

哲波尔语（Dyirbal）: Lakoff, G. (1987) *Women, Fire and Dangerous Things*. University of Chicago Press.

霍皮语: Malotki, E. (1983) *Hopi Time*. Walter de Gruyter.

因纽特语: Martin, L. (1986) "Eskimo words for snow: a case study in the genesis and decay of an anthropological example." *American Anthropologist* 88: 418–423.

日语: Frawley, W. (1992) *Linguistic Semantics*. Lawrence Erlbaum.

默潘玛雅语（Mopan Maya）: Danziger, E. (2001) *Relatively Speaking*. Oxford University Press.

波纳佩语（Ponapean）: Lynch, J. (1998) *Pacific Languages*. University of Hawai'i Press.

奇楚亚语（Quechua）: Weber, D. (1986) "Information perspective, profile and patterns in Quechua." In W. Chafe and J. Nichols (eds.) *Evidentiality: The Linguistic Coding of Epistemology*. (137–155) Ablex.

罗托卡斯语（Rotokas）: Firchow, I. (1987) "Form and function of Rotokas words." *Language and Linguistics in Melanesia* 15: 5–111.

西达莫语（Sidamo）: Hudson, G. (2000) *Essential Introductory Linguistics*. Blackwell.

斯瓦西里语: Hinnebusch, T. (1987) "Swahili" In T. Shopen (ed.) *Languages and Their Status*. (209–294) University of Pennsylvania Press.

瓦塔姆语（Watam）: Foley, W. (1997) *Anthropological Linguistics*. Blackwell.

瓦莱提语（Wolaytta）: Wakasa, M. (2014) "A sketch grammar of Wolaytta." *Nilo-Ethiopian Studies* 19: 31–44.

其他参考资料：

Cameron, D. (2007) *The Myth of Mars and Venus*. Oxford University Press.

Pullum, G. (1991) *The Great Eskimo Vocabulary Hoax*. University of Chicago Press.

Sampson, G. (1980) *Schools of Linguistics*. Stanford University Press.

Tannen, D. (1990) *You Just Don't Understand*. William Morrow.

术语表

A

AAVE:见非裔美国白话英语。

Ameslan(或 **ASL**):美国手语。

B

白话(vernacular):较低地位的群体所讲的低威望社会方言,与**标准语**有显著差别。

保留(perseveration):**口误**的一类,一个词的音被带到了下一个(或下几个)词里,如把 black boxes(黑盒子)误说成 black bloxes。

背景知识(background knowledge):文本里没有,而由读者从记忆中拿来用于文本理解的信息。

被动态(passive voice):用来表示什么事情发生在了**主语**身上的动词形式(如 The car was stolen[车被偷了])。

鼻化(nasalization):气流由鼻通过的发音,尤其是位于鼻辅音之前的音。

鼻音(nasal):通过鼻而发出的音(如 my name[我的名字]两词里的第一个音)。

比较构拟(comparative reconstruction):以各子嗣语言中具有可比性的形式为基础,对始祖语言原始形式进行的构建。

闭音节(closed syllable):以**辅音**结尾的**音节**。

标句词(complementizer, C):用来引导**补语短语**的词。

标准语(standard language):被视为官方语言且用于公共广播电视、出版、教育的语言变体。

表层结构(surface structure):单个句子的结构,与底层结构相对。

表意符号,表意文字(ideogram, ideographic writing):每个符号代表一个概念的书写方式。

表音文字(phonographic writing):用来表示语言中的音的书面符号,可表示**音节**,

也可表示**音位**。

宾语（object）：动词后面的**名词短语**所发挥的语法功能，通常经受该动词的动作（如 The boy stole the book[男孩偷走了那本书]）。

补语短语（complement phrase，CP）：that Mary helped George（玛丽帮助了乔治）之类的结构，用来完成以 Cathy knew（凯西知道）这类结构为开头的构式。

不可数（non-countable）：英语中不与 a/an 连用，或没有复数形式的名词类型（如 *a furniture、*two furnitures），与**可数**相对。

布洛卡失语症（Broca's aphasia）：一种语言紊乱，言语产出通常会减缩、走形、缓慢、缺少语法标记。

布洛克区（Broca's area）：大脑左半球中参与言语产出的部分。

C

擦音（fricative）：通过几乎阻塞气流而发出的**辅音**（如 fourth[第四]里的第一个音和最后一个音）。

侧化，侧化了的（lateralization, lateralized）：分成左侧和右侧，控制一侧或另一侧的功能（用于描述人脑）。

策略能力（strategic competence）：用语言来组织有效信息并克服潜在的交际问题的能力，是**交际能力**的一部分。

插入性序列（insertion sequence）：会话中的一种**相邻语对**，出现在另一组相邻语对的第一部分和第二部分之间。

称呼语（address term）：用来表示充当说话对象或写作对象的人的词或短语。

成分分析（componential analysis）：辨别出语义成分（如[+人类]），使之充当词的语义组件。

成分分析（constituent analysis）：关于小成分如何在句子中结合构成更大成分的语法分析。

齿间音（interdental）：把舌尖放在上下齿之间发出的**辅音**（如 that[那个]一词的第一个音）。

齿音（dental）：舌尖放在前上齿背后[按：原文如此]而发出的辅音（如, that[那个]里的第一个音）。

齿龈槽（alveolar ridge）：紧挨着前上齿背面的粗糙骨质槽。

齿龈音（alveolar）：把舌前部放在**齿龈槽**上发出的**辅音**（如 dot[圆点]一词的第一个音和最后一个音）。

传导性失语症（conduction aphasia）：一种与**弓状束**损伤相联系的语言紊乱，重复词或短语困难。

传统语法（traditional grammar）：以分析拉丁语和希腊语时用的已有范畴为基础，对短语和句子的结构所做的分析。

唇齿音（labiodental）：由上齿和下唇发出的辅音（如 very funny[非常可笑]两词的第一个音）。

词符符号，词符文字（logogram, logographic writing）：每个符号表示一个词的书写方式。

词干（stem）：词的基本形式，构词时**词缀**加在这样的形式上。

词汇关系（lexical relations）：词与词之间的意义关系，如同义关系。

词汇规则（lexical rules）：规定哪些词可充当**短语结构规则**所生成的成分的规则。

词汇化的（lexicalized）：通过单个词来表达，与**非词汇化的**相对。

词汇提供语（lexifier[language]）：某一**皮钦语**的主要词汇来源。

词汇语素（lexical morpheme）：由名词、动词等实词充当的**自由语素**。

词首增音（prothesis）：涉及在词的开头增加一个音的音变（如 spiritus[拉丁语，精神]→espíritu[西班牙语，精神]）。

词序（word order）：句子成分的线性顺序（如"主-动-宾"），在语言类型学中用来指明语言的不同类型。

词源学（etymology）：关于词的起源和历史的研究。

词中增音（epenthesis）：涉及在某词里增加一个音的音变（如，timr[木材]→timber）。

词缀（affix）：un-、-ed 等加在词上的黏着语素，（如 undressed[脱了衣]）。

D

搭配（collocation）：经常一同出现的词之间的关系（如 salt[盐]和 pepper[胡椒]）。

打拍子（beats）：涉及手或手指短而快的运动的手势，与说话节奏相匹配。

代词（pronoun, Pro）：类似 it（它）或 them（他们）这类用来替代**名词短语**的词。

单数的 they（singular they）：与无具体性别的单数先行项连用的性别中立的形式，如 Each student must bring their own dictionary（每位学生都必须带着自己的词典）。

单语的（monolingual）：仅拥有或仅能使用一种语言的，与**双语的**相对。

等语线（isogloss）：在地图上把两个拥有某一显著不同语言特征的地区分隔开来的线，用于**方言**研究。

底层结构(deep structure):通过**短语结构规则**表示的句子隐性结构。

递归(recursion):生成结构时,对某一规则的反复运用。

第二语言学习(second language [L2] learning):**一语**习得之后,发展另一种语言的能力之过程。

电报式话语(telegraphic speech):两周岁之前的儿童产出的短语(如 daddy go byebye)里的词串(没有**屈折语素**的**词汇语素**)。

动词(verb, V):类似 go[走]、drown[溺水]、know[知道]之类的词,用来描述动作、事件或状态。

动词短语(verb phrase, VP):类似 saw a dog[看到了一只狗]之类的短语,含有一个**动词**以及其他成分。

独词话语(holophrastic utterance):婴幼儿早期话语中发挥短语或句子功能的单个形式。

短语结构规则(phrase structure rules):阐明某一类型的短语结构由呈某一顺序的一个或多个成分组成的规则。

E

耳误(slip of the ear):处理上的错误,把某个词或短语听成了另一个词或短语,例如话语本来是 gray tape(灰色胶带),却听成了 great ape(巨猿)。

二合字母(digraph):用来书写一个单音的字母组合(如,ph 表示 /f/)。

二语(L2):第二语言。

F

发音参数(articulatory parameters):描述手语符号时所使用的四类关键性视觉信息(**手形、方向、位置、运动**)。

发音语音学(articulatory phonetics):关于语音如何发出的研究。

反观性(reflexivity):人类语言的特殊属性之一,让语言能够用来思考和谈论语言自身。

反馈渠道(back-channels):听者在别人说话时对词(如 yeah[是啊])或音(如 hmm[嗯])的使用。

反义关系(antonymy):词之间拥有对立语义的**词汇关系**(如"浅"是"深"的反义词)。

反义疑问句(tag questions):由**助动词**(如 don't)和**代词**(如 you)组成的短问

句,加在陈述句之后(如 I hate it when it rains all day, don't you?[下一整天雨我可真不喜欢,你也是吧?])。

范畴(category):具有某些共同特征的组。

方式准则(Manner maxim):认为我们会在会话中"清晰、简洁且有条理"的设想。

方向(orientation):手的放置方式,是 **ASL 发音参数**之一。

方言(dialect):语言的某一变体的语法、词汇、发音方面,不同于**口音**。

方言界(dialect boundary):表示**等语线**之集合的线,用来把一个方言区和另一个方言区分开。

方言连续体(dialect continuum):一种地域变体和另一种地域变体之间的渐进性融合。

方言学(dialectology):关于**方言**的研究。

仿译(calque):**借用**的一类,词的每一部分皆被翻译成借入语(如法语 gratte-ciel[摩天大楼]是英语 skyscraper[摩天大楼]的仿译)。

非词汇化的(non-lexicalized):不以单个词表述的,与**词汇化的**相对。

非级差反义词(non-gradable antonyms):直接对立的词(如"生"—"死")。

非裔美国白话英语(African American Vernacular English,AAVE):许多非裔美国人当作**白话**使用的随意型话语风格。

非裔美国英语(African American English,AAE)美国各地的许多非裔美国人所使用的一种社会方言。

非语法话语(agrammatic speech):无语法标记的话语风格,经常和**布洛卡失语症**相联系。

风格转换(style-shifting):把言语风格由正式变为非正式,反之亦然。

辅音(consonant):通过以某种方式阻碍气流而发出的语音。

辅音丛(consonant cluster):两个或两个以上顺次出现的**辅音**。

辅音型字母表(consonantal alphabet):每个符号皆表示辅音的书写方式。

负迁移(negative transfer):运用**二语**时,使用源于**一语**(明显不同于**二语**)的特征,与**正迁移**对立。

复合(compounding):把两个(或两个以上)词,组合起来构成新词(如 water-bed[水床])的过程。

副词(adverb,Adv):类似 slowly[慢慢地]、really[真正地]之类与动词或形容词连用的词,提供更多信息。

G

个人方言(idiolect):说话者个体自己的方言。

工具(instrument):表明用来实现动词行为的实体的名词短语所承担的**语义角色**(如 The boy cut the rope with a razor[男孩用剃须刀片割断了绳子])。

工具型动机(instrumental motivation):不以加入**二语**使用者的共同体,而以达到其他某种目的为目标的**二语**学习欲,与**融入型动机**相对。

弓状束(arcuate fasciculus):大脑左半球中连接**布洛卡区**和**韦尼克区**的神经束。

功能语素(functional morpheme):用作功能词的**自由语素**,如连词 and(和)、介词 in(在……里)。

共时差异(synchronic variation):见于同一时间、不同地点的语言形式差别,与**历时差异**相对。

咕咕叫(cooing):婴儿出生后最初几个月内最早使用的类似言语的声音。

古英语(Old English):1100 年之前使用的英语形式。

固定指称(fixed reference):交际系统的一种属性,每个信号固定地指某一具体事物或情况。

关键期(critical period):从出生到青春发育期的时间段,这期间可发生正常的第一语言习得。

关系准则(relation maxim):你会在会话中"切题"的假设。

冠词(article,Art):a、an、the 等与名词连用的词。

规定法(prescriptive approach):语法研究的一种方法,拥有关于语言正确用法的规则,传统上以拉丁语语法为基础,与描写法相对。

过度归纳(overgeneralization):一语习得中,把某一**屈折语素**加在了该语言常规用法之外的词上(如,把"两只脚"说成 *two foots)。

过度扩展(overextension):**一语**习得中,用一个词来指多于该语言常规用法的多个事物(如,用"球"表示月亮)。

H

合作原则(Co-operative Principle):会话中隐含的假设,认为你会"在会话发生的阶段,让你所说的话按照你所参与的话语交流的目的或方向的要求来说"。

喉(larynx):喉咙中包含**声带**的那部分,亦称作音箱。

后克里奥尔连续体(post-creole continuum):使用**克里奥尔语**的共同体中演化出

的一系列变体，通常是**去克里奥尔化**的产物。

后照应（cataphora）：与**前照应**类似，但是与先行项-前照应关系顺序相反，常以代词开头，描述性名词短语居后。

后缀（suffix）：加在词末的**黏着后缀**（如 hinted［暗示了］, illness［病］）

互补分布（complementary distribution）：音系学中，同一音位永远用于词的不同位置的两种不同发音。

滑音（glides）：舌移向元音或移离元音时所发出的音，亦称作"半元音"或"通音"（如 wet［湿］或 yes［是］里的第一个音）。

话到嘴边现象（tip of the tongue phenomenon）：知道某个词，却无法找到它，无法让其浮出表面说出来的现象。

画谜原则（rebus principle）：文字书写中，代表某事物的图形，被用来指表示该事物的词的发音。

话轮（turn）：会话中，一位说话者的话语单位，到下一位说话者的话语单位开始时结束。

话轮转换（turn-taking）：每位说话者在会话中占有一个话轮的方式。

话语分析（discourse analysis）：语篇或会话里关于句子以上的语言的研究。

缓冲语（hedge）：用来表明你其实并不确知自己所说的话是否足够正确或足够整的词或短语。

换位（metathesis）：涉及两个音的位置颠倒的音变（如 hros［马］→ horse）。

换喻关系（metonymy）：用一个词来取代另一个与它在日常经历中密切联系的词（如 He drunk the whole bottle［他喝了整瓶，瓶 = 液体］）。

会话分析（conversation analysis）：对会话中的话轮转换的研究。

混合（blending）：把一个词的开头和另一个词的结尾组合起来构成新词的过程（如 brunch［早午餐］由 breakfast［早餐］和 lunch［午餐］构成）。

J

积极面子（positive face）：联系某一群体、归属某一群体、成为某一群体之成员的需求，与**消极面子**相对。

基本型手语（primary sign language）：充当某一群体的第一语言的手语（如 ASL），该群体通常为不使用口头语言的聋人，与**选择型手语**相对。

级差反义词（gradable antonyms）：沿尺度而存在的意义相反的词（如，"大"—"小"）。

间接言语行为（indirect speech act）：说话者使用的话语形式（如疑问句）和其表

现的功能（如请求）不直接匹配的行为，与**直接言语行为**相对。

交换（exchange）：口误的一类，两个词里的音被调换了，如 you'll soon beel fetter（你很快会觉得好些了）（应为"feel better"）。

交际策略（communication strategy）：交际意图和表达该意图的有限能力之间的鸿沟的一种克服方法，是**策略能力**的一部分。

交际法（communicative approaches）：外语教学的方法，其基本理念是通过使用语言来学习语言，而不是通过学习关于语言的知识来学习语言。

交际能力（communicative competence）：正确、恰当、灵活地使用语言的基本能力。

交际信号（communicative signals）：用来有意图地提供信息的行为。

脚本（script）：记忆某事件中涉及的一系列行为时的常规知识结构，如"去看牙医"。

结构分析（structural analysis）：对某一语言中语法形式分布的探究。

结构歧义（structural ambiguity）：一个短语或句子有两种（或两种以上）潜在结构和解读的情况。

截短（clipping）：把多于一个音节的词简化为较短形式的过程（如 advertisement［广告］简化为 ad）。

介词（preposition, Prep）：像 in（在……里）或 with（和……一起）这类与**名词短语**连用的词。

介词短语（prepositional phrase, PP）：类似 with a dog（和狗一起）这种由**介词**加**名词短语**组成的短语。

借译（loan-translation）：借用的一种类型，词的每个成分都译成了借入语，亦称作**仿译**。

借用（borrowing）：从其他语言中取词的过程。

禁忌语词项（taboo terms）：正式话语中回避，但用于骂人等场合的词或短语（如 fuck［干］, shit［妈的］）。

经历者（experiencer）：表明具有动词所描述的情感、感知或状态的实体的名词短语所承担的**语义角色**（如，The boy feels sad［那男孩感到悲伤］）。

句法，句法结构（syntax, syntactic structures）：短语和句子结构（之分析）。

K

开音节（open syllable）：以**元音**（或称音节核）结尾的没有**音节尾**的音节。

可数（countable）：英语中可与 a/an 连用且可用作复数的名词类别（如 a cup［一

个杯子]，two cups[两个杯子]），与**不可数**相对。

克里奥尔化（creolization）：由**皮钦语**到**克里奥尔语**的发展过程，与**去克里奥尔化**相对。

克里奥尔语（creole）：由**皮钦语**发展而来的语言变体，被母语者人群作为第一语言使用。

空间指示语（spatial deixis）：用"这里""那里"之类的词，作为以语言来"称说"处所的途径。

口误（slip of the tongue）：言语错误，某个音或词在错误位置上产出，如 black bloxes（本为 black boxes[黑盒子]）。

口音（accent）：发音中能辨别出说话者从哪里来的层面，不同于**方言**。

口语法（oralism）：教聋人学生开口说话、读唇而不是使用**手语**的方法。

扩大（broadening）：语义变化中，词被用于更广泛意义（如 foda[牲口料]→food[任何食物]），与**缩小**相对。

L

来源（source）：指明某一实体从何而来的名词短语的**语义角色**（如 The boy ran from the house[那男孩从房子里跑出来]）。

类别标记/量词（classifiers）：标明某一**名词**的类型或"类别"的语法标记。

类典型（prototype）：某一范畴的最典型之例（如"知更鸟"是"鸟"的类典型）。

类推（analogy）：造出一个与已有词具有某种相似性的新词的过程。

礼貌（politeness）：显示出的对他人公共自我形象的意识和考量。

俚语（slang）：用来替代更常规形式的词或短语，通常由不属于地位较高群体的人所使用（如用 bucks 替代 dollors[美元]）。

历时差异（diachronic variation）：因时代变迁而导致的不同，与**共时差异**相对立。

连词（conjunction）：and（和）或 because（因为）之类的词，用来在词之间、短语之间、句子之间构成连接。

连贯（coherence）：读者和听者头脑中创建起的联系，由此可得出对语篇的正确解读。

联想意义（associative meaning）：不是**指称意义**的组成部分的那类语义，人们可将其跟词的使用相联系（如，把"针"和"痛"相联系）。

两词阶段（two-word stage）：儿童产出两个词项一起作为话语（如 baby chair[宝宝椅子]）的时期，约始于 18 至 20 个月时。

流音（liquid）：通过让气流从舌侧周边通过而发出的音（如 lip[唇]里的第一个音）。

M

麦拉普现象（malapropism）：一种言语错误，一个词被误用成了与它开头、结尾及音节数量上相似的另一个词（如 meditation[冥思]被误作 medication[医疗]）。

面子（face）：关于礼貌的研究中所描述的一个人公开的自我形象。

面子保全行为（face-saving act）：说些话来降低对他人自我形象可构成的威胁。

面子威胁行为（face-threatening act）：说些话来表示对他人自我形象的威胁。

描写法（descriptive approach）：语法研究的一种方法，基于某一语言中实际使用什么样的结构，而不是应该使用什么样的结构，与**规定法**相对。

名词（noun，N）：像 boy（男孩）、bicycle（自行车）、freedom（自由）这类用来描述人、事物、观念的词。

名词短语（noun phrase，NP）：像 the boy（这男孩）、an old bicycle（一辆旧自行车）这类含有**名词**加其他成分的短语，或是 him（他）、it（它）这类**代词**。

命名失能症（anomia）：寻词困难的语言紊乱症，常与**韦尼克失语症**相联系。

目标（goal）：表明某一实体向何方运动的名词短语所承担的**语义角色**（如 The boy walked to the window[男孩向窗户那走去]）。

N

脑功能定位观（localization view）：认为语言能力的具体方面在大脑中拥有具体位置的看法。

内部变化（internal change）：非外部影响造成的语言变化，与**外部变化**相对。

能产性（productivity）：语言的属性之一，让使用者能够创作出新的表达，亦称作"创造性"或"开放性"。

拟声词，拟声的（onomatopoeia，onomatopoeic）：含有与所描述事物相似的声音的词（如 bang[巨响]，cuckoo[布谷鸟]）。

昵称词（hypocorism）：较长的词缩短成以 -y 或 -ie 结尾的较短形式（如 telly[电视]，movie[电影]）的构词过程。

逆向词（reversives）：一方的意义为另一方的反方向行为的反义词（如"穿衣"—"脱衣"）。

逆向构词（backformation）：由名词之类的词简化出缩短的版本，将其作为动词之类的新词来使用的过程（如，由 babysitter [临时保姆] 构成 babysit [临时照顾]）。

黏着语素（bound morpheme）：像 un- 或 -ed 这种无法独立存在且必须加在另一个形式上的语素（如 <u>un</u>dressed [脱了衣]）。

NORMS：方言调查中选来做调查对象的"无迁居记录且较为年长的农村男性说话者"（**n**on-mobile, **o**lder, **r**ural, **m**ale **s**peakers）。

P

派生（derivation）：通过加词缀来构成新词的过程。

派生语素（derivational morpheme）：类似 -ish 这种用来构成新词或语法类别不同的词（boy<u>ish</u> [男孩似的]）的**黏着语素**，与**屈折语素**相对。

呸呸说（pooh-pooh theory）：认为早期人类语言是由人们在情绪性环境中发出的本能声音发展而来的观点。

皮钦语（pidgin）：某一语言的变体，为贸易等实用目的而发展出，但是没有母语者，与**克里奥尔语**相对。

Q

迁移（transfer）：用**二语**进行表达时，使用了源于**一语**的语音、表达法及结构。

前照应，前照应性表述（anaphora, anaphoric expressions）：以代词（如 it [它]）以及带 the 的名词短语（如 the puppy [那小狗]）来回指已经提到过的事物的用法。

前缀（prefix）：加在词的开头的**黏着语素**（如 <u>un</u>happy [不高兴的]）。

亲属词（kinship terms）：用来指同一家族的成员，并指明他们与其他成员的关系的词。

清音（voiceless sounds）：**声带**不震动时发出的语音。

情感因素（affective factors）：可对学习产生影响的情绪反应，如自我意识、负面感受等。

屈折语素（inflectional morpheme）：用来表示词的语法功能的**黏着语素**，亦称作"屈折"（如 dog<u>s</u> [狗，复数]，walk<u>ed</u> [走，过去时]）。

趋同（convergence）：采取一种试图减小社会距离的言语方式，通过使用与说话对象相似的形式来实现，是**言语调适**的一种类型，与**趋异**相对。

趋异（divergence）：采取一种强调社会距离的言语风格，通过使用与说话对象不同的形式来实现，充当**言语调适**的一种形式，与**趋同**相对。

去克里奥尔化（decreolization）：**克里奥尔语**使用较少的克里奥尔语独有形式，变得更像标准变体的过程，与**克里奥尔化**相对。

R

人称（person）：区别第一人称（涉及说者，"我"）、第二人称（涉及听者，"你"）、第三人称（涉及他人，如"她""他们"）的语法范畴。

人称指示语（person deixis）：用"他""他们"之类的词，作为以语言来"称说"人的途径。

任务学习法（task-based learning）：把涉及信息交换和问题解决的活动，用作发展语言能力的途径。

任意性（arbitrariness）：语言的属性之一，描述了语言形式和其意义之间没有自然联系这一事实。

认知范畴（cognitive category）：用来组织我们如何思考的范畴。

融入型动机（integrative motivation）：以参与**二语**使用者共同体的社会生活为目标的二语学习欲，与**工具型动机**相对。

软腭（velum, soft palate）：口腔上壁后部的柔软部分。

软腭音（velar）：把舌后部抬向**软腭**而发出的**辅音**（如 geek［达人］一词的第一个音和最后一个音）。

S

萨丕尔-沃尔夫假说（Sapir-Whorf hypothesis）：语言结构差异可导致人们以不同方式看世界的基本观点，因爱德华·萨丕尔和本杰明·沃尔夫两位美国语言学家而得名。

塞擦音（affricate）：先阻塞气流，再经窄缝释放气流而发出的辅音（如 church［教堂］一词里的第一个音和最后一个音）。

塞音（stop）：通过先阻塞气流再放开气流而发出的**辅音**，亦称作"破裂音"（plosive）（如 cat［猫］一词里的第一个音和最后一个音）。

闪音（flap）：舌尖短暂触碰**齿龈槽**而发出的音。

商谈式输入（negotiated input）：习得者/学习者接触的**二语**材料，使用**二语**进行互动期间，积极注意力投入到这类材料上。

上下文（co-text）：同一短语或句子中使用的其他词的集合，也叫**语言环境**。

上下义关系（hyponymy）：一个词的意义涵盖于另一个词的意义里的**词汇关系**（如"水仙"是"花"的下义词）。

上义词（superordinate）：**上下义关系**（如"花"—"水仙"）中较高级别的词项。

舌言（glossolalia）：以言语流的形式发出诸多音和音节，而言语流似乎并无交际目的。

社会变量（social variable）：用来标明某一说话者群体，使之不同于另一个说话者群体的因素，如劳工阶级还是中产阶级。

社会标记（social marker）：把说话者标注为某一特定社会群体之成员的语言特征。

社会范畴（social category）：通过社会关系来定义群体成员的**范畴**。

社会方言（social dialect）：带有因说话者社会地位（如中产阶级还是劳工阶级）而异的特征的语言变体。

社会方言（sociolect）：与某一社会群体具有显著联系的语言变体（如劳工阶级话语）。

社会性别（social gender）：个体之间从充当女人和男人之社会角色，而不是从**性**的其他类型角度而做的区别。

社会语言学（sociolinguistics）：关于语言与社会之间的关系的研究。

社会语言学能力（sociolinguistic competence）：依据社会语境而恰当使用语言的能力，是**交际能力**的一部分。

神经语言学（neurolinguistics）：关于语言和大脑之间关系的研究。

生成语法（generative grammar）：定义某一语言中可能的句子的一套规则。

声带（vocal folds, vocal cords）：**喉**中的肌肉薄片，可在发**清音**时张开，也可在发**浊音**时闭合造成震动。

声门（glottis）：**声带瓣**之间的空间。

声门塞音（glottal stop）：经过**声门**的气流被完全阻塞，随后被释放而发出的音。

声门音（glottal）：在**声带瓣**之间的空间中发出的音（如 hat[帽子]里的第一个音）。

声学语音学（acoustic phonetics）：将言语物理特征视为声波的研究。

省略（elision）：词的发音中去掉某个音段的过程。

失语症（aphasia）：因大脑局部受损而导致的语言功能障碍，可导致语言理解困难、产出困难或二者兼有。

施事者（agent）：表明某一事件中谁实施了动词行为的名词短语所承担的**语义角色**。（如 The boy kicked the ball[那男孩踢了球]）。

石化（fossilization）：**中介语**中含有许多非**二语**的特征，却又不再向**二语**的更准确形式发展了的过程。

时（tense）：区别**动词**现在时和过去时的语法范畴。

时间指示语（temporal deixis）：用"现在""明天"之类的词，作为以语言来"称说"时间的途径。

手势（gestures）：手的使用，尤其在讲话时。

手形（shape）：手所比出的形状，**ASL 发音参数**之一。

手语，手语符号（sign language，sign）：使用手（以及面部和身体其他部位）的交际系统。

手语英语（Signed English）：借助手语符号而不是词来运用英语句子，亦称作手语编码英语（Manually Coded English）或 MCE。

首字母缩略词（acronym）：由其他词的词首各字母构成的新词（如 NASA）。

书写（writing）：用书面符号对语言做符号表述。

输出（output）：习得者/学习者产出的语言，与**输入**相对。

输入（input）：习得者/学习者所接触的语言，与**输出**相对。

树形图（tree diagram）：以枝杈来显示结构的**层级组织**的图。

数（number）：**名词**是单数还是复数的语法范畴。

数量准则（Quantity maxim）：认为你会在会话中"让你的话的信息量与所要求的一致，不要多于要求，也不要少于要求"的设想。

双层性（duality）：语言属性之一，语言形式具有发音和意义这两个同时存在的层面，亦称作"双层表达"。

双唇音（bilabial）：由上下两唇发出的**辅音**（如 pub［酒吧］中的第一个音和最后一个音）。

双耳听觉测试（dichotic listening）：听者两耳各通过一个耳机同时听两种声音的实验。

双方言的（bidialectal）：能讲两种**方言**的。

双言（diglossia）：某一语言存在"高端"变体或特殊变体用于正式情景（如古典阿拉伯语），"低端"变体用于本地及非正式情景（如黎巴嫩阿拉伯语）的情况。

双语（bilingualism）：拥有两种语言的状态。

双语的（bilingual）：用来描述两种语言的母语者或两种官方语言的国家的术语，与**单语的**相对。

双元音（diphthong）：以一个元音开头，以另一个元音或滑音结尾的音组（如 boy［男孩］）。

斯普纳现象（spoonerism）口误的一种，两词交换位置，或词的两个部分交换位置，如把 a bag of dog food（一包狗粮）说成"a dog of bag food"（一狗包粮）。

483

送气（aspiration）：发**塞音**时有时伴随着的气流呼出。

素元（primes）：ASL 发音参数内部构成区别成分的特征集合。

缩小（narrowing）：语义变化中，词用作不如以前普遍的意义（如 mete［任何类型的食物］→ meat［仅指动物的肉］），与**扩大**相对立。

T

填充了的停顿（filled pause）：用 em（嗯）、err（呃）之类的音切断语流。

听觉语音学（auditory phonetics）：关于语音被耳感知的研究，也叫"感知语音学"。

听说法（audiolingual method）：20 世纪中期的一种语言教学方法，通过反复操练来发展流利的口语，使之成为一套习惯。

同化（assimilation）：发音过程中，一个音的特征变成另一个音的组成部分的过程。

同级下义词（co-hyponyms）：**上下义关系**中具有共同**上义词**的词（如，"水仙"和"玫瑰"是"花"的同级下义词）。

同形异义词（homonyms）：形式完全相同但意义不相关的两个词（如 mole［痣］—mole［鼹鼠］）。

同义关系（synonymy）：意义密切相关的两个或多个词之间的**词汇关系**（如 conceal［隐藏］是 hide［躲藏］的同义词）。

同义赘述（tautology）：看似重复了某一成分的没有明显意义的表达（常为谚语）（如 Boys will be boys［男孩终将成为男孩］；A sandwich is a sandwich［三明治就是三明治］）。

同音词（homophones）：形式不同但发音相同的两个或多个词（如 to［到］— too［也］— two［二］）。

同源词（cognates）：不同语言里形式和意义相近的词（如英语 friend［朋友］和德语 Freud［朋友］）。

图式（schema）：记忆具体事物时的常规知识结构，如"超市"（食品摆在货架上，货架一行行排开，等）。

推断（inference）：听者/读者使用的额外信息，用来在所说的话和必然表示的意思之间建立联系。

T/V 区别（T/V distinction）：类似法语 tu（你）（社会关系较近）和 vous（您）（社会关系较远）之类的代词之间的差异，用作**称呼语**。

W

外部变化（external change）：在某一语言中引发变化的那些来自外部的影响，与内部变化相对。

外国味的话（foreigner talk）：外国人使用某一语言的方式，结构和词汇都较为简单。

完结点（completion point）：会话中话轮的结尾，通常在短语或句子的结尾以停顿来标示。

汪汪说（bow-wow theory）：认为早期人类语言源于模仿环境中的自然声音的观点。

威望（prestige）：较高的地位。

韦尼克区（Wernicke's area）：大脑左半球中参与语言理解的部分。

韦尼克失语症（Wernicke's aphasia）：一种语言紊乱，理解通常较慢，话语流利，但意思模糊，缺少实词。

位置（手语）（location [in sign language]）：ASL 的**发音参数**之一，表明手语者的手部相对于头部和上半身所应摆在的位置。

位置（语义学）（location [in semantics]）：表明某一实体在何地的名词短语所承担的**语义角色**（如 The boy is sitting in the classroom [男孩坐在教室里]）。

文化（culture）：通过社会而习得的知识。

文化传承（cultural transmission）：语言知识从一代人传给下一代人的过程。

物理环境（physical context）：词所使用的情景、时间或地点。

X

习得（acquisition）：把第一语言或第二语言自然用于交际情景的渐进式语言能力发展。

先天假说（innateness hypothesis）：人类在基因上已具备语言习得能力的观点。

先行项（antecedent）：首次提到的某人或某事物，此人或事物后来通过前照应来指称。

衔接（cohesion）：语篇内部存在的词与词之间的纽带与联结。

衔接纽带（cohesive ties）：语篇里词之间或短语之间的具体联结。

显性威望（overt prestige）：在较大共同体中被普遍认为"更好"或更具正面价值的地位，与**隐性威望**相对。

现代英语（Modern English）：1700 年以来使用的英语形式。

相邻语对（adjacency pair）：会话中，一位说者说第一部分、另一位说者说第二部分的自动序列（如：~ How are you?［你怎样？］~ Fine, thanks.［很好，谢谢。］）。

象似手势（iconics）：显示出呼应或模仿所说事物的意义的手势。

象形符号，象形文字（pictogram, pictographic writing）：以某物的图形来表示该物的书写方式。

象征动作（emblems）：类似"竖大拇指"（=事情好）之类的非语言信号。

消极面子（negative face）：独立、不受干涉之需求，与**积极面子**相对立。

小舌（uvula）：软腭尽头处的小附器。

小舌音（uvular）：用舌后部在**小舌**附近发出的音。

楔形文字（cuneiform）：用楔子形状的工具按压在软黏土上写出文字的方式。

协同发音（coarticulation）：一个音与下一个音几乎同时发出的过程。

新词（neologism）：新出现的词语。

新造（coinage）：新词的发明（如 xerox［复印机］）。

信息信号（informative signals）：提供信息的行为，通常是非意图性的。

行话（jargon）：与某一具体活动或话题相联系的特殊术语词汇，是**语域**的一部分。

形容词（adjective，Adj）：类似 happy［高兴的］、strange［奇怪的］之类与名词连用的词，提供更多信息。

形态学/词法学（morphology）：关于词结构的分析。

性（gender）：此术语有三种用法：
（1）雄性与雌性之间的生物区别，亦称作**自然性别**；
（2）名词类别之间的区别，如阳性、阴性（或中性），亦称作**语法性别**；
（3）男性和女性社会角色之间的区别，亦称作**社会性别**。

选择型手语（alternate sign language）：（会说话的人）在不能使用言语的特殊场合中使用的手语符号系统，不同于**基本型手语**。

学习（learning）：有意识的知识积累过程，与**习得**相对。

Y

牙牙学语（babbling）：儿童一周岁之前对音节序列（如 baba）及其组合（如 ma-ga）的运用。

言外之意（implicature）：说话者通过遵循**合作原则**而表达出的额外意义。

言语风格（speech style）：说话的方式，可以是正式/仔细的，也可以是非正式/随意的。

言语共同体（speech community）：在语言使用方面共享同一套标准和同一套预期

的群体。

言语行为（speech act）：类似"许诺"等由说话者以话语来实施的行为，可以是**直接言语行为**，也可以是**间接言语行为**。

咽（pharynx）：喉咙内部**喉**以上的区域。

咽音（pharyngeal）：在咽部发出的音。

央音（schwa）：中（非高、非低）央（非前、非后）元音 /ə/，常用于非重读**音节**（如 afford［负担］，oven［烤箱］）。

一词多义（polysemy）：一个词具有两种或多种相关的意义（如 foot 可指人脚、床尾、山脚）。

一词阶段（one-word stage）：**一语**习得中，儿童可产出单个词项来表示物品的阶段。

一语（L1）：第一语言，儿童时期习得。

一致（agreement）：句子两部分之间的语法联系，如**主语**（Cathy［凯西］）和某一动词形式（loves chocolate）之间的联系。

移位性（displacement）：语言属性之一，使其使用者能够谈论不存在于直接环境中的事物或事件。

音标（phonetic alphabet）：一套符号，每个符号代表一个独特的音段。

音的消失（sound loss）：某个具体的音不再在某一语言中使用的音变（如软腭擦音［x］，见于苏格兰语 loch［湖］一词里，却已不见于现代英语中。）

音段（segment）：语言中使用的单个音。

音高（pitch）：**声带**震动的效应，使声音听上去较低、较高、上升或下降。

音节（syllable）：语音单位，含有一个元音，可含有一个或多个辅音，位于该元音的前面或后面。

音节核（nucleus）：音节里的元音。

音节首（onset）：**音节**里元音之前的部分。

音节尾（coda）：音节里元音之后的部分。

音节文字（syllabic writing, syllabary）：每个符号表示一个**音节**的书写方式。

音位（phoneme）：某一语言的语音抽象表达式中可区别意义的最小语音单位。

音位变体（allophone）：有密切联系的语音或**音子**之集合。

音位配列（phonotactics）：某一语言中对可允许的语音组合的制约。

音系学（phonology）：关于语言中的语音系统与模式的研究。

音子（phone）：物理上发出的语音，代表某一**音位**的版本之一。

隐性威望（covert prestige）：具有正面价值的话语风格或话语特征之地位，但这种价值是"隐藏的",或者未在更大的共同体当中得到一致的珍重,与**显性威望**相对。

应用语言学(applied linguistics):关于普遍性语言学习实践问题以及具体**第二语言学习**实践问题的研究,研究范围很广。

硬腭(palate):口腔上壁硬的部分。

硬腭音(palatal):把舌抬向**硬腭**而发出的**辅音**,亦称作"齿龈硬腭音"(如 <u>sh</u>ip [船], <u>y</u>acht[游艇]里的第一个音)。

右耳优势(right-ear advantage):人类通常更便于通过右耳来听语音之事实。

语法(grammar):对短语结构和句子结构的分析。

语法-翻译法(grammar-translation method):外语教学的传统形式,借助词汇表和若干套语法规则。

语法能力(grammatical competence):准确使用词和结构的能力,是**交际能力**的一部分。

语法性别(grammatical gender):把名词类别定义为阳性、阴性或中性的语法范畴,与其他类型的**性**相对。

语汇索引(concordance):把语料库中某个词或某个短语每次的出现,连同它周围的词一同列出。

语境(context):词得以使用的**物理环境**或**语言环境**(上下文)。

语料库语言学(corpus linguistics):对使用中的语言的研究,通过分析形式在大量语篇中的出现与否、出现频率来进行,这些语篇通常存储在计算机上。

语素(morpheme):意义或语法功能的最小单位。

语素变体(allomorph):有密切联系的**语子**之集合。

语文规划(language planning):选择并发展一种或多种官方语言或政府和教育中使用的一种或多种语言。

语文学(philology):关于语言史和语言变化的研究。

语言变量(linguistic variable):使一个说者群体区别于另一个说者群体的语言用法特征。

语言地理学(linguistic geography):关于语言差异的研究,以语言的不同变体在何地使用为基础。

语言调适(speech accommodation):调整言语风格,使之朝向(**趋同**)或背离(**趋异**)从说话对象那里感受到的风格。

语言环境(linguistic context):用于同一短语或句子的其他词的集合,亦称作上下文。

语言决定论（linguistic determinism）：认为我们只能按自己的语言所提供的范畴进行思考的观点，与**语言相对论**相对。

语言类型学（language typology）：对语言属于某一特定类型的定位，常基于词序，如 SVO、SOV。

语言相对论（linguistic relativity）：认为我们可在一定程度上使用我们的语言所提供的范畴来思考世界的观点，与**语言决定论**相对。

语义成分（semantic features）：类似"人类"这样的基本成分，涵盖于正值（+人类）和负值（-人类）之中，常用于对词义组成成分的分析。

语义角色（semantic role）：**名词短语**在由句子描述的事件中所承担的角色，如**施事者**。

语义学（semantics）：关于词、短语、句子的意义的研究。

语音学（phonetics）：关于语音特征的研究。

语用标记（pragmatic markers）：类似 You know（你知道）、I mean（我意思是）、Well（好）之类的较短表达，表明说者对听者的态度或对话语的态度。

语用学（pragmatics）：关于说话者意义以及关于所交际内容何以多于所说内容的研究。

语域（register）：适用于某一特定情景、职业或话题的约定俗成的语言使用方式，以特殊**行话**的使用为特征。

语子（morph）：词的组成部分的真实形式，代表某一**语素**的版本之一。

育儿者话语（caregiver speech）：照顾婴幼儿的成年人或大一些的孩子对婴幼儿所说的话。

预测（anticipation）：口误的一类，某词里预先使用了下一个词里的音，如 a tup of tea（应为 a cup of tea[一杯茶]）。

预设（presupposition）：说者/作者对真实的东西或者听者/读者已知的东西所做的设想。

元音（vowel）：气流通过**声带**后在口腔中不受阻碍而发出的音。

元音后的（postvocalic）：用在元音后面的。

原始印欧语（Proto-Indo-European）：假说中的语言原始形式，是印度和欧洲许多语言的源头。

运动（movement）：ASL 中的发音参数之一，描述构成手语符号时所使用的动作类型。

运动皮层（motor cortex）：大脑控制肌肉运动的部分。

韵（rhyme，rime）：**音节**里包括**元音**加上其后一个或多个**辅音**的部分。

Z

早期现代英语（Early Modern English）：1500 年至 1700 年之间使用的英语形式。

正迁移（positive transfer）：运用**二语**时，使用源于**一语**且与**二语**相似的特征，与**负迁移**相对。

正字法（orthography）：某一语言的拼写系统。

直接言语行为（direct speech act）：说话者的话语形式（如疑问句）和其表现的功能（如问题）直接匹配的行为，与**间接言语行为**相对。

指称（reference）：说者/作者运用语言让听者/读者能够辨别某人或某物的过程。

指称意义（referential meaning）：意义的基本成分，通过词的字面用法来表达，亦被描述为"客观"意义或"概念"意义。

指拼法（finger-spelling）：**手语**里用来表示字母表中的字母的手形系统。

指示手势（deictics）：用来指向事物或人的手势。

指示语，指示性表述（deixis, deictic expressions）：用"这个""这里"之类的词，作为以语言来"称说"的途径。

质量准则（Quality maxim）：认为你会在会话中"不说你认为是假话的话，不说你缺乏足够证据的话"的设想。

中古英语（Middle English）：1100 年至 1500 年间使用的英语形式。

中介语（interlanguage）：**二语**学习者的过渡体系，同时具有**一语**和**二语**的某些特征，外加某些独立于**一语**和**二语**之外的特征。

中缀（infix）：在词的中部插入的语素（如 srnal [克木语，耳饰] 中的 -rn- ）。

重叠（reduplication）：重复某一形式的整体或局部的过程。

主动态（active voice）：用来表述主语做了什么事的动词形式（如 He stole it [他把它偷走了] ）。

主题（theme）：用来表明某一事件中参与动词行为或受到动词行为影响的实体的名词短语所承担的**语义角色**（如 The boy kicked the ball [男孩踢了那球] ）。

主语（subject）：**名词短语**的语法功能，通常用于动词之前，指称何人、何物完成了**动词**的行为（如 The boy stole it [那男孩把它偷走了] ）。

助动词（auxiliary verb, Aux）：像 will 这类与其他动词连用的动词。

助动词移动（Aux-movement）：句子结构中，把**助动词**转移至**主语**之前位置（常为句首）的那类移动。

专名词（eponym）：由人名或地名衍生出的词（如 sandwich［三明治］）。

专有名词（proper noun, PN）：像 Cathy（凯西）这类名词，首字母大写，用来表示某人或某事物的名字。

转换（conversion）：改变词的功能的过程，如名词变动词，亦称作"词类变化""功能转变"（如 They're vacationing in Florida［他们正在佛罗里达度假］中的 vacation［度假］）。

状语（adjunct）：句子的一部分，通常是**副词**或**介词短语**，提供关于何地、何时或以何方式的附加信息。

准则（maxim）：会话中与合作原则相联系的四条设想之一。

浊音（voiced sounds）：**声带**震动时发出的语音。

自然类（natural class）：具有共同语音特征的一组音，如英语 /p/、/t/、/k/，都是**清塞音**。

自然性别（natural gender）：基于雄性、雌性或无性的生物学范畴而做的区别，与其他类型的**性**对立。

自由语素（free morpheme）：可作为单个词独立存在的**语素**。

字（characters）：汉语书写中所使用的形式。

字母文字（alphabet, alphabetic writing）：一个符号表示一个音段的书写方式。

最大多数原则（majority principle）：**比较构拟**中，从一组子嗣语里选择出现得比其他形式多的形式。

最小对立对，最小对立体（minimal pair / set）：两个或多个词，每个词仅因同一位置上的一个音位而区别，其他形式皆相同（如 bad［坏］和 mad［疯］）。

最自然发展原则（most natural development principle）：**比较构拟**中，依据最常观察到的音变类型，在较旧形式和较新形式之间做选择。

参考文献

Adamson, S. (2000) "A lovely little example" In O. Fischer, A. Rosenbach and D. Stein (eds.) *Pathways of Change: Grammaticalization in English* (39–66) John Benjamins
Ahlsén, E. (2006) *Introduction to Neurolinguistics* John Benjamins
Aijmer, K. (2013) *Understanding Pragmatic Markers* Edinburgh University Press
Aikhenvald, A. (2000) *Classifiers* Oxford University Press
　(2008) *The Manambu Language of East Sepik, Papua New Guinea* Oxford University Press
Aikhenvald, A. and C. Genetti (2014) "Language profile 10: Manambu" In C. Genetti (ed.) *How Languages Work* (530–550) Cambridge University Press
Aitchison, J. (2000) *The Seeds of Speech* (Canto edition) Cambridge University Press
　(2011) *The Articulate Mammal* Routledge Classics
　(2012) *Words in the Mind* (4th edition) Wiley-Blackwell
　(2013) *Language Change: Progress or Decay?* (4th edition) Cambridge University Press
Allan, K. (2015) *Linguistic Meaning* (Revised edition) Routledge
　(2009) *Metaphor and Metonymy* Wiley-Blackwell
Allen, J. (2000) *Middle Egyptian: An Introduction to the Language and Culture of Hieroglyphs* Cambridge University Press
Allport, G. (1983) "Language and cognition" In R. Harris (ed.) *Approaches to Language* (80–94) Pergamon Press
Altenberg, E. and R. Vago (2010) *English Grammar: Understanding the Basics* Cambridge University Press
Anderson, S. (2004) *Doctor Dolittle's Delusion* Yale University Press
Anderson, W. and J. Corbett (2009) *Exploring English with Online Corpora: An Introduction* Palgrave Macmillan
Apel, K. and J. Masterson (2012) *Beyond Baby Talk* (Revised edition) Three Rivers Press
Archer, D., K. Aijmer and A. Wichman (2012) *Pragmatics: An Advanced Resource Book for Students* Routledge
Aronoff, M. and K. Fudeman (2011) *What Is Morphology?* (2nd edition) Blackwell
Ashby, M. and J. Maidment (2012) *Introducing Phonetic Science* (2nd edition) Cambridge University Press
Ashby, P. (2005) *Speech Sounds* (2nd edition) Routledge
Austin, P. (ed.) (2008) *One Thousand Languages* University of California Press
Baker, M. (2002) *The Atoms of Language: The Mind's Hidden Rules of Grammar* Basic Books

Baker, P. (2012) *Introduction to Old English* (3rd edition) Wiley-Blackwell

Balter, M. (2013) "Striking patterns: skill for forming tools and words evolved together" *Science/AAS/News* (August 30, 2013) and news.sciencemag.org

Bamgbose, A. (2010) *A Grammar of Yoruba* Cambridge University Press

Barber, C., J. Beal and P. Shaw (2012) *The English Language: A Historical Introduction* (Canto edition) Cambridge University Press

Barbour, S. and P. Stevenson (1990) *Variation in German* Cambridge University Press

Barnbrook, G., O. Mason and R. Krishnamurthy (2013) *Collocation: Applications and Implications* Palgrave Macmillan

Bass, A., E. Gilland and R. Baker (2008) "Evolutionary origins for social vocalization in a vertebrate hindbrain-spinal compartment" *Science* 321 (July 18): 417–421

Bauer, L. (2003) *Introducing Linguistic Morphology* (2nd edition) Edinburgh University Press

(2015a) "English phonotactics" *English Language and Linguistics* 19: 437–475

(2015b) "Expletive insertion" *American Speech* 90: 122–127

(2017) *Compounds and Compounding* Cambridge University Press

Beaken, M. (2011) *The Making of Language* (2nd edition) Dunedin Academic Press

Bellos, D. (2011) *Is That a Fish in Your Ear? Translation and the Meaning of Everything* Faber & Faber

Bergen, B. (2012) *Louder than Words* Basic Books

Bernal, B. and A. Ardila (2009) "The role of the arcuate fasciculus in conduction aphasia" *Brain* 132: 2309–2316

Biber, D. and S. Conrad (2009) *Register, Genre and Style* Cambridge University Press

Biber, D., S. Johansson, G. Leech, S. Conrad and E. Finegan (1999) *Longman Grammar of Spoken and Written English* Longman

Bird, C. and T. Shopen (1979) "Maninka" In T. Shopen (ed.) *Languages and Their Speakers* (59–111) Winthrop

Birner, B. (2012) *Introduction to Pragmatics* Wiley-Blackwell

(2018) *Language and Meaning* Routledge

Blake, J. (2000) *Routes to Child Language* Cambridge University Press

Bloom, P. (2002) *How Children Learn the Meaning of Words* MIT Press

Bodine, A. (1975) "Androcentrism in prescriptive grammar: singular *they*, sex-indefinite *he*, and *he or she*" *Language in Society* 4: 129–146

Bond, Z. (1999) *Slips of the Ear* Academic Press

Booij, G. (2012) *The Grammar of Words: An Introduction to Morphology* (3rd edition) Oxford University Press

Boroditsky, L. (2003) "Linguistic relativity" In L. Nadel (ed.) *Encyclopedia of Cognitive Science* (917–921) Nature Publishing Group

Braine, M. (1971) "The acquisition of language in infant and child" In C. Reed (ed.) *The Learning of Language* Appleton-Century-Crofts

Brinton, L. and D. Brinton (2010) *The Linguistic Structure of Modern English* (2nd edition) John Benjamins

Brown, G. (1990) *Listening to Spoken English* (2nd edition) Longman

(1998) "Context creation in discourse understanding" In K. Malmkjær and J. Williams (eds.) *Context in Language Learning and Language Understanding* (171-192) Cambridge University Press
Brown, G. and G. Yule (1983) *Discourse Analysis* Cambridge University Press
Brown, K. and J. Miller (1991) *Syntax: A Linguistic Introduction to Sentence Structure* (2nd edition) Routledge
Brown, P. and S. Levinson (1987) *Politeness* Cambridge University Press
Brown, R. (1973) *A First Language* Harvard University Press
Brown, S., S. Attardo and C. Vigliotti (2014) *Understanding Language Structure, Interaction, and Variation* (3rd edition) University of Michigan Press
Bruner, J. (1983) *Child's Talk: Learning to Use Language* Norton
Buckingham, H. and A. Kertesz (1976) *Neologistic Jargon Aphasia* Swets and Zeitlinger
Burling, R. (2005) *The Talking Ape* Oxford University Press
Burridge, K. and A. Bergs (2017) *Understanding Language Change* Routledge
Burton-Roberts, N. (2016) *Analyzing Sentences: An Introduction to English Syntax* (4th edition) Routledge
Cameron, D. (1995) *Verbal Hygiene* Routledge
   (2001) *Working with Spoken Discourse* Sage
   (2007) *The Myth of Mars and Venus* Oxford University Press
Campbell, L. (2013) *Historical Linguistics: An Introduction* (3rd edition) MIT Press
Cannon, G. (1990) *The Life and Mind of Oriental Jones* Cambridge University Press
Caplan, D. (1996) *Language: Structure, Processing and Disorders* MIT Press
Carney, E. (1997) *English Spelling* Routledge
Carnie, A. (2012) *Syntax* (3rd edition) Wiley-Blackwell
Carr, P. (2013) *English Phonetics and Phonology* (2nd edition) Wiley-Blackwell
Carroll, J., S. Levinson and P. Lee (eds.) (2012) *Language, Thought and Reality: Selected Writings of Benjamin Lee Whorf* (2nd edition) MIT Press
Carstairs-McCarthy, A. (2018) *An Introduction to English Morphology* (2nd edition) Edinburgh University Press
Carter, R., S. Aldridge, M. Page and S. Parker (2009) *The Human Brain Book* DK Publishing
Casagrande, J. (2018) *The Joy of Syntax* Ten Speed Press
Cazden, C. (1972) *Child Language and Education* Holt
Celce-Murcia, M. and D. Larsen-Freeman (2015) *The Grammar Book* (3rd edition) Heinle & Heinle
Chambers, J. and P. Trudgill (1998) *Dialectology* (2nd edition) Cambridge University Press
Cheney, D. and R. Seyfarth (1990) *How Monkeys See the World* University of Chicago Press
Cheshire, J. (2007) "Discourse variation, grammaticalisation and stuff like that" *Journal of Sociolinguistics* 11: 155-193
Clancy, P. (2014) "First language acquisition" In C. Genetti (ed.) *How Languages Work* (318-350) Cambridge university Press
Clark, E. (1995) *The Lexicon in Acquisition* Cambridge University Press
   (2016) *First Language Acquisition* (3rd edition) Cambridge University Press

(2017) *Language in Children* Routledge
Clift, R. (2016) *Conversation Analysis* Cambridge University Press
Coates, J. (2004) *Women, Men and Language* (3rd edition) Longman
Cole, D. (1955) *An Introduction to Tswana Grammar* Longmans
Collins English Dictionary (2018) (13th edition) Harper Collins Publishers
Cook, V. (2004) *The English Writing System* Hodder Arnold
  (2016) *Second Language Learning and Language Teaching* (5th edition) Hodder Education
Cook, V. and D. Ryan (eds.) (2016) *The Routledge Handbook of the English Writing System* Routledge
Cook, V. and D. Singleton (2014) *Key Topics in Second Language Acquisition* Multilingual Matters
Corballis, M. (2002) *From Hand to Mouth* Princeton University Press
Coulmas, F. (2003) *Writing Systems* Cambridge University Press
Cowan, W. and J. Rakušan (1999) *Source Book for Linguistics* (3rd edition) John Benjamins
Cowie, A. (2009) *Semantics* Oxford University Press
Cox, F. (2012) *Australian English: Pronunciation and Transcription* Cambridge University Press
Cramer, J. and D. Preston (2018) "Changing perceptions of southernness" *American Speech* 93: 3-4
Crowley, T. (2004) *Bislama Reference Grammar* Edinburgh University Press
Crowley, T. and C. Bowern (2010) *An Introduction to Historical Linguistics* (4th edition) Oxford University Press
Cruse, A. (2011) *Meaning in Language* (3rd edition) Oxford University Press
Cruttenden, A. (2008) *Gimson's Pronunciation of English* (7th edition) Hodder Arnold
Crystal, D. (2008) *A Dictionary of Linguistics and Phonetics* (6th edition) Blackwell
  (2012) *Spell It Out: The Singular Story of English Spelling* Profile Books
  (2019) *The Cambridge Encyclopedia of the English Language* (3rd edition) Cambridge University Press
Crystal, D. and H. Crystal (2013) *Wordsmiths and Warriors: The English Language Tourist's Guide to Britain* Oxford University Press
Culicover, P. and E. Hume (2017) *Basics of Language for Language Learners* The Ohio State University
Culpeper, J. (2011) *Impoliteness* Cambridge University Press
Culpeper, J. and M. Haugh (2014) *Pragmatics and the English Language* Macmillan
Culpeper, J., P. Kerswill, R. Wodak, T. McEnery and F. Katamba (eds.) (2018) *English Language* (2nd edition) Palgrave Macmillan
Cummins, C. (2018) *Pragmatics* Edinburgh University Press
Curtiss, S. (1977) *Genie: A Psycholinguistic Study of a Modern-day Wild Child* Academic Press
Curzan, A. (2003) *Gender Shifts in the History of English* Cambridge University Press
Cushman, E. (2011) *The Cherokee Syllabary* University of Oklahoma Press
Cutting, J. (2014) *Pragmatics: A Resource Book for Students* (3rd edition) Routledge
Damasio, A. (1994) *Descartes' Error* Putnam
Danesi, M. (2012) *Linguistic Anthropology: A Brief Introduction* Canadian Scholars Press
Daniels, P. and W. Bright (1996) *The World's Writing Systems* Oxford University Press
Danziger, E. (2001) *Relatively Speaking* Oxford University Press

Darwin, C. (1871) *The Descent of Man, and Selection in Relation to Sex* John Murray
Davenport, M. and S. Hannahs (2013) *Introducing Phonetics and Phonology* (3rd edition) Routledge
Davies, W. (1987) *Egyptian Hieroglyphics* British Museum / University of California Press
Deacon, T. (1997) *The Symbolic Species* W. W. Norton
Dekeyser, R. and J. Larson-Hall (2005) "What does the critical period really mean?" In J. Kroll and A. De Groot (eds.) *Handbook of Bilingualism* (88–108) Oxford University Press
Denning, K., B. Kessler and W. Leben (2007) *English Vocabulary Elements* (2nd edition) Oxford University Press
Deutscher, G. (2010) *Through the Language Glass* Metropolitan Books
Diniz de Figueiredo, E. (2010) "To borrow or not to borrow: the use of English loanwords as slang on websites in Brazilian Portuguese" *English Today* 26 (4): 5–12
Dixon, R. (2014) *Making New Words* Oxford University Press
Downing, B. and J. Fuller (1984) "Cultural contact and the expansion of the Hmong lexicon" Unpublished manuscript, Department of Linguistics, University of Minnesota
Drager, K. (2012) "Pidgin and Hawai'i English: an overview" *International Journal of Language, Translation and Intercultural Communication* 1: 61–73
Duanmu, S. (2008) *Syllable Structure* Oxford University Press
Duranti, A. (2001) *Key Terms in Language and Culture* Blackwell
Durkin, P. (2009) *The Oxford Guide to Etymology* Oxford University Press
   (2014) *Borrowed Words: A History of Loanwords in English* Oxford University Press
Eble, C. (2004) "Slang" In E. Finegan and J. Rickford (eds.) *Language in the USA* (375–386) Cambridge University Press
Eckert, P. (2000) *Linguistic Variation as Social Practice* Blackwell
Eckert, P. and S. McConnell-Ginet (2013) *Language and Gender* (2nd edition) Cambridge University Press
Edwards, J. (2013) *Sociolinguistics: A Very Short Introduction* Oxford University Press
Ekman, P. (1999) "Emotional and conversational nonverbal signals" In L. Messing and R. Campbell (eds.) *Gesture, Speech and Sign* (45–55) Oxford University Press
Ellis, R. (1997) *Second Language Acquisition* Oxford University Press
Enfield, N. (2017) *How We Talk: The Inner Workings of Conversation* Basic Books
Erard, M. (2016) "Why Australia is home to one of the largest language families in the world" www.sciencemag.org/news/2016/09/why-australia-home-one-largest-language-families-world September 21, 2016
Espy, W. (1975) *An Almanac of Words at Play* Clarkson Potter
Ethnologue (2018) (21st edition) SIL International
Evans, V. (2007) *A Glossary of Cognitive Linguistics* Edinburgh University Press
Fant, L. (1977) *Sign Language* Joyce Media
Faulkner, W. (1929) *The Sound and the Fury* Jonathan Cape
Favilla, E. (2017) *A World without "Whom": The Essential Guide to Language in the Buzzfeed Age* Bloomsbury
Fertig, D. (2013) *Analogy and Morphological Change* Edinburgh University Press

Fiddes, I., G. Lodewijk, M. Mooring, S. Salama, F. Jacobs and D. Haussler (2018) "Human specific NOTCH2NL genes affect notch signaling and cortical neurogenesis" *Cell* 173: 1356–1369 https://doi.org/10.1016/j.cell.2018.03.051

Finegan, E. (2014) *Language: Its Structure and Use* (7th edition) Cengage

Finegan, E. and J. Rickford (eds.) (2004) *Language in the USA* Cambridge University Press

Firchow, I. (1987) "Form and function of Rotokas words" *Language and Linguistics in Melanesia* 15: 5–111

Flaherty, A. (2004) *The Midnight Disease* Houghton Mifflin

Florey, K. B. (2006) *Sister Bernadette's Barking Dog: The Quirky History and Lost Art of Diagramming Sentences* Melville House Publishing

Fogal, D., D. Harris and M. Moss (eds.) (2018) *New Work on Speech Acts* Oxford University Press

Foley, W. (1997) *Anthropological Linguistics* Blackwell

Fortson, B. (2010) *Indo-European Language and Culture* (2nd edition) Wiley-Blackwell

Fought, C. (2003) *Chicano English in Context* Palgrave Macmillan

Frawley, W. (1992) *Linguistic Semantics* Lawrence Erlbaum

Friederici, A. (2017) *Language in Our Brain* MIT Press

Friend, T. (2004) *Animal Talk* Simon and Schuster

Fromkin, V., R. Rodman and N. Hyams (2018) *An Introduction to Language* (11th edition) Wadsworth

Frommer, P. and E. Finegan (2015) *Looking at Languages* (6th edition) Wadsworth

Gardner, R., B. Gardner and T. Van Cantfort (eds.) (1989) *Teaching Sign Language to Chimpanzees* State University of New York Press

Garnham, A. (2001) *Mental Models and the Interpretation of Anaphora* Psychology Press

Gass, S., J. Behney and L. Plonsky (2013) *Second Language Acquisition: An Introductory Course* (4th edition) Routledge

Gelb, I. (1963) *A Study of Writing* University of Chicago Press

Geschwind, N. (1991) "Specializations of the human brain" In W. Wang (ed.) *The Emergence of Language* (72–87) W. H. Freeman

Gibbons, A. and S. Whiteley (2018) *Contemporary Stylistics: Language, Cognition and Interpretation* Edinburgh University Press

Giles, H. (ed.) (2016) *Communication Accommodation Theory* Cambridge University Press

Glassner, J. (2003) *The Invention of Cuneiform* Johns Hopkins University Press

Gleason, H. (1955) *Workbook in Descriptive Linguistics* Holt

Goddard, C. (2009) "Componential analysis" In G. Senft, J-O. Östman and J. Verscheuren (eds.) *Culture and Language Use* (58–67) John Benjamins

Goldin-Meadow, S. (2005) *Hearing Gesture* (revised edition) Belknap Press

Gordon, M. (2013) *Labov: A Guide for the Perplexed* Bloomsbury

Gramley, S. (2019) *The History of English: An Introduction* (2nd edition) Routledge

Green, L. (2002) *African American English* Cambridge University Press

　　(2011) *Language and the African American Child* Cambridge University Press

Greene, R. (2011) *You Are What You Speak* Delacorte Press

Grice, P. (1975) "Logic and conversation" In P. Cole and J. Morgan (eds.) *Syntax and Semantics 3: Speech Acts* (41–58) Academic Press
  (1989) *Studies in the Way of Words* Harvard University Press
Griffin, D. (2001) *Animal Minds* University of Chicago Press
Grosjean, F. (2012) *Bilingual: Life and Reality* Harvard University Press
Grundy, P. (2008) *Doing Pragmatics* (3rd edition) Hodder
Guido, J. (2017) *Learn American Sign Language* Wellfleet Press
Guiora, A., B. Beit-Hallahmi, R. Brannon, C. Dull and T. Scovel (1972) "The effects of experimentally induced change in ego states on pronunciation ability in a second language: an exploratory study" *Comprehensive Psychiatry* 13: 5–23
Haiman, J. (2018) *Ideophones and the Evolution of Language* Cambridge University Press
Handbook of the International Phonetic Association (1999) Cambridge University Press
Harari, Y. (2015) *Sapiens: A Brief History of Humankind* Harper
Hardcastle, W. and N. Hewlett (2006) *Coarticulation: Theory, Data and Techniques* Cambridge University Press
Harley, H. (2006) *English Words: A Linguistic Introduction* Blackwell
Haspelmath, M., M. Dryer, D. Gil and B. Comrie (eds.) (2005) *The World Atlas of Language Structures* Oxford University Press
Hauser, M. (1996) *The Evolution of Communication* MIT Press
Have, P. (2007) *Doing Conversation Analysis* (2nd edition) Sage
Hawkins, R. (2019) *How Second Languages Are Learned* Cambridge University Press
Hayes, C. (1951) *The Ape in Our House* Harper
Heilman, K. (2002) *Matter of Mind* Oxford University Press
Herbst, T. (2010) *English Linguistics* De Gruyter
Hercuse, L. (1994) *A Grammar of the Arabana-Wangkangurru Language* (Pacific Linguistics Series C 128) Australian National University, Canberra
Hess, E. (2008) *Nim Chimpsky: The Chimp Who Would Be Human* Bantam Books
Hickey, R. (ed.) (2013) *Standards of English* Cambridge University Press
Hinnebusch, T. (1987) "Swahili" In T. Shopen (ed.) *Languages and Their Status* (209–294) University of Pennsylvania Press
Hitchings, H. (2008) *The Secret Life of Words* John Murray
Hobaiter, C. and R. Byrne (2014) "The meaning of chimpanzee gestures" *Current Biology* 24: 1596–1600
Hockett, C. (1960) "The origin of speech" *Scientific American* 203: 89–96
Hoey, M. (2001) *Textual Interaction: An Introduction to Written Discourse Analysis* Routledge
Holmes, J. and N. Wilson (2017) *An Introduction to Sociolinguistics* (5th edition) Pearson
Horobin, S. and J. Smith (2002) *An Introduction to Middle English* Oxford University Press
Huang, Y. (2000) *Anaphora: A Cross-Linguistic Approach* Oxford University Press
Huddleston, R. and G. Pullum (2005) *A Student's Introduction to English Grammar* Cambridge University Press
Hudson, G. (2000) *Essential Introductory Linguistics* Blackwell

Hugdahl, K. and R. Davidson (2004) *The Asymmetrical Brain* MIT Press
Hughes, A., P. Trudgill and D. Watt (2012) *English Accents and Dialects* (5th edition) Routledge
Humphries, T. and C. Padden (2003) *Learning American Sign Language* (2nd edition) Allyn and Bacon
Hurford, J. (1994) *Grammar: A Student's Guide* Cambridge University Press
  (2014) *The Origins of Language* Oxford University Press
Hurford, J., B. Heasley and M. Smith (2007) *Semantics: A Coursebook* (2nd edition) Cambridge University Press
Huth, A., W. de Heer, T. Griffiths, F. Theunissen and J. Gallant (2016) "Natural speech reveals the semantic maps that tile human cerebral cortex" *Nature* (April 28) doi:10.1038/nature 17637
Hyslop, C. (2001) *The Lolovoli Dialect of North-East Ambae Island: Vanuatu* (Pacific Linguistics 515) Australian National University, Canberra
Ingram, J. (2007) *Neurolinguistics* Cambridge University Press
Inkelas, S. and C. Zoll (2009) *Reduplication: Doubling in Morphology* Cambridge University Press
Inoue, K. (1979) "Japanese" In T. Shopen (ed.) *Languages and Their Speakers* (241–300) Winthrop Publishers
Iverson, J. (2010) "Developing language in a developing body: the relationship between motor development and language development" *Journal of Child Language* 37: 229–261
Jaeger, J. (2005) *Kids' Slips* Lawrence Erlbaum
Jaggar, P. (2001) *Hausa* John Benjamins
Janson, T. (2012) *The History of Languages* Oxford University Press
Jeffery, L. (1990) *The Local Scripts of Archaic Greece* Clarendon Press
Jeffries, L. (2006) *Discovering Language* Palgrave Macmillan
Jenkins, J. (2007) *English as a Lingua Franca: Attitude and Identity* Oxford University Press
Jensen, H. (1969) *Sign, Symbol and Script* (3rd edition) (trans. G. Unwin) Putnam's
Jespersen, O. (1922) *Language: Its Nature, Development and Origin* George Allen & Unwin
Johnson, K. (2011) *Acoustic and Auditory Phonetics* (3rd edition) Wiley-Blackwell
Johnston, T. and A. Schembri (2007) *Australian Sign Language: An Introduction to Sign Language Linguistics* Cambridge University Press
Johnstone, B. (2018) *Discourse Analysis* (3rd edition) Wiley-Blackwell
Jolly, A. (1966) *Lemur Behavior* University of Chicago Press
Jones, B. (2011) *A Grammar of Wangkajunga* (Pacific Linguistics 636) Australian National University, Canberra
Jones, C. and D. Waller (2015) *Corpus Linguistics for Grammar* Routledge
Jones, D., P. Roach, J. Hartman and J. Setter (2011) *Cambridge English Pronouncing Dictionary* (18th edition) Cambridge University Press
Jones, R. (2012) *Discourse Analysis: A Resource Book for Students* Routledge
Jones, S. (2002) *Antonymy* Routledge
Jonz, J. (2014) *An Introduction to English Sentence Structure* Equinox Publishing
Jule, A. (2008) *A Beginner's Guide to Language and Gender* Multilingual Matters

Jusczyk, P. (1997) *The Discovery of Spoken Language* MIT Press
Kádár, D. and M. Haugh (2013) *Understanding Politeness* Cambridge University Press
Kasher, A. (2009) "Implicature" In S. Chapman and C. Routledge (eds.) *Key Ideas in Linguistics and the Philosophy of Language* (86–92) Edinburgh University Press
Keenan, E. and E. Ochs (1979) "Becoming a competent speaker of Malagasy" In T. Shopen (ed.) *Languages and Their Speakers* (113–158) Winthrop Publishers
Kegl, J. (1994) "The Nicaraguan Sign Language project: an overview" *Signpost* 7: 24–31
Kellerman, E., T. Ammerlan, T. Bongaerts and N. Poulisse (1990) "System and hierarchy in L2 compensatory strategies" In R. Scarcella, E. Anderson and S. Krashen (eds.) *Developing Communicative Competence in a Second Language* (163–178) Newbury House
Kellogg, W. and L. Kellogg (1933) *The Ape and the Child* McGraw-Hill
Kendon, A. (1988) *Sign Languages of Aboriginal Australia* Cambridge University Press
 (2004) *Gesture* Cambridge University Press
Kenneally, C. (2007) *The First Word* Viking Press
Kerswill, P. (2018) "Language and social class" In J. Culpeper, P. Kerswill, R. Wodak, T. McEnery and F. Katamba (eds.) *English Language* (2nd edition) (chapter 18) Palgrave Macmillan
Kikusawa, R. (2005) "Comparative linguistics: a bridge that connects us to languages and people of the past" In P. Lassettre (ed.) *Language in Hawai'i and the Pacific* (415–433) Pearson
Knight, R-A. (2012) *Phonetics: A Coursebook* Cambridge University Press
Kramsch, C. (1998) *Language and Culture* Oxford University Press
Kreidler, C. (2004) *The Pronunciation of English* (2nd edition) Blackwell
Kretzschmar, W. (2004) "Regional dialects" In E. Finegan and J. Rickford (eds.) *Language in the USA* (39–57) Cambridge University Press
Kroeger, P. (2005) *Analyzing Grammar: An Introduction* Cambridge University Press
Kuper, A. (1999) *Culture: The Anthropologist's Account* Harvard University Press
Labov, W. (2001) *Principles of Linguistic Change, volume 2: Social Factors* Blackwell
 (2006) *The Social Stratification of English in New York City* (2nd edition) Cambridge University Press
Ladefoged, P. and K. Johnson (2015) *A Course in Phonetics* (7th edition) Wadsworth, Cengage Learning
Lakoff, G. (1987) *Women, Fire and Dangerous Things* University of Chicago Press
Lakoff, R. (1990) *Talking Power* Basic Books
Lane, H. (1976) *The Wild Boy of Aveyron* Harvard University Press
Language Files (2016) (12th edition) Ohio State University Press
LaScotte, D. (2016) "Singular *they*: an empirical study of generic pronoun use" *American Speech* 91: 62–80
Leavitt, J. (2011) *Linguistic Relativities* Cambridge University Press
Lehmann, W. (ed.) (1967) *A Reader in Nineteenth Century Historical Indo-European Linguistics* Indiana University Press
Lenneberg, E. (1967) *The Biological Foundations of Language* John Wiley
Lesser, R. and L. Milroy (1993) *Linguistics and Aphasia* Longman

Levinson, S. (1983) *Pragmatics* Cambridge University Press

(2006) "Deixis" In L. Horn and G. Ward (eds.) *The Handbook of Pragmatics* (97-121) Blackwell

Lewis, G. (2000) *Turkish Grammar* (2nd edition) Oxford University Press

Liddicoat, A. (2011) *An Introduction to Conversation Analysis* (2nd edition) Continuum

Lieber, R. (2016) *Introducing Morphology* (2nd edition) Cambridge University Press

Lieber, R. and P. Stekauer (2009) *The Oxford Handbook of Compounding* Oxford University Press

Lieberman, P. (1998) *Eve Spoke: Human Language and Human Evolution* W. W. Norton

Lightbown, P. and N. Spada (2013) *How Languages Are Learned* (4th edition) Oxford University Press

Lippi-Green, R. (2011) *English with an Accent* (2nd edition) Routledge

Locke, J. (1983) *Phonological Acquisition and Change* Academic Press

Long, Y. and G. Zheng (1998) *The Dong Language of Guizhou Province, China* Translated by D. Leary. The Summer Institute of Linguistics, The University of Texas at Arlington, Publication 126

Loritz, D. (1999) *How the Brain Evolved Language* Oxford University Press

Lucas, C. and C. Valli (2004) "American Sign Language" In E. Finegan and J. Rickford (eds.) *Language in the USA* (230-244) Cambridge University Press

Lum, D. (1990) *Pass On, No Pass Back!* Bamboo Ridge Press

Lust, B. (2006) *Child Language* Cambridge University Press

Lynch, J. (1998) *Pacific Languages* University of Hawai'i Press

Maccoby, E. (1998) *The Two Sexes* Harvard University Press

Mackay, D. (1970) *A Flock of Words* Harcourt

MacNeilage, P. (1998) "The frame/content theory of evolution of speech production" *Behavioral and Brain Sciences* 21: 499-546

Mallory, J. and D. Adams (2006) *The Oxford Introduction to Proto-Indo-European and the Proto-Indo-European World* Oxford University Press

Malmkjær, K. and J. Williams (eds.) (1998) *Context in Language Learning and Language Understanding* Cambridge University Press

Malotki, E. (1983) *Hopi Time* Walter de Gruyter

Mampe, B., A. Friederici, A. Christophe and K. Wermke (2009) "Newborns' cry melody is shaped by their native language" *Current Biology* 19: 1994-1997

Man, J. (2000) *Alpha Beta* John Wiley

Marciano, J. (2009) *Anonyponymous* Bloomsbury

Marmaridou, S. (2010) "Presupposition" In L. Cummings (ed.) *The Pragmatics Encyclopedia* (349-353) Routledge

Marryat, F. (1839) *"When at Niagara Falls" A Diary in America: With Remarks on Its Institutions* (154) Wm. H. Colyer

Martin, L. (1986) "'Eskimo words for snow': a case study in the genesis and decay of an anthropological example" *American Anthropologist* 88: 418-423

McCully, C. (2009) *The Sound Structure of English: An Introduction* Cambridge University Press

McEnery, T. and A. Hardie (2011) *Corpus Linguistics* Cambridge University Press

McGilchrist, I. (2009) *The Master and His Emissary* Yale University Press
McMahon, A. (1994) *Understanding Language Change* Cambridge University Press
    (2002) *An Introduction to English Phonology* Edinburgh University Press
McMahon, A. and R. McMahon (2013) *Evolutionary Linguistics* Cambridge University Press
McNeill, D. (1966) "Developmental psycholinguistics" In F. Smith and G. Miller (eds.) *The Genesis of Language* (15-84) MIT Press
    (1992) *Hand and Mind* University of Chicago Press
    (2012) *How Language Began: Gesture and Speech in Human Evolution* Cambridge University Press
McWhorter, J. (2014) *The Language Hoax* Oxford University Press
Meisel, J. (2011) *First and Second Language Acquisition: Parallels and Differences* Cambridge University Press
Melchers, G. and P. Shaw (2015) *World Englishes* (3rd edition) Routledge
Mendoza, M. (2005) "Polite diminutives in Spanish" In R. Lakoff and S. Ide (eds.) *Broadening the Horizons of Linguistic Politeness* (163-173) John Benjamins
Merrifield, W., C. Naish, C. Rensch and G. Story (2003) *Laboratory Manual for Morphology and Syntax* (7th edition) Summer Institute of Linguistics
Mesthrie, R., J. Swann, A. Deumert and W. Leap (2009) *Introducing Sociolinguistics* (2nd edition) John Benjamins
Meyerhoff, M. (2018) *Introducing Sociolinguistics* (3rd edition) Routledge
Micklethwait, D. (2000) *Noah Webster and the American Dictionary* McFarland & Company
Miller, D. (2012) *External Influences on English: From Its Beginnings to the Renaissance* Oxford University Press
Miller, J. (2012) *An Introduction to English Syntax* (2nd edition) Edinburgh University Press
Mills, S. (2003) *Gender and Politeness* Cambridge University Press
Minkova, D. and R. Stockwell (2009) *English Words: History and Structure* (2nd edition) Cambridge University Press
Miracle, A. and J. Yapita Moya (1981) "Time and space in Aymara" In M. Hardman (ed.) *The Aymara Language in Its Social and Cultural Context* University Press of Florida
Mitchell, R., F. Myles and E. Marsden (2013) *Second Language Learning Theories* (3rd edition) Routledge
Mithen, S. (2006) *The Singing Neanderthals* Harvard University Press
Mithun, M. (2014) "Morphology: what's in a word?" In C. Genetti (ed.) *How Languages Work* (71-99) Cambridge University Press
Mohr, M. (2013) *Holy Shit: A Brief History of Swearing* Oxford University Press
Moravcsik, E. (2013) *Introducing Language Typology* Cambridge University Press
Morenberg, M. (2013) *Doing Grammar* (5th edition) Oxford University Press
Mosel, U. and E. Hovdhaugen (1992) *Samoan Reference Grammar* Scandinavian University Press
Moskowitz, B. (1991) "The acquisition of language" In W. Wang (ed.) *The Emergence of Language* (131-149) W. H. Freeman
Mugglestone, L. (1995) *Talking Proper: The Rise of Accent as Social Symbol* Clarendon Press

Murane, E. (1974) *Daga Grammar: From Morpheme to Discourse* SIL Publications
Murphy, M. (2003) *Semantic Relations and the Lexicon* Cambridge University Press
Murphy, V. (2014) *Second Language Learning in the Early School Years* Oxford University Press
Myers-Scotton, C. (2005) *Multiple Voices* Wiley
Napoli, D. and L. Lee-Schoenfeld (2010) *Language Matters* (2nd edition) Oxford University Press
Nevalainen, T. (2006) *An Introduction to Early Modern English* Edinburgh University Press
Newberg, A., N. Wintering, D. Morgan and M. Waldman (2006) "The measurement of regional cerebral blood flow during glossolalia: a preliminary SPECT study" *Psychiatry Research: Neuroimaging* 148: 67–71
Newton, M. (2002) *Savage Girls and Wild Boys: A History of Feral Children* Picador
Nichols, P. (2004) "Creole languages: forging new identities" In E. Finegan and J. Rickford (eds.) *Language in the USA* (133–152) Cambridge University Press
Norris, M. (2015) *Between You and Me* W. W. Norton
Obler, L. and K. Gjerlow (1999) *Language and the Brain* Cambridge University Press
Ochieng, D. (2015) "The revival of the status of English in Tanzania" *English Today* 31 (2): 25–31
Odden, D. (2013) *Introducing Phonology* (2nd edition) Cambridge University Press
Oettinger, A. (1966) "The uses of computers in science" *Scientific American* 215 (September): 168
Ogden, R. (2017) *An Introduction to English Phonetics* (2nd edition) Edinburgh University Press
O'Grady, W. (1997) *Syntactic Development* University of Chicago Press
  (2005) *How Children Learn Language* Cambridge University Press
O'Grady, W., J. Archibald, M. Aronoff and J. Rees-Miller (2017) *Contemporary Linguistics* (7th edition) Bedford/St. Martin's Press
Oller, D. (2000) *The Emergence of the Speech Capacity* Lawrence Erlbaum
Olson, J. and E. Masur (2011) "Infants' gestures influence mothers' provision of object action and internal state labels" *Journal of Child Language* 38: 1028–1054
Ortega, L. (2014) *Understanding Second Language Acquisition* Routledge
Overstreet, M. (1999) *Whales, Candlelight and Stuff Like That: General Extenders in English Discourse* Oxford University Press
  (2011) "Vagueness and hedging" In G. Andersen and K. Aijmer (eds.) *Pragmatics of Society* (293–317) De Gruyter
Padden, C. and D. Gunsauls (2003) "How the alphabet came to be used in a sign language" *Sign Language Studies* 4: 10–33
Pae, H. (ed.) (2018) *Writing Systems, Reading Processes and Cross-Linguistic Influences* John Benjamins
Paltridge, B. (2012) *Discourse Analysis* (2nd edition) Bloomsbury
Patel, A. (2008) *Music, Language and the Brain* Oxford University Press
Payne, T. (2006) *Exploring Language Structure* Cambridge University Press
Penfield, W. and L. Roberts (1959) *Speech and Brain Mechanisms* Princeton University Press
Pereltsvaig, A. (2017) *Languages of the World* (2nd edition) Cambridge University Press
Peters, P. (2013) *The Cambridge Dictionary of English Grammar* Cambridge University Press
Petrides, M. (2014) *Neuroanatomy of Language Regions of the Human Brain* Elsevier

Pica, T., L. Holliday, N. Lewis, D. Berducci and J. Newman (1991) "Language learning through interaction: what role does gender play?" *Studies in Second Language Acquisition* 11: 63-90

Piller, I (2017) *Intercultural Communication* Edinburgh University Press

Pinker, S. (1994) *The Language Instinct* William Morrow

    (1999) *Words and Rules* HarperCollins

    (2007) *The Stuff of Thought* Viking Press

Plag, I. (2018) *Word-formation in English* (2nd edition) Cambridge University Press

Poulisse, N. (1999) *Slips of the Tongue* John Benjamins

Premack, A. and D. Premack (1991) "Teaching language to an ape" In W. Wang (ed.) *The Emergence of Language* (16-27) W. H. Freeman

Pullum, G. (1991) *The Great Eskimo Vocabulary Hoax* University of Chicago Press

    (2009) "50 years of stupid grammar advice" *The Chronicle of Higher Education: The Chronicle Review* 55 (32): B15 Available online at http://chronicle.com Section: The Chronicle Review volume 55, issue 32, page B15

Pullum, G. and W. Ladusaw (1996) *Phonetic Symbol Guide* (2nd edition) University of Chicago Press

Quirk, R., S. Greenbaum, G. Leech and J. Svartvik (1985) *A Comprehensive Grammar of the English Language* Longman

Radford, A., M. Atkinson, D. Britain, H. Clahsen and A. Spencer (2009) *Linguistics: An Introduction* (2nd edition) Cambridge University Press

Raglan, L. (1922) "The Lotuko language" *Bulletin of the School of Oriental Studies* (University of London) 2 (2): 267-296

Richards, J. and T. Rodgers (2014) *Approaches and Methods in Language Teaching* (3rd edition) Cambridge University Press

Riemer, N. (2010) *Introducing Semantics* Cambridge University Press

Rimpau, J., R. Gardner and B. Gardner (1989) "Expression of person, place and instrument in ASL utterances of children and chimpanzees" In R. Gardner, B. Gardner and T. van Cantfort (eds.) *Teaching Sign Language to Chimpanzees* (240-268) State University of New York Press

Rissanen, M. (2008) "From 'quickly' to 'fairly': on the history of *rather*" *English Language and Linguistics* 12: 345-359

Ritchie, G. (2002) *The Linguistic Analysis of Jokes* Routledge

Roach, P. (2009) *English Phonetics and Phonology* (4th edition) Cambridge University Press

Roberts, I. (2017) *The Wonders of Language* Cambridge University Press

Robinson, A. (2007) *The Story of Writing* (2nd edition) Thames & Hudson

Rodgon, M. (2009) *Single-Word Usage, Cognitive Development and the Beginnings of Combinatorial Speech* Cambridge University Press

Rogers, H. (2005) *Writing Systems: A Linguistic Approach* Blackwell

Rogers, L. and G. Kaplan (2000) *Songs, Roars and Rituals* Harvard University Press

Roig-Marín, A. (2016) "Blended cyber-neologisms" *English Today* 128 (32): 2-5

Romaine, S. (1989) *Pidgin and Creole Languages* Longman

    (2000) *Language in Society* (2nd edition) Oxford University Press

Rumbaugh, D. (ed.) (1977) *Language Learning by a Chimpanzee: The LANA Project* Academic Press

Rymer, R. (1993) *Genie* HarperCollins
Sacks, H. (1972) "On the analyzability of stories by children" In J. Gumperz and D. Hymes (eds.) *Directions in Sociolinguistics* (325–345) Holt, Rinehart and Winston
Sacks, O. (1989) *Seeing Voices* University of California Press
Saeed, J. (2015) *Semantics* (4th edition) Wiley-Blackwell
Sakel, J. (2015) *Study Skills for Linguistics* Routledge
Sakoda, K. and J. Siegel (2003) *Pidgin Grammar* Bess Press
Samarin, W. (1972) *Tongues of Men and Angels: The Religious Language of Pentecostalism* Macmillan
Sampson, G. (1980) *Schools of Linguistics* Stanford University Press
    (2005) *The "Language Instinct" Debate* (revised edition) Continuum
    (2015) *Writing Systems* (2nd edition) Equinox
Samuda, V. and M. Bygate (2008) *Tasks in Second Language Learning* Palgrave Macmillan
Sanchez-Stockhammer, C. (2018) *English Compounds and Their Spelling* Cambridge University Press
Sanford, A. and S. Garrod (1981) *Understanding Written Language* Wiley
Sankoff, G. and S. Laberge (1974) "On the acquisition of native speakers by a language" In D. DeCamp and I. Hancock (eds.) *Pidgins and Creoles* (73–84) Georgetown University Press
Savage-Rumbaugh, S. and R. Lewin (1994) *Kanzi: The Ape at the Brink of the Human Mind* John Wiley
Saville-Troike, M. and K. Barto (2016) *Introducing Second Language Acquisition* (3rd edition) Cambridge University Press
Schendl, H. (2001) *Historical Linguistics* Oxford University Press
Schiffrin, D. (1987) *Discourse Markers* Cambridge University Press
    (1994) *Approaches to Discourse* Blackwell
Schmandt-Besserat, D. (1996) *How Writing Came About* University of Texas Press
Schwarz, F. (ed.) (2015) *Experimental Perspectives on Presupposition* Springer
Schwyter, J. (2018) "Ten years after the stroke: me talk slightly less funny" *English Today* 34 (2): 35–38
Sebba, M. and L. Harding (2018) "World Englishes and English as a lingua franca" In J. Culpeper, P. Kerswill, R. Wodak, T. McEnery and F. Katamba (eds.) *English Language* (2nd edition) (chapter 21) Palgrave Macmillan
Sedaris, D. (2000) *Me Talk Pretty One Day* Little Brown
Seidlhofer, B. (2011) *Understanding English as a Lingua Franca* Oxford University Press
Seinfeld, J. (1993) *SeinLanguage* Bantam Books
Senghas, A. and M. Coppola (2001) "Children creating language: how Nicaraguan Sign Language acquired a spatial grammar" *Psychological Science* 12: 323–328
Shibatani, M. (2001) "Honorifics" In R. Mesthrie (ed.) *Concise Encyclopedia of Sociolinguistics* (552–559) Elsevier
Siegel, J. (2008) *The Emergence of Pidgin and Creole Languages* Oxford University Press

Sihler, A. (2000) *Language History: An Introduction* John Benjamins
Sinceviciute, V. (2014) "'When a joke's a joke and when it's too much': mateship as a key to interpreting jocular FTAs in Australian English" *Journal of Pragmatics* 60: 121–139
Singleton, D. and L. Ryan (2004) *Language Acquisition: The Age Factor* (2nd edition) Multilingual Matters
Smith, G. (2008) *Growing up with Tok Pisin: Contact, Creolization and Change in Papua New Guinea's National Language* Battlebridge
Smitherman, G. (2000) *Talkin that Talk* Routledge
Sperber, D. and D. Wilson (1995) *Relevance* (2nd edition) Blackwell
Spolsky, B. (1998) *Sociolinguistics* Oxford University Press
  (ed.) (2018) *The Cambridge Handbook of Language Policy* Cambridge University Press
Spreen, O. and A. Risser (2003) *Assessment of Aphasia* Oxford University Press
Springer, S. and G. Deutsch (2001) *Left Brain, Right Brain* (6th edition) W. H. Freeman
Stewart, D., E. Stewart and J. Little (2006) *American Sign Language the Easy Way* (2nd edition) Barron's Educational
Stokoe, W. (1960) *Sign Language Structure: An Outline of the Visual Communication Systems of the American Deaf* Studies in Linguistics, Occasional Papers 8, University of Buffalo
  (2001) *Language in Hand* Gallaudet University Press
Sudlow, D. (2001) *The Tamasheq of North-East Burkina-Faso* R. Köppe Verlag
Sutherland, S. (2016) *A Beginner's Guide to Discourse Analysis* Palgrave
Sutton-Spence, R. and B. Woll (1999) *The Linguistics of British Sign Language* Cambridge University Press
Swan, M. (2005) *Grammar* Oxford University Press
Talbot, M. (2010) *Language and Gender* (2nd edition) Polity Press
Tallermann, M. (2014) *Understanding Syntax* (4th edition) Routledge
Tannen, D. (1990) *You Just Don't Understand* William Morrow
  (2005) *Conversational Style* (revised edition) Oxford University Press
Taylor, C. (2016) *Mock Politeness in English and Italian* John Benjamins
Taylor, J. (2003) *Linguistic Categorization* (3rd edition) Oxford University Press
Tench, P. (2011) *Transcribing the Sound of English* Cambridge University Press
Terrace, H. (1979) *Nim: A Chimpanzee Who Learned Sign Language* Alfred Knopf
Thomas, J. (1995) *Meaning in Interaction* Longman
Thomas, L. (1993) *Beginning Syntax* Blackwell
Tomasello, M. (2003) *Constructing a Language* Harvard University Press
Tombs, R. (2014) *The English and Their History* Alfred A. Knopf
Tonouchi, L. (2001) *Da Word* Bamboo Ridge Press
Trudgill, P. (1974) *The Social Differentiation of English in Norwich* Cambridge University Press
  (1983) *On Dialect* Blackwell
  (2000) *Sociolinguistics* (4th edition) Penguin
Trudgill, P. and J. Hannah (2013) *International English* (5th edition) Routledge
Umiker-Sebeok, D-J. and T. Sebeok (eds.) (1987) *Monastic Sign Languages* Mouton de Gruyter

Ungerer, F. and H-J. Schmid (2006) *An Introduction to Cognitive Linguistics* (2nd edition) Routledge

Uomini, N. and G. Meyer (2013) "Shared brain lateralization patterns in language and Acheulean stone tool production: a functional transcranial Doppler ultrasound study" *PLoS ONE* 8 (8): e72693

Ur, P. (2009) *Grammar Practice Activities* (2nd edition) Cambridge University Press

Valian, V. (1999) "Input and language acquisition" In W. Ritchie and T. Bhatia (eds.) *Handbook of Child Language Acquisition* (497–530) Academic Press

Valli, C., C. Lucas, K. Mulrooney and M. Villanueva (2011) *Linguistics of American Sign Language: An Introduction* (5th edition) Gallaudet University Press

van Dijk, T. (1996) "Discourse, power and access" In C. Caldas-Coulthard and M. Coulthard (eds.) *Texts and Practices: Readings in Critical Discourse Analysis* (84–104) Routledge

Vaneechoute, M. and J. Sloyles (1998) "The memetic origin of language: modern humans as musical primates" *Journal of Memetics* 2: 84–117

VanPatten, B. (2003) *From Input to Output: A Teacher's Guide to Second Language Acquisition* McGraw-Hill

VanPatten, B. and J. Williams (eds.) (2015) *Theories in Second Language Acquisition* (2nd edition) Routledge

Velupillai, V. (2015) *Pidgins, Creoles and Mixed Languages* John Benjamins

Verdonk, P. (2002) *Stylistics* Oxford University Press

Vihman, M. (2013) *Phonological Development: The First Two Years* Wiley

Vinson, B. (2012) *Language Disorders across the Lifespan* (3rd edition) Thomson Delmar Learning

Vise, D. and M. Malseed (2005) *The Google Story* Delacorte Press

von Frisch, K. (1993) *The Dance Language and Orientation of Bees* Harvard University Press

Wakasa, M. (2014) "A sketch grammar of Wolaytta" *Nilo-Ethiopian Studies* 19: 31–44

Wardhaugh, R. (2014) *An Introduction to Sociolinguistics* (7th edition) Wiley-Blackwell

Weber, D. (1986) "Information perspective, profile and patterns in Quechua" In W. Chafe and J. Nichols (eds.) *Evidentiality: The Linguistic Coding of Epistemology* (137–155) Ablex

Weir, R. (1966) "Questions on the learning of phonology" In F. Smith and G. Miller (eds.) *The Genesis of Language* (153–168) MIT Press

Whitaker, H. (2010) *Concise Encyclopedia of Brain and Language* Elsevier

Widawski, M. (2015) *African American Slang* Cambridge University Press

Widdowson, H. (1978) *Teaching Language as Communication* Oxford University Press

(2004) *Text, Context, Pretext* Blackwell

(2007) *Discourse Analysis* Oxford University Press

Wiley, T. (2004) "Language planning, language policy and the English-Only movement" In E. Finegan and J. Rickford (eds.) *Language in the USA* (319–338) Cambridge University Press

Williams, P. (2016) *Word Order in English Sentences* (2nd edition) English Lessons Brighton

Willis, D. and J. Willis (2007) *Doing Task-based Teaching* Oxford University Press

Wolfram, W. and B. Ward (eds.) (2006) *American Voices: How Dialects Differ from Coast to Coast*

Blackwell

Woodard, R. (2003) *The Cambridge Encyclopedia of the World's Ancient Languages* Cambridge University Press

Wyse, D. (2017) *How Writing Works: From the Invention of the Alphabet to the Rise of Social Media* Cambridge University Press

Yip, V. and S. Matthews (2007) *The Bilingual Child* Cambridge University Press

Yu, A. (2007) *A Natural History of Infixation* Oxford University Press

Yule, G. (1996) *Pragmatics* Oxford University Press

(1998) *Explaining English Grammar* Oxford University Press

Yule, G. and M. Overstreet (2017) *Puzzlings* Amazon Books

索 引

本索引所标页码为原著页码,即本汉译版边码。

A

AAE 见 African American English
AAVE 见 African American Vernacular English
accent 口音 37, 221, 280
acoustic phonetics 声学语音学 29
acquisition 习得 202-203, 208, 220
acquisition barriers 习得障碍 221, 222
acquisition process 习得过程 206-207, 212, 224, 225
acquisition schedule 习得时间表 203-206
acronyms 首字母缩略词 64, 66
active voice 主动态 95
Adam 亚当 2
Adam's apple 喉结 29
address terms 称呼语 318, 319
adjacency pairs 相邻语对 172, 173
adjectives 形容词 94
adjunct 状语 100
adverbs 副词 94
affect 情感 132, 222
affective factors in second language learning 二语学习中的情感因素 222
affixes 词缀 65, 77, 78
affricate 塞擦音 33, 34
African American English (AAE) 非裔美国英语 303-305
African American Vernacular English (AAVE) 非裔美国白话英语 303, 304, 305
age and second language learning 年龄与第二语言学习 221
agent 施事者 132, 133
agrammatic speech 非语法话语 190
agreement 一致 93, 95
Akbar the Great 阿克巴大帝 2
"all and only criterion" "全而仅"标准 113
allomorphs 语素变体 80
allophones 音位变体 47, 48, 80
alphabetic writing 字母文字 46, 253, 254, 255
alternate sign language 选择型手语 236
alveolar sounds 齿龈音 31
alveolar ridge 齿龈槽 31, 33, 34
Alzheimer's disease 阿尔茨海默病 191
American English 美国英语 34, 66, 134, 283, 320
American Sign Language (Ameslan/ASL) 美国手语 19, 202, 234, 236-242
analogy 类推 66
analytic processing 分析性处理 193
anaphora 前照应 154
Angles 盎格鲁人 267
Anglo-Saxons 盎格鲁-撒克逊人 267
angma [ŋ] 31
animal communication 动物交际 14-17
animate being 有生命的实体 130, 314, 316

anomia 命名失能症 191
antecedent 现行项 154, 319
anterior speech cortex 前部话语皮层 186
anticipation 预测 189
antonymy 反义关系 134, 135
aphasia 失语症 190
Arabic 阿拉伯语 15, 252, 253, 304
arbitrariness 任意性 14, 15
arcuate fasciculus 弓状束 187, 191
Aristotle 亚里士多德 187
arrow 箭头 115, 251
articles 冠词 94
articulatory parameters 发音参数 238
articulatory phonetics 发音语音学 29
ash [æ] 267
Asian American English 亚裔美国英语 303
ASL 见 American Sign Language
aspiration 送气 47, 48
assimilation 同化 50, 51
associative meaning 联想意义 130
audience design 见 speech accommodation
audiolingual method 听说法 223
auditory phonetics 听觉语音学 29
Australian English 见 Standard Australian English
auxiliary verb (Aux) 助动词 208, 209, 305

B

babbling 牙牙学语声 202, 204
Babel 巴别 2
baby talk 娃娃话 202
back-channels 反馈渠道 321
backformation 逆向构词 62, 66
background knowledge 背景知识 176
back vowels 后元音 35
beats 打拍子 236

bee communication 蜜蜂交际 15, 17
Bidialectal 双方言 284
bilabial consonants 双唇辅音 31
bilingualism 双语 284-285
biological classification 生物学分类 315
biological gender 生物学性别 96, 319
bipedal (on two feet) locomotion 直立两脚行走 5
birds 鸟类 14
Black English 见 African American English
blending 混合 61, 62, 66
bonobo 倭黑猩猩 22
borrowing 借用 60, 66
bound morphemes 黏着语素 77, 78
bound stem 黏着词干 77
"bow-wow" theory 汪汪说 3
brackets 方括号 30, 46, 47, 115
brain 大脑 7
brain, language areas in 大脑中的语言区域 185-187
brain stem 脑干 185
Brazilian Portuguese 巴西葡萄牙语 60
breathing 呼吸 5
British English 英国英语 62, 134, 281, 298, 303
British Sign Language (BSL) 英国手语 236, 238
broadening of meaning 语义扩大 272
Broca's aphasia 布洛卡失语症 190
Broca's area 布洛卡区 186, 187

C

calque 仿译 60
Canada 加拿大 284
Captain Kirk's infinitive 柯克船长的不定式 97
careful style 仔细风格 299
caregiver speech 育儿者话语 202, 203

casual style 随意风格 299, 304
cataphora 后照应 154
categories 范畴 312-313
category change 范畴变化 63
cats 猫 15
cave drawings 岩洞画 248
Caxton, William 威廉·卡克斯顿 222
central vowel 央元音 37
Chaucer 乔叟 268
Cherokee 切罗基语 252
Chicano English 奇卡诺英语 303
child-directed speech 以儿童为导向的话语 202
chimpanzees 黑猩猩 8, 19-20
Chinese 汉语 60, 224, 250, 264
Chinese writing 汉语书写 249, 250
cicadas 蝉 17
circumfix 环缀 65
classifiers 类别标记 317
Clerc, Laurent 洛朗·克莱尔 238
clipping 截短 62, 66
closed class of words 封闭词类 77
closed syllables 闭音节 49
coarticulation effects 协同发音效应 50-51
coda 音节尾 49, 51
cognates 同源词 264, 265, 266
cognitive categories 认知范畴 316-317
coherence 连贯 170
cohesion 衔接 169
cohesive ties 衔接纽带 169
co-hyponyms 同级下义词 136
coinage 新造 64
collocation 搭配 139
colloquial speech 口头话 302
color terms 颜色词 312
command 命令 157
communication 交际 14

communication strategy 交际策略 227
communicative approaches 交际法 223, 224
communicative competence 交际能力 227
communicative signals 交际信号 14, 18
comparative (adjective) 比较级 78
comparative reconstruction 比较构拟 265-266
complementary distribution 互补分布 48
complementary pairs 互补词对 135
completion point 完结点 171
componential analysis 成分分析（句法学）131
compounding 复合 61, 66
comprehensible input 完结点 226
concordance 语汇索引 140
conditioned response 条件反射 21
conduction aphasia 传导性失语症 191
conjunctions 连词 77, 94
connectors 连接词 171
Conrad, Joseph 约瑟夫·康拉德 221
consonant chart 辅音表 34
consonant clusters 辅音丛 49
consonantal alphabet 辅音型字母表 253
consonants 辅音 29-34
constancy under negation 否定不变 155
constituent analysis 成分分析（语义学）99
contact language 接触型语言 287, 288
context 语境 151
contracted negative 缩合否定词 305
conventional knowledge 常规知识 176, 177
convergence 趋同 300
conversation analysis 会话分析 171-173
conversion 词性转换 63, 64, 66
cooing 咕咕声 202, 204
Co-operative Principle 合作原则 174-175
corpus callosum 胼胝体 185
corpus linguistics 语料库语言学 139
correction 纠正 207, 210, 225

co-text 上下文 151
countable 可数 317
covert prestige 隐性威望 300, 303
creativity 创造性 17
creoles 克里奥尔语 287, 288, 304
creolization 克里奥尔化 288
critical period 关键期 193-194, 221
cross-gender interaction 跨性别互动 321
crosslinguistic influence 跨语言影响 224
cultural transmission 文化传承 16
culture 文化 312
cuneiform writing 楔形文字 250
curly brackets 花括号 115
Cyrillic alphabet 基里尔字母 253

D

Dani 达尼族 312
Darwin, Charles 查尔斯·达尔文 4
Deacon, Terrence 泰伦斯·迪肯 13
deaf education 聋人教育 237
deafness 耳聋 8, 19, 202, 234, 237, 238, 242
declarative 陈述 157
decreolization 去克里奥尔化 288
deep structure 底层结构 114, 119
deictic expressions 指示性表述 152
deictics 指示手势 235
deixis 指示语 152, 153
dementia 失智症 191
dental sounds 齿音 31, 47
derivation 派生 65, 66, 80
derivational morphemes 派生语素 78, 79, 81
descriptive approach 描写法 98-99
determiners 限定词 103
diachronic variation 历时差异 272
diacritics 附加符号 50
dialect 方言 280

dialect boundaries 方言界 283, 284
dialect continuum 方言连续体 284
dialect surveys 方言调查 282, 283
dialectology 方言学 281-284
dichotic listening 双耳听觉 192-193, 194
Dickens, Charles 查尔斯·狄更斯 298
dictionary 词典 58
diglossia 双言 285
digraph 二合字母 255
diphthongs 双元音 36-37, 49
direct speech act 直接言语行为 157, 320
discourse 话语 168, 170
discourse analysis 话语分析 167-177
displacement 移位性 14, 15
distinctive features 区别特征 46
divergence 趋异 301
divine source 神创论 2
dogs 狗 14, 15
double articulation 双层表达 18
double negative 双重否定 270, 304, 320
duality 双层性 14, 18
Dutch 荷兰语 60, 227, 284

E

Early Modern English 早期现代英语 268
Ebonics 见 African American English
education and dialect 教育与方言 297
Egyptian 埃及语 2
Egyptian writing 埃及文字 249, 252
elicitation procedures 诱导过程 299
elision 省略 51
emblems 象征动作 235
emotive meaning 情绪意义 130
English as a Foreign Language (EFL) 英语作为外语 220
English as a Second Language (ESL) 英语作为

二语 220, 270
English creoles 英语克里奥尔语 288, 304
English grammar 英语语法 93
English orthography 英语正字法 255
English pidgin 英语皮钦语 287
English vowel sounds 英语元音 35
epenthesis 词中增音 270
eponyms 专名词 64
errors 错误 224, 225
Eskimo 爱斯基摩人 314, 315
eth [ð] 31, 267
etymology 词源学 59
exchange 交换 189
experiencer 经历者 133
expletive insertion 附加性插入成分 65
expressive aphasia 表达性失语症 190
external change 外部变化 268

F

face 面子 156
face-saving act 面子保全行为 156
face-threatening act 面子威胁行为 156
facial expressions 面部表情 171, 240
family trees 262, 263
Fant, Lou 卢·范特 240
feature analysis 特征分析 46, 239
feminine 阴性 96, 315, 319
Filipino 菲律宾 286
filled pauses 填充了的停顿 172
finger-spelling 指拼法 240
first language (L1) 第一语言 220-227
first language acquisition 第一语言习得 201-212, 219
first person 第一人称 95
fixed reference 固定指称 17
flap 闪音 34, 47

Flemish 弗莱芒语 255
foreign accent 外国口音 225
foreigner talk 外国味的话 226
formal style 正式风格 299, 304
forming negatives 构成否定句 210
forming questions 构成疑问句 209
fossilization 石化 225
FOXP2 gene FOXP2 基因 8
free morphemes 自由语素 77
French 法语 60, 96, 303, 315
French Creole 法语克里奥尔语 288
French Sign Language (Langue des Signes Française/LSF) 法国手语 236, 238
Freud, Sigmund 西格蒙德·弗洛伊德 187
fricative 擦音 33, 60, 92, 266
front vowel 前元音 35
functional morphemes 功能语素 77
functional shift 功能迁移 63

G

Gaelic 盖尔语 101
Gage, Phineas P. 费尼斯·P. 盖吉 185
Gallaudet, Thomas 托马斯·加洛德 238
Ganda 干达语 81
gender 社会性别 95, 319-321
gender class 性类别 96
gendered culture 性别文化 319
gendered interaction 性别互动 321
gendered speech 性别话语 320, 321
gendered structures 性别结构 320
gendered words 性别词 319
generative grammar 生成语法 113
Genesis 创世记 2
genetic source 基因起源 8
genetics 基因学 8
Genie 吉妮 2, 194, 202

513

German 德语 60, 96, 264, 318
Germanic 日耳曼语 59, 264, 267
gestures 手势 7, 204, 235-242
glide 滑音 33, 36, 49
glossolalia 舌言 14
glottal stops 声门塞音 34, 47
glottis 声门 31, 34
goal (role) 目标 133
gradable antonyms 级差反义词 135
grammar 见 traditional grammar
grammar school 文法学校 93
grammar-translation method 语法–翻译法 223
grammar variation 语法差异 281
grammatical competence 语法能力 227
grammatical gender 语法性别 96
Great Vowel Shift 元音大转移 268
Greek 希腊语 59, 93, 253, 255, 263, 264
Grice, Paul 保罗·格莱斯 174
Gricean maxims 格莱斯准则 174
group solidarity 群体一致性 300
Gua 古阿 19

H

h-dropping [h] 音的脱落 298
habitual action 习惯行为 305
Haiti 海地 288
hand orientation (sign language) 手的方向（手语）239
hand shape (sign language) 手形（手语）239
Hawai'i Creole English 夏威夷克里奥尔英语 288
Hebrew 希伯来语 2, 253, 286
hedges 缓冲语 175, 320
helping verbs 见 auxiliary verbs
Herodotus 希罗多德 2
hesitation marker 犹豫标记 171

hierarchical organization 层级组织 118
hieroglyphics 圣书字 249, 253
high variety 高端变体 285
high vowel 高元音 204
Hindi 印地语 264, 286
hiragana 平假名 252
Hispanic Americans 西班牙语裔美国人 303
history of English 英语史 267-268
Hmong 赫蒙语 61
holistic processing 整体性处理 193
holophrastic speech 独词话语 205
homonyms 同形异义词 137, 138
homophones 同音词 137, 138
Hopi 霍皮语 313, 314, 315, 316
Hungarian 匈牙利语 60
hypercorrection 矫枉过正 299
hypocorisms 昵称词 62, 66
hyponymy 上下义关系 134, 135-136, 211

I

iconics 象似性 15, 235
ideograms 表意符号 249, 250, 251
idiolect 个人方言 297
Ilocano 伊洛卡诺语 82
implicatures 言外之意 175, 176
indirect speech act 间接言语行为 157, 320
Indo-European 印欧语 263, 264, 266
inference 推断 153, 154, 176, 193
infinitive 不定式 97
infixes 中缀 65
inflectional morphemes (inflections) 屈折语素（屈折）78, 79
informal style 非正式风格 299
information signals 信息信号 14
-ing pronunciation ing 的发音 298
innateness hypothesis 天生假说 8

input 输入 193, 225
insertion sequences 插入性序列 173
instinct 本能 16
instrument 工具 130
instrumental motivation 工具型动机 225
integrative motivation 融入型动机 225
interdental sounds/consonants 齿间音（齿间辅音）31
interference 干扰 224
interjections 感叹词 3
interlanguage 中介语 225, 226
internal change 内部变化 268
International Phonetic Alphabet (IPA) 国际音标 29
interrogative 疑问 157
intonation 语调 193, 202, 204, 209, 221, 320
Inuit 因纽特人 312, 315
Inuktitut 因纽特语 315, 316
inversion 倒装 209
IPA 见 International Phonetic Alphabet
Irish English 爱尔兰英语 281
isoglosses 等语线 282, 283
Italian 意大利语 264

J

Jamaica 牙买加 288
James IV of Scotland 苏格兰国王詹姆斯四世 2
Japanese 日语 60, 101, 220, 252, 311, 319
jargon 行话 301, 302
Jespersen, Otto 奥托·叶斯伯森 3, 5
jokes 笑话 242
Jones, Sir William 威廉·琼斯爵士 263
Jutes 朱特人 267

K

Kanuri 卡努里语 81

Kanzi 坎兹 22
Khmu (Kamhmu) 克木语 65
kinship terms 亲属关系词 313
knowledge structure 知识结构 177

L

L1 (first language) 一语 220
L2 (second language) 二语 220
labiodental consonants 唇齿辅音 31
Labov, William 威廉·拉波夫 297, 299
Lakhota 拉科塔语 133
Lana 拉娜 20, 21
language disorders 语言障碍 190, 191
language gene 语言基因 8
language planning 语文规划 286
language typology 语言类型学 101
larynx 喉 6, 8, 29, 30, 31, 187
lateralization 侧化 193
Latin 拉丁语 59, 93, 266, 267, 270
Latin grammar 拉丁语语法 96, 97
learner focus 学习者焦点 224-227
learning 学习 220
learning through correction 通过订正学习 207
learning through imitation 通过模仿学习 207
left brain 左脑 193
left hemisphere 左半球 7, 185-186, 191-194
lemurs 狐猴 17
lexical ambiguity 词汇歧义 114
lexical morphemes 词汇语素 77, 80, 190
lexical relations 词汇关系 134-139, 211
lexical rules 词汇规则 116
lexicalization 词汇化 312, 313, 316
lexifier language 词汇提供语 287
linguistic atlas 语言地图集 282
linguistic classification 语言分类 315
linguistic context 语境 151

linguistic determinism 语言决定论 314
linguistic etiquette 语言礼节 97
linguistic geography 语言地理学 279
linguistic minorities 语言少数民族 284
linguistic politeness 语言礼貌 156
linguistic relativity 语言相对论 314-316
linguistic variable 语言变量 296-298
lip-reading 读唇 237
lips 唇 6
liquid 流音 49
literally 字面 271
loan-translation 借译 60
localization view 脑功能定位观 187
location (in sign) 位置（手语）239
location (role) 位置（语义角色）133
logograms 词符符号 250, 251, 252
loss of inflection 失去屈折 271
low variety 低端变体 285

M

majority principle 最大多数原则 265, 266
Malagasy 马尔加什语 101
Malapropisms 麦拉普现象 188, 189
Manner maxim 方式准则 174
manner of articulation 发音方法 29, 33, 34
manual gestures 手势 7
Manually Coded English (MCE) 手语编码英语 237
Marx, Groucho 格劳乔·马克斯 114
Masculine 阳性 96, 319
maxim 准则 174, 175
Mayan 玛雅语 286
meaning 意义 130
meaning of signs 手语符号的意义 241
Men's speech 男性话语 320
metaphor 隐喻 187

metathesis 换位 269
metonymy 换喻关系 139
middle-class speech 中产阶级话语 296-300, 320
Middle English 中古英语 268
minimal pair 最小对立对 48
minimal set 最小对立组 48
Modern English 现代英语 63, 268-271
monolingualism 单语 286
Mopan Maya 默潘玛雅语 313
morph 语子 80
morphemes 语素 76-81, 92
morphographic writing 语素文字 250
morphological description 形态描写 79
morphological development 形态发展 208
morphology 形态学（词法学）76-82, 208, 287
morphs 语子 80
most natural development principle 最自然发展原则 265, 266
motherese 妈妈话 202
moths 蛾 17
motivation 动机 225
motor cortex 运动皮层 7, 187
motor skills 运动技能 203
mouth 嘴 6
movement (in sign) 移动（手语）239
musical source 音乐起源 4

N

naming 命名 7
narrowing of meaning 语义缩小 272
nasal 鼻音 50
nasalization 鼻化 50
native speaker 母语者 220, 226
natural class phonemes 自然类音位 46

natural gender 自然性别 95, 96
natural language, ASL as ASL 作为自然语言 237, 242
natural sounds 自然声音 3
Neanderthal 尼安德特人 5
negative face 消极面子 156-157
negative formation 否定的构成 210
negative test 否定测试 135
negative transfer 负迁移 224
negotiated input 商谈式输入 226
neologisms 新词 59
neurolinguistics 神经语言学 185
neuter 中性 96
newspaper headlines 报纸标题 168
Nicaraguan Sign Language (NSL) 尼加拉瓜手语 242
Nim 尼姆 21
non-countable 不可数 317
non-gradable antonyms 非级差反义词 135
non-lexicalized categories 非词汇化范畴 316
non-native speaker 非母语者 226
non-reciprocal use 非相互性用法 318
non-standard language 非标准语言 303
non-verbal behavior 非言语行为 235
non-verbal sounds 非言语音 193
normal speech 正常言语 51
Norman French 诺曼法语 268
NORMS (non-mobile, older, rural, male speakers) 无迁居记录且较为年长的农村男性说话者 282
North American English 北美英语 37, 255
Norwegian 挪威语 60, 313
nouns 挪威语 94
noun phrase 名词短语 98-101, 113-117, 132, 133, 208, 313
nucleus 音节核 49

number 数 95, 317, 323, 325

O

object manipulation 控制物品 7
objects 宾语 100
occupation and dialect 职业与方言 297
Oettinger, Anthony 安东尼·奥廷格 112
Old English 古英语 267, 304
Old Norse 古北欧语 267, 268
one-word stage 一词阶段 205
onset 音节首 49, 82
open class of words 开放词类 77
open-endedness 开放性 17
open syllables 开音节 49
optimum age (for learning) 最佳（学习）年龄 221, 222
optional constituent 可选成分 115
oralism 口语法 237, 242
orientation 方向 238, 239
orthography 正字法 255
output 输出 226
overextension 过度扩展 211
overgeneralization 过度概括 208, 224
overlapping speech 重叠话语 171
overt prestige 显性威望 300

P

palatal sounds 硬腭音 31
palate 硬腭 31, 204
Papua New Guinea 巴布亚新几内亚 287, 313
parts of speech 词类 94
passive voice 被动态 95
past participle 过去分词 78
past tense 过去时 76, 78, 80, 95
patient 受事者 132
pause 停顿 167
person 人称 95

person deixis 人称指示词 152
pharynx 咽 6, 30
pheromones 信息素 17
philology 语文学 262
Phoenicians 腓尼基人 252, 253
phonemes 音位 46
phones 音子 47
phonetic alphabet 音标 29, 92
phonetics 语音学 29
phonographic writing 表音文字 251
phonological features 音系特征 239
phonology 音系学 45
phonotactics 语音配列 48
phrasal verbs 短语动词 63
phrase structure rules 短语结构规则 116
Phrygian 弗里吉亚语 2
physical adaptation source 生理进化起源 5-6
physical context 物理语境 151
pictograms 象形符号 248
pidgins 皮钦语 287
pitch 音高 320
pitch movement 音高运动 320
pitch range 音高域 320
place of articulation 发音部位 29-31
politeness 礼貌 156, 302
polysemy 一词多义 138
"pooh-pooh" theory 呸呸说 3
Portuguese 葡萄牙语 60, 319 另见 Brazilian Portuguese
positive face 积极面子 156
positive transfer 正迁移 224
possessive inflection 属格屈折 208
post-creole continuum 后克里奥尔连续体 288
posterior speech cortex 后部话语皮层 186
postvocalic /r/ 元音后的 /r/ 音 297, 299
pragmatic markers 语用标记 155

pragmatics 语用学 149-157, 167, 193, 227
prefixes 前缀 65, 78, 317
prepositional phrase 介词短语 100, 113
prescriptive approach 规定法 97
present participle 现在分词 78
present tense 现在时 78, 95, 169, 208, 281
preservation 保存 242
prestige 威望 268, 288, 299, 300, 303, 320
presupposition 预设 154, 155
primary sign language 基本型手语 236, 242
primes 素元 239
printing 印刷 222, 255, 268
productivity 能产性 14, 17, 19
pronouns 代词 94-96, 100, 152, 153, 271, 318
pronunciation differences 发音差异 297
proper noun 专有名词 94, 99, 113-116, 153
prothesis 词首增音 270
proto-forms 原始形式 266
Proto-Indo-European 原始印欧语 263
prototypes 类典型 137
Psammetichus (Psamtik) 普萨美提克 2

Q

Quality maxim 质量准则 174
Quantity maxim 数量准则 174
question formation 构成疑问句 209

R

rebus principle 字谜原则 251
rebus writing 字谜书写 251
receptive aphasia 接受性失语症 191
reciprocal use 相互性用法 318
reduplication 重叠 82
reference 指称 153-154
referential meaning 指称意义 130
reflexivity 反观性 14
regional dialects 地域方言 282

register 语域 301
Relation maxim 关系准则 174
representing signs 手语符号的表示 240
request 请求 156, 157, 191, 205, 226, 300, 318
reversives 逆向词 135
rhyme 韵 49, 138
rhythm 节奏 4, 5, 191, 236
riddles 谜语 138
right brain 右脑 193
right-ear advantage 右耳优势 193
right hemisphere 右半球 184–186, 192–194
rising intonation 升调 209, 320
Roman alphabet 罗马字母 253
round brackets 圆括号 115
Russian 俄语 222, 304

S

same-gender talk 同性谈话 321
Sanskrit 梵语 63, 264
Sapir, Edward 爱德华·萨丕尔 314, 315
Sapir-Whorf hypothesis 萨丕尔-沃尔夫假说 314–315
Sarah 萨拉 20–21
Sarasvati 娑罗室伐底 2
Savage-Rumbaugh, Sue 苏·萨瓦日-伦堡 22
Saxons 撒克逊人 267
Schemas 图式 177
schwa [ə] 37, 50
Scottish 苏格兰 98, 149, 269, 280, 301
Scottish English 苏格兰英语 280
Scottish Gaelic 苏格兰盖尔语 101
scripts 脚本 177
second language (L2) 第二语言 220
second language learning 第二语言学习 220
second person 第二人称 95
semantic changes 语义变化 271

semantic development 语义发展 211
semantic features 语义特征 131–132
semantic roles 语义角色 132–133
semantics 语义学 129–140, 211
Semitic languages 闪米特语 253
semi-vowels 见 glides
sensitive period 敏感期 193
Shakespeare, William 威廉·莎士比亚 138, 153, 268
Sidamo 西达莫语 319
Sierra Leone 塞拉利昂 288
sign language (or sign) 手语 234
sign language types 手语的类型 236
sign location 手语符号的位置 239
sign meaning 手语符号的意义 241
sign representation 手语符号的表示 241
sign structure 手语符号的结构 238–240
Signed English 手语英语 237
signing, movement in 移动（手语）239
silent letters 不发音字母 255, 269
simultaneous translation 同声传译 237
singular they 单数的 they 319
slang 俚语 302
slash marks 斜线标记 46
Slavic languages 斯拉夫语 253
slips of the brain 脑误 189
slips of the ear 耳误 189, 239
slips of the eye 眼误 239
slips of the tongue 口误 188
snow 雪 314–316
social categories 社会范畴 317–318
social dialects 社会方言 296
social gender 社会性别 319
social interaction source 社会互动起源 5
social markers 社会标记 298, 303
social role 社会角色 204, 319

519

social stratification 社会分层 299
social variable 社会变量 288, 296, 297
socio-economic status 社会经济地位 297
sociolect 社会方言 299
sociolinguistic competence 社会语言学能力 227
sociolinguistics 社会语言学 296-298
solidarity 一致 156, 318
sound changes 音变 269-270
sound combinations 语音组合 18, 48
sound loss 音的消失 269
sound reconstruction 音的构拟 266
sound transcription 语音转写 37, 50, 51
sound type 音类 45-48, 253, 254
source (role) 来源（语义角色）133
Spangler, J. Murray J. 默里·斯潘格勒 59
Spanish 西班牙语 60, 61, 96, 266, 269, 286, 303
spatial deixis 空间指示语 152
speaker meaning 见 pragmatics
speech accommodation 话语调适 300
speech acts 言语行为 156, 157, 170, 320
speech community 言语共同体 295, 299
speech perception 言语感知 204
speech style 言语风格 202, 299-301
spelling 拼写 32, 36, 45, 58, 247, 254, 268, 269, 280
spelling reformers 拼写改革者 255
split infinitive 分裂不定式 97
spoken English 英语口语 22, 237, 254, 255
spoonerisms 斯普纳现象 188
square brackets 方括号 30, 46, 47
Standard American English 标准美国英语 280
Standard Australian English 标准澳大利亚英语 280
Standard British English 标准英国英语 280
Standard Canadian English 标准加拿大英语 280

Standard English 标准英语 280, 287, 304
Standard Indian English 标准印度英语 280
standard language 标准语 280-281, 303
stem 词干 77
Stokoe, William 威廉·斯托基 237, 239
stone tool use 石制工具的使用 7
stop 塞音 33, 51, 266
strategic competence 策略能力 227
structural ambiguity 结构歧义 114
structural analysis 结构分析 98
style shifting 风格转换 299-301
subjects 主语 100
sucking behavior 吮吸行为 203
suffixes 后缀 65
Sumerians 苏美尔人 250, 251, 252
superlative (adjective) 最高级（形容词）78
superordinate terms 上义词项 136
surface structure 表层结构 114-115, 119
Swahili 斯瓦西里语 76, 93, 279, 286, 317
swear words 骂人话 302
syllabary 音节文字 252
syllabic writing 音节文字 252
syllables 音节 48-49
synchronic variation 共时差异 272
synonym 同义词 134
synonymy 同义关系 134
syntactic analysis 句法分析 113-115
syntactic changes 句法变化 270-271
syntactic rules 句法规则 113, 116, 130
syntactic structure 句法结构 117-119, 130, 171
syntax 句法 112

T

T/V distinction T/V 区别 318
taboo terms 禁忌语词项 302
tag questions 反义疑问句 320

Tagalog 他加禄语 82
task-based learning 任务学习法 227
tautology 同义赘述 174
teaching method 教学方法 222-223, 237
teeth 齿 6
telegraphic speech 电报式话语 206, 208
temporal deixis 时间指示词 152
tense 时 95
test-frames 测试框架 98
Terrace, Herbert 赫伯特·特雷斯 21
texting 发送短信 251
thematic roles 题元角色 132
theme 主题 132, 133
theta (θ) 31
third person 第三人称 95, 304
thorn (þ) 267
tic-tac 嘀嗒 236
tilde 上标波浪线符号 ~ 50
time concepts 时间概念 313
tip of the tongue 话到嘴边现象 188
Tok Pisin 托克皮辛语 287, 288
tongue 舌 6
tool-making source 工具制造起源 7
trachea 气管 29
traditional grammar 传统语法 93-96
transfer 迁移 224
tree diagrams 树形图 117-118
Turkish 土耳其语 93
turn-taking 话轮转换 171, 173
two-handed signs 双手手语符号 239
two-word stage 双词阶段 205

U

upward mobility 向上流动性 300
using language 使用语言 22
uvula 小舌 37
uvular sounds 小舌音 37

V

variation in grammar 语法差异 281
velar fricative 软腭擦音 269
velar sounds 软腭音 31, 204
velar stop 软腭塞音 269
velum 软腭 31, 37
verbs 动词 94
verb phrase 动词短语 115-117
vernacular 白话 285, 303, 304
vervet monkeys 绿猴 17
Victor, the wild boy of Aveyron 阿韦龙的野孩子维克多 2
Viki 威姬 19
Vikings 维京人 19
vocal folds 声带瓣 29
vocal tract 声道 5, 6, 19, 28-30, 35, 44, 45, 320
vocalization 发声 6
voiced sounds 浊音 29, 31
voiceless glottal 清的声门音 31
voiceless sounds 清音 29, 31, 50, 266
voiceless stop 清塞音 46, 49, 92
von Frisch, Karl 卡尔·冯·弗里什 17
vowel chart 元音表 35
vowels 元音 34-36

W

Washoe 华秀 19-22
Watam 瓦塔姆语 313
Webster, Noah 诺亚·韦伯斯特 66
wedge [ʌ] 37, 250
Welsh 威尔士语 284
Wernicke's aphasia 韦尼克失语症 191
Wernicke's area 韦尼克区 186, 187
Whorf, Benjamin 本杰明·沃尔夫 314, 315
Women's speech 女性话语 320, 321

word class 词类 94
word meaning 词义 132, 137, 249
word order 词序 101, 206, 237, 242, 270, 271, 287
word play 文字游戏 138, 207
word reconstruction 词的构拟 266
word storage 词的储存 188
working-class speech 劳工阶级话语 296, 298, 320
writing 书写 248-250
written English 书面英语 75, 254-255, 269

Y

Yagua 雅瓜语 316, 317
Yerkish 耶基斯语 20, 22
"yo-he-ho theory" 呦呵嗨说 5

Z

zero-morph 零语子 80

译后记

2017年，笔者有幸参加了商务印书馆主办的"语言学名著译丛研讨会"。会议号召英语界学者将国外语言学的经典著作与前沿著作高质量译出，以满足新时代我国读者精准掌握语言学理论之需。

乔治·尤尔教授的《语言研究》代表的是经典还是前沿呢？简单说，这本深受各国读者喜爱的语言学基础入门书既是经典又是前沿。说它是经典，是因为它走过了不凡的历程，自1985年初版问世起畅销近40年，今已成为剑桥大学出版社最受欢迎的语言学著作之一。说它是前沿，是因为它始终紧跟时代的步伐，近40年间六度修订，每一个新版本里都体现了语言学的新发展。

而在我国，《语言研究》同样也见证了出版奇迹。千禧之年，我国引进了该书当时最新的第2版的版权，出版了由戴曼纯、何兆熊教授撰写中文导读的英文影印版。该版本被全国各地许多高校指定为考研必读书或参考书，成为无数学子成功之路上的良师益友，截至2021年已印刷23次。

如今，我们向读者奉上的，正是《语言研究》2020年最新修订的第7版的中文全译本，相信它的面世会让更多对语言和语言学感兴趣的读者从中获益。

在中译本与广大读者见面之际，我们不妨静心思考，在语言学入门书早已汗牛充栋的今天，是哪些特征使《语言研究》销量不衰，始终如一地受到读者的青睐呢？

首先，基础入门书，贵在能把深奥的道理讲得深入浅出。我们不可否认，与文学、翻译、文化等研究方向相比，语言学有时的确给学生们一种令人望而却步的刻板印象。然而，尤尔教授的《语言研究》行文流畅，读起来并无泰山压顶之感。他严谨地展示语言学的概念与理论时，用的却是平实的话语、生动的例子。我们在书中看不到太过佶屈的抽象论述，反因不时出现的幽默话语而会心一笑。例如，我们对英语从各种语言中广泛借词这一现象并不陌生，但似乎没有想过，"严格来说，这可不是单纯的借，因为英语借去了可不还"。这就是尤尔式的幽默，在书中随处可见，随时为严肃的理论带来几阵清爽。

其次，基础入门书，贵在用简洁明了的语言呈现最关键的信息。《语言研究》内容丰富，但每个话题的篇幅却并不冗长。短短数个段落，即可让读者迅速对某一现象或某一理论形成初步印象。例如，许多初接触语言学的学生都认为"萨丕尔-沃尔夫假说"是晦涩难懂的理论，但是《语言研究》中只用了简短的三个自然段，就把正反两方的基本观点十分平衡地展现于我们面前。精炼而有力的介绍，留给我们的不仅是知识本身，更向我们示范了应如何全面审视问题。这种高屋建瓴正是名家撰写的经典著作拥有持久魅力的原因所在。

此外，基础入门书，有必要为读者留足独立思考的空间。语言学的每个分支领域中都有些重要话题在《语言研究》各章的正文中并未深入论及。然而，这不是遗漏，也不是因篇幅考量而刻意做的删减。这类话题被巧妙安排在了该章的"作业题"或"探讨与研究"中，为的是让读者有机会回顾正文里学到的基础知识，分析问题里提供的语料，再结合每章推荐的参考书目，亲身对这些话题做一番真正的研究。例如，语音学中的"阻塞音"与"响音"之别，词法学中的"环缀"，句法学中的"递归"，皆是以这样的方式引入或展开。由此得来的结论，必然能够理解得更加深刻，记忆得更加牢靠。作者精心设计了这类实践活动，其匠心着实让我们钦佩。

整部《语言研究》是个有机的整体。全书 20 章固然代表了语言学的不同分支研究领域，但是彼此之间却处理得毫无条块分割感，作者在各章末尾基本都会留下明显的"悬念",将读者的思绪引向下一章的话题。这种"且听下回分解"的模式,直观地呈现了各分支研究领域间的逻辑关系,使这20个重要话题水乳交融。

《语言研究》适合哪些读者使用?外文专业和中文专业从事语言学研究的师生固然可以继续将其作为教科书或参考书。然而,《语言研究》绝不仅是专业语言学研究者才需要的课堂教学材料。事实上,每一位对语言现象有兴趣的读者,皆可在《语言研究》中为自己的好奇心与求知欲寻找答案。这一点,仅从每章题头的引言中即可清楚看到。这20段引言多数引自当代的畅销书,其作者们涵盖了记者、作家、编辑、演员、科学家等。他们中不乏对语言学有重大贡献的"其他相关领域的研究者",但大部分人并不是专一地从事语言学研究。然而每个人都在其著作中向我们展示了有趣的语言经历,这就足以提醒我们,虽然不是每个人都有必要成为语言学研究者,但每个人都是语言生活的亲身经历者和驻足思考者。

我国学生的语言经历其实非常丰富,这一点一定程度上可能远超使用这本《语言研究》的美国同龄人。我们的母语体验本身就是多样的,大多数人又有多年的外语学习经历。与之相比,不得不承认,许多美国学生的成长环境中只有GA(General American)口音的美国英语,并且普遍缺乏太强的外语学习动力。

母语方面,大部分中国学生不仅熟练掌握了普通话,而且通常自幼就习得了本地的汉语方言(经常是与普通话无法相互听懂的方言)或是少数民族语言,由此逐步熟悉了不同语码在社会上的不同使用方式。如果所居住的地区同时存在多种方言或语言,这类经历就更加多彩了。例如,在笔者居住的大连,人们在街头巷尾既可听到世居辽东半岛的本地人所讲的胶辽官话(本地俗称"大连话"),也可听到不少新世纪以来移居大连的人所讲的东北官话(本地俗称"北面话",因东北腹地大致在辽东半岛的正北方向而得名),当然也随时都能听得到普通话,偶尔还可遇到朝鲜族人之间以本族语言进行交谈。而更微观地看,即使本地人的胶辽官话内部,也存在某些细节上的区域差别。细致的观察者乘上大连地铁 3 号线,不难发现它所串联起的不同区域之间,"大连话"内部的口音和用词常有略微不同。与之类似的现象在全国各地均很常见。"双语""双言""等语线""语码转换""语码混合"等,不只是书中的抽象概念,而且一直生动地存在于我们的真实生活中。

而在外语学习方面,近几十年来随着我国经济社会的高速发展,学童们幸运地在语言习得的"关键期"结束之前即获得了学习英语的机会。如今的青年一代,英语学习质量与改革开放初期相比无疑已实现了质的飞跃,这为新时代我国与世界的交流打下了坚实的基础。许多学生大学期间还有机会在第二外语的课堂上初步学习法、德、西、俄等其他欧洲语言,课堂之外有时还因对流行音乐及影视节目的喜爱而略微接触了日、韩或泰等周边邻国的语言。勤于思考的学生,极有可能从外语学习经历或接触经历中观察到了语言的奥妙。例如,他们可因德语词与英语词的对比而注意到了语音对应规律,因法语形容词的位置而注意到了词序与类型,因日语、韩国语中的汉语借词而注意到了汉语史中的尖团声母、入声韵尾的演变,或是因泰语中某些与闽、粤等方言相像的词汇成分而注意到了汉语的海外传播、语言接触与语言联盟、侗台语的跨境分布、汉语南方方言中的百越语词汇底层等有趣话题。

我们正是在这丰富多样的语言经历中,开始朦胧而自发地思考某些"语言学问题",这样的直观经验不失为一笔宝贵的隐性财富。此时,若有一部由名家撰写的篇幅不大的高质量语言学入门书,为我们讲解语言学理论,为我们提供把理论运用于实践的机会,向我们推荐可在感兴趣的话题上深入进阶的参考书目,那些朦胧而自发的直观经验就有机会得以升级,帮助我们抛除缪见与误传,从而站在更高的台阶上思考语言问题。令人欣慰的是,我们的上述期待,《语言研究》都做到了。这就是我们翻译《语言研究》这本书的初衷。

《语言研究》中译本的出版,得到了北京大学外国语学院姜望琪教授的鼎力支持，我们特别感恩姜望琪教授为本书撰写了中译本序。姜望琪教授不仅是国内外颇具影响力的学者，更是深受我国读者喜爱的北大版《语言学教程》的副主编，自1988年第一版起即全程参与了该书的撰写与历次修订。语言学的课堂上，姜老师那中气十足的声音是我们求学时代的美好回忆。虽然姜老师为人谦逊和蔼，但我们做学生的在姜老师的课上是从不敢有一丝倦怠的。因为姜老师强调，要认真读书，批判思考，要提得出问题才行，并常常"吓唬"我们说："你们要是拿不出问题来问我，我可要拿出问题问你们。"透过这样的训练，我们自然获益匪浅。

同样的思路也适用于《语言研究》的每一位读者。书中的每个话题，都值得我们认真阅读与思索，思考我们是否真的读懂了书中的理论，思考这理论中的得与失，思考这理论是否可以用来解释我们身边的语言现象，是否有助于分析我国丰富的本土语言资源。书中的每道"习题""作业题""思考与探究"常常是把理论付诸实践的好机会，读者千万不要被题里那些取自陌生语言的语料吓住，不妨带着一种"做游戏"的心情，模拟一把田野调查者的辛劳，这对加深我们对语言结构及其运作的了解具有不一样的意义。

笔者完成本书中译文的初稿后，徐震垚、刘宇航、余雨雷、杨静、王慧、徐泓一参加了对译稿的校对。六位年轻人都读过《语言研究》以前的版本，他们各自选取了本科和硕士阶段深入研究过的论题所在的章节，为译文的修订提出了很多好建议。在此向他们表示感谢。

最后，向本书的责任编辑向程先生道一声辛苦。

曲长亮

2022年7月

大连外国语大学

语言学及应用语言学名著译丛书目

句法结构（第2版）	〔美〕诺姆·乔姆斯基	著
语言知识：本质、来源及使用	〔美〕诺姆·乔姆斯基	著
语言与心智研究的新视野	〔美〕诺姆·乔姆斯基	著
语言研究（第7版）	〔英〕乔治·尤尔	著
英语的成长和结构	〔丹〕奥托·叶斯柏森	著
言辞之道研究	〔英〕保罗·格莱斯	著
言语行为：语言哲学论	〔美〕约翰·R.塞尔	著
理解最简主义	〔美〕诺伯特·霍恩斯坦 〔巴西〕杰罗·努内斯 〔德〕克莱安西斯·K.格罗曼	著
认知语言学	〔美〕威廉·克罗夫特 〔英〕D.艾伦·克鲁斯	著
历史认知语言学	〔美〕玛格丽特·E.温特斯 等	编
语言、使用与认知	〔美〕琼·拜比	著
我们思维的方式：概念整合与思维的隐含复杂性	〔法〕吉勒·福柯尼耶 〔美〕马克·特纳	著
为何只有我们：语言与进化	〔美〕罗伯特C.贝里克 诺姆·乔姆斯基	著
语言的进化生物学探索	〔美〕菲利普·利伯曼	著
叶斯柏森论语音	〔丹〕奥托·叶斯柏森	著
语音类型	〔美〕伊恩·麦迪森	著
语调音系学（第2版）	〔英〕D.罗伯特·拉德	著

韵律音系学	〔意〕玛丽娜·内斯波 〔美〕艾琳·沃格尔	著
词库音系学中的声调	〔加〕道格拉斯·蒲立本	著
音系与句法：语音与结构的关系	〔美〕伊丽莎白·O. 塞尔柯克	著
节律重音理论——原则与案例研究	〔美〕布鲁斯·海耶斯	著
语素导论	〔美〕戴维·恩比克	著
语义学（上卷）	〔英〕约翰·莱昂斯	著
语义学（下卷）	〔英〕约翰·莱昂斯	著
做语用（第3版）	〔英〕彼得·格伦迪	著
语用学原则	〔英〕杰弗里·利奇	著
语用学与英语	〔英〕乔纳森·卡尔佩珀 〔澳〕迈克尔·霍	著
交互文化语用学	〔美〕伊什特万·凯奇凯什	著
应用语言学研究方法	〔英〕佐尔坦·德尔涅伊	著
复杂系统与应用语言学	〔美〕戴安娜·拉森-弗里曼 〔英〕琳恩·卡梅伦	著
信息结构与句子形式	〔美〕克努德·兰布雷希特	著
沉默的句法：截省、孤岛条件和省略理论	〔美〕贾森·麦钱特	著
语言教学的流派（第3版）	〔新西兰〕杰克·C. 理查兹 〔美〕西奥多·S. 罗杰斯	著
语言学习与语言教学的原则（第6版）	〔英〕H. 道格拉斯·布朗	著
社会文化理论与二语教学语用学	〔美〕雷米·A. 范康珀诺勒	著
法语英语文体比较	〔加〕J.-P. 维奈 J. 达贝尔内	著
法语在英格兰的六百年史（1000—1600)	〔美〕道格拉斯·A. 奇比	著
语言与全球化	〔英〕诺曼·费尔克劳	著
语言与性别	〔美〕佩内洛普·埃克特 萨利·麦康奈尔-吉内特	著
全球化的社会语言学	〔比〕扬·布鲁马特	著
话语分析：社会科学研究的文本分析方法	〔英〕诺曼·费尔克劳	著
社会与话语：社会语境如何影响文本与言谈	〔荷〕特恩·A. 范戴克	著

图书在版编目(CIP)数据

语言研究:第7版/(英)乔治·尤尔著;曲长亮译.—北京:商务印书馆,2023
(语言学及应用语言学名著译丛)
ISBN 978-7-100-22089-7

Ⅰ.①语… Ⅱ.①乔… ②曲… Ⅲ.①语言学—研究 Ⅳ.①H0

中国国家版本馆 CIP 数据核字(2023)第 043318 号

权利保留,侵权必究。

语言学及应用语言学名著译丛

语言研究
(第7版)

〔英〕乔治·尤尔 著
曲长亮 译

商 务 印 书 馆 出 版
(北京王府井大街36号 邮政编码100710)
商 务 印 书 馆 发 行
北 京 冠 中 印 刷 厂 印 刷
ISBN 978-7-100-22089-7

2023年11月第1版 开本 880×1230 1/32
2023年11月北京第1次印刷 印张 17⅝
定价:88.00元